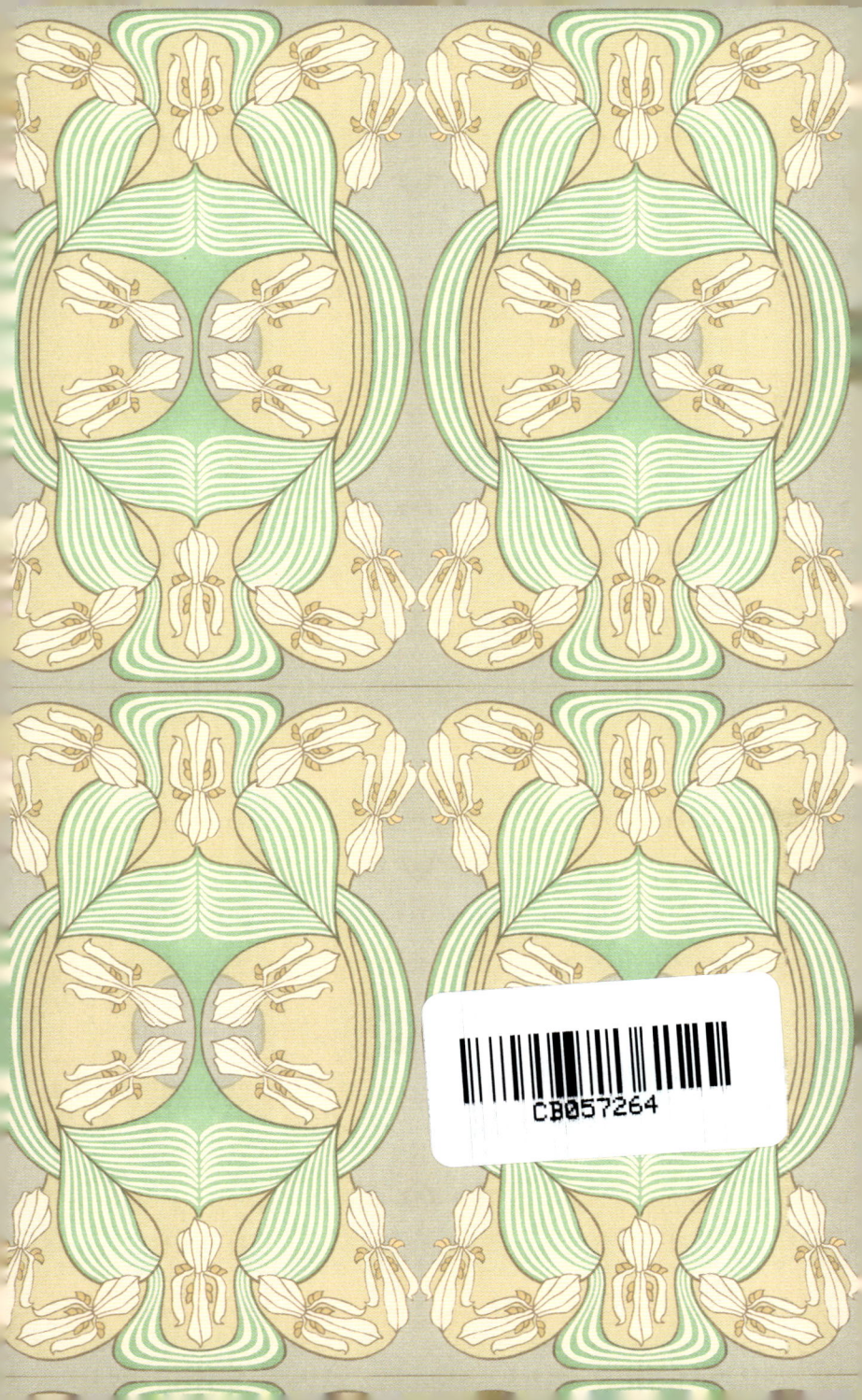

SIGMUND FREUD

OBRAS COMPLETAS

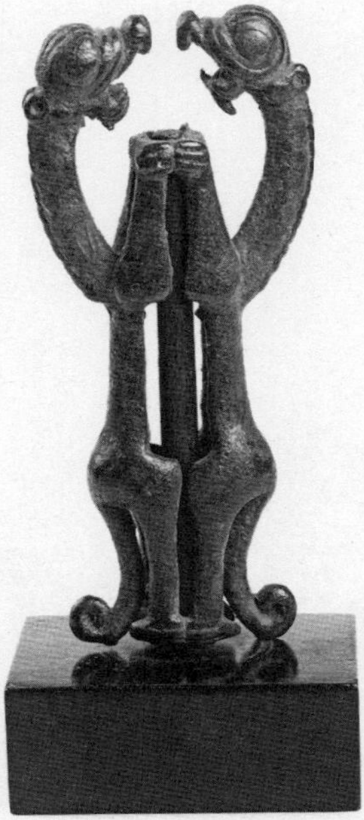

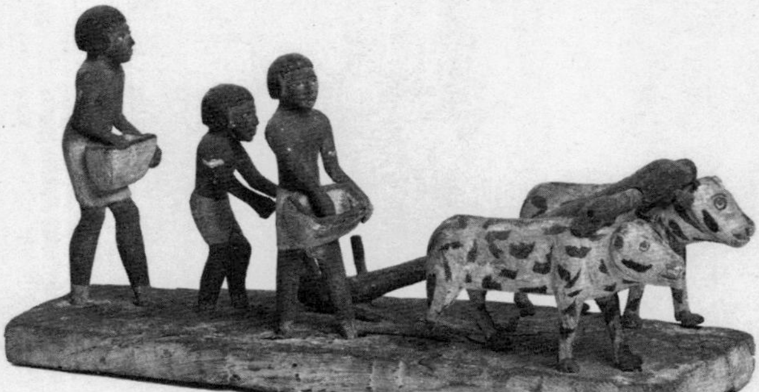

SIGMUND FREUD

OBRAS COMPLETAS VOLUME 5
PSICOPATOLOGIA DA VIDA COTIDIANA
E SOBRE OS SONHOS
(1901)

TRADUÇÃO PAULO CÉSAR DE SOUZA

4ª reimpressão

COMPANHIA DAS LETRAS

Copyright da tradução © 2020 by Paulo César Lima de Souza

Grafia atualizada segundo o Acordo Ortográfico da Língua Portuguesa de 1990, que entrou em vigor no Brasil em 2009.

Os textos deste volume foram traduzidos de *Gesammelte Werke*, volumes IV e II/III (Londres: Imago, 1941 e 1942).
Os títulos originais estão na página inicial de cada texto.

Capa e projeto gráfico
Raul Loureiro / Claudia Warrak

Imagens das pp. 3 e 4, obras da coleção pessoal de Freud:
Remate decorativo em forma de animal, Irã, séc. IX-VII a.C.
Estatueta em madeira de trabalhadores e bois, Egito Antigo
Freud Museum, Londres

Preparação
Célia Euvaldo

Índice remissivo
Luciano Marchiori

Revisão
Angela das Neves
Thaís Totino Richter

Dados Internacionais de Catalogação na Publicação (CIP)
(Câmara Brasileira do Livro, SP, Brasil)

Freud, Sigmund, 1856-1939.
  Obras completas, volume 5 : Psicopatologia da vida cotidiana e Sobre os sonhos (1901) / Sigmund Freud; tradução Paulo César de Souza. — 1ª ed. — São Paulo: Companhia das Letras, 2021.

Título original: Gesammelte Werke
ISBN 978-65-5921-050-3

1. Freud, Sigmund, 1856-1939 – Psicologia 2. Psicanálise 3. Psicopatologia 4. Psiquiatria 5. Sonhos I. Título. II. Série.

21-58736

CDD-154
NLM-WM-100

Índice para catálogo sistemático:
1. Psicopatologia e psiquiatria : Psicologia 154

Aline Graziele Benitez – Bibliotecária – CRB-1/3129

Todos os direitos desta edição reservados à
EDITORA SCHWARCZ S.A.
Rua Bandeira Paulista, 702, cj. 32
04532-002 — São Paulo — SP
Telefone: (11) 3707-3500
www.companhiadasletras.com.br
www.blogdacompanhia.com.br
facebook.com/companhiadasletras
instagram.com/companhiadasletras
twitter.com/cialetras

SUMÁRIO

ESTA EDIÇÃO 9

PSICOPATOLOGIA DA VIDA COTIDIANA (1901) 13
    I. ESQUECIMENTO DE NOMES PRÓPRIOS 15
    II. ESQUECIMENTO DE PALAVRAS ESTRANGEIRAS 23
    III. ESQUECIMENTO DE NOMES E SEQUÊNCIAS DE PALAVRAS 31
    IV. LEMBRANÇAS DA INFÂNCIA E LEMBRANÇAS ENCOBRIDORAS 66
    V. LAPSOS VERBAIS 78
    VI. LAPSOS DE LEITURA E DE ESCRITA 148
    VII. ESQUECIMENTO DE IMPRESSÕES E INTENÇÕES 184
    VIII. ATOS DESCUIDADOS 221
    IX. ATOS SINTOMÁTICOS E ATOS CASUAIS 261
    X. ERROS 296
    XI. ATOS FALHOS COMBINADOS 312
    XII. DETERMINISMO, CRENÇA NO ACASO E SUPERSTIÇÃO —
        CONSIDERAÇÕES 324

SOBRE OS SONHOS (1901) 377

ÍNDICE REMISSIVO 447

ESTA EDIÇÃO

Esta edição das obras completas de Sigmund Freud pretende ser a primeira, em língua portuguesa, traduzida do original alemão e organizada na sequência cronológica em que apareceram originalmente os textos.

A afirmação de que são obras completas pede um esclarecimento. Não se incluem os textos de neurologia, isto é, não psicanalíticos, anteriores à criação da psicanálise. Isso porque o próprio autor decidiu deixá-los de fora quando se fez a primeira edição completa de suas obras, nas décadas de 1920 e 30. No entanto, vários textos pré-psicanalíticos, já psicológicos, serão incluídos nos dois primeiros volumes. A coleção inteira será composta de vinte volumes, sendo dezenove de textos e um de índices e bibliografia.

A edição alemã que serviu de base para esta foi *Gesammelte Werke* [Obras completas], publicada em Londres entre 1940 e 1952. Agora pertence ao catálogo da editora Fischer, de Frankfurt, que também recolheu num grosso volume, intitulado *Nachtragsband* [Volume suplementar], inúmeros textos menores ou inéditos que haviam sido omitidos na edição londrina. Apenas alguns deles foram traduzidos para a presente edição, pois muitos são de caráter apenas circunstancial.

A ordem cronológica adotada pode sofrer pequenas alterações no interior de um volume. Os textos considerados mais importantes do período coberto pelo volume, cujos títulos aparecem na página de rosto, vêm em primeiro lugar. Em uma ou outra ocasião, são reunidos aqueles que tratam de um só tema, mas não foram publicados sucessivamente; é o caso dos artigos sobre a técnica psicanalítica, por exemplo. Por fim, os textos mais curtos são agrupados no final do volume.

Embora constituam a mais ampla reunião de textos de Freud, os dezessete volumes dos *Gesammelte Werke* foram sofrivelmente editados, talvez devido à penúria dos anos de guerra e de pós-guerra na Europa. Embora ordenados cronologicamente, não indicam sequer o ano da publicação de cada trabalho. O texto em si é geralmente confiável, mas sempre que possível foi cotejado com a *Studienausgabe* [Edição de estudos], publicada pela Fischer em 1969-75, da qual consultamos uma edição revista, lançada posteriormente. Trata-se de onze volumes organizados por temas (como a primeira coleção de obras de Freud), que não incluem vários textos secundários ou de conteúdo repetido, mas incorporam, traduzidas para o alemão, as apresentações e notas que o inglês James Strachey redigiu para a *Standard edition* (Londres, Hogarth Press, 1955-66).

O objetivo da presente edição é oferecer os textos com o máximo de fidelidade ao original, sem interpretações de comentaristas e teóricos posteriores da psicanálise, que devem ser buscadas na imensa bibliografia sobre o tema. Informações sobre a gênese de cada obra também podem ser encontradas na literatura secundária. Para questionamentos de pontos específicos e do próprio conjunto da teoria freudiana, o leitor deve recorrer à literatura crítica de S. Timpanaro, H. J. Eysenck, M. Macmillan, E. Gellner e outros.

Após o título de cada texto há apenas a referência bibliográfica da primeira publicação, não a das edições subsequentes ou em outras línguas, que interessam tão somente a alguns especialistas. Entre parênteses se acha o ano da publicação original; havendo transcorrido mais de um ano entre a redação e a publicação, a data da redação aparece entre colchetes. As indicações bibliográficas do autor foram normalmente conservadas tais como ele as redigiu, isto é, não foram substituídas por edições mais recentes das obras citadas. Mas sempre é fornecido o ano da publicação, que, no caso de remissões do autor a seus próprios textos, permite que o leitor os localize sem maior dificuldade, tanto nesta como em outras edições das obras de Freud.

As notas do tradutor geralmente informam sobre os termos e passagens de versão problemática, para que o leitor tenha uma ideia mais precisa de seu significado e para justificar em alguma medida as soluções aqui adotadas. Nessas notas são reproduzidos os equivalentes achados em algumas versões estrangeiras dos textos, em línguas aparentadas ao português e ao alemão. Não utilizamos as duas versões das obras completas já aparecidas em português, das editoras Delta e Imago, pois não foram traduzidas do alemão, e sim do francês e do espanhol (a primeira) e do inglês (a segunda).

No tocante aos termos considerados técnicos, não existe a pretensão de impor as escolhas aqui feitas, como se fossem absolutas. Elas apenas pareceram as menos insatisfatórias para o tradutor, e os leitores e profissionais que empregam termos diferentes, conforme suas diferentes abordagens e percepções da psicanálise, devem sentir-se à vontade para conservar suas opções; que cada qual seja "feliz à sua maneira", como disse aquele famoso rei da Prússia, citado por Freud.

P.C.S.

PSICOPATOLOGIA DA VIDA COTIDIANA (1901)
SOBRE ESQUECIMENTOS, ATOS FALHOS, ATOS DESCUIDADOS, SUPERSTIÇÕES E ERROS

TÍTULO ORIGINAL: *ZUR PSYCHOPATHOLOGIE DES ALLTAGSLEBENS*.
PUBLICADO PRIMEIRAMENTE EM *MONATSSCHRIFT FÜR PSYCHIATRIE UND NEUROLOGIE*, 10, N. 1 E 2 (JULHO E AGOSTO DE 1901).
EDITADO COMO LIVRO EM 1904. TRADUZIDO DE *GESAMMELTE WERKE* IV, PP. 1-310.

Nun ist die Luft von solchem Spuk so voll,
Dass niemand weiss, wie er ihn meiden soll.
[Agora o ar está tão cheio desses fantasmas
Que ninguém sabe como evitá-los.]

Fausto II, ato v, cena 5

I. ESQUECIMENTO DE NOMES PRÓPRIOS

No volume de 1898 da *Monatsschrift für Psychiatrie und Neurologie* [Revista mensal de psiquiatria e neurologia] publiquei, com o título "Sobre o mecanismo psíquico do esquecimento", um artigo cujo teor repetirei aqui, como ponto de partida para uma discussão mais extensa. Nele submeti à análise psicológica, num exemplo expressivo tirado de minha auto-observação, o caso frequente em que um nome próprio é temporariamente esquecido, e cheguei à conclusão de que esse fato, tão comum e de escassa importância prática, que consiste na falha de uma função psíquica — a memória —, admite uma explicação que vai muito além daquilo que habitualmente se obtém do fenômeno.

A menos que eu muito me engane, se pedíssemos a um psicólogo que explicasse como frequentemente nos escapa um nome que acreditamos saber, ele se contentaria em responder que nomes próprios sucumbem com maior facilidade ao esquecimento do que outros conteúdos da memória. Ele mencionaria as razões plausíveis para esse tratamento especial dos nomes próprios, mas não suspeitaria de outras determinações para o fato.

O que fez com que eu me ocupasse mais detidamente do fenômeno do esquecimento temporário de nomes foi a observação de certas particularidades que, embora não apareçam em todos os casos, em alguns deles se mostram com bastante clareza. Nestes o indivíduo não apenas *esquece*, mas também *se recorda erradamente*. Esforçando-se por encontrar o nome que lhe escapou, outros nomes — *substitutos* — lhe vêm à consciência, os quais são imediatamente percebidos como incorretos, mas sempre retornam com tenacidade. É como se o processo que conduz à reprodução do nome buscado tivesse se *deslocado*, levando a um substituto incorreto. Minha pressuposição é de que esse deslocamento não é deixado ao arbítrio psíquico, mas segue trilhas regulares e previsíveis. Em outras palavras, desconfio que os nomes substitutos têm com o nome buscado uma relação que pode ser detectada, e espero, se conseguir demonstrar essa relação, lançar também alguma luz sobre o modo como se dá o esquecimento de nomes.

No exemplo que escolhi para analisar em 1898, o nome do qual eu buscava me lembrar, em vão, era o do artista que havia pintado os magníficos afrescos do *Juízo Final*, na catedral de Orvieto. Em vez do nome procurado — Signorelli — vieram-me dois outros nomes de pintores — Botticelli e Boltraffio —, que o meu julgamento recusou de imediato como sendo incorretos. Quando alguém me informou o nome certo, eu o reconheci prontamente. Investigando que influências e associações fizeram a reprodução mudar dessa maneira — de Signorelli para Botticelli e Boltraffio —, cheguei aos seguintes resultados:

a) A razão para que me escapasse o nome Signorelli não deve ser buscada em alguma peculiaridade desse nome ou numa característica psicológica do contexto em que foi introduzido. O nome esquecido me era tão familiar quanto um dos substitutos — Botticelli — e bem menos familiar do que o outro — Boltraffio —, do qual

I. ESQUECIMENTO DE NOMES PRÓPRIOS

sabia apenas que era de um artista da escola milanesa. O contexto em que houve o esquecimento do nome me pareceu inócuo e tampouco esclareceu algo. Eu fazia uma viagem de Ragusa, na Dalmácia, até uma localidade na Herzegovina; no mesmo veículo estava um desconhecido, e durante a conversa falamos da Itália; perguntei-lhe se já conhecia Orvieto e os célebres afrescos de...

b) O esquecimento do nome se explica apenas quando me recordo do assunto imediatamente anterior da conversa, e se revela como uma *perturbação do novo assunto ocasionada pelo anterior*. Logo antes de perguntar a meu companheiro de trajeto se ele havia estado em Orvieto, falamos sobre os costumes dos turcos que vivem na Bósnia e na Herzegovina. Contei-lhe o que me havia dito um colega que exerce a medicina entre eles: que exibem grande confiança no médico e grande resignação ao destino. Quando é preciso lhes informar que não há o que fazer por um doente, respondem: "*Senhor* [*Herr*], o que dizer? Sei que, se ele tivesse salvação, o senhor o salvaria". Nessas frases é que surgem as palavras *Bósnia*, *Herzegovina* e *Senhor*, que podem ser colocadas numa série associativa entre *Signorelli* e *Botticelli-Boltraffio*.

c) Suponho que a série de pensamentos sobre os costumes dos turcos na Bósnia etc. teve a capacidade de atrapalhar o pensamento seguinte porque lhe subtraí minha atenção antes que ela chegasse ao fim. Lembro-me de que ia contar outra anedota, que se acha vizinha daquela em minha memória. Esses turcos prezam o prazer sexual acima de tudo e, no caso de distúrbios sexuais, caem num desespero que contrasta singularmente com sua resignação diante da morte. Um dos pacientes de meu colega lhe disse uma vez: "O *senhor* sabe, se não dá mais para *isso*, a vida não tem mais valor". Eu suprimi a comunicação desse traço característico, pois não quis tocar nesse tema numa conversa com um desconhecido. Fiz mais ainda, porém. Desviei minha atenção também dos pensamentos que em mim poderiam se ligar ao tema "morte e sexualidade". Naquela época eu estava sob a impressão de uma notícia que havia recebido poucas semanas antes, durante uma breve estadia em *Trafoi*. Um paciente, do qual eu havia me ocupado bastante, tinha dado fim à própria vida por causa de um distúrbio sexual incurável. Sei, com segurança, que durante aquela viagem à Herzegovina não me veio à lembrança consciente esse acontecimento triste, nem nada a ele relacionado. Mas a semelhança de *Trafoi* com *Boltraffio* me leva a supor que naquele tempo, apesar do desvio consciente da minha atenção, essa reminiscência tornou-se ativa dentro de mim.

d) Não posso mais entender o esquecimento do nome Signorelli como algo casual. Tenho de reconhecer a influência de um *motivo* nesse processo. Foi um motivo o que me fez interromper a comunicação de meus pensamentos (sobre os costumes dos turcos etc.), e o que me influenciou para que não se tornassem conscientes os pensamentos ligados a isso, que teriam levado à notícia de Trafoi. Portanto, eu queria esquecer algo, eu havia *reprimido* algo. Mas queria esquecer outra coisa que não o nome do artista de Orvieto; mas essa outra coisa pôde estabelecer uma ligação associativa com o nome deste, de

I. ESQUECIMENTO DE NOMES PRÓPRIOS

modo que meu ato de vontade falhou e eu esqueci *uma coisa contra a vontade*, enquanto queria esquecer *a outra intencionalmente*. A aversão a recordar se dirigiu a determinado conteúdo; a incapacidade de recordar se manifestou em outro. Naturalmente, seria mais simples se aversão e incapacidade de lembrar se referissem ao mesmo conteúdo. Além disso, os nomes substitutos já não me parecem inteiramente injustificados, como antes da explicação; eles me lembram (à maneira de um compromisso) tanto o que esqueci como o que desejava recordar, e me mostram que a minha intenção de esquecer algo não foi nem totalmente bem-sucedida nem totalmente malograda.

e) Chama a atenção o modo como se produziu o nexo entre o nome buscado e o tema reprimido (morte e sexualidade, em que aparecem os nomes Bósnia, Herzegovina, Trafoi). O diagrama seguinte, tomado do artigo de 1898, procura ilustrar esse nexo:

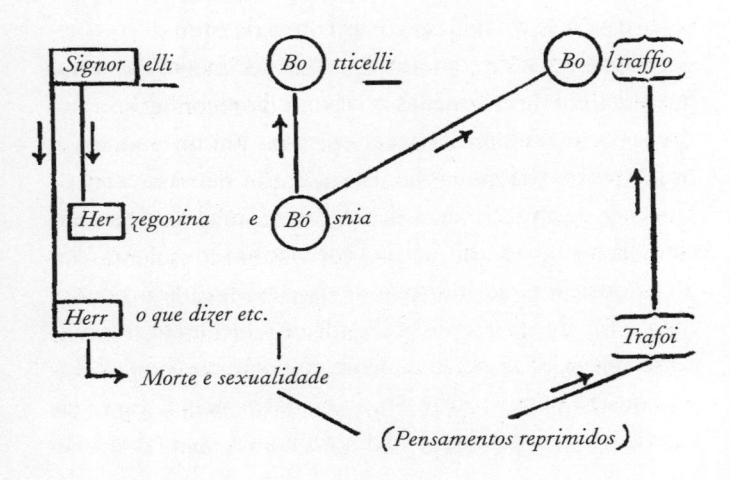

Signor elli   *Bo* tticelli   *Bo* l traffio

Her zegovina   e   *Bó* snia

Herr o que dizer etc.
→ Morte e sexualidade   *Trafoi*

(Pensamentos reprimidos)

O nome Signorelli foi decomposto em duas partes. Um par de sílabas (*elli*) retornou inalterado num dos nomes substitutos; o outro assumiu, pela tradução *Signor--Herr*, várias relações diferentes com as palavras do tema reprimido, mas desse modo se perdeu para a reprodução. Sua substituição ocorreu como se tivesse havido um deslocamento ao longo dos nomes combinados "Herzegovina e Bósnia", sem levar em conta o sentido e a delimitação acústica das sílabas. Portanto, nisso os nomes foram tratados como os pictogramas de uma frase que deve ser transformada num rébus. A consciência não teve notícia de todo o processo que assim gerou os nomes substitutos, em vez do nome Signorelli. À primeira vista não parece possível achar, entre o tema em que surgiu o nome Signorelli e o tema reprimido que o antecedeu, uma relação que vá além desse retorno de sílabas iguais (ou melhor, de sequências de letras).

Talvez seja pertinente observar que não há contradição entre esta nossa explicação e as condições que os psicólogos supõem para a reprodução e o esquecimento, que são buscadas em determinadas relações e predisposições. Nós apenas acrescentamos, em certos casos, um *motivo* a todos os fatores que há muito são reconhecidos como capazes de produzir o esquecimento de um nome, e, além disso, esclarecemos o mecanismo da recordação errada. Aquelas predisposições são indispensáveis também para o nosso caso, a fim de criar a possibilidade de o elemento reprimido se apropriar associativamente do nome buscado e levá--lo consigo para a repressão. Com outro nome, tendo ele condições de reprodução mais favoráveis, isso talvez não

I. ESQUECIMENTO DE NOMES PRÓPRIOS

acontecesse. É provável que um elemento suprimido sempre se esforce por prevalecer em algum outro local, mas nisso tenha êxito apenas onde condições apropriadas o favorecem. Outras vezes a supressão é obtida sem distúrbio funcional ou, como bem podemos dizer, sem *sintomas*.

São as seguintes, em resumo, as condições para que haja esquecimento de um nome e recordação errada: 1) uma certa predisposição para o seu esquecimento; 2) um processo de supressão ocorrido logo antes; 3) a possibilidade de produzir uma associação *externa* entre o nome em questão e o elemento suprimido antes. Provavelmente não se dará muita importância a essa última condição, pois, dadas as modestas exigências para a associação, esta poderá ser obtida na grande maioria dos casos. Outra questão, mais profunda, é se tal associação externa pode mesmo ser condição suficiente para que o elemento suprimido atrapalhe a reprodução do nome buscado, se não se requer um laço mais íntimo entre os dois temas. Uma consideração superficial tenderia a rejeitar esse último requisito e ver como suficiente a contiguidade temporal, sendo os conteúdos díspares. Investigando mais detidamente, porém, notamos, com frequência cada vez maior, que os dois elementos ligados por uma associação externa (o reprimido e o novo) possuem também um nexo no conteúdo, e inclusive no exemplo *Signorelli* este pode ser demonstrado.

O valor da compreensão que obtivemos na análise de *Signorelli* depende, sem dúvida, de vermos esse caso como típico ou como algo isolado. Agora afirmarei que o esquecimento de nome acompanhado de recordação errada ocorre muito frequentemente como elucidamos no caso de *Signorelli*. Quase todas as vezes em que pude observar em mim mesmo esse fenômeno, também fui capaz de explicá-lo da maneira mencionada, como sendo motivado pela repressão. Devo aduzir outra consideração em favor da natureza típica de nossa análise. Creio que não se justifica separar, em princípio, casos de esquecimento de nome com recordação errada daqueles em que não aparecem nomes substitutos incorretos. Em bom número de casos, esses nomes substitutos ocorrem espontaneamente; em outros, em que não surgiram de forma espontânea, podemos fazê-los surgir mediante um esforço da atenção, e então eles mostram, com o elemento reprimido e o nome buscado, as mesmas relações que se tivessem vindo espontaneamente. Para que o nome substituto venha à consciência, dois fatores parecem ser decisivos: primeiro, o esforço da atenção; segundo, uma condição interior que é inerente ao material psíquico. Eu poderia buscar essa última na maior ou menor facilidade com que se produz a necessária associação externa entre os dois elementos. Boa parte dos casos de esquecimento de nome *sem* recordação errada pode, então, ser juntada aos casos com formação de nomes substitutos, para os quais vale o mecanismo do exemplo de *Signorelli*. Mas certamente não ousarei afirmar que todos os casos de esquecimento de nome devem ser incluídos no mesmo grupo. Sem dúvida, existem casos que são bem mais simples. Acho que apresentaremos a coisa com suficiente cautela se afirmarmos isto: *além do esquecimento simples de nomes próprios, há também um esquecimento que é motivado pela repressão.*

II. ESQUECIMENTO DE PALAVRAS ESTRANGEIRAS

O vocabulário corrente de nossa própria língua parece protegido do esquecimento no âmbito da função normal. É diferente, como se sabe, com as palavras de uma língua estrangeira. A predisposição para esquecê-las existe com todas as classes de palavras, e um primeiro estágio de transtorno funcional se mostra na irregularidade de nosso domínio do vocabulário estrangeiro, conforme nosso bem-estar geral e nosso grau de fadiga. Numa série de casos, esse esquecimento segue o mesmo mecanismo que o exemplo de "Signorelli" nos revelou. Para demonstrar isso, apresentarei aqui uma só análise, que se distingue por valiosas peculiaridades, porém, e que diz respeito ao esquecimento de um vocábulo de uma citação latina que não é um substantivo. Seja-me permitido expor esse pequeno incidente de modo fiel e detalhado.

No último verão, novamente em viagem de férias, renovei o contato com um jovem de formação universitária, que estava familiarizado com algumas de minhas publicações psicológicas, como logo notei. Nossa conversa — já não sei como — recaiu sobre a posição social do povo a que nós dois pertencemos, e ele, sendo ambicioso, lamentou que sua geração estivesse fadada a definhar (assim se expressou), não podendo desenvolver os talentos e satisfazer os anseios. Ele concluiu sua fala apaixonada com o notório verso de Virgílio, em que a infeliz Dido transfere para os pósteros a sua vingança de Enéas: *Exoriare...*; ou melhor, ele quis finalizá-la assim, porque não pôde reconstituir a citação e buscou dissimular uma lacuna evidente da memória mudando a ordem das palavras: *Exoriar(e) ex nostris ossibus ultor!*. Afinal disse, aborrecido: "Por favor, não faça essa expressão irônica, parecendo que se deleita com meu embaraço. Ajude-me; falta alguma coisa no verso. Como é ele realmente?".

"Com prazer", respondi, e dei a citação correta: *"Exoriar(e)* aliquis *nostris ex ossibus ultor!"**

"Que tolice esquecer essa palavra! Falando nisso, o senhor já disse que ninguém esquece algo sem motivo. Eu teria a curiosidade de saber como vim a esquecer o pronome indefinido *aliquis*."

Aceitei de bom grado o desafio, pois assim esperava obter uma contribuição para a minha coleção. Então falei: "Podemos ver isso agora. Só devo lhe pedir que me informe, de maneira *franca* e *sem usar a crítica*, o que lhe vem à cabeça quando volta a atenção para a palavra esquecida, sem uma intenção determinada".[1]

"Certo. Então me vem a ideia engraçada de dividir a palavra deste modo: *a* e *liquis*."

"Para que isso?" — "Não sei." — "Que mais lhe ocorre a respeito disso?" — "A continuação é *Relíquias — liquidação — líquido — fluido*. Já sabe alguma coisa agora?"

---

* "Que alguém (*aliquis*) surja de meus ossos como vingador! (Virgílio, *Eneida*, 4, 625). [As notas chamadas por asterisco e as interpolações às notas do autor, entre colchetes, são de autoria do tradutor. As notas do autor são sempre numeradas.]

1 Esse é o método geral para levar à consciência elementos representacionais que se ocultam. Cf. minha *Interpretação dos sonhos*, 8ª ed., p. 71 [pp. 132-3 do v. 4 destas *Obras completas*].

"Não, longe disso. Mas prossiga."

"Penso", continuou ele, sorrindo, "em Simão de Trento; há dois anos vi as relíquias dele numa igreja de Trento. Penso na acusação de assassinato ritual que agora se faz novamente aos judeus e no livro de Kleinpaul,* que em todas essas supostas vítimas vê encarnações, como que novas edições do Salvador."

"Isso não deixa de ter relação com o tema de nossa conversa, antes da palavra latina lhe escapar."

"É verdade. Penso também no artigo de um jornal italiano, que li há pouco tempo. Creio que o título era: 'O que santo *Agostinho* fala sobre as mulheres'. Que diz sobre isso?"

"Vejamos ainda."

"Agora vem algo que certamente não possui relação nenhuma com o nosso tema."

"Por favor, abstenha-se de qualquer crítica e..."

"Sim, já sei. Lembro-me agora de um interessante senhor idoso que conheci na semana passada, numa viagem. Um verdadeiro *original*. Tinha o aspecto de uma grande ave de rapina. O nome dele, caso queira saber, é *Benedito*."

"De todo modo, temos aí uma sequência de santos e pais da Igreja: são Simão, santo Agostinho, são Benedito. Houve um pai da Igreja que se chamava *Orígenes*, creio. Três desses nomes são também primeiros nomes, como *Paul* em *Kleinpaul*."

---

* *Menschenopfer und Ritualmorde* [Sacrifícios humanos e assassinatos rituais], de Rudolf Kleinpaul, Leipzig, 1892.

"Agora me ocorre são *Januário* e o milagre com o sangue dele — acho que a coisa prossegue mecanicamente."

"Deixe para lá. São Januário e santo Agostinho têm relação com o calendário [os meses de janeiro e agosto]. Quer me lembrar como foi o milagre com o sangue?"

"Certamente o senhor conhece! Numa igreja de Nápoles há um pequeno frasco com sangue de são Januário, que por milagre fica novamente *líquido* em certo dia feriado. O povo dá grande importância a esse milagre e fica muito agitado quando ele atrasa, como aconteceu numa época em que os franceses ocuparam a cidade. O general comandante — estarei enganado ou foi Garibaldi? — chamou o reverendo para um lado e lhe deixou claro, mostrando com um gesto significativo os soldados alinhados na praça, que *esperava* que o milagre acontecesse logo. E realmente aconteceu..."

"E agora? Por que parou?"

"Bem, me veio à mente algo... mas é muito íntimo para dizer... Além disso, não vejo relação, e não vejo necessidade de comunicar."

"Eu pensarei na relação. Não posso obrigá-lo a comunicar o que lhe for desagradável; mas então não me peça para lhe explicar como esqueceu a palavra *aliquis*."

"Realmente? É o que acha? Bom, de repente me lembrei de uma senhorita que pode me dar uma notícia que não seria agradável para mim e para ela."

"A notícia de que a menstruação dela não veio?"

"Como pôde adivinhar?"

"Agora não é difícil. Você me preparou o caminho para isso. Pense nos *santos do calendário, no sangue que*

II. ESQUECIMENTO DE PALAVRAS ESTRANGEIRAS

fica líquido em determinado dia, na agitação quando isso não acontece, na clara ameaça de que o milagre deve acontecer, senão... Você usou o milagre de são Januário para fazer uma ótima alusão ao período menstrual das mulheres."

"Sem ter consciência disso. E o senhor acha realmente que devido a essa expectativa ansiosa eu não pude recordar a palavra *aliquis*?"

"Isso me parece fora de dúvida. Lembre-se de que decompôs a palavra em *a — liquis* e fez as associações *relíquias, liquidação, líquido*. Devo mostrar como entra nisso são Simão, que *foi sacrificado quando criança*? Você chegou a ele através das relíquias."

"Melhor não fazer isso. Espero que não leve esses pensamentos meus a sério, se é que realmente os tive. Mas vou lhe confessar que a senhorita é italiana, foi na companhia dela que visitei Nápoles. Diga-me, isso tudo não pode ser acaso?"

"Deixarei que o seu próprio julgamento decida se todos esses nexos podem ser esclarecidos recorrendo ao acaso. Posso lhe dizer, no entanto, que todos os casos semelhantes que analisar levarão a 'acasos' assim notáveis."[2]

---

2 [Nota acrescentada em 1924:] Essa pequena análise recebeu muita atenção na literatura sobre o tema e gerou vivas discussões. Com base nela, Eugen Bleuler procurou estabelecer matematicamente a credibilidade das interpretações psicanalíticas e chegou à conclusão de que ela [a psicanálise] tem maior valor de probabilidade do que milhares de "conhecimentos" médicos não questionados e que sua posição especial se deve apenas ao fato de que ainda não estamos acostumados a levar em consideração probabilidades psicológicas na ciência. (E. Bleuler, *Das autistisch-undisziplinierte Denken in der Medizin und seine Überwindung*, Berlim, 1910).

Tenho várias razões para estimar essa pequena análise, e sou grato a meu vizinho do trem por haver me dado a oportunidade de fazê-la. Primeiro, porque nesse caso me foi permitido usar uma fonte de que normalmente não disponho. Em geral tenho de apanhar da minha auto-observação os exemplos de distúrbios funcionais psíquicos da vida cotidiana que aqui reúno. Procuro evitar a utilização do material bem mais rico que me oferecem os pacientes neuróticos, pois temo a objeção de que esses fenômenos seriam justamente efeitos e manifestações da neurose. É de grande valor para meus objetivos, portanto, que outra pessoa de nervos sãos se ofereça como objeto de uma investigação como esta. Há outro aspecto em que essa análise é significativa para mim: esclarece um caso de esquecimento de palavra *sem* recordação substitutiva, confirmando minha tese, já mencionada, de que o aparecimento ou a ausência de recordações substitutivas erradas não pode fundamentar uma distinção essencial.[3]

---

3 Uma observação mais detida diminui a oposição entre a análise de "Signorelli" e a de *aliquis*, no que toca às recordações erradas. É que também nesta o esquecimento parece acompanhado de uma formação substitutiva. Quando perguntei a meu interlocutor, posteriormente, se não lhe havia ocorrido algo em substituição, ao buscar pela palavra que faltava, ele contou que primeiro sentira a tentação de pôr um *ab* no verso (talvez a porção destacada de *a-liquis*) — *nostris ab ossibus* [em vez de *ex ossibus*]; e, depois, que o *exoriare* se impôs a ele com nitidez e persistência. Com seu típico ceticismo, acrescentou: "Evidentemente, porque era a primeira palavra do verso". Quando lhe pedi que, mesmo assim, atentasse para as associações com *exoriare*, ele forneceu "exorcismo". Por-

II. ESQUECIMENTO DE PALAVRAS ESTRANGEIRAS

Mas a importância maior do exemplo de *aliquis* está em outra de suas diferenças em relação ao de "Signorelli". Neste, a reprodução do nome foi atrapalhada pelo efeito continuado de um curso de pensamentos iniciado e interrompido pouco antes, mas cujo teor não possuía ligação clara com o novo tema que incluía o nome Signorelli. Entre o tema reprimido e o do nome esquecido

---

tanto, posso muito bem imaginar que a intensificação de *exoriare*, ao ser reproduzido, tivesse o valor de uma formação substitutiva como as mencionadas. Essa mesma substituição teria acontecido, através da associação "exorcismo", a partir dos nomes dos santos. Mas essas são sutilezas a que não é preciso dar importância. [As duas frases entre parênteses foram acrescentadas em 1924:] (Por outro lado, P. Wilson, em "The Imperceptible Obvious", *Revista de Psiquiatría*, Lima, janeiro de 1922, enfatiza que a intensificação de *exoriare* teria alto valor explicativo, pois "exorcismo" seria o melhor substituto simbólico para o pensamento reprimido da eliminação, mediante o aborto, do filho receado. Posso aceitar de bom grado essa correção, que não afeta a validade da análise.)

Mas parece bem possível que o surgimento de algum tipo de recordação substitutiva seja um sinal constante, talvez também característico e revelador, do esquecimento tendencioso, motivado pela repressão. Essa formação substitutiva ocorreria também quando não aparecem substitutos errados, na intensificação de um elemento que seja vizinho daquele esquecido. No caso de "Signorelli", por exemplo, enquanto não me vinha o nome do pintor era *bastante nítida* a lembrança visual dos afrescos e do seu autorretrato no canto de uma pintura; mais intensa, sem dúvida, do que costumam ser para mim os traços mnêmicos visuais. Em outro caso, também comunicado no artigo de 1898, esqueci inapelavelmente o nome da rua, do endereço de uma visita que não me era agradável fazer, numa cidade desconhecida, mas tinha bastante nítido o número da casa, como que por ironia — enquanto normalmente tenho grande dificuldade em lembrar números.

havia apenas uma relação de contiguidade temporal; esta bastou para que os dois se ligassem por uma associação externa.[4] Já no exemplo de *aliquis* não se nota nenhum tema independente reprimido, que logo antes tivesse ocupado o pensamento consciente e depois atrapalhasse. A reprodução foi perturbada a partir do interior do próprio tema, quando inconscientemente surgiu uma oposição à ideia representada na citação. É preciso construir [*konstruiren*] do seguinte modo o ocorrido. O interlocutor lamentava que a atual geração de seu povo seja prejudicada em seus direitos; ele profetizou, como Dido, que uma nova geração se vingará dos opressores. Assim, manifestou o desejo de ter descendência. Nesse momento, um pensamento contrário se interpôs: "Você realmente deseja ter descendentes? Não é verdade. Você não ficaria incomodado se recebesse agora a notícia de que espera um descendente daquela pessoa que você conhece? Não, melhor não ter descendentes — ainda que necessitemos deles para a vingança". Essa oposição se faz valer, como no exemplo de "Signorelli", estabelecendo uma associação externa entre um de seus elementos representacionais e um elemento do desejo contestado, e dessa vez de maneira forçada, através de um rodeio associativo que se mostra artificial. Outra concordância essencial com o exemplo de "Signorelli" está em que a oposição vem

---

[4] Não sustentarei com plena convicção que não há relação interna entre os dois grupos de pensamentos no caso de "Signorelli". Seguindo cuidadosamente os pensamentos reprimidos sobre o tema "morte e sexualidade", deparamos com uma ideia que é bem próxima do tema dos afrescos de Orvieto.

de fontes reprimidas, partindo de pensamentos que levariam a um afastamento da atenção.

É o que tenho a dizer sobre as diferenças e a afinidade interna dos dois modelos de esquecimento de palavras. Tomamos conhecimento de um segundo mecanismo de esquecimento, a perturbação de um pensamento devido a uma oposição interna oriunda do reprimido. Esse processo, que nos parece o de mais fácil compreensão, nós encontramos repetidas vezes ao longo deste trabalho.

III. ESQUECIMENTO DE NOMES E SEQUÊNCIAS DE PALAVRAS

Observações como as que acabamos de ver, do esquecimento de parte de uma frase em língua estrangeira, podem despertar a curiosidade de saber se o esquecimento de sequências de palavras na língua materna requer uma explicação diferente. Não costumamos nos admirar quando, após algum tempo, só podemos reproduzir de maneira infiel, com alterações e lacunas, uma fórmula ou um poema aprendidos de memória. Mas, como esse esquecimento não atinge igualmente o que foi aprendido como um todo, parecendo, isto sim, tirar pedaços dele, pode valer a pena investigar analiticamente alguns exemplos de tal reprodução defeituosa.

Um colega mais jovem fez a suposição, em conversa comigo, de que o esquecimento de poemas na língua materna poderia ter motivação igual ao esquecimento de elementos numa frase estrangeira, e ofereceu-se como objeto de experiência. Perguntei-lhe com qual poema ele gostaria de fazer o teste, e ele escolheu "A noiva de Corinto" [de Goethe], de que gostava muito e do qual acreditava saber de cor ao menos algumas estrofes. Começando a reproduzi-lo, já deparou com uma incerteza curiosa: "É 'Viajando de Corinto para Atenas' ou 'de Atenas para Corinto'?". Também eu hesitei por um instante, até notar, sorrindo, que o título, "A noiva de Corinto", não deixava dúvida quanto à direção tomada pelo jovem do poema. A reprodução da primeira estrofe ocorreu então sem tropeços ou, pelo menos, sem erros notáveis. Por um momento, o colega pareceu buscar a primeira linha da segunda estrofe; mas logo prosseguiu e recitou:

> *Aber wird er auch willkommen scheinen,*
> *Jetzt, wo jeder Tag was Neues bringt?*
> *Denn er ist noch Heide mit den Seinen*
> *Um die sind Christen und — getauft.*
> [Mas ele parecerá mesmo bem-vindo,
> Agora, que cada dia traz algo novo?
> Pois ele e os seus ainda são pagãos,
> E aqueles são cristãos e — batizados.]

Antes que ele chegasse a esse ponto, eu já estranhava o que ouvia; após a conclusão da última linha, os dois concordamos em que tinha havido alguma modificação. Como não conseguimos achá-la, fomos à biblioteca buscar os poemas de Goethe, e vimos, para nossa surpresa, que a segunda linha dessa estrofe tinha palavras

III. ESQUECIMENTO DE NOMES E SEQUÊNCIAS DE PALAVRAS

completamente diversas, que a memória do colega havia como que jogado fora e substituído por algo novo. O certo era:

Aber wird er auch willkommen scheinen,
Wenn er teuer nicht die Gunst erkauft?
[Mas ele parecerá mesmo bem-vindo,
Se não pagar caro o favor?]

Com *erkauft* [pagar] rimava *getauft* [batizado], e me pareceu peculiar que a constelação "pagão", "cristãos" e "batizado" pouco o tivesse ajudado na reconstituição do texto.

"Você consegue explicar", perguntei ao colega, "como pôde omitir inteiramente um verso desse poema que deve conhecer tão bem, e tem ideia de onde retirou a substituição para esse verso?"

Ele foi capaz de dar um esclarecimento, embora não o fizesse de muito bom grado, como notei. Falou: "As palavras 'Agora, em que cada dia traz algo novo' me parecem familiares; devo tê-las usado há pouco tempo, com referência à minha atividade profissional, que, como o senhor sabe, está progredindo muito atualmente, o que me deixa satisfeito. Como essa frase entrou naquele ponto? Acho que sei o nexo. O verso 'Se não pagar caro o favor' não me era agradável, sem dúvida. Isso tem relação com um pedido de casamento que foi recusado uma vez e que agora, tendo em vista minha situação material muito melhorada, penso em fazer de novo. Mais não posso lhe dizer, mas certamente não gostarei, se agora for aceito, de pensar que uma espécie de cálculo foi decisivo, tanto agora como antes".

Isso me pareceu plausível, mesmo não conhecendo as circunstâncias com mais detalhes. Mas perguntei ainda: "Como você chegou a ligar sua situação pessoal ao texto de 'A noiva de Corinto'? No seu caso há diferenças de confissão religiosa, como as que têm relevância no poema?".

(Keimt ein Glaube neu,
Wird oft Lieb' und Treu
Wie ein böses Unkraut ausgerauft.)
[Quando uma nova fé germina,
Muitas vezes o amor e a fidelidade
São extirpados como erva ruim.]

Minha suposição não foi correta; mas foi interessante notar como uma pergunta bem direcionada fez meu interlocutor enxergar claro subitamente, de modo que ele pôde me oferecer, como resposta, algo que até então era desconhecido dele mesmo. Lançou-me um olhar atormentado e indignado e murmurou um trecho posterior do mesmo poema:

Sieh sie an genau!
Morgen ist sie grau.
[Olha bem para ela!
Amanhã ela estará cinza.][5]

---

5 O colega fez alguma alteração nesse belo trecho do poema, nas palavras e também no que designam. A garota espectral diz ao noivo:

III. ESQUECIMENTO DE NOMES E SEQUÊNCIAS DE PALAVRAS

E acrescentou brevemente: "Ela é mais velha do que eu". Para não afligi-lo ainda mais, parei com a indagação. A explicação me pareceu suficiente. Mas era surpreendente que a tentativa de encontrar a causa de um inofensivo ato falho da memória tocasse numa questão pessoal tão distante desse ato, tão íntima e carregada de afeto doloroso.

Eis outro exemplo de esquecimento de palavra num poema conhecido, apresentado por C. G. Jung e aqui reproduzido com as palavras dele:[6]

"Um homem quer recitar o famoso poema '*Ein Fichtenbaum steht einsam*' [Um pinheiro está solitário] etc.* Na linha que tem início com '*Ihn shläfert*' [Ele adormece], não vai adiante, esqueceu totalmente '*mit weisser Decke*' [num branco lençol]. Esse esquecimento de um verso tão conhecido me chamou a atenção, e solicitei que falasse o que lhe ocorria a respeito de '*mit weisser Decke*'. Veio o seguinte: 'Um lençol branco faz pensar numa mor-

---

Meine Kette hab' ich dir gegeben;
Deine Locke nehm' ich mit mir fort.
Sieh sie an genau!
Morgen bist du grau,
Und nur braun erscheinst du wieder dort.
[Minha corrente eu te dei;/ Tua mecha de cabelo eu levo comigo./ Olha bem para ela!/ Amanhã estarás cinza,/ E somente castanho aparecerás novamente lá.]
6 C. G. Jung, *Über die Psychologie der Dementia praecox*, 1907, p. 64.
* Poema de Heinrich Heine, *Lyrisches Intermezzo*, XXXIII. Os versos mencionados são: "*Ihn schläfert; mit weisser Decke/ umhüllen ihn Eis und Schnee*" [Ele adormece; o gelo e a neve/ O envolvem num branco lençol].

talha — um pano branco com que cobrimos um morto — (pausa) — agora me vem à cabeça um amigo próximo — seu irmão morreu subitamente, há pouco tempo — deve ter morrido de um ataque do coração — ele era *também* muito corpulento — meu amigo *também* corpulento e já pensei que isso *também* pode acontecer a ele — provavelmente ele se movimenta pouco — quando soube da morte, tive medo de que isso *também* me acontecesse, pois em nossa família temos tendência à obesidade, e também meu avô morreu de um ataque do coração; eu também me acho muito corpulento, e por isso comecei uma dieta de emagrecimento esses dias'."

"Portanto, o homem se identificou inconscientemente com o pinheiro, que está envolvido num lençol branco", observa Jung.

O exemplo seguinte de esquecimento de palavras, que devo a meu amigo S. Ferenczi, de Budapeste, diz respeito, diferentemente dos anteriores, a uma fala da própria pessoa, não a uma frase tirada de um escritor. Ele pode também nos mostrar o caso, não muito habitual, em que o esquecimento se põe a serviço de nossa cautela, ante o perigo de esta sucumbir a um desejo momentâneo. Assim o ato falho adquire uma função útil. Voltando a nós mesmos, damos razão àquela corrente interna, que antes pôde se manifestar apenas como um lapso (um esquecimento, uma impotência psíquica).

"Numa reunião social, alguém diz '*Tout comprendre c'est tout pardonner*' [Tudo compreender é tudo perdoar]. Eu comento que basta a primeira parte da frase; 'perdoar' é uma presunção, algo que devemos deixar para Deus e

III. ESQUECIMENTO DE NOMES E SEQUÊNCIAS DE PALAVRAS

os sacerdotes. Outra pessoa acha muito boa essa observação; isso me encoraja e — provavelmente para garantir a opinião favorável do crítico benevolente — digo que há pouco tempo me ocorreu algo melhor. Quando vou reproduzi-lo, porém — escapa-me o que era. Imediatamente eu me retiro e tomo nota das ideias encobridoras que me ocorrem. Primeiro vêm o nome do amigo que presenciou o nascimento da ideia procurada e o da rua de Budapeste onde isso aconteceu; depois o nome de outro amigo, *Max*, que habitualmente chamamos *Maxi*. Isso me leva à palavra 'máxima', e à lembrança de que então (como no caso apresentado inicialmente) se tratava da alteração de uma máxima conhecida. Curiosamente, quanto a isso me ocorre não uma máxima, mas a seguinte frase: *Deus criou o homem à sua imagem*, e sua versão modificada: *o homem criou Deus à sua imagem*. De imediato surge a lembrança do que eu buscava: meu amigo me disse então, na rua Andrássy: *Nada do que é humano me é estranho*, ao que eu repliquei — aludindo às percepções da psicanálise —: *Você deveria prosseguir e reconhecer que nada do que é animal lhe é estranho*.

"Mas, quando finalmente me lembrei do que buscava, não pude dizê-lo às pessoas com quem estava. A jovem noiva do amigo a quem eu lembrara a animalidade do inconsciente estava entre nós, e eu sabia que ela não estava preparada para tomar conhecimento de verdades tão desagradáveis. O esquecimento me poupou uma série de perguntas maçantes da parte dela e uma discussão estéril, e justamente esse deve ter sido o motivo da 'amnésia temporária'.

"É interessante que tenha aparecido, como ideia encobridora, uma frase em que a divindade é rebaixada a invenção humana, enquanto a frase buscada se referia ao que é animal no homem. Ou seja, a *capitis diminutio* [diminuição do status] é o ponto em comum. Tudo é, claramente, apenas continuação dos pensamentos sobre compreender e perdoar que a conversa instigou.

"O fato de nesse caso ter aparecido rapidamente o que eu buscava talvez se deva também à circunstância de que me retirei imediatamente da companhia das pessoas em que aquilo era censurado."

Desde então, empreendi muitas outras análises de casos de esquecimento ou de reprodução defeituosa de frases e, graças ao consistente resultado dessas investigações, inclino-me a supor que o mecanismo de esquecimento demonstrado nos exemplos de *aliquis* e de "A noiva de Corinto" tem validez quase universal. Geralmente não é fácil comunicar essas análises, pois, como as duas mencionadas, elas sempre levam a coisas íntimas que são penosas para o indivíduo analisado. Por isso não acrescentarei mais exemplos desse tipo. Todos esses casos têm em comum, qualquer que seja o material, o fato de a coisa esquecida ou desfigurada ser posta em relação, por alguma via associativa, com um conteúdo de pensamento inconsciente que dá origem ao efeito que se manifesta como esquecimento.

Agora retorno ao esquecimento de nomes, do qual ainda não consideramos exaustivamente os casos e os motivos. Como às vezes posso observar bastante esse tipo de ato falho em mim mesmo, não me faltarão exemplos. As leves enxaquecas de que sofro costumam

III. ESQUECIMENTO DE NOMES E SEQUÊNCIAS DE PALAVRAS

se anunciar, horas antes, pelo esquecimento de nomes, e no auge desses ataques, em que não sou obrigado a interromper o trabalho, frequentemente me escapam todos os nomes próprios. Ora, justamente casos como o meu poderiam ensejar uma objeção por princípio aos nossos esforços psicanalíticos. Não se deveria concluir dessas observações que a causa do esquecimento, sobretudo o esquecimento de nomes, se acha em transtornos circulatórios ou funcionais do cérebro, dispensando-se tentativas de explicação psicológica para esses fenômenos? Creio que não; isso significaria confundir o mecanismo de um processo, semelhante em todos os casos, com os fatores que o favorecem, variáveis e nem sempre necessários. Em vez de uma discussão, porém, oferecerei uma analogia para lidar com essa objeção.

Vamos supor que eu seja imprudente o bastante para sair à noite numa área deserta de uma grande cidade, e venha a ser atacado e me levem o relógio e a carteira. Então vou à delegacia mais próxima e relato a ocorrência com as seguintes palavras: "Estive em tal e tal rua, e ali a *escuridão* e a *solidão* me roubaram o relógio e a carteira". Embora eu não tenha dado informações incorretas com essas palavras, correria o risco, falando dessa forma, de as pessoas não me considerarem muito bom da cabeça. O fato só poderia ser descrito corretamente se eu afirmasse que, *favorecidos* pela solidão do lugar, sob o *manto* da escuridão, *malfeitores desconhecidos* roubaram-me as coisas de valor que estavam comigo. Ora, não é preciso que o fato seja diferente no caso do esquecimento de nomes; favorecido pelo cansaço, por um transtorno circulatório e pela intoxicação, um poder psíquico desconhecido me tira o acesso aos nomes próprios que pertencem à minha memória, o mesmo poder que em outros casos pode produzir a mesma falha da memória, em condições de perfeita saúde e proficiência.*

Analisando os casos de esquecimento de nomes que observei em mim mesmo, verifico quase sempre que o nome ocultado tem relação com um tema que toca bastante minha pessoa e é capaz de suscitar afetos intensos em mim, com frequência penosos. Seguindo a prática oportuna e recomendável da escola de Zurique (Bleuler, Jung, Riklin) posso formular isso da seguinte maneira: o nome subtraído tocou um "complexo pessoal" em mim. A relação do nome com minha pessoa é inesperada, usualmente intermediada por uma associação superficial (ambiguidade da palavra, semelhança fonética); em geral, ela pode ser caracterizada como uma relação oblíqua. Alguns exemplos simples ilustrarão bem a sua natureza:

1) Um paciente me pede que lhe indique uma estância termal na Riviera. Sei de um lugar bem próximo de Gênova, mas me escapa o nome, embora o conheça e me lembre do nome do colega alemão que lá trabalha. Não me resta senão dizer ao paciente que espere e ir perguntar às mulheres de minha família. "Como se chama mesmo o lugar perto de Gênova onde o dr. N. tem uma pequena clínica, em que tal e tal senhora fez um longo

---

* Essa analogia seria usada também na terceira das *Conferências introdutórias à psicanálise* (1916-7).

tratamento?" "Claro, justamente você tinha que esquecer esse nome. É *Nervi*."* É verdade que já me ocupo bastante de *nervos*.

2) Outro paciente fala de um local de veraneio próximo e afirma que lá existe, além das duas pousadas conhecidas, uma terceira, a que está ligada uma lembrança que tem; logo me dirá o nome dela. Eu contesto que haja essa terceira pousada, pois, tendo passado sete verões seguidos naquela estância, devo conhecê-la melhor do que ele. Estimulado por minha contestação, ele já tem o nome. O albergue se chama *Hochwartner*. Então tenho de admitir, tenho de confessar, na verdade, que por sete verões fiquei na vizinhança desse albergue cuja existência neguei. Por que teria eu esquecido o nome e a coisa? Acho que é porque o nome soa bastante como o de um colega vienense da mesma especialidade; mais uma vez, toca o complexo "profissional" em mim.

3) Em outra ocasião, estou para comprar um bilhete na estação ferroviária de *Reichenhall* e me escapa o nome da próxima estação grande, que me é bastante familiar e pela qual já passei muitas vezes. Tenho de procurá-lo no guia ferroviário. É *Rosenheim*.** Então vejo imediatamente por qual associação ele me fugiu. Uma hora antes eu visitei minha irmã na localidade onde vive, bem perto de Reichenhall. Minha irmã se chama *Rosa*; ou seja, também o lugar dela é um *Rosenheim*. Foi o "complexo da família" que me subtraiu esse nome.

---

* *Nervi* significa "nervos" em italiano e em latim.
** *Heim* significa "lar", e *Rose*, "rosa".

4) Então posso acompanhar o efeito "subtraidor" do "complexo da família" em toda uma série de exemplos.

Um dia, veio consultar-se comigo um jovem, irmão mais novo de uma paciente, que eu já vira inúmeras vezes e costumava designar pelo prenome. Depois, quando eu ia falar de sua visita, esqueci seu prenome, que sabia não ser nada incomum, e de nenhum modo consegui dele me lembrar. Então desci para a rua, a fim de ver os letreiros das lojas, e reconheci o nome assim que apareceu. A análise me mostrou que eu havia feito um paralelo entre o jovem e meu próprio irmão, algo que resultou na seguinte pergunta reprimida: "Meu irmão teria se comportado de forma semelhante ou diferentemente?". A ligação externa entre os pensamentos relativos à outra família e à minha própria foi possibilitada pelo acaso de que as mães de uma e de outra tinham o mesmo prenome, Amalia. Então pude compreender, a posteriori, os nomes substitutivos, Daniel e Franz, que me haviam aparecido sem me ajudarem. Assim como Amalia, são nomes da peça *Die Räuber* [Os bandoleiros], de Schiller, aos quais se relaciona uma brincadeira de Daniel Spitzer, o cronista de *Passeios por Viena*.*

5) Em outra ocasião, não achava o nome de um paciente, nome que faz parte das recordações de minha juventude. A análise me conduziu por um longo rodeio

---

* Daniel Spitzer publicava seus *Wiener Spaziergänge* em vários jornais da época; Freud o mencionaria novamente em *O chiste e sua relação com o inconsciente* (1905, cap. II, seção 3). Segundo Strachey, a referência, aqui, é ao encontro de Spitzer com uma "viúva romântica" que acreditava que alguns personagens de peças de Schiller tinham nomes de parentes dela.

III. ESQUECIMENTO DE NOMES E SEQUÊNCIAS DE PALAVRAS

até chegar ao nome buscado. O paciente havia expressado o medo de perder a visão; isso me despertou a lembrança de um jovem que tinha ficado cego por causa de um tiro; a isso ligou-se a imagem de outro jovem, que havia disparado contra si mesmo e se ferido, e esse último tinha o mesmo nome do primeiro paciente, embora não fosse aparentado a ele. Mas só cheguei ao nome depois que tomei consciência de que havia transferido a expectativa angustiada relacionada a esses dois casos da juventude para uma pessoa de minha própria família.

Assim, uma corrente constante de "referência pessoal" atravessa meu pensamento sem que eu geralmente saiba dela, mas se revelando através desse esquecimento de nomes. É como se eu fosse obrigado a comparar tudo o que ouço a respeito de outras pessoas com minha própria pessoa, como se meus complexos pessoais despertassem a cada vez que tomo conhecimento de algo de outras pessoas. É impossível que isso seja uma peculiaridade minha; deve ser uma indicação do modo como compreendemos o que é "outro". Tenho razões para supor que em outros indivíduos sucede como em mim.

O melhor exemplo desse modo de compreender me foi dado por um senhor chamado Lederer, como experiência pessoal. Na sua viagem de lua de mel, em Veneza, ele encontrou um homem que era apenas seu conhecido, ao qual teve de apresentar sua jovem esposa. Mas, tendo esquecido o nome do sujeito, saiu-se do aperto murmurando algo incompreensível. Ao deparar outra vez com o homem — algo inevitável em Veneza —, chamou-o de lado e lhe pediu que o ajudasse dizendo-lhe seu nome, que infelizmente havia esquecido. A resposta do conhecido mostrou que ele tinha um notável conhecimento da natureza humana: "Sim, acredito que o senhor não tenha guardado meu nome. É igual ao seu: *Lederer*!". É difícil não ter uma sensação ligeiramente desagradável quando vemos o próprio nome em outra pessoa. Eu a tive há pouco tempo, de forma bem nítida, quando um sr. S. Freud se apresentou em meu consultório. (Mas registro o que afirmou um de meus críticos, que garantiu se comportar de maneira oposta nesse ponto.)

6) O efeito da referência pessoal também se nota no exemplo seguinte, relatado por Jung:[7]

"Um homem, o sr. Y, se apaixonou por uma senhorita; mas em vão, pois logo depois ela se casou com o sr. X. Mas agora o sr. Y, que o sr. X conhece há tempos e com o qual tem inclusive relações comerciais, sempre volta a esquecer o nome deste, de modo que tem de perguntar a outras pessoas qual é, quando vai se corresponder com o sr. X."

Entretanto, a motivação para o esquecimento é mais transparente nesse caso do que nos anteriores que se incluem na constelação da referência pessoal. Aqui o esquecimento parece ser consequência direta da aversão do sr. Y pelo rival que teve mais sorte. Ele nada quer saber do outro: "que ele não seja lembrado".*

---

[7] Em *Dementia praecox*, op. cit., p. 52.
* Citação de um poema de Heinrich Heine, *Aus der Matrazengruft* [Do túmulo do colchão]; no original: *"nicht gedacht soll seiner werden"*. A citação e o exemplo seriam repetidos por Freud na terceira das *Conferências introdutórias à psicanálise*, de 1916-7. O exemplo seguinte foi acrescentado em 1920.

7) O motivo para o esquecimento de um nome também pode ser mais refinado, consistindo num rancor, digamos, "sublimado" contra a pessoa que tem o nome. Eis o que escreve a srta. I. von K., de Budapeste:

"Desenvolvi uma pequena teoria. Observei que pessoas com talento para a pintura não têm sensibilidade para a música, e vice-versa. Um tempo atrás falei sobre isso com alguém, dizendo: 'Minha observação sempre se confirmou até agora, com exceção de um caso'. Mas, quando quis me lembrar do nome da pessoa, ele me fugia completamente, mesmo eu sabendo que ela era uma das mais próximas de mim. Quando, após alguns dias, ouvi por acaso o nome, naturalmente entendi que era o de quem atrapalhava minha teoria. O rancor que eu sentia contra ele se manifestava no esquecimento do seu nome, que me era bem conhecido."

8) No caso seguinte,* comunicado por Ferenczi, a referência pessoal levou ao esquecimento do nome por uma via diferente. Sua análise é particularmente instrutiva por explicar as associações substitutivas.

"Uma senhora que ouviu algo sobre a psicanálise não consegue lembrar o nome do psiquiatra *Jung*.

"Em vez disso, as seguintes associações se apresentam: Kl. (*um nome*) — *Wilde* — *Nietzsche* — *Hauptmann*.

"Eu não lhe digo o nome e a exorto a fazer associações livres com cada elemento que lhe ocorre.

"A propósito de Kl., ela pensa logo na *senhora* Kl., diz que esta é uma pessoa afetada, pouco natural, mas

---

* Caso acrescentado em 1910.

que está bem para sua *idade*. 'Ela não fica *velha*.' Como ideia que abrange tanto *Wilde* como *Nietzsche*, ela oferece '*doença mental*'. Então diz, ironizando: 'Vocês, *freudianos*, continuam procurando as causas das doenças mentais até ficarem vocês mesmos *doentes mentais*'. E depois: 'Não suporto *Wilde* e *Nietzsche*. Não consigo entendê-los. Ouvi dizer que os dois foram homossexuais; *Wilde* andava com gente *jovem*'. (Embora já tenha falado o nome certo nessas frases — em húngaro, é verdade —, ela ainda não consegue se lembrar dele.)

"Acerca de *Hauptmann* lhe ocorre *Halbe*,* depois *Jugend*, e somente quando dirijo sua atenção para a palavra *Jugend* ['juventude'] ela se dá conta de que o nome que buscava era *Jung* ['jovem'].

"Essa mulher, que perdeu o marido aos 39 anos e não tem perspectiva de se casar novamente, tem motivos suficientes para fugir ao que lhe recorde *juventude* ou *idade*. Chama a atenção que as palavras substitutas fossem associadas apenas pelo conteúdo ao nome buscado e que não houvesse associações pelo som."

9) Um exemplo de esquecimento de nome que teve outra motivação, muito refinada, é o seguinte, que a própria pessoa esclareceu:**

"Quando fiz prova de filosofia como matéria eletiva, o examinador me questionou sobre a doutrina de *Epi-*

---

* Gerhard Hauptmann e Max Halbe foram dramaturgos contemporâneos de Freud e Ferenczi (que era húngaro). Uma conhecida peça de Halbe se chamava *Jugend*.
** Exemplo acrescentado em 1907.

III. ESQUECIMENTO DE NOMES E SEQUÊNCIAS DE PALAVRAS

curo, e se eu sabia quem retomou as teorias dele séculos depois. Como resposta dei o nome de *Pierre Gassendi*, que dois dias antes, num café, alguém havia mencionado como discípulo de Epicuro. Surpreso, ele me perguntou como eu sabia disso, e eu respondi, ousadamente, que havia muito me interessava por Gassendi. Disso resultou uma *magna cum laude* [com grande distinção] no diploma, mas também, depois, uma tenaz inclinação a esquecer o nome Gassendi. Creio que minha má consciência é culpada se hoje não consigo lembrar esse nome, ainda que me esforce. Também naquela época eu não devia conhecê-lo."

Para avaliar como é intensa a aversão desse homem a recordar-se desse episódio do exame, é preciso saber que ele dá imenso valor ao seu título de doutor, que deve lhe servir de substituto para muitas outras coisas.

10) Também incluo aqui um caso de esquecimento do nome de uma cidade, que talvez não seja simples como os anteriores, mas quem estiver familiarizado com esse tipo de investigação o achará plausível e valioso. O nome de uma cidade italiana foge à lembrança por causa de sua semelhança fonética com um prenome feminino ao qual se ligam várias recordações afetivas, nem todas mencionadas na comunicação. S. Ferenczi (de Budapeste), que observou esse caso em si mesmo, ocupou-se dele tal como analisamos um sonho ou uma ideia neurótica, e o fez acertadamente.

"Hoje estive na casa de uma família da qual sou amigo; na conversa falamos de cidades do norte da Itália. Então alguém disse que nelas ainda se nota a influência austríaca. Eu também quis mencionar uma, mas o nome não me ocorria, embora eu soubesse que lá passei dois dias muito agradáveis, e isso não condiz com a teoria freudiana do esquecimento. Em vez do nome procurado, vieram-me estas associações: *Capua — Brescia — o leão de Brescia*.

"Vejo esse 'leão' à minha frente, na forma de uma estátua de mármore, mas noto que ele não se parece muito com o leão do Monumento à Liberdade de Brescia (o qual vi apenas em foto), e sim com outro leão de mármore, que vi no *monumento fúnebre de Lucerna, em memória dos guardas suíços caídos nas Tulherias*, do qual tenho uma pequena reprodução em minha estante de livros. Afinal me vem o nome que procuro: é *Verona*.

"Logo soube a quem se devia essa amnésia: a uma ex-empregada da família com que eu estava. Ela se chamava *Veronika* — em húngaro, *Verona* — e me era antipática pela fisionomia repugnante, pela *voz rouca, estridente* e, além disso, pela insuportável intimidade (a que ela julgava ter direito por seu longo tempo de serviço). Também a *forma tirânica* como ela tratava as crianças da casa era-me intolerável. Logo compreendi também o que significavam as palavras substitutivas.

"A *Capua* eu imediatamente associei *caput mortuum* [resíduo inútil]. Com frequência comparei a cabeça de Veronika a uma *caveira*. A palavra húngara *kapzsi* (ganancioso) também foi determinante para o deslocamento. Sem dúvida, encontrei também vias de associação muito mais diretas, que ligam *Capua* e *Verona*

III. ESQUECIMENTO DE NOMES E SEQUÊNCIAS DE PALAVRAS

como conceitos geográficos e como termos italianos que têm o mesmo ritmo.*

"O mesmo vale para *Brescia*; mas também nela se acham intrincadas vias secundárias na ligação das ideias.

"Minha antipatia, naquele tempo, era tão forte que eu achava Veronika realmente asquerosa e algumas vezes manifestei assombro por ainda assim ela ter uma vida amorosa e ser amada; 'beijá-la' — eu disse — 'deve dar ânsias de vômito [*Brech*reiz]'. E, no entanto, havia muito tempo ela podia ser relacionada com a ideia dos guardas suíços *caídos em combate*.**

"*Brescia*, ao menos aqui na Hungria, não é vinculada ao leão, mas sim a outro *animal selvagem*. O nome mais odiado neste país, assim como no norte da Itália, é o do general *Haynau*, chamado *a hiena de Brescia*. Portanto, um fio condutor levou do odiado tirano Haynau, por meio de Brescia, até a cidade de Verona, e outro, pela ideia do *animal de voz rouca que anda pelos túmulos dos mortos* (o que também contribuiu para que surgisse o *monumento fúnebre*), até a caveira e a desagradável voz de Veronika, tão insultada por meu inconsciente, que naquela casa agia de modo quase tão tirânico quanto o general austríaco após lutas de libertação dos húngaros e italianos.

"A *Lucerna* se liga o pensamento do verão que Veronika passou com seus patrões *junto ao lago de Lucerna*; e à 'guarda suíça', a lembrança de que ela tiranizava não

---

* Na pronúncia húngara, supõe-se.
** "Caídos em combate": *gefallen*, que também pode significar "agradados".

apenas as crianças, mas também os adultos da família, comprazendo-se no papel de *Garde-Dame* [governanta].

"Devo registrar que essa minha antipatia por Veronika faz parte — conscientemente — das coisas há muito superadas. Desde então ela mudou bastante, externamente e nas maneiras, e quando a vejo (o que é raro acontecer), minha atitude é francamente afável. Meu inconsciente, como de hábito, se apega com tenacidade às impressões, ele é 'de efeito retardado' e não esquece.*

"As *Tulherias* são alusão a outra personalidade, uma senhora francesa de meia-idade que realmente '*guardou*' as mulheres da casa em muitas ocasiões e que é respeitada por crianças e adultos — talvez também um pouco *temida*. Por algum tempo fui seu *élève* [aluno] de conversação francesa. Sobre essa palavra me recordo também que, ao visitar o cunhado de meu anfitrião de agora, no norte da Boêmia, ri muito porque os camponeses da região chamavam *Löwen* [leões] aos *élèves* da 'academia florestal' de lá. Essa divertida lembrança pode ter influído no deslocamento de 'hiena' para 'leão'."

11) Também o exemplo seguinte[8] pode mostrar como um complexo pessoal, dominando alguém em certo momento, provoca o esquecimento de um nome numa vinculação remota.

---

* No original: "'*nachträglich*' und *nachtragend*".
8 *Zentralblatt für Psychoanalyse*, v. 1, 9, 1911 [Exemplo acrescentado em 1912; os dois homens são Freud e Ferenczi, que foram juntos à Sicília em 1910].

III. ESQUECIMENTO DE NOMES E SEQUÊNCIAS DE PALAVRAS

"Dois homens, um de meia-idade, o outro mais jovem, fizeram juntos uma viagem à Sicília seis meses antes, e agora lembram aqueles dias belos e enriquecedores. 'Como se chamava o lugar onde pernoitamos', pergunta o mais jovem, 'antes de visitar Selinunte? Não era Calatafimi?' — O mais velho responde: 'Não, mas também esqueci o nome, embora me recorde bem da estadia lá. No meu caso, basta eu notar que outra pessoa esqueceu um nome; isso induz o esquecimento em mim também. Vamos procurar esse nome. Mas me ocorre somente Caltanisetta, que certamente não é o correto'. — 'Não', diz o mais jovem, 'o nome começa com *w* ou tem um *w*.' — 'Não existe *w* em italiano', replica o mais velho. 'Quis dizer *v*, falei *w* porque estou acostumado a ele em minha língua materna.' — O mais velho rejeita o *v*. Ele afirma: 'Parece que já esqueci muitos nomes sicilianos; seria a hora de fazer algumas tentativas. Como se chama, por exemplo, o lugar que fica no alto de um monte e se chamava Enna na Antiguidade?' — 'Ah, eu sei: Castrogiovanni'.* — No instante seguinte, o mais jovem encontrou também o nome perdido. Ele exclama: 'Castelvetrano!', e fica contente porque o *v* está mesmo presente. O mais velho tem momentaneamente a impressão de não conhecer o nome; depois que o reconhece, porém, procura explicar por que o esqueceu. Diz o seguinte: 'Evidentemente, porque a segunda metade, *vetrano*, soa quase como *veterano*. Sei que não gosto de pensar no *envelhecimento* e

---

* Desde então a cidade voltou a se chamar Enna.

que reajo de modo peculiar quando sou lembrado disso. Assim, há pouco tempo admoestei com palavras singulares um amigo que muito estimo,* dizendo que ele 'há muito tinha deixado para trás os tempos da juventude', porque afirmara uma vez, entre expressões elogiosas a meu respeito, que eu 'já não era mais um jovem'. O fato de minha resistência se voltar para a segunda metade do nome Castelvetrano se deve também a que o início dele reapareceu no nome substituto Caltanisetta.' — 'E o próprio nome Caltanisetta?',** pergunta o mais jovem. 'Este sempre me soou como o apelido carinhoso de uma mulher jovem', confessou o mais velho.

"Algum tempo depois ele acrescentou: 'O nome para Enna foi também um substituto. E agora me ocorre que Castrogiovanni, um nome que surgiu por meio de uma racionalização, soa como *giovani*, 'jovem', assim como o nome buscado, Castelvetrano, soa como *veterano*, 'velho'.

"O mais velho acredita haver explicado seu esquecimento do nome. Não foi investigado por que motivo o mais jovem teve a mesma falha de memória."

Não apenas os motivos, também o mecanismo do esquecimento de nomes merece a nossa atenção.*** Em grande número de casos, um nome é esquecido não por

---

* Trata-se de James J. Putnam; cf. o obituário dele, escrito por Freud em 1919 (no v. 14 destas *Obras completas*).
** O nome correto dessa outra pequena cidade siciliana é Caltanissetta.
*** Esse parágrafo e os exemplos 12 a 17 foram acrescentados em 1917.

despertar ele mesmo tais motivos, mas por se aproximar, graças à assonância ou homofonia, de outro nome, contra o qual se dirigem esses motivos. Vê-se que esse afrouxamento das condições facilita extraordinariamente a ocorrência do fenômeno, como mostram os exemplos seguintes:

12) Relatado pelo dr. Eduard Hitschmann: "O sr. N. quer passar para alguém o nome da livraria *Gilhofer & Ranschburg*. Mas, apesar de refletir muito, só lhe vem o nome Ranschburg, embora conheça bem a firma. Após voltar para casa, ainda um tanto incomodado com o esquecimento, isso lhe pareceu importante o suficiente para que acordasse o irmão, que claramente já dormia, e perguntasse pelo primeiro nome da firma. O irmão lhe disse o nome sem problema. De imediato o sr. N. associou a 'Gilhofer' à palavra 'Gallhof'. Esse era o nome do local onde, alguns meses antes, ele fizera um passeio memorável na companhia de uma atraente garota. Ela lhe dera, como recordação, um objeto que tinha a inscrição: 'Lembrança dos belos momentos em Gallhof'. Poucos dias antes de esquecer o nome, N. havia danificado bastante esse objeto, aparentemente de modo acidental, ao fechar impetuosamente uma gaveta — algo que ele percebeu com algum sentimento de culpa, pois não ignorava o sentido dos atos sintomáticos. Nesses dias seu estado de ânimo para com aquela senhorita era ambivalente: ele a amava, mas hesitava ante os planos de casamento que ela acalentava" (*Internationale Zeitschrift für Psychoanalyse*, I, 1913).

13) Relatado pelo dr. Hanns Sachs: "Numa conversa sobre Gênova e seus arredores, um jovem quer men-

cionar também a localidade de Pegli, mas se recorda do nome apenas com dificuldade, após um esforço de reflexão. Indo para casa, pensa em como foi desagradável que lhe fugisse aquele nome que conhecia, e chega a uma palavra de som semelhante: Peli. Sabe que há uma ilha nos mares do Sul com esse nome, cujos habitantes ainda têm hábitos curiosos. Há pouco leu sobre isso num livro de etnologia e pretendia usar essas informações para uma hipótese sua. Então lhe ocorre que Peli é também o cenário de um romance que leu com gosto e interesse, *Van Zantens glücklichste Zeit* [O tempo mais feliz de Van Zanten], de Laurids Bruun. Os pensamentos que o ocuparam quase ininterruptamente nesse dia estão ligados a uma carta que recebeu de uma mulher de que muito gostava; essa carta o faz temer que terá de renunciar a um encontro combinado. Depois de passar o dia inteiro de péssimo humor, saiu à noite com a intenção de não se aborrecer com o pensamento mortificante, e fruir despreocupadamente a reunião social que o aguardava e que ele muito prezava. Está claro que sua intenção podia ser ameaçada pela palavra Pegli, pois esta se ligava bastante a Peli foneticamente. Mas Peli, tendo adquirido relação com seu Eu mediante o interesse etnológico, representa não só o 'tempo mais feliz' de Van Zanten, mas também o seu, e daí vinham os temores e preocupações que ele tivera durante o dia. É característico que essa explicação simples fosse alcançada apenas depois que uma segunda carta transformou a dúvida na certeza feliz de um reencontro próximo."

III. ESQUECIMENTO DE NOMES E SEQUÊNCIAS DE PALAVRAS

Se, a propósito desse exemplo, nos recordamos daquele aparentado a ele, por assim dizer, em que não se consegue lembrar o nome de um lugar, Nervi, vemos como o duplo sentido de uma palavra pode ser substituído pela semelhança fonética de duas palavras.

14) Quando teve início a guerra com a Itália, em 1915, pude observar em mim mesmo que subitamente desapareceram de minha memória muitos nomes de localidades italianas que antes eu tinha facilmente à disposição. Como tantos outros alemães, era meu hábito passar uma parte das férias em solo italiano, e não podia haver dúvida de que aquele amplo esquecimento de nomes era expressão de uma compreensível hostilidade para com a Itália, que tomava o lugar da predileção anterior. Além desse esquecimento, de motivação direta, houve também um causado indiretamente, que podia ser relacionado à mesma influência. Eu tendia a esquecer nomes de lugares que não eram italianos, e, ao investigar esses casos, descobri que esses nomes se ligavam, por alguma semelhança fonética, aos nomes inimigos malvistos. Desse modo, um dia me aborreci tentando lembrar o nome de uma cidade da Morávia, *Bisenz*. Quando ele finalmente me ocorreu, logo percebi que o esquecimento se devia ao *palazzo Bisenzi*, em Orvieto. Nesse *palazzo* fica o hotel Belle Arti, onde me hospedei todas as vezes que fui a Orvieto. Naturalmente, as recordações mais preciosas foram as mais afetadas pela mudança na atitude emocional.

É pertinente considerar alguns exemplos que nos mostrem a variedade de intenções a que pode servir o ato falho do esquecimento de nomes.

15) Relatado por A. J. Storfer ("O esquecimento de nome como garantia do esquecimento de intenção"): "Uma senhora da Basileia é informada, certa manhã, que chegou à cidade sua amiga de juventude, Selma X., de Berlim, que está em viagem de núpcias; essa amiga deve ficar apenas um dia na Basileia, e por isso a senhora corre imediatamente para o hotel. No final do encontro, as amigas combinam se rever à tarde e permanecer juntas até a partida da outra. À tarde, a senhora *esquece* que havia combinado rever a amiga. Não sei o que determinou esse esquecimento, mas nessa situação (encontro com uma *amiga da juventude recém-casada*) são possíveis várias constelações típicas que podem gerar um entrave à repetição do encontro. O interessante, nesse caso, é um *segundo* ato falho, que representa uma garantia inconsciente do primeiro. Na hora em que deveria encontrar a amiga de Berlim, ela se achava numa reunião social em outra parte da cidade. Em certo momento, falou-se do matrimônio recente da cantora de ópera vienense *Kurz*. A senhora manifestou-se de forma crítica (!) sobre esse casamento, mas, quando quis dizer o primeiro nome da cantora, ficou perplexa de ver que este não lhe ocorria (como se sabe, há a tendência de dizer também o primeiro nome, quando o nome de família tem uma só sílaba). A senhora se irritou por sua fraca memória, tanto mais porque já ouvira Kurz cantar várias vezes e o nome (inteiro) lhe era familiar. Antes que alguém enunciasse o nome que faltava, a conversa tomou outra direção.

"Na noite do mesmo dia, a senhora estava com algumas das mesmas pessoas com quem se reunira à tarde.

III. ESQUECIMENTO DE NOMES E SEQUÊNCIAS DE PALAVRAS

Por acaso, novamente a conversa tocou no casamento da cantora de Viena, e a senhora falou o nome sem dificuldade: 'Selma Kurz'. Imediatamente exclamou também: 'Oh, agora me ocorre que esqueci totalmente que hoje à tarde eu tinha um encontro com minha amiga *Selma*'. Olhando para o relógio, viu que a amiga já havia partido" (*Internationale Zeitschrift für Psychoanalyse*, II, 1914).

Talvez ainda não estejamos preparados para avaliar esse ótimo exemplo em todos os seus aspectos. É mais simples o exemplo seguinte, em que se esquece não exatamente um nome, mas uma palavra estrangeira, por um motivo ligado à situação. (Já vemos que estamos lidando com os mesmos processos, quer se trate de nomes próprios, prenomes, palavras estrangeiras ou conjuntos de palavras). Neste caso, um homem jovem esquece a palavra inglesa para "ouro" [*gold*], que é idêntica à alemã, para ter o ensejo de realizar uma ação que desejava.

16) Relatado pelo dr. Hanns Sachs: "Um jovem conheceu uma moça inglesa que lhe agradou, na pensão onde estavam hospedados. Na noite em que se conheceram, conversavam em inglês, língua que ele falava bem, e, ao querer usar a palavra inglesa para 'ouro', faltou-lhe o termo, ainda que ele se esforçasse em dizê-lo. Em vez disso, apareciam-lhe teimosamente, como vocábulos substitutos, o francês *or*, o latim *aurum* e o grego *crysos*, e ele a custo conseguia rejeitá-los, embora soubesse que não têm nenhuma afinidade [fonética] com a palavra buscada. Por fim, não achou outro modo de se fazer entender senão tocando num anel de ouro que a senhorita tinha na mão. Envergonhado, ouviu-a dizer que a palavra

que ele buscava era a mesma em inglês e alemão: *gold*. O grande valor desse toque gerado pelo esquecimento não está apenas na satisfação inofensiva do instinto de tocar ou pegar — que também é possível em outras ocasiões, avidamente aproveitadas pelos amantes —, mas sobretudo na informação que pode trazer sobre as perspectivas do envolvimento. O inconsciente da moça adivinhará, particularmente se for simpática a sua atitude para com o interlocutor, a finalidade erótica do esquecimento escondida por trás da máscara de inocência. O modo como ela recebe o toque e aceita a motivação deste pode se tornar um meio — inconsciente para os dois, mas muito significativo — para o entendimento sobre as possibilidades do flerte que está começando."

17) Apresento também, nas palavras de J. Stärcke, uma interessante observação relativa ao esquecimento e recuperação de um nome próprio, que se distingue pelo fato de o esquecimento do nome ser acompanhado da citação errada de um verso de poema, como no exemplo da "Noiva de Corinto".

"Um velho jurista e filólogo, Z., em conversa com um grupo de pessoas, diz que conheceu, no tempo em que estudava na Alemanha, um estudante que era extraordinariamente estúpido, e tem várias anedotas a contar sobre a sua estupidez. Porém não consegue se lembrar do nome desse estudante, acha que começava com W, mas depois afirma que não. Recorda-se de que esse estudante imbecil veio a se tornar *comerciante de vinhos* [*Weinhändler*]. Então relata outra história sobre a estupidez desse estudante, novamente se admira de o

III. ESQUECIMENTO DE NOMES E SEQUÊNCIAS DE PALAVRAS

nome lhe escapar, e diz: 'Ele era um asno tamanho que ainda não entendo como pude lhe inculcar o latim, mesmo com muita repetição'. Um instante depois, lembra-se de que o nome terminava com *man*. Então perguntamos se lhe ocorre outro nome que terminava com *man*, e ele diz: *Erdmann* [literalmente, 'homem da terra']. — 'Mas quem é esse?' — 'Foi também um estudante daquele tempo.' — Sua filha observa que há também um professor com esse nome. Perguntando mais, descobrimos que esse professor Erdmann publicou apenas em forma abreviada, na revista que editava, um trabalho que lhe fora enviado por Z., e que aprovava somente em parte esse trabalho etc., algo que foi desagradável para Z. (Além disso, depois vim a saber que Z., no passado, provavelmente esperou tornar-se catedrático na disciplina que é agora do professor E., e que também nesse aspecto esse nome talvez lhe toque uma corda sensível.)

"Finalmente lhe ocorre o nome do estudante estúpido: *Lindemann*! Como ele já havia se lembrado de que o nome terminava em *man*, foi *Linde* [tília] que ficou reprimido por mais tempo. Quando pergunto o que lhe ocorre com relação a *Linde*, ele responde inicialmente: 'Nada'. Quando insisto em que algo deve lhe vir à mente a respeito dessa palavra, ele diz, lançando o olhar para cima e fazendo um gesto no ar com a mão: 'Bem, uma *Linde* é uma bela árvore'. Mais não sabe dizer. Todos ficam em silêncio e cada um prossegue sua leitura ou alguma outra atividade, até que, alguns instantes depois, Z. faz esta citação, com voz sonhadora:

Steht er mit festen
Gefügigen Knochen
Auf der Erde,
So reicht er nicht auf,
Nur mit der Linde
Oder der Rebe
Sich ʒu vergleichen.
[Se ele fica de pé/ com ossos firmes e dóceis/ sobre a *terra*,/ não chega a se/ comparar nem mesmo/ com a *tília*/ ou a *videira*.]

"Eu soltei um grito de vitória: 'Eis aí o *Erdmann*!', disse. 'Esse homem que 'fica sobre a terra' é o *Erde--mann* ou *Erdmann*, não chega a se comparar com a *tília* (*Lindemann*) ou com a *vinha* (o *comerciante de vinhos*). Em outras palavras, aquele *Lindemann*, o estudante estúpido que depois se tornou comerciante de vinhos, já era um asno, mas o *Erdmann* é um asno ainda maior, não pode se comparar ao Lindemann'. — Uma fala assim zombeteira ou injuriosa é algo comum no inconsciente, por isso achei que havíamos descoberto a causa principal do esquecimento do nome.

"Perguntei, então, de qual poema eram os versos citados. Z. respondeu que eram de um poema de Goethe que ele acreditava começar assim:

Edel sei der Mensch
Hilfreich und gut!
[Que o ser humano seja nobre,/ bom e prestativo!]

III. ESQUECIMENTO DE NOMES E SEQUÊNCIAS DE PALAVRAS

E que depois havia estes versos também:

Und hebt er sich aufwärts,
So spielen mit ihm die Winde.
[E se ele se ergue, / brincam com ele os ventos.]

"No dia seguinte, procurei esse poema de Goethe, e o caso se revelou ainda mais belo (e complicado) do que parecia no começo.
a) Os primeiros versos citados são:

Steht er mit festen
Markigen Knochen.
[Se ele fica de pé / com ossos firmes e robustos.]

"'Ossos *dóceis*' seria uma estranha combinação. Mas não me deterei nisso.
b) Os versos subsequentes dessa estrofe são (compare-se acima):

Auf der wohlbegründeten
Dauernde *Erde,*
Reicht er nicht auf,
Nur mit der Eiche
Oder der Rebe
Sich zu vergleichen.
[Sobre a *sólida, duradoura* terra, / ele não se ergue / alto o bastante / para se comparar / ao carvalho / e à videira.]

"Portanto, em todo o poema não há menção de uma

tília! A mudança de 'carvalho' para 'tília' aconteceu apenas (em seu inconsciente) para possibilitar o jogo de palavras *Erde-Linde-Rebe* [terra-tília-videira].

c) Esse poema se intitula "Grenzen der Menschheit" [Limites da Humanidade] e encerra uma comparação entre a onipotência dos deuses e o mínimo poder do ser humano. Mas o poema que tem início com *"Edel sei der Mensch, / Hilfreich und gut!"* é outro, que se acha algumas páginas adiante. Chama-se "Das Göttliche" [O divino], e nele também há pensamentos sobre deuses e homens. Como esse ponto não foi aprofundado, posso apenas imaginar que também pensamentos sobre vida e morte, sobre o tempo e a eternidade, sua própria vida frágil e morte futura tiveram participação na gênese desse caso."[9]

Em alguns desses exemplos, todas as sutilezas da técnica psicanalítica são requeridas para esclarecer o esquecimento de um nome. Para quem desejar saber mais sobre esse trabalho, recomendo um artigo de E. Jones (de Londres), que foi traduzido do inglês.[10]*

18) Ferenczi observou que o esquecimento de um nome também pode surgir como sintoma histérico; então apresenta um mecanismo que se diferencia bastante

---

9 Extraído da edição holandesa do presente livro, com o título *De invloed van ons onbewuste in ons dagelijksche leven* [A influência de nosso inconsciente em nossa vida cotidiana], Amsterdã, 1916; publicado em alemão na *Internationale Zeitschrift für Psychoanalyse*, IV, 1916.
10 "Analyse eines Falles von Namenvergessen" [Análise de um caso de esquecimento de nome], *Zentralblatt für Psychoanalyse*, II, 1911.
* Esse parágrafo foi acrescentado em 1912, e o exemplo seguinte, em 1920.

III. ESQUECIMENTO DE NOMES E SEQUÊNCIAS DE PALAVRAS

daquele do ato falho. Essa diferença deve ficar clara na comunicação que ele faz:

"Estou tratando uma mulher de meia-idade, solteira, que esquece os nomes próprios que lhe são mais familiares e habituais, embora tenha uma boa memória. A análise revelou que através desse sintoma ela quer documentar sua ignorância. Mas essa ênfase ostensiva na própria insciência é, na verdade, uma recriminação aos pais, que não lhe permitiram ter uma educação superior. Também sua atormentadora obsessão com a limpeza ("psicose de dona de casa") se origina, em parte, da mesma fonte. Ela quer dizer mais ou menos isto: 'Vocês fizeram de mim uma criada'."

Eu poderia multiplicar os exemplos de esquecimento de nomes e levar bem adiante a discussão deles, mas não desejo abordar já agora as questões que aparecerão relacionadas a temas posteriores. No entanto, seja-me permitido sintetizar em algumas frases as conclusões das análises aqui oferecidas.

O mecanismo do esquecimento de nomes (ou, mais corretamente: da fuga, do esquecimento temporário) consiste na perturbação, por outra sequência de pensamentos não consciente naquele instante, da reprodução que se quer fazer de um nome. Entre o nome afetado e o complexo perturbador há um nexo preexistente ou um que se produz através de associações superficiais (externas), com frequência por vias que parecem artificiais.

Entre os complexos perturbadores, aqueles de referência própria (os pessoais, familiares, profissionais) demonstram ser os mais atuantes.

Um nome que tem mais de um sentido e, assim, pertence a vários grupos de pensamentos (complexos) frequentemente é afetado, em conexão com uma sequência de pensamentos, devido ao fato de pertencer a outro complexo mais forte.

Entre os motivos dessas perturbações destaca-se a intenção de evitar que se produza o desprazer pela recordação.

Em geral, é possível distinguir dois tipos principais de esquecimento de nome: quando o nome em si evoca algo desagradável, e quando ele é relacionado a outro que teria esse efeito; de modo que os nomes podem ser afetados na reprodução por causa de si mesmos ou por seus vínculos associativos mais próximos ou mais distantes.

Vistas em conjunto, essas teses gerais nos permitem compreender que o esquecimento temporário de um nome é o ato falho que se observa com mais frequência.

19) Mas estamos longe de haver assinalado todas as características desse fenômeno. Também chamarei a atenção para o fato de que o esquecimento de nomes é contagioso em alto grau. Numa conversa entre duas pessoas, muitas vezes basta que uma delas mencione que esqueceu determinado nome para que também à outra ele escape. Quando o esquecimento é induzido, porém, o nome esquecido retorna mais facilmente. Tal esquecimento "coletivo" — que é, a rigor, um fenômeno da psicologia das massas — ainda não se tornou objeto da investigação psicanalítica. Num caso único, mas excelente, Theodor Reik pôde oferecer uma boa explicação para essa notável ocorrência:[11]

11 "Über kollektives Vergessen", *Internationale Zeitschrift für*

III. ESQUECIMENTO DE NOMES E SEQUÊNCIAS DE PALAVRAS

"Num pequeno grupo de universitários, em que também se achavam duas estudantes de filosofia, falava-se das numerosas questões que a origem do cristianismo coloca para a história da civilização e o estudo das religiões. Uma das jovens se lembrou de haver encontrado, num romance inglês lido recentemente, um atraente panorama das muitas correntes religiosas que havia naquele tempo. Acrescentou que o romance apresentava toda a vida de Cristo, desde o nascimento até à morte, mas o nome do livro lhe escapava (a recordação visual da capa e das letras do título era bem viva). Três dos rapazes presentes também afirmaram conhecer o livro, e observaram que, curiosamente, também não lhes ocorria o nome..."

Apenas a jovem se submeteu à análise para explicar o esquecimento do nome. Esse título era *Ben Hur* (de Lewis Wallace). As palavras substitutivas que lhe vieram à mente foram: *Ecce homo — homo sum — quo vadis?*. A própria moça entendeu que havia esquecido o nome "porque ele contém uma expressão que eu e qualquer outra jovem não gostamos de usar, ainda mais na companhia de rapazes".*
Essa explicação foi aprofundada na interessante análise. Reik conclui o seguinte: "A moça tratou a palavra como se, falando aquele título suspeito na presença de homens jovens, estivesse admitindo desejos que rejeitava como penosos e inadequados à sua pessoa. Em suma: inconscientemente, falar *Ben Hur*, para ela, equivale a um oferecimento

---

Psychoanalyse, VI, 1920. (Também se acha no livro *Der eigene und der fremde Gott* [O deus próprio e o alheio], do mesmo autor.)
* Ela se refere ao termo *Hure*, "puta".

sexual,* e, portanto, seu esquecimento corresponde a uma defesa ante a inconsciente tentação desse tipo. Temos motivo para supor que um processo inconsciente similar determinou o esquecimento por parte dos jovens. O inconsciente deles entendeu o real significado do esquecimento da moça e... o interpretou, por assim dizer... O esquecimento dos jovens mostra consideração por essa atitude reservada... É como se a sua interlocutora lhes tivesse dado, com a súbita falha da memória, um claro sinal, que eles entenderam muito bem, de modo inconsciente".

Há também um esquecimento continuado, em que toda uma cadeia de nomes é subtraída à lembrança. Se, para achar um nome esquecido, buscamos outros, com os quais aquele tem firme relação, não é raro que também nos escapem esses outros nomes que foram procurados como arrimo. Desse modo, o esquecimento passa de um para outro, como que para demonstrar a existência de um obstáculo que não é facilmente eliminado.

IV. LEMBRANÇAS DA INFÂNCIA E LEMBRANÇAS ENCOBRIDORAS**

Em outro artigo (publicado em 1899 na *Monatschrift für*

* Em alemão, *Ben Hur* soa de modo semelhante a *"bin Hure"* ("sou uma puta").
** Nas edições de 1901 e 1904 o título deste capítulo era apenas "Lembranças encobridoras" e ele tinha somente quatro parágrafos. O restante foi acrescentado em 1907, com exceção de um parágrafo e da última nota de rodapé, acrescentados em 1920 e 1924.

IV. LEMBRANÇAS DA INFÂNCIA E LEMBRANÇAS ENCOBRIDORAS

Psychiatrie und Neurologie [Revista Mensal de Psiquiatria e Neurologia]),* pude mostrar a natureza tendenciosa de nossas recordações num ponto insuspeitado. Parti do fato notável de que, entre as primeiras recordações da infância de uma pessoa, com frequência parecem conservar-se as indiferentes e secundárias, enquanto (frequentemente, mas com certeza não de forma geral) não se acha traço, na memória dos adultos, das impressões fortes, importantes e plenas de afeto daquele tempo. Como se sabe que a memória faz uma escolha entre as impressões que se lhe oferecem, teríamos de supor que essa escolha se dá, na infância, conforme princípios diferentes daqueles da época da maturidade intelectual. Mas uma investigação cuidadosa demonstra que tal suposição é desnecessária. As lembranças infantis indiferentes devem sua existência a um processo de deslocamento; são o substituto, na reprodução, de outras impressões realmente significativas, cuja recordação pode ser desenvolvida a partir daquelas por análise psíquica, mas cuja reprodução direta é impedida por uma resistência. Como não devem sua conservação ao próprio conteúdo, mas a um vínculo associativo entre ele e outro conteúdo que se acha reprimido, podem justificadamente ser chamadas "lembranças encobridoras", o nome com que as designei.

Naquele artigo pude apenas abordar, sem aprofundar, a diversidade de relações e sentidos das lembranças encobridoras. No exemplo que ali analisei deta-

---

* O artigo se intitulava justamente "Lembranças encobridoras".

lhadamente, destaquei uma peculiaridade da relação *temporal* entre a lembrança encobridora e o conteúdo por ela ocultado. O teor da lembrança encobridora fazia parte, naquele caso, de um dos primeiros anos da infância, enquanto as vivências mentais que a substituíam na memória, que quase tinham permanecido inconscientes, recaíam em anos posteriores. A esse tipo de deslocamento chamei *retroativo* ou *regressivo*. Talvez se encontre mais frequentemente a situação oposta, em que uma impressão indiferente de época mais recente se firma na memória como lembrança encobridora, devendo essa distinção apenas ao vínculo com uma vivência antiga, cuja reprodução direta é impedida por resistências. Isso seriam lembranças encobridoras *avançadoras* ou *deslocadas para a frente*. Nelas, o essencial que ocupa a memória se acha *atrás*, no tempo, da lembrança encobridora. Por fim, há um terceiro caso possível, em que a lembrança encobridora se liga à impressão por ela ocultada não só por meio de seu conteúdo, mas também pela contiguidade no tempo, ou seja, é uma lembrança encobridora *simultânea* ou *vizinha*.

O quanto de nossas memórias pertence à categoria de lembranças encobridoras e que papel cabe a essas nos vários processos de pensamento neuróticos são problemas que não cheguei a examinar naquele artigo e que não abordarei aqui. Interessa-me apenas enfatizar a similaridade entre o esquecimento de nomes com recordação errada e a formação de lembranças encobridoras.

À primeira vista, as diferenças entre os dois fenômenos são mais notáveis do que as possíveis analogias. No

IV. LEMBRANÇAS DA INFÂNCIA E LEMBRANÇAS ENCOBRIDORAS

primeiro, trata-se de nomes próprios; no segundo, de impressões inteiras, coisas vivenciadas na realidade ou em pensamentos. Naquele, temos uma falha manifesta da função da memória; neste, um ato de memória que nos parece estranho; naquele, um distúrbio momentâneo — pois o nome esquecido foi talvez reproduzido muitas vezes corretamente antes e pode voltar a sê-lo amanhã —; neste, uma posse duradoura e sem falha, pois as recordações infantis indiferentes parecem poder nos acompanhar por grande parte de nossa vida. O problema parece ter um enfoque diferente nos dois casos. No primeiro, é o esquecimento, no segundo, a conservação que desperta nossa curiosidade científica. Aprofundando a observação, porém, nota-se que predominam as concordâncias, apesar das diferenças no material psíquico e na duração dos dois fenômenos. Num e noutro, trata-se de um equívoco na recordação; não é reproduzido pela memória o que deveria ser corretamente reproduzido, e sim outra coisa em substituição. No esquecimento de um nome, a memória não deixa de funcionar, produzindo nomes substitutos. A formação de uma lembrança encobridora tem como base o esquecimento de outras impressões, mais importantes. Nos dois casos, uma sensação intelectual nos informa que algum distúrbio intervém, mas de duas formas diferentes. No caso do esquecimento de nome, *sabemos* que os nomes substitutos são errados; no das lembranças encobridoras, *admiramo-nos* de tê-las. Se a análise psicológica demonstra que nos dois casos a formação de substitutos ocorreu da mesma forma, por deslocamento ao longo de uma associação superficial, então as diferenças no material, na duração e no foco dos dois fenômenos contribuem para aumentar nossa expectativa de haver encontrado algo importante e de validade geral. Esse princípio geral seria que o fracasso ou erro da reprodução indica, com frequência bem maior do que supomos, a ingerência de um fator partidário, de uma *tendência* que favorece determinada recordação e busca se opor a outra.

O tema das recordações infantis me parece tão significativo e interessante que gostaria de fazer, a propósito dele, algumas observações mais, que vão além dos pensamentos até agora expressos.

Até que época remontam as lembranças infantis? Sei de algumas pesquisas sobre essa questão, como as de V. e C. Henri[12] e de Potwin.[13] Segundo elas, há grandes diferenças individuais entre os sujeitos pesquisados, pois, enquanto alguns situam a primeira lembrança no sexto mês de vida, outros nada recordam de sua vida até os seis anos completos, até mesmo os oito anos. Mas a que se devem tais diferenças na conservação das lembranças infantis e que significado têm? Claramente, não basta reunir, mediante perguntas, o material relativo a essas questões; é necessária também a elaboração dele, o que requer a participação da pessoa que informa.

Acho que aceitamos resignadamente o fato da amnésia infantil, a ausência de lembranças dos nossos pri-

---

12 "Enquête sur les premiers souvenirs de l'enfance", *L'Année Psychologique*, III, 1897.
13 "Study of Early Memories", *Psychological Review*, 1901.

IV. LEMBRANÇAS DA INFÂNCIA E LEMBRANÇAS ENCOBRIDORAS

meiros anos de vida, e deixamos de ver nele um enigma singular. Esquecemos que são elevadas as realizações intelectuais e complicados os impulsos afetivos de que uma criança de quatro anos é capaz, e deveríamos realmente nos admirar de que a memória conserve tão pouco, em geral, desses eventos psíquicos, ainda mais quando temos bons motivos para supor que essas mesmas realizações esquecidas da infância não passaram sem deixar vestígios no desenvolvimento da pessoa, mas tiveram, isto sim, influência determinante em sua vida posterior. E apesar desse efeito incomparável foram esquecidas! Isso aponta para a existência de condições especiais para a lembrança (no sentido de reprodução consciente), que até agora se furtaram ao nosso conhecimento. É bem possível que o esquecimento da infância nos forneça a chave para o entendimento daquelas amnésias que, segundo os nossos novos conhecimentos, estão na base da formação dos sintomas neuróticos.

Das lembranças infantis conservadas, algumas nos parecem perfeitamente inteligíveis, outras, estranhas ou incompreensíveis. Não é difícil retificar alguns erros concernentes aos dois tipos. Se submetemos a um exame analítico as lembranças que alguém conservou, podemos facilmente constatar que não há garantia de que sejam corretas. Algumas das imagens mnêmicas são certamente falsas, incompletas ou deslocadas no tempo e no espaço. Há informações fornecidas pelas pessoas estudadas, como, por exemplo, a de que sua primeira lembrança vem dos dois anos de idade, que claramente não são confiáveis. Logo encontramos motivos que tornam compreensíveis a deformação e o deslocamento do que foi vivido, mas que também demonstram que esses erros de lembrança não podem ser causados por mera infidelidade da memória. Forças poderosas de anos posteriores da vida modelam a capacidade de recordação das vivências infantis, provavelmente as mesmas forças devido às quais nos afastamos, em geral, da compreensão de nossa infância.

Como se sabe, nos adultos a recordação faz uso de material psíquico diverso. Alguns se recordam em imagens, suas lembranças têm caráter visual. Outros indivíduos mal conseguem reproduzir em traços rudimentares o que foi vivido; estes são chamados *auditifs* e *moteurs*, por oposição aos *visuels*, conforme a sugestão de Charcot. Nos sonhos desaparecem essas diferenças, todos sonhamos predominantemente em imagens. Mas esse desenvolvimento [da distinção feita por Charcot] se inverte no caso das lembranças infantis; elas são plasticamente visuais também nas pessoas que depois prescindirão do elemento visual ao recordar. Assim, a memória visual conserva o tipo de memória infantil. No meu caso, as mais remotas lembranças infantis são as únicas de caráter visual; são cenas plasticamente elaboradas, comparáveis apenas às representações teatrais. Nessas cenas da infância, sejam elas verdadeiras ou falsas, costumamos ver também nós mesmos quando crianças, com os traços gerais e a roupa de criança. Tal circunstância deve causar surpresa; adultos "visuais" não veem mais sua própria pessoa nas recorda-

IV. LEMBRANÇAS DA INFÂNCIA E LEMBRANÇAS ENCOBRIDORAS

ções de vivências posteriores.[14] E contradiz tudo o que aprendemos supor que a atenção da criança, em suas vivências, estaria voltada para si mesma, e não exclusivamente para as impressões externas. Diferentes considerações nos levam à conjectura de que as chamadas lembranças infantis mais remotas não constituem o genuíno traço mnêmico, e sim uma elaboração posterior dele, elaboração essa que pode haver sofrido a influência de várias forças psíquicas posteriores. Assim, as recordações "de infância" dos indivíduos vêm a adquirir, de maneira bem geral, o significado de "lembranças encobridoras", alcançando uma notável analogia com as recordações de infância dos povos, depositadas nos mitos e lendas.

Quem investigou psiquicamente certo número de pessoas com o método da psicanálise pôde reunir numerosos exemplos de lembranças encobridoras de toda espécie. Mas a comunicação desses exemplos é bastante dificultada pelo que acabamos de discutir: a natureza das relações das lembranças infantis com a vida posterior. Para mostrar uma lembrança infantil como lembrança encobridora, com frequência seria necessário apresentar toda a história da vida da pessoa em questão. Raramente é possível, como no belo exemplo seguinte, extrair uma só lembrança encobridora do seu contexto e comunicá-la.

Um homem de 24 anos conservou esta imagem dos cinco anos. Ele está sentado no jardim de uma casa de verão, sobre um banquinho, ao lado da tia que busca

---

14 Essa afirmação se baseia em algumas indagações que fiz.

lhe ensinar as letras do alfabeto. Ele tem dificuldade em distinguir o *m* do *n* e pede que a tia lhe diga como se reconhece uma e outra. Ela chama a sua atenção para o fato de que o *m* tem algo mais, tem um traço a mais que o *n*. Não houve motivo para questionar a fidelidade dessa lembrança infantil; mas ela só adquiriu significação depois, quando se revelou apropriada para representar simbolicamente outra curiosidade do menino. Pois assim como, naquele tempo, quis saber a diferença entre o *m* e o *n*, ele depois se empenhou em descobrir qual a diferença entre meninos e meninas, e certamente concordaria em que essa tia fosse a professora. Soube então que a diferença era similar, que o garoto tem algo mais que a garota, e no momento dessa descoberta lhe veio a recordação da curiosidade infantil correspondente.

Outro exemplo, dos últimos anos da infância.* Um homem severamente inibido em sua vida sexual, agora com mais de quarenta anos, é o mais velho de nove filhos. No nascimento do mais novo ele tinha quinze anos, mas afirma taxativamente que jamais notou nenhuma gravidez da mãe. Diante da minha descrença, surgiu-lhe a recordação de que uma vez, quando tinha onze ou doze anos, viu a mãe *afrouxar* [*aufbinden*] a saia rapidamente na frente do espelho. A isso ele acrescentou, espontaneamente, que ela havia chegado da rua e fora acometida de dores inesperadas. Mas *afrouxar* a saia é uma lembrança encobridora do *parto* [*Entbindung*].

* Exemplo acrescentado em 1920.

IV. LEMBRANÇAS DA INFÂNCIA E LEMBRANÇAS ENCOBRIDORAS

Encontraremos esse uso de "pontes verbais" em outros casos também.*

Quero ainda mostrar, com um só exemplo, que sentido a elaboração analítica pode dar a uma lembrança infantil que parecia não ter nenhum. Quando comecei, aos 43 anos de idade, a dirigir meu interesse para os resíduos de lembrança da minha própria infância, veio-me uma cena que havia muito — desde sempre, achei — me chegava à consciência de vez em quando, e que bons indícios levavam a situar antes dos meus três anos completos. Eu me via chorando e pedindo algo na frente de uma cômoda [*Kasten*], cuja porta era mantida aberta por meu meio-irmão, vinte anos mais velho, e de repente entrava no quarto minha mãe, bonita

---

* Uma nota de James Strachey, na edição *Standard* inglesa, informa que no exemplar pessoal de Freud, da edição de 1904 desta obra, havia as seguintes anotações sobre as lembranças encobridoras: "O dr. B. mostrou muito claramente, numa das Quartas-Feiras [dia de reunião da Sociedade Psicanalítica da Viena], que as fábulas podem ser usadas como lembranças encobridoras, da mesma forma que as conchas vazias são usadas como casa pelo caranguejo-ermitão. Essas fábulas se tornam então as favoritas, sem que se saiba a razão". — "Com base num sonho de P., parece que o gelo é de fato um símbolo, por antítese, da ereção, ou seja, algo que endurece com o frio, em vez de — como um pênis — com o calor (a excitação). Os dois conceitos antitéticos de morte e sexualidade são frequentemente ligados pela ideia de que a morte enrijece os seres. Um dos que informaram Henri deu o exemplo de um pedaço de gelo como lembrança encobridora da morte da avó. Ver meu artigo 'Lembranças encobridoras' [1899]."

Sobre as "pontes verbais" ou "palavras-ponte", ver *A interpretação dos sonhos* (pp. 244, 384n, 419 e 437 do v. 4 destas *Obras completas*) e *Observações sobre um caso de neurose obsessiva* [O "Homem dos ratos"] (p. 75 do v. 9).

e esbelta, como que voltando da rua. Com essas palavras descrevi a cena que enxergava plasticamente, e sobre a qual não sabia o que pensar. Não era claro, para mim, se meu irmão queria abrir ou fechar a cômoda — na primeira tradução da imagem era "armário" [Schrank] —, por que eu chorava e que relação tinha com aquilo a chegada de minha mãe. Eu me inclinava à explicação de que se tratava de uma pirraça de meu irmão, interrompida por minha mãe. Não é rara a compreensão equivocada de uma cena infantil conservada na memória; lembramo-nos de uma situação, mas ela não tem foco, não sabemos que elemento seu deve ser destacado. O esforço analítico me levou a uma concepção totalmente inesperada da imagem. Eu sentia falta de minha mãe, suspeitava de que ela se achava presa nesse armário ou cômoda, e por isso pedia a meu irmão que o abrisse. Quando ele concordou e eu me persuadi de que minha mãe não estava ali, comecei a chorar; esse foi o instante fixado na recordação, ao qual logo se seguiu o aparecimento de minha mãe, o que mitigou minha ânsia e preocupação. Mas como o menino teve a ideia de buscar na cômoda a mãe ausente? Sonhos que tive na mesma época [da análise da lembrança] aludiam vagamente a uma babá, da qual havia também outras lembranças, como, por exemplo, a de que ela costumava insistir em que eu lhe entregasse escrupulosamente as moedinhas que eu recebia, um detalhe que pode ter o valor de lembrança encobridora para vivências posteriores. Então decidi que dessa vez facilitaria para mim mesmo o trabalho de interpretação, perguntando à minha já idosa mãe sobre aquela babá. Soube de muitas coisas; entre elas, que aquela pessoa inteligente, mas desonesta, havia come-

IV. LEMBRANÇAS DA INFÂNCIA E LEMBRANÇAS ENCOBRIDORAS

tido furtos consideráveis enquanto minha mãe estava de cama devido ao parto, e por iniciativa do meu meio-irmão fora levada à justiça. Essa informação me fez compreender a cena infantil como numa espécie de iluminação. O súbito desaparecimento da babá não fora indiferente para mim; eu me dirigira a esse irmão com a pergunta de onde ela estava, provavelmente porque notara que ele tinha algum papel naquele desaparecimento, e ele respondera, de modo evasivo e brincando com as palavras, como era seu costume, que ela estava "encomodada", "presa na cômoda" [*eingekastelt*]. Entendi essa resposta como uma criança [ao pé da letra], mas deixei de fazer mais perguntas, pois não havia mais o que saber. Quando, pouco tempo depois, minha mãe se ausentou, suspeitei que esse irmão ruim havia feito com ela o mesmo que com a babá, e o obriguei a abrir a cômoda. Agora compreendo também por que foi enfatizada, na tradução dessa cena visual infantil, a esbeltez de minha mãe, a qual deve ter me chamado a atenção como tendo sido restaurada nela. Sou dois anos e meio mais velho do que a irmã que então nasceu, e, quando completei três anos, teve fim a convivência com esse meio-irmão.[15]

---

15 [Nota acrescentada em 1924:] Quem se interessa pela vida psíquica desses anos da infância adivinhará facilmente o determinante mais profundo da solicitação feita ao irmão maior. O menino, que ainda não completou três anos, entendeu que a irmãzinha recém-chegada cresceu dentro do corpo da mãe. Ele está longe de concordar com esse aumento da família e desconfia, preocupado, que o ventre da mãe pode abrigar mais crianças. O armário ou cômoda é, para ele, um símbolo do ventre materno. Então ele insiste em olhar dentro dessa cômoda, e para isso recorre ao irmão mais velho, que, como se verifica em outro material, tornou-se o rival do pequeno, no lugar

V. LAPSOS VERBAIS

O material com que nos expressamos em nossa língua materna parece estar a salvo de esquecimentos, mas não raras vezes experimenta outro distúrbio, conhecido como "lapso verbal". Os lapsos verbais que observamos em pessoas normais dão a impressão de ser o estágio preliminar das chamadas "parafasias", que surgem em condições patológicas.

Nisso me encontro, excepcionalmente, na situação de poder apreciar um trabalho anterior ao meu. Em 1891, R. Meringer e C. Mayer publicaram um estudo sobre *Lapsos verbais e de leitura* [*Versprechen und Verlesen*], com uma abordagem bem diferente da minha. Um dos autores, aquele que tem a palavra no texto, é filólogo, e foram seus interesses linguísticos que o levaram a investigar as regras pelas quais cometemos lapsos verbais. Ele esperava poder inferir, a partir dessas regras, a existência de "certo mecanismo mental em que os sons de uma palavra, de uma frase, e também as palavras entre si, se acham ligados e vinculados entre si de maneira muito peculiar" (p. 10).

---

do pai. Contra esse irmão existe, além da fundamentada suspeita de que ele "prendeu na cômoda" a babá desaparecida, uma outra, a de que ele, de algum modo, fez entrar a criança recém-nascida no ventre da mãe. O afeto do desapontamento, quando a cômoda se mostra vazia, vem da motivação superficial da exigência infantil. No tocante à tendência mais profunda, ele está no lugar errado. Por outro lado, a grande satisfação com a esbeltez da mãe que reaparece é compreensível somente a partir dessa camada mais profunda.

V. LAPSOS VERBAIS

Os autores classificam os exemplos de lapsos verbais primeiramente de um ponto de vista descritivo: como *permutações* (a "Milo de Vênus", em vez de Vênus de Milo, por exemplo), *antecipações do som* (por exemplo, *es war mir auf der Schwest... auf der Brust so schwer*),* *posposições* (*Ich fordere Sie auf, auf das Wohl unseres Chefs aufzustossen*, em vez de *anzustossen*),** *contaminações* (*Er setzt sich auf den Hinterkopf*, a partir de *Er setzt sich einen Kopf auf* e *Er stellt sich auf die Hinterbeine*),*** *substituições* (*Ich gebe die Präparate in den Briefkasten*, em vez de *Brüstkasten*).**** Além dessas categorias principais, há algumas outras menos importantes, ou menos significativas para os nossos fins. Nessa classificação não faz diferença que a transposição, deformação, fusão etc. atinja sons de uma palavra, sílabas ou palavras inteiras da frase em questão.

A fim de explicar os vários tipos de lapsos verbais observados, Meringer postula que os sons da linguagem têm valências psíquicas diferentes. Quando "inervamos"

---

* A frase correta, *es war mir auf der Brust so schwer*, significa "sentia o peito oprimido"; a palavra *Schwest* não existe.
** A frase *ich fordere Sie auf, auf das Wohl unseres Chefs anzustossen* significa "convido-os a brindar à saúde do nosso chefe"; com *aufzustossen* significaria "a arrotar". Esses exemplos seriam retomados por Freud nas *Conferências introdutórias à psicanálise* (1916-7, segunda conferência).
*** A frase "contaminada" tem um sentido absurdo: "Ele se coloca sobre a parte de trás da cabeça"; a primeira das duas frases em que se baseou significa "Ele é teimoso" (literalmente, "Ele empina a cabeça"); a segunda, "Ele se põe sobre as patas de trás".
**** "Eu ponho os preparados na 'caixa de correio' (*Briefkasten*), em vez de 'na estufa' (*Brüstkasten*)."

o primeiro som de uma palavra, a primeira palavra de uma frase, esse processo excitatório já se estende aos sons posteriores, às palavras seguintes e, na medida em que essas "inervações" sejam simultâneas, podem modificar uma à outra. A excitação do som psiquicamente mais intenso antecipa ou ecoa e, assim, perturba o processo de "inervação" de menor valência. Trata-se, então, de determinar quais são os sons de mais alta valência de uma palavra. Meringer afirma: "Querendo saber qual som de uma palavra tem a mais alta intensidade, observemo-nos ao buscar uma palavra esquecida, um nome, por exemplo. O que voltar primeiro à consciência tinha, de toda forma, a maior intensidade antes do esquecimento" (p. 160). "Os sons de alta valência são, portanto, o som inicial da sílaba raiz e o som inicial da palavra, e a ou as vogais acentuadas" (p. 162).

Não posso deixar de contradizê-lo nesse ponto. O som inicial do nome sendo ou não um dos elementos de mais alta valência da palavra, certamente não é correto que no caso de esquecimento da palavra ele retorne à consciência em primeiro lugar. Portanto, a regra acima é inaplicável. Se nos observarmos ao buscar um nome esquecido, com relativa frequência teremos de exprimir a convicção de que ele começa com determinada letra. Tal convicção se revela fundada ou infundada com igual frequência. Eu diria até que na maioria das vezes anunciamos um som inicial errado. Também no exemplo "Signorelli" os nomes substitutos perderam o som inicial e as sílabas essenciais; justamente o par de sílabas de menor valência, *elli*, retornou à lembrança no nome substituto *Botticelli*.

V. LAPSOS VERBAIS

O caso seguinte,* por exemplo, pode mostrar como os nomes substitutos respeitam pouco o som inicial do nome olvidado:

Um dia, é impossível para mim recordar o nome do pequeno país cuja capital se chama *Monte Carlo*. Os nomes substitutos que me vêm são: *Piemonte, Albânia, Montevidéu, Colico*. No lugar de Albânia logo surge *Montenegro*, e vejo que a sílaba *mont* (pronunciada *mon*) aparece em todos eles, exceto o último. Isso me facilita, partindo do nome do príncipe Alberto, chegar ao nome esquecido, *Mônaco*. *Colico* imita aproximadamente a sequência de sílabas e o ritmo do nome esquecido.

Se admitirmos a suposição de que um mecanismo similar ao demonstrado no esquecimento de nomes também participa dos fenômenos de lapso verbal, chegaremos a uma apreciação mais aprofundada desses casos. A perturbação da fala que se manifesta como lapso verbal pode ser causada, em primeiro lugar, pela influência de outro componente da mesma fala, isto é, por antecipação ou posposição, ou por outra formulação dentro da frase ou contexto que se pretende enunciar — nisso se incluem todos os exemplos acima tirados de Meringer e Mayer —; em segundo lugar, o transtorno, de modo análogo ao do caso "Signorelli", poderia ocorrer por influências *de fora* dessa palavra, frase ou contexto, a partir de elementos que a pessoa não pretende enunciar e de cuja excitação só tomamos conhecimento com o transtorno. O que os dois tipos de gênese do lapso verbal

---

* Esse parágrafo e o seguinte foram acrescentados em 1907.

teriam em comum seria a simultaneidade da excitação, e o que os diferencia seria a colocação desta, dentro ou fora da frase ou contexto. A diferença, de início, não parece grande no que diz respeito a certas inferências a serem feitas da sintomatologia dos lapsos verbais. Mas é claro que apenas no primeiro caso há perspectiva de tirar conclusões, a partir dos fenômenos do lapso verbal, sobre um mecanismo que ligue sons e palavras entre si para que influenciem mutuamente sua articulação, conclusões tais como o filólogo esperou obter do estudo dos lapsos verbais. No caso do transtorno por influências fora da frase ou contexto da fala, trata-se principalmente de conhecer os elementos perturbadores, e então surgiria a questão de se também o mecanismo desse transtorno pode revelar as leis supostas de formação da linguagem.

Não se pode afirmar que Meringer e Mayer tenham ignorado a possibilidade de os transtornos da fala resultarem de "complicadas influências psíquicas", de elementos fora da palavra, frase ou sequência de palavras. Eles certamente notaram que a teoria de que os sons têm valência psíquica desigual satisfaz apenas, a rigor, à explicação dos transtornos de sons, assim como das antecipações e posposições. Quando os transtornos em palavras não podem ser reduzidos a transtornos em sons — nas substituições e contaminações, por exemplo —, também eles não hesitaram em buscar a causa do lapso verbal *fora* do contexto pretendido e justificar isso com bons exemplos. Cito as passagens seguintes:

"Ru. conta de eventos que no seu íntimo considera '*Schweinereien*' [porcarias, indecências]. Mas ele busca

V. LAPSOS VERBAIS

se expressar de maneira menos crua e diz: 'Mas alguns fatores vieram a *Vorschwein*...'.* Eu e Mayer estávamos presentes e Ru. confirmou que havia pensado em '*Schweinereien*'. O fato de a palavra pensada haver se mostrado em *Vorschwein*, subitamente exercendo seu efeito, acha explicação suficiente na semelhança entre as palavras" (p. 62).

"Assim como nas contaminações, também nas substituições — e provavelmente em grau muito maior — têm papel relevante as imagens verbais 'flutuantes' ou 'errantes'. Embora se achem sob o limiar da consciência, ainda estão próximas o bastante para ter efeito, podem facilmente ser aproximadas devido à semelhança com o complexo a ser enunciado e produzem então um disparate ou desviam o curso das palavras. As imagens verbais 'flutuantes' ou 'errantes' são frequentemente, como disse, as retardatárias de processos de linguagem que acabaram de ocorrer (ecos)" (p. 73).

"Um desvio é também possível por semelhança, quando outra palavra similar se acha pouco abaixo do limiar da consciência, *sem que esteja destinada a ser falada*. Esse é o caso nas substituições. — Assim, espero que minhas regras se comprovem ao serem testadas. Mas para isso é necessário (se o falante é outra pessoa) *que tenhamos uma ideia clara de tudo o que o falante pensou.*[16]

---

* *Vorschwein*: palavra inexistente. O certo seria *Vorschein*; a expressão *zum Vorschein kommen* significa "vir à luz". *Schwein* significa "porco" e é também usada figuradamente.
16 Os itálicos são meus.

Eis um caso instrutivo. Um diretor de escola, Li., falou em nossa presença: '*Die Frau würde mir Furcht ein*lagen'.*
Eu estranhei, pois o *l* me pareceu inexplicável. Permiti-me chamar-lhe a atenção para o erro, ao que ele me respondeu: 'Sim, é porque eu pensei: eu não estaria em posição [*Lage*] de...'."

"Outro caso. Pergunto a R. von Schid. como está seu cavalo doente. Ele responde: 'É, isso *draut... dauert* [dura] um mês ainda'. Não consegui entender o '*draut*', pois o *r* de *dauert* não podia ter esse efeito. Então chamei-lhe a atenção para isso, e ele explicou que havia pensado 'essa é uma história *traurige*' [triste]. Assim, o falante estava com duas respostas no espírito, e elas se juntaram" (p. 97).

Parece evidente que se aproximam das condições de nossas "análises" a consideração pelas imagens verbais "errantes", que se acham sob o limiar da consciência e não se destinam a serem faladas, e a exigência de saber tudo o que o falante pensou. Também nós procuramos material inconsciente, e pela mesma via, mas dos pensamentos que ocorrem à pessoa até a descoberta do elemento perturbador nós temos de percorrer um caminho mais longo, através de uma complicada série de associações.

Detenho-me ainda em outro processo interessante, que os exemplos de Meringer demonstram. No entendimento do próprio autor, há alguma semelhança entre uma palavra da frase que se pretendia falar e outra pa-

---

* "A mulher me incutiria [*einjagen*] medo." Mas em vez de *einjagen* ele disse *einlagen*, que nada significa.

V. LAPSOS VERBAIS

lavra, que não se pretendia, que permite a esta última manifestar-se na consciência produzindo uma deformação, uma mistura, uma formação de compromisso (contaminação):

jagen,	*dauert,*	*Vorschwein*
lagen,	*traurig,*	*...schwein*

Em minha *Interpretação dos sonhos* [1900] mostrei o papel do trabalho de *condensação* na gênese do chamado conteúdo onírico manifesto a partir dos pensamentos oníricos latentes. Qualquer semelhança entre dois elementos do material inconsciente, entre as coisas mesmas ou suas representações verbais, serve de motivo para criar um terceiro, que no conteúdo onírico toma o lugar de seus dois componentes e que, graças a essa origem, com frequência é dotado de características contraditórias. A ocorrência de substituições e contaminações nos lapsos verbais é, assim, o começo do trabalho de condensação que vemos ativamente empenhado na construção dos sonhos.

Em artigo breve, destinado a um público mais amplo ("Wie man sich versprechen kann" [Como cometemos lapsos verbais], no jornal *Neue Freie Presse* de 23 de agosto de 1900), Meringer reivindicou uma importância prática especial para certos casos de troca de palavras, isto é, aqueles em que uma palavra é substituída por outra que tem o sentido oposto. "Lembremo-nos da forma como, há não muito tempo, o presidente do parlamento austríaco *abriu* a sessão: 'Nobres colegas!

Constatando a presença do número mínimo de deputados, declaro *encerrada* a sessão!'. Apenas a hilaridade geral o fez se dar conta do erro e corrigi-lo.* Nesse caso, a explicação será, provavelmente, que ele *desejava* poder já encerrar a sessão, da qual não se esperava grande coisa, mas — o que não é um fenômeno raro — o pensamento acessório se impôs parcialmente e o resultado foi 'encerrada', em vez de 'aberta', ou seja, o oposto do que ele pretendia falar. Mas uma ampla observação me ensinou que palavras opostas são trocadas com frequência; elas já estão associadas em nossa consciência linguística, ficam bem próximas uma da outra e podemos facilmente evocar aquela errada."

Não que seja tão fácil como nesse exemplo do parlamento austríaco, em todos os casos de troca pelo oposto, mostrar a plausibilidade de que o lapso verbal ocorra devido ao antagonismo à frase enunciada que surge no interior do falante. Encontramos um mecanismo análogo em nossa análise do exemplo *aliquis*; ali o antagonismo interior se expressou no esquecimento de uma palavra, em vez de na substituição dela pelo oposto. Mas notemos, para aplainar a diferença, que a palavrinha *aliquis* não admite propriamente um oposto, como "abrir" e "encerrar", e que "abrir", sendo um componente tão comum do vocabulário, não pode ceder ao esquecimento.

* Esse exemplo seria retomado na segunda das *Conferências introdutórias à psicanálise* (1916-7) e em *Algumas lições elementares de psicanálise* (1938).

V. LAPSOS VERBAIS

Se os últimos exemplos de Meringer e Mayer nos mostram que o transtorno da fala pode se originar tanto pela influência de antecipações ou posposições de sons e palavras da mesma frase, que se destinam a serem falados, como pela interferência de palavras fora da frase pretendida, *cuja excitação não se revelaria de outro modo*, então devemos verificar, em primeiro lugar, se é possível separar nitidamente as duas classes de lapsos verbais e como podemos distinguir um exemplo de uma classe de um caso da outra. Neste ponto da discussão temos de lembrar as considerações de Wundt, que em sua abrangente elaboração das leis de desenvolvimento da linguagem (*Völkerpsychologie* [Psicologia dos povos], v. 1, parte 1, pp. 371 ss, 1900) também aborda os fenômenos dos lapsos verbais.

De acordo com Wundt, o que nunca falta nesses fenômenos, e em outros a eles afins, são determinadas influências psíquicas. "Neles se acha primeiramente, como condição positiva, o fluxo não inibido das *associações de som e de palavras* incitadas pelos sons falados. A isso se junta, como fator negativo, a perda ou o afrouxamento dos efeitos inibidores da vontade sobre essa corrente, e da atenção que também age aí como função da vontade. Se esse jogo de associação se manifesta na antecipação de um som que está para vir ou na reprodução de sons anteriores, ou na intercalação de um som costumeiro, ou, por fim, em palavras inteiramente diversas que têm relação associativa com os sons falados e agem sobre estes — tudo isso indica apenas diferenças na direção e, quando muito, no alcance das associações que ocorrem, não na natureza geral delas. Além disso, em alguns casos pode haver dúvida de em qual tipo deve ser incluída certa perturbação, ou se não seria mais justificável, *segundo o princípio da complicação das causas*,[17] atribuí-la a uma convergência de vários motivos" (pp. 380-1).

Essas considerações de Wundt me parecem plenamente justificadas e muito instrutivas. Talvez se possa enfatizar mais decididamente do que ele que o fator positivo a favorecer os lapsos de fala — o fluxo não inibido das associações — e o negativo — o afrouxamento da atenção inibidora — sempre alcançam efeito conjuntamente, de modo que os dois fatores vêm a ser apenas diferentes definições do mesmo processo. Com o afrouxamento da atenção inibidora, entra em ação justamente o fluxo não inibido das associações; em termos ainda mais claros: *devido* a esse afrouxamento.

Entre os exemplos de lapsos verbais que eu próprio reuni, dificilmente encontro um sequer em que teria de relacionar a perturbação da fala única e exclusivamente ao que Wundt chama "efeito do contato entre os sons". Quase sempre encontro, além disso, a influência perturbadora de algo *fora* do que se pretendia falar, e o que perturba é ou um único pensamento que permaneceu inconsciente, que se dá a conhecer mediante o lapso e muitas vezes é levado à consciência apenas mediante análise detalhada, ou um motivo psíquico mais geral, que se dirige contra a fala inteira.

17 Itálico meu.

V. LAPSOS VERBAIS

1) Eu quis citar este verso para minha filha, quando ela fez uma cara feia ao morder uma maçã:

"O macaco [*Affe*] é bastante engraçado
Ainda mais ao comer uma maçã [*Apfel*]."*

Mas comecei assim: "O *Apfe*". Isso parece uma contaminação de *Apfel* em *Affe* (uma formação de compromisso) ou também pode ser visto como antecipação da palavra *Apfel*, que logo viria. Mas o que aconteceu foi o seguinte, mais precisamente: eu já havia começado a fazer a citação antes e não havia errado. Cometi o erro apenas na repetição, que foi necessária porque ela não escutou, absorvida que estava com outra coisa. Devo incluir essa repetição, com a relacionada impaciência de despachar a frase, na motivação do lapso verbal, que se apresenta como uma condensação.

2) Minha filha disse: "Estou escrevendo para a sra. Sch*r*esinger...". O sobrenome da mulher é Sch*l*esinger. Esse lapso verbal deve estar ligado a uma tendência a facilitar a articulação dos sons, pois é mais difícil pronunciar o *l* após um *r* repetido [*Ich schreibe der Frau Schlesinger*]. Mas é preciso acrescentar que esse lapso de minha filha aconteceu depois que, alguns minutos antes, eu havia dito *Apfe*, em vez de *Affe*. Os lapsos verbais são altamente contagiosos, de modo semelhante ao esquecimento de nomes, em que Meringer e Mayer

---

* No original: "*Der Affe gar possierlich ist, / Zumal wenn er vom Apfel frisst*".

notaram essa peculiaridade. Não sei indicar um motivo para essa contagiosidade psíquica.

3) "Eu me fecho como um *Taschenmescher* [palavra não existente] — *Taschenmesser* [canivete], quero dizer", diz uma paciente no começo da sessão, trocando os fonemas. Nisso pode lhe servir como desculpa, mais uma vez, a dificuldade de articulação (cf. *"Wiener Weiber Wäscherinnen waschen weisse Wäsche"* [literalmente, "Lavadoras mulheres vienenses lavam roupa branca"], *Fischflosse* [barbatana de peixe] e outros trava-línguas). Quando lhe chamei a atenção para o lapso, ela respondeu prontamente: "Sim, foi porque hoje o senhor falou *'Ernscht'* [em vez de *Ernst* [que significa "sério", mas é também um prenome masculino]". De fato, eu lhe havia dito no começo: "Então hoje vai ser sério" (porque seria a última sessão antes das férias), e havia brincado com a pronúncia da última palavra, falando *Ernscht.** No decorrer da sessão ela cometeu vários lapsos verbais, e eu notei, por fim, que ela não apenas me imitava, mas também tinha uma razão especial para se deter no nome *Ernst* em seu inconsciente.[18]

---

* Uma pronúncia considerada inculta, por indicar influência de dialeto.

18 Logo se revelou que ela estava sob a influência de pensamentos inconscientes relativos a gravidez e contracepção. Por meio das palavras "fechada como um canivete", que ela usou conscientemente como uma queixa, ela quis descrever a posição do bebê no ventre materno. A palavra "Ernst", em minha frase inicial, havia lhe lembrado o nome de uma conhecida firma da rua Kärntner (S. Ernst), no centro de Viena, especializada na venda de contraceptivos.

V. LAPSOS VERBAIS

4) "Estou com um resfriado, não consigo *durch die Ase natmen* — *Nase atmen* [respirar pelo nariz; *Ase natmen* não significa nada], falou a mesma paciente em outra ocasião. Ela sabe imediatamente como lhe veio esse lapso. "Todo dia eu pego o bonde na rua *Hasenauer*, e hoje de manhã pensei, enquanto esperava o bonde, que se eu fosse uma francesa falaria *Asenauer*, pois os franceses nunca pronunciam o *h* no início das palavras." Em seguida, ela apresentou várias reminiscências de franceses que havia conhecido, e após um longo rodeio chegou à lembrança de que aos catorze anos havia feito o papel de picarda na opereta *Der Kurmärker und die Picarde* ["O brandemburguês e a picarda", de Louis Schneider, 1867], falando um alemão errado. Foi a casualidade de em sua pensão haver chegado um hóspede parisiense que despertou a série de lembranças. Assim, a troca de fonemas resultou da perturbação por um pensamento inconsciente vindo de outro contexto.

5) É similar o mecanismo do lapso em outra paciente, traída pela memória enquanto reproduz uma recordação infantil há muito desaparecida. Não consegue se lembrar em que parte do corpo foi tocada por uma mão impertinente e lasciva. Logo depois, visita uma amiga e as duas conversam sobre casas de veraneio. Ao ser perguntada onde fica sua cabana em M., ela responde: "No quadril da montanha [*Berglende*]", em vez de "Na encosta da montanha [*Berglehne*]".

6) Outra paciente, quando lhe pergunto, após o fim da sessão, como vai seu tio, responde: "Não sei, agora o vejo somente *in flagranti*". No dia seguinte, ela começa

dizendo: "Fiquei envergonhada de lhe dar uma resposta tão estúpida. O senhor deve me considerar uma pessoa inculta, que confunde as palavras estrangeiras. Eu quis dizer *en passant*". Na época, nós ainda não sabíamos de onde ela havia tirado a expressão estrangeira usada incorretamente. Mas na mesma sessão, prosseguindo o tema da véspera, ela apresentou uma reminiscência em que ser pego *in flagranti* era o destaque. Portanto, o lapso verbal do dia anterior havia antecipado uma recordação que ainda não se tornara consciente.

7) Em certo ponto da análise de outra paciente, tive de lhe manifestar minha suposição de que ela se envergonhava de sua família na época de que nos ocupávamos e havia feito a seu pai uma repreensão que ainda não conhecíamos. Ela não se lembrava disso e declarou ser improvável. Mas prosseguiu a conversa com observações sobre a família: "Uma coisa é preciso admitir: todos eles são pessoas especiais, todos têm *Geiz* [avareza] — quero dizer *Geist* [espírito]".* E era essa a objeção que a paciente havia reprimido em sua memória. É frequente que no lapso apareça justamente a ideia que se quer guardar (cf. o exemplo de Meringer: "alguns fatores vieram a *Vorschwein*" [p. 83]. A única diferença é que a pessoa, no caso de Meringer, quer guardar algo de que tem consciência, enquanto minha paciente não sabia o que estava sendo guardado, ou, como também é possível dizer, não sabia que guardava nem o quê.

---

* Nas duas palavras a semelhança fonética é maior do que a gráfica: a primeira se pronuncia *gaits* e a segunda, *gaist*.

V. LAPSOS VERBAIS

8) Também o seguinte exemplo de lapso verbal se relaciona a algo intencionalmente guardado.* Certa vez, nos montes Dolomitas, encontrei duas senhoras vienenses vestidas com roupas de excursão. Eu as acompanhei por um trecho, e falamos dos prazeres, mas também dos inconvenientes da vida de excursionista. Uma das senhoras concordou em que essa forma de passar o dia tem lá seus incômodos. "É verdade", disse ela, "que não é nada agradável ter o blusão e a camisa encharcados de suor depois de andar o dia inteiro debaixo do sol." Falando essa frase, ela precisou superar uma pequena hesitação em certo ponto. Depois prosseguiu: "Mas quando a gente chega *nach Hose* [em vez de *nach Hause*, "em casa"] e pode se trocar...". Não foi necessário fazer perguntas para esclarecer esse ato falho. A senhora pretendia completar a lista e falar "blusão, camisa e calça [*Hose*, que pode significar "calça" ou "calcinha"]", mas suprimiu a terceira peça de roupa por motivo de decência. Na frase seguinte, de conteúdo diferente, a palavra suprimida apareceu contra a sua vontade, como forma alterada de um termo semelhante, *Hause*.

9) "Se quiser comprar tapetes, vá a Kaufmann na rua Mateus. Acho que posso recomendar o senhor a ele também", disse-me uma senhora. Eu repeti: "Mateus... Kaufmann, quero dizer". Parecia consequência de distração eu repetir um nome no lugar do outro. As palavras da senhora realmente me distraíram, pois desviaram

---

* Esse exemplo foi acrescentado em 1917, tendo sido usado nas *Conferências introdutórias à psicanálise* (1916-7, quarta conferência).

minha atenção para outra coisa, que me era mais importante do que tapetes. Na rua Mateus fica a casa onde minha esposa morou quando éramos noivos. A entrada era em outra rua, e percebi, naquele momento, que havia esquecido o nome dessa e só podia torná-lo consciente por via indireta. O nome Mateus, no qual me detinha, era um substituto para o nome esquecido da rua. Ele se prestava mais para isso do que o nome *Kaufmann*, pois Mateus é apenas um nome próprio, o que *Kaufmann* não é [significa também "comerciante"], e a rua esquecida tinha também um nome próprio: era *Radetzky*.

10) O caso seguinte poderia igualmente ser incluído no capítulo vindouro sobre "Erros" [cap. x], mas já o apresento aqui, pois nele são bastante claras as relações fonéticas que fundamentam a substituição da palavra. Uma paciente relata o sonho que teve. Uma criança resolveu se matar com uma mordida de cobra e põe em prática a decisão. A paciente vê como ela cai em convulsões etc. Agora ela deve encontrar que relação teve o sonho com algo do dia anterior. De imediato se lembra de que na noite anterior ouviu uma conferência popular sobre primeiros socorros em caso de picada de cobra. Se um adulto e uma criança forem mordidos ao mesmo tempo, deve-se cuidar primeiramente da ferida da criança. Ela se lembra também do que o conferencista recomendou para o tratamento. Dependia, ele falou, de qual espécie de cobra deu a mordida. Nesse ponto eu a interrompo com uma pergunta: "Ele não disse que há poucas espécies venenosas em nossa região, e quais são as perigosas?". "Sim, ele destacou a *Klapperschlange*

V. LAPSOS VERBAIS

[cascavel]." Ao ouvir minha risada, ela vê que falou algo errado. Mas não corrige o nome da cobra, apenas retira o que disse. "Sim, claro, não temos cascavéis aqui, ele falou da víbora. Como é que eu cheguei à cascavel?" Suponho que pela intromissão dos pensamentos que se escondiam no sonho. O suicídio por picada de cobra deve ser uma alusão à bela *Kleopatra*. Não há como ignorar a semelhança fonética entre os dois nomes, a coincidência das letras *Kl*, *p* e *r* na mesma sequência e do *a* tônico. A estreita relação entre os nomes *Klapperschlange* e *Kleopatra* produz na paciente uma temporária limitação do julgamento, de modo que ela não acha estranho afirmar que o conferencista instruiu seu público em Viena sobre o tratamento de picadas de cascavel. Ela sabe tanto quanto eu que essa cobra não pertence à fauna de nosso país. Tampouco vamos criticá-la por haver situado a cascavel no Egito, pois estamos habituados a pôr no mesmo saco tudo o que é não europeu, exótico, e eu próprio tive de refletir por um momento antes de afirmar que apenas se encontra a cascavel no Novo Mundo.

O prosseguimento da análise trouxe mais confirmações. Ontem a sonhadora visitou pela primeira vez o monumento a *Marco Antônio*, de Strasser, que fica próximo de sua casa.* Essa foi, então, a segunda causa precipitadora do sonho (a primeira foi a conferência sobre picadas de cobras). Na continuação do sonho ela

---

* Trata-se de uma imensa escultura em bronze, terminada por August Strasser em 1900.

embalava uma criança nos braços, algo que relacionava à Margarida do *Fausto*. Outras coisas que lhe vieram à mente foram reminiscências de *Arria e Messalina*.* O aparecimento de tantos títulos de peças teatrais nos pensamentos oníricos já permite supor que na juventude ela teve uma paixão secreta pela profissão de atriz. O início do sonho, "Uma criança resolveu pôr fim à própria vida com uma picada de cobra", significa, na verdade, que quando menina ela se propôs tornar-se uma atriz famosa. Por fim, do nome *Messalina* vem um curso de pensamentos que leva ao conteúdo essencial do sonho. Alguns acontecimentos recentes despertaram-lhe a preocupação de que seu único irmão possa contrair um casamento inapropriado com uma *não ariana*, uma *mésalliance* [união errada].

11) Quero trazer agora um exemplo totalmente inocente, ou talvez de motivos não suficientemente explicados, pois mostra um mecanismo transparente.

Um alemão que viaja pela Itália necessita de uma correia [*Riemen*] para amarrar a mala que se danificou. Olhando no dicionário, acha a palavra italiana equivalente, *correggia*. "Lembrarei facilmente essa palavra, pensando no pintor, *Correggio*", acha ele. Então vai a uma loja e pede *"una ribera"*.

Tudo indica que ele não conseguiu substituir a palavra alemã pela italiana em sua memória, mas seu esforço não foi inteiramente malsucedido.** Sabia que pre-

---
* Uma peça do dramaturgo vienense Adolf Wilbrandt (1874).
** Lembrou-se de Ribera, pintor espanhol do século XVII.

V. LAPSOS VERBAIS

cisava conservar o nome de um pintor, e assim chegou não àquele nome que lembra a palavra italiana, mas a outro, mais próximo da palavra alemã *Riemen*. Naturalmente eu poderia situar esse exemplo tanto aqui, nos lapsos verbais, como no esquecimento de nomes.

Quando eu colecionava lapsos verbais para a primeira edição deste trabalho, submetia a análise todos os casos que podia observar, incluindo os menos impressionantes. Desde então, outras pessoas empreenderam o divertido esforço de reunir e analisar lapsos verbais, desse modo me permitindo selecionar exemplos de um material mais rico.

12) Um jovem disse à irmã: "Cortei relações com a família D.; não falo mais com eles". Ela respondeu: "Sim, eles são uma bela *Lippschaft* [palavra inexistente]". Ela quis dizer *Sippschaft* [corja], mas reuniu duas outras coisas no lapso: que o irmão já havia flertado com a filha dessa família e que essa garota, dizia-se, tinha se envolvido recentemente num sério *Liebschaft* [caso amoroso] ilícito.*

13) Um homem jovem aborda uma mulher na rua com as seguintes palavras: "Se me permite, senhorita, eu gostaria de *Sie begleit-digen*". Certamente ele queria acompanhá-la [*begleiten*], mas receava ofendê-la [*beleidigen*] com a proposta. O fato de esses dois impulsos emocionais conflitantes acharem expressão numa palavra — no lapso verbal, justamente — indica que as intenções do jovem não eram as mais puras e até a ele

---

* Os dois últimos exemplos foram acrescentados em 1907.

próprio deviam parecer ofensivas para a mulher. Mas, enquanto ele procurava esconder isso dela, seu inconsciente lhe pregou a peça de revelar sua real intenção; e, assim, ele como que previu a resposta convencional da mulher: "Por quem o senhor me toma, como pode me *ofender* desse modo?". (Comunicado por Otto Rank.)

Eis alguns exemplos tomados de um artigo de Wilhelm Stekel,* intitulado "Confissões inconscientes", que apareceu no *Berliner Tageblatt* [Diário Berlinense] de 4 de janeiro de 1904:

14) "Uma parte desagradável de meus pensamentos inconscientes é mostrada no seguinte exemplo. Devo dizer que em minha condição de médico não tenho em vista meus ganhos, mas sim o interesse dos doentes, o que é natural. Visitei uma paciente que se achava num período de convalescença após grave enfermidade, e a quem eu prestava acompanhamento médico. Havíamos passado dias e noites difíceis. Eu estava contente por vê-la melhor, e descrevi-lhe os encantos de uma estada em Abbazia; nisso acrescentei: 'Se, como espero, a senhora *não* deixar o leito logo...'. Evidentemente, isso veio de um motivo egoísta do inconsciente, o de poder tratar essa paciente rica por mais tempo, um desejo que é totalmente alheio à minha consciência desperta e que eu rejeitaria com indignação."

15) Outro exemplo de Stekel: "Minha mulher contratava uma governanta francesa para as tardes e, depois que entraram em acordo sobre as condições, queria con-

---

* Os exemplos de 14 a 20 foram acrescentados em 1907.

servar as referências dela. Mas a francesa pediu para levá-las consigo, dando a seguinte razão: *Je cherche encore pour les après-midis, pardon, pour les avant-midis* [Ainda busco trabalho para as tardes, perdão, para as manhãs]. Claramente, ela tinha a intenção de ainda procurar e talvez achar condições melhores — intenção que realizou".

16) "Tive de admoestar uma senhora a pedido do marido, que ficou do lado de fora da porta escutando. No final de meu sermão, que teve efeito visível, eu disse: 'Encantado, caro senhor!'. Assim deixei transparecer, para um bom entendedor, que as palavras eram dirigidas ao marido, que eu as tinha falado para ele" (Stekel).

17) O dr. Stekel relata que por algum tempo teve dois pacientes de Trieste, cujos nomes sempre confundia ao saudá-los: "Bom dia, sr. Peloni", dizia ao sr. Ascoli, e "Bom dia, sr. Ascoli", ao sr. Peloni. Inicialmente se inclinou a não atribuir motivação mais profunda a essa troca, explicando-a pelas várias coisas em comum que havia entre os dois homens. Mas depois se convenceu de que isso correspondia a uma espécie de jactância, pois assim cada um dos pacientes italianos podia saber que não era o único triestino que fora para Viena em busca de tratamento com ele.

18) Também ele, numa tempestuosa assembleia geral: "Agora nós *brigamos* [*streiten*, em vez de *schreiten*, "passamos"] ao ponto 4 da ordem do dia".

19) Um professor catedrático em sua aula inaugural: "Não estou *inclinado* [*geneigt*, em vez de *geeignet*, "capacitado"] a louvar os méritos do meu estimado antecessor".

20) O dr. Stekel a uma senhora que ele suspeitava

ter a doença de Basedow: "A senhora é um bócio [*Kropf*, em vez de *Kopf*, "cabeça"] mais alta do que sua irmã".

21) O dr. Stekel relata: "Alguém quis caracterizar a relação entre dois amigos, um dos quais é judeu. Disse que eles 'eram inseparáveis como Castor e *Pollak*' [em vez de Pólux].* Isso não era um gracejo, a pessoa não notou o próprio lapso, eu que lhe chamei a atenção para ele".

22) Às vezes, um lapso verbal substitui uma caracterização detalhada. Uma jovem senhora, que dá as ordens em casa, conta-me que seu marido doente esteve no médico, a fim de perguntar sobre a dieta que lhe convém. Mas o médico disse que não é o caso. "Ele pode comer e beber o que *eu* quiser."

Os dois exemplos seguintes,** fornecidos por Theodor Reik (*Internationale Zeitschrift für Psychoanalyse*, III, 1915), vêm de situações em que ocorrem facilmente lapsos verbais, pois nelas são mais numerosas as coisas que devem ser retidas do que as que podem ser ditas.

23) Um homem exprime suas condolências a uma jovem senhora cujo marido faleceu há pouco, e acrescenta: "A senhora achará consolo ao se *widwen* [termo inexistente, em vez de *widmen*, "dedicar"] inteiramente a seus filhos". O pensamento suprimido remete a outro tipo de consolo: uma jovem e bela *Witwe* [viúva] logo poderá fruir novas alegrias sexuais.

---

* Na mitologia grega, Castor e Pólux eram irmãos gêmeos, filhos de Zeus. Pollak é (ou era) um sobrenome judeu comum em Viena. Esse exemplo e o seguinte foram acrescentados em 1910.
** Esse parágrafo e os exemplos 23-6 foram acrescentados em 1917.

V. LAPSOS VERBAIS

24) O mesmo senhor conversa com a mesma mulher, numa reunião social, sobre os grandes preparativos para a Páscoa que são feitos em Berlim, e pergunta: "A senhora viu hoje a exposição na vitrine da Wertheim [uma grande loja de departamentos]? Está inteiramente *decotada* [*dekolletiert*, em vez de *dekoriert*, "decorada"]". Ele não ousava exprimir sua admiração pelo decote da bela mulher, e o pensamento inconveniente abriu caminho de toda forma, transformando a decoração de uma vitrine num decote, de maneira que a palavra "exposição" foi inconscientemente usada com duplo sentido.

O mesmo vale para uma observação que o dr. Hanns Sachs procurou relatar minuciosamente:

25) "Uma senhora me fala de um conhecido que temos em comum, diz que da última vez que o viu ele estava elegante como sempre, principalmente usava *Halbschuhe* [sapatos normais, baixos] marrons muito belos. Quando lhe pergunto onde o encontrou, ela diz: 'Ele bateu à minha porta e eu o vi através das persianas. Mas não abri a porta nem dei sinal de vida, pois não queria que ele soubesse que já estou na cidade'. Escutando-a, acho que ela silenciou a respeito de algo, muito provavelmente o fato de não ter aberto porque não se achava só nem vestida para receber visitas, e lhe pergunto, com um pouco de ironia: 'Então, pelas venezianas fechadas a senhora pôde admirar os *Hausschuhe* ["sapatos de casa"] — os *Halbschuhe* dele?'. Com *Hausschuhe* adquire expressão o pensamento sobre o seu *Hauskleid* ["vestido de casa"], que não cheguei a mencionar. Por outro lado, tentei novamente eliminar a palavra *Halb* [meio, semi-] porque justamente nela

está o cerne da resposta inconveniente: 'A senhora me diz apenas *meia* verdade e silencia que estava *meio* vestida'. O lapso verbal foi também favorecido pelo fato de que logo antes havíamos falado da vida matrimonial do senhor em questão, de sua 'felicidade doméstica [*häuslich*]', o que provavelmente ajudou a determinar o deslocamento [de *Haus*] para ele. Por fim, devo confessar que talvez minha inveja tenha contribuído para que eu imaginasse esse homem elegante com sapatos de casa na rua; eu mesmo apenas há pouco tempo adquiri sapatos marrons normais, que certamente não são 'muito belos'."

Tempos de guerra, como o atual, produzem uma série de lapsos verbais que não oferecem maior dificuldade de compreensão.

26) "Em que arma está servindo o seu filho?", perguntam a uma senhora. Ela responde: "Nos 42º *Mördern* ['assassinos', em vez de *Mörsern*, 'morteiros']".

27) O tenente Henrik Haiman escreve do front: "Estou lendo um livro muito interessante, mas sou chamado para substituir por um instante o telefonista de reconhecimento. Quando o posto de artilharia dá o sinal para testar a linha, eu respondo com: 'Perfeito, silêncio'. Conforme o regulamento, deveria ser 'Perfeito, câmbio'. Meu erro se explica pelo aborrecimento por ser perturbado na leitura".

28) Um sargento instrui seus homens a passarem corretamente o endereço às famílias em casa, para que os *Gespeckstücke* [em vez de *Gepäckstücke*, "pacotes"; a confusão foi com *Speckstücke*, "pedaços de toucinho"; o *ä* tem o mesmo som de *e*] não se extraviem.

V. LAPSOS VERBAIS

29) O exemplo seguinte, excelente e também significativo pelo seu pano de fundo triste, eu devo ao dr. L. Czeszer, que fez essa observação enquanto estava na Suíça neutra durante a guerra e a analisou minuciosamente. Reproduzo aqui sua carta literalmente, com omissões irrelevantes:

"Permita-me comunicar-lhe um caso de 'lapso verbal' que sucedeu ao professor M. N., em O., numa das conferências que deu sobre a psicologia dos sentimentos, no semestre de verão que agora terminou. Devo informar que essas conferências se realizaram no auditório da universidade, com grande afluência dos prisioneiros de guerra franceses internados e dos estudantes, na maioria franco-suíços e claros simpatizantes da *Entente*.* Em O., assim como na França, a palavra *boche* é agora geralmente usada, de forma exclusiva, para designar os alemães. Mas em avisos públicos e em conferências etc., os altos funcionários, professores e outros indivíduos com funções de responsabilidade procuram evitar esse termo pejorativo, por razões de neutralidade.

"O professor N. estava discutindo a significação prática dos afetos e pretendia dar um exemplo de exploração intencional de um afeto, em que uma atividade muscular desinteressante é provida de sentimentos prazerosos e assim se torna mais intensa. Ele relatava, então — em francês, naturalmente —, a história que fora reproduzida de um jornal alemão pelos jornais daqui,

---

* A aliança militar entre Reino Unido, França e Império Russo na Primeira Guerra.

sobre um mestre de escola alemão que pôs seus alunos a trabalhar num jardim e, para instigá-los a se empenhar mais intensamente, exortou-os a imaginar que em vez de torrões de terra partiam crânios de franceses. Contando a história, ele naturalmente falava, quando se tratava de alemães, a palavra *allemand*, e não *boche*. Mas, chegando ao final da história, ele reproduziu assim as palavras do mestre de escola: *Imaginez vous qu'en chaque moche vous écrasez le crâne d'un français* [Imaginem que em cada *moche* vocês esmagam o crânio de um francês]. Ou seja, em vez de *motte* [torrão], falou... *moche*!

"Vê-se bem como esse erudito correto se esforça, desde o início, para não ceder ao hábito e talvez à tentação e evitar dizer no púlpito do auditório da universidade a palavra que foi até mesmo vetada por um decreto federal! E no instante em que ele, felizmente, falou *instituteur allemand* [mestre alemão] pela última vez e, interiormente aliviado, rumava para o inofensivo final, o vocábulo penosamente reprimido se agarrou à semelhança fonética com *motte* e... a desgraça aconteceu. O receio de não conservar o tato político, talvez um desejo reprimido de usar mesmo a palavra habitual e por todos esperada, e também a má-vontade do republicano e democrata nato para com todo constrangimento da liberdade de expressão interferiram na intenção principal de reproduzir fielmente o exemplo. Ele sabia que estava sujeito a essa interferência e, como não podemos deixar de supor, pensou nela pouco antes do lapso.

"O professor N. não notou seu lapso verbal, pelo menos não o corrigiu, o que costumamos fazer automa-

V. LAPSOS VERBAIS

ticamente. Mas o lapso foi recebido com verdadeira satisfação pela plateia de maioria francesa, tendo o efeito de um trocadilho intencional. De minha parte, observei essa ocorrência aparentemente inócua com verdadeira emoção. Eu não pude, por motivos óbvios, fazer ao professor as perguntas necessárias conforme o método psicanalítico, mas esse lapso foi para mim uma prova decisiva da correção de sua teoria sobre a determinação dos atos falhos e as profundas analogias e afinidades entre o lapso verbal e o chiste."

30) O seguinte lapso verbal, narrado por um oficial austríaco que retornou para casa, teve origem nas dolorosas impressões do tempo de guerra:

"Como prisioneiros de guerra dos italianos, eu e cerca de duzentos oficiais fomos acomodados numa *villa* por vários meses. Nesse período, um de nossos camaradas morreu de gripe. A impressão que esse acontecimento nos deixou foi profunda, naturalmente; pois as condições em que nos achávamos, a falta de assistência médica, a precariedade da nossa existência ali tornavam mais que provável a disseminação da doença. Havíamos posto o cadáver num esquife, no porão. Ao entardecer, quando dava uma volta ao redor da casa com um amigo, manifestamos o desejo de ver o corpo. Eu ia na frente, e ao entrar no local deparei com uma visão que me assustou; pois não estava preparado para ver o caixão tão próximo da entrada e enxergar tão repentinamente aquele rosto iluminado pela luz inquieta das velas. Ainda sob o efeito dessa imagem prosseguimos com a volta. Num lugar onde se avistava o parque banhado pela lua cheia, um prado também muito iluminado e, além, um fino véu de névoa, imaginei que via (e o expressei) uma ciranda de elfos a dançar na orla dos pinheiros vizinhos.

"Na tarde seguinte enterramos o companheiro morto. O trajeto de nosso cárcere até o cemitério da pequena localidade vizinha foi para nós amargo e degradante ao mesmo tempo; pois um bando de adolescentes vociferantes, de nativos barulhentos, grosseiros e zombeteiros, aproveitou a oportunidade para dar livre vazão a seus sentimentos, que eram um misto de curiosidade e ódio. A sensação de não poder escapar aos insultos também naquela situação inerme, a repugnância ante a rudeza demonstrada me encheram de amargura até à noite. Na mesma hora do dia anterior, com o mesmo acompanhante, fiz a volta pelo caminho de seixos ao redor da casa; e, ao passar pela grade do porão onde havia ficado o corpo, veio-me a lembrança da impressão que me deixara a visão dele. No local em que novamente me aparecia o parque iluminado, sob o mesmo luar de lua cheia, eu parei e disse ao companheiro: 'Podíamos sentar aqui no *Grab* [túmulo]... *Gras* [relva] e *sinken* ["afundar, descer", em vez de *singen*, "cantar"] uma serenata!'. Apenas no segundo lapso é que dei atenção ao erro; o primeiro eu havia corrigido sem tomar consciência dele. Então refleti e fiz a relação: 'descer — ao túmulo!'. Velozmente me vieram estas imagens: os elfos a dançar e se regalar na lua cheia; o camarada no esquife, a impressão de movimento; cenas do enterro, a sensação de repugnância e o sepultamento perturbado; recordação de conversas sobre a epidemia, manifestações

V. LAPSOS VERBAIS

de medo de vários oficiais. Depois me dei conta de que era aniversário da morte de meu pai, o que achei notável, em vista de minha péssima memória para datas.

"Refletindo de novo, ficou clara para mim a coincidência das circunstâncias externas das duas noites: a mesma hora e luminosidade, o mesmo local e acompanhante. Lembrei-me do mal-estar que senti quando se falou da preocupação de que a gripe se espalhasse; mas, ao mesmo tempo, também da minha proibição interior: não deixar que o medo me tomasse. Também me tornei consciente da importância da ordem das palavras, 'Podíamos ao túmulo descer' [na ordem gramatical alemã: *Wir könnten ins Grab sinken*], assim como me convenci de que apenas a mudança inicial, de *Grab* em vez de *Gras* [relva], que havia acontecido sem clareza, levara ao segundo lapso, *sinken* em vez de *singen*, a fim de assegurar efeito definitivo ao complexo suprimido.

"Acrescento que naquela época tinha sonhos angustiantes, em que via uma parenta que me era bastante próxima sempre doente, uma vez até morta. Pouco antes de ser aprisionado eu recebera a notícia de que justamente na terra dessa parenta a gripe atacava com virulência, e lhe transmitira meu temor. Desde então eu perdera o contato com ela. Meses depois tive a informação de que ela sucumbira à epidemia duas semanas antes do acontecimento descrito!"

31) O exemplo seguinte de lapso verbal ilumina vivamente um dos dolorosos conflitos que são parte do quinhão de um médico. Um homem provavelmente à mercê da morte, mas ainda não diagnosticado com

certeza, veio para Viena a fim de aguardar aqui a solução do seu caso, e solicitou a um amigo da juventude, agora um médico conhecido, que assumisse o tratamento — o que esse amigo finalmente fez, embora não sem hesitação. O enfermo precisou ficar num sanatório, e o médico sugeriu a clínica Hera. "Mas essa é uma instituição especializada, uma maternidade", disse o doente. "Oh, não", respondeu o médico, "na Hera eles *umbringen* [matam] qualquer paciente — *unterbringen* [acomodam], quero dizer." Em seguida, ele se opôs resolutamente à interpretação do seu lapso. "Você não vai achar que eu tenho impulsos hostis contra você, não é?" Quinze minutos depois, ao sair, ele disse à senhora que cuidava do enfermo: "Não consigo achar nada e continuo não acreditando nisso. Mas se tiver de ser assim, sou a favor de uma boa dose de morfina e um final tranquilo". Ora, soube-se que o amigo havia estipulado que ele lhe abreviasse o sofrimento com uma medicação, tão logo se confirmasse que não havia cura. O médico havia realmente assumido a tarefa de pôr fim à vida do amigo.

32) Não desejo omitir um exemplo de lapso verbal particularmente instrutivo, embora ele tenha ocorrido há cerca de vinte anos, segundo quem o relatou.* "Uma senhora declarou certa vez numa reunião social — e nota-se, pelas palavras, que elas foram ditas com veemência e sob a pressão de impulsos secretos: 'Sim, uma mulher tem que ser bonita, se for para agra-

---

* Exemplo acrescentado em 1910.

V. LAPSOS VERBAIS

dar aos homens. Para o homem é bem mais fácil; se ele tiver seus *cinco* membros retos [*gerade*], não precisa de mais nada!'." Esse exemplo nos permite uma boa visão do mecanismo interno de um lapso verbal gerado por *condensação* ou *contaminação* (cf. p. 79). É plausível supor que aí se juntaram duas expressões de significado semelhante:

> se ele tiver seus *quatro membros retos* [ou seja, se for normal]
> se ele tiver seus *cinco sentidos* [ou seja, se tiver a cabeça no lugar]

Ou o elemento *gerade* ["reto" ou "par", como em "número par"] é o que há em comum entre duas expressões que se pretendia falar, que seriam:

> se ele tiver seus membros *retos*
> deixar todo *cinco* ser *par**

"Nada nos impede de supor que *as duas* expressões, a dos cinco sentidos e a do cinco ser par, tenham colaborado para introduzir na frase dos membros retos um número, primeiramente, e depois o misterioso 'cinco', no lugar do simples 'quatro'. Mas essa junção não teria ocorrido se não possuísse, na forma do lapso verbal resultante, um bom sentido próprio, o de uma verdade cínica — que uma senhora pode admitir apenas de modo

---

* No original, *alle fünf gerade sein lassen*, que significa algo como "fazer vista grossa para os erros".

encoberto. Por fim, não deixemos de assinalar que a declaração dessa mulher pode constituir, tal como foi enunciada, tanto um ótimo chiste como um divertido lapso verbal. Tudo depende de ela haver falado com intenção consciente ou inconsciente. Nesse caso, porém, a atitude da senhora contraria a intenção consciente, excluindo que se trate de um gracejo."

A proximidade entre um lapso verbal e um chiste pode ser grande, como neste caso relatado por Otto Rank, em que a autora do lapso termina ela mesma rindo dele como de uma piada:*

33) "Um homem recém-casado, cuja esposa, preocupada em manter a aparência juvenil, somente a contragosto lhe permite relações sexuais frequentes, contou-me a seguinte história, que tanto ele como ela acharam divertida afinal. Após uma noite em que novamente desrespeitou a intenção de abstinência da mulher, ele fazia a barba no banheiro que tinham em comum e usava — por comodidade, como de outras vezes — o pompom de pó de arroz da esposa, que ainda se achava na cama. Muito ciosa de sua pele, ela já o havia repreendido algumas vezes por causa disso, e exclamou irritada: 'Você já está *me* empoando de novo com o *seu* pompom!'. A risada do marido chamou-lhe a atenção para o lapso (ela queria dizer 'você já está *se* empoando de novo com o *meu* pompom'), e ela acabou rindo também (*'pudern'* [literalmente, 'empoar'] é, como qualquer vienense sabe, uma gíria para 'fazer amor', e o pompom é certamen-

---

* Esse parágrafo e o exemplo 33 foram acrescentados em 1917.

te um símbolo fálico)." (*Internationale Zeitschrift für Psychoanalyse*, I, 1913)

34) Podemos pensar que houve a intenção da piada no seguinte exemplo também, fornecido por A. J. Storfer:*

A sra. B., que luta contra uma doença de origem claramente psicogênica, recebe várias vezes a sugestão de procurar o psicanalista X. Ela sempre se recusa a fazê-lo, afirmando que um tratamento assim não pode ser correto, pois o médico, de forma errada, relacionaria tudo ao sexo. Por fim, ela se apresenta disposta a seguir o conselho e pergunta: "Está bom, quando *ordinärt* esse dr. X?".**

35) O parentesco entre chiste e lapso verbal se mostra igualmente no fato de o lapso, com frequência, não passar de uma abreviação:***

Depois de terminar a escola, uma garota levou em conta a tendência dominante e se matriculou no curso de medicina. Após alguns semestres, trocou a medicina pela química. Alguns anos depois, descreveu essa mudança com as seguintes palavras: "Geralmente eu não sentia horror na dissecação, mas uma vez, quando tive que tirar as unhas dos dedos de um cadáver, perdi o gosto com toda a... *química*".

36) Apresento agora outro caso de lapso verbal que não exige muita arte para ser interpretado. "Na aula

---

* Acrescentado em 1924.
** O certo seria "quando *ordiniert*" [quando atende], mas, ao fundir o verbo com o adjetivo *ordinär* [ordinário], ela deixa escapar o juízo que faz do psicanalista.
*** Parágrafo e exemplo acrescentados em 1920.

de anatomia, o professor busca explicar as cavidades nasais, que são um capítulo difícil da esplancnologia, como se sabe. Quando pergunta se os estudantes compreenderam sua explicação, todos respondem 'sim'. Ao que o professor, conhecido pela alta opinião que tem de si próprio, comenta: 'Difícil acreditar, pois mesmo numa cidade grande como Viena pode-se contar *num dedo*, quero dizer, nos dedos de uma mão, as pessoas que compreendem as cavidades nasais'."*

37) O mesmo professor de anatomia, em outra ocasião: "No caso dos genitais femininos, apesar de muitas *tentações* — quero dizer, *tentativas*...".

38) Devo ao dr. Alfred Robitsek, de Viena, a indicação de dois lapsos verbais anotados por um antigo autor francês, que aqui reproduzo no idioma original:**

Brantôme (1527-1614), *Vie des dames galantes, Discours second* [Vidas das damas galantes, Segundo discurso]: "*Si ay-je cogneu une très belle et honneste dame de par le monde, qui, devisant avec un honneste gentilhomme de la cour des affaires de la guerre durant ces civiles, elle luy dit: 'J'ay ouy dire que le roi a faict rompre tous les c... de ce pays là. Elle voulait dire les ponts. Pensez que, venant de coucher avec son mary, ou songeant à son amant, elle avoit encor ce nom frais en la bouche; et le gentilhomme s'en eschauffer en amours d'elle pour ce mot*'".

---

* Os exemplos 36 e 37 foram acrescentados em 1912 e também são mencionados nas *Conferências introdutórias à psicanálise* (1916-7, na terceira e na segunda, respectivamente).
** Exemplo acrescentado em 1910.

V. LAPSOS VERBAIS

"*Une autre dame que j'ai cogneue, entretenant une autre grand dame plus qu'elle, et luy louant et exaltant ses beautez, elle luy dit après: 'Non, madame, ce que je vous en dis: ce n'est point pour vous* adultérer, *voulant dire* adulater, *comme elle le rhabilla ainsi: pensez qu'elle songeoit à adultérer*'."

[Assim, conheci uma bela e virtuosa dama do mundo que, conversando com um honrado cavalheiro da corte sobre assuntos da guerra, durante esses distúrbios, disse-lhe: 'Ouvi dizer que o rei rompeu todas as c... dessa região'. Ela queria dizer *pontes* [em francês, *ponts*, que rima com a palavra dita pela dama, *cons*, designação vulgar para o genital feminino, no plural]. Podemos supor que, tendo se deitado com seu marido, ou pensado em seu amante, ela ainda estava com esse nome fresco em sua boca; e o cavalheiro se inflamou de amores por ela devido a essa palavra.]

[Outra dama que conheci, entretendo outra dama de mais alta linhagem do que ela, e elogiando-a e exaltando suas belezas, disse-lhe depois: 'Não, madame, isso que lhe digo não é para *adulterá-la* [*adultérer*]'; querendo dizer *adular* [*adulater*], como ela corrigiu; podemos supor que ela pensava em adultério.]

39) Naturalmente, também há exemplos mais novos de lapso verbal em que surgem ambiguidades de natureza sexual: a sra. F. conta sobre sua primeira aula num curso de línguas: "É muito interessante, o professor é um jovem inglês muito simpático. Já na primeira aula ele me deu a entender *durch die Bluse* [literalmente, "através da blusa"], quero dizer, *durch die Blume* [lit. "através da flor", expressão que significa "veladamen-

te, indiretamente"], que preferia me dar aulas individuais" (Storfer).*

No procedimento terapêutico que utilizo para resolver e eliminar sintomas neuróticos, com frequência surge a tarefa de detectar, nas falas e associações aparentemente casuais do paciente, um conteúdo de pensamento que procura se esconder, mas que não pode deixar de se revelar inadvertidamente, de formas diversas. Nisso os lapsos verbais prestam muitas vezes um valioso serviço, como pude mostrar em exemplos bastante convincentes e singulares ao mesmo tempo. Assim, uma paciente fala da tia e a chama de "minha mãe", sem notar o lapso, e outra se refere ao marido como "meu irmão". Desse modo me fazem notar que "identificaram" essas pessoas uma com a outra, colocaram-nas numa série que implica o retorno do mesmo tipo em sua vida emocional. Outro exemplo:** um jovem de vinte anos se apresenta a mim, no consultório, com estas palavras: "Sou o pai de N. N., que o senhor tratou. Sou o irmão, quero dizer; ele é quatro anos mais velho que eu". Entendo que com esse lapso ele quer exprimir que, assim como o irmão, adoeceu por culpa do pai; e que, assim como o irmão, precisa ser curado, mas que o pai é quem necessita mais urgentemente de cura. Outras vezes basta uma sequência de palavras inusitada, um modo de expressão que parece forçado, para revelar a participação de um pensamento reprimido na fala do paciente, a qual tinha outra motivação.

* Exemplo acrescentado em 1924.
** Acrescentado em 1907.

V. LAPSOS VERBAIS

Tanto nas perturbações grosseiras como nessas mais sutis da fala, que ainda podem ser incluídas na categoria de lapsos verbais, não vejo a influência do "contato entre os sons" [cf. p. 88], mas sim de pensamentos que se acham fora da intenção da fala, influência decisiva no surgimento do lapso e suficiente para explicá-lo. Não vou questionar as leis que determinam como os sons alteram uns aos outros; contudo, elas não me parecem ter eficácia bastante para perturbar por si sós a realização da fala. Nos casos que estudei mais detidamente e compreendi, elas representam apenas o mecanismo preformado, do qual um motivo psíquico mais distante se serve comodamente, mas sem se ligar à esfera de influência dessas relações [fonéticas]. *Em grande número de substituições nos lapsos verbais, tais leis fonéticas são totalmente ignoradas.* Nisso me acho de pleno acordo com Wundt, que também supõe, para os lapsos verbais, condições complexas e que ultrapassam em muito os efeitos do contato entre os sons.

Se vejo como ponto pacífico essas "influências psíquicas mais distantes", na expressão de Wundt, por outro lado nada me impede de admitir que, havendo fala acelerada e algum desvio da atenção, as condições para o lapso verbal podem facilmente se reduzir à medida determinada por Meringer e Mayer. Em parte dos exemplos reunidos por esses autores, uma solução mais complicada parece mais provável. Tomemos um caso já mencionado [p. 79]:

> *Es war mir auf der* Schwest...
> Brust *so schwer.*
> [*Es war mir auf der Brust so schwer*: "Eu sentia o peito oprimido"; *Schwest* não existe.]

Ocorreu aí simplesmente que *sche* reprimiu *Bru*, de igual valor, antecipando-o? Não se pode excluir que o som *schwe*, além disso, chega a essa intromissão devido a uma relação especial. Essa poderia ser apenas a associação *Schwester — Bruder* [irmã—irmão], ou talvez ainda *Brust der Schwester* [peito da irmã], que leva a outro grupo de pensamentos. Esse invisível auxiliar por trás da cena empresta ao normalmente inócuo *schwe* a força que vem a se manifestar como erro de fala.

Para outros lapsos verbais, podemos supor que o verdadeiro elemento perturbador é a semelhança sonora com palavras e significados obscenos. A deformação e desfiguração intencional de palavras e expressões, tão cara a indivíduos travessos, não visa outra coisa senão aproveitar uma ocasião inocente para insinuar algo proibido, e essa brincadeira é tão frequente que não seria de admirar se ocorresse involuntariamente e a contragosto. Dessa categoria são exemplos como *Eischeissweibchen* [palavra inexistente, "ovo-merda--mulherzinha"], em vez de *Eiweisscheibchen* [fatia de clara de ovo], *Apopos* [*Popo* = bumbum] Fritz, em vez de *Apropos* [a respeito de Fritz], *Lokuskapitäl* [capitel de toalete], em vez de *Lotuskapitäl* [capitel de lótus], e talvez também *Alabüsterbachse* [termo inexistente, mas *Büste* significa "peito"] (*Alabasterbüchse* [caixa de ala-

V. LAPSOS VERBAIS

bastro]) de santa Madalena.[19] — "Convido-os a *arrotar* [*aufzustossen*, em vez de *anzustossen*, "brindar"] à saúde de nosso chefe" dificilmente será outra coisa senão uma paródia involuntária que ecoa uma voluntária. Se eu fosse o chefe que motivou esse lapso, provavelmente pensaria em como foram inteligentes os romanos ao permitir que os soldados do general que marchava em triunfo exprimissem em cantos satíricos suas íntimas objeções ao festejado. — Meringer conta que ele mes-

19 Numa de minhas pacientes, os lapsos verbais persistiram muito tempo como sintomas, até que foram relacionados à brincadeira infantil de substituir *ruinieren* [arruinar] por *urinieren* [urinar]. — [Acrescentado em 1924:] As observações de Karl Abraham sobre atos falhos "*com tendência de sobrecompensação*" (*Internationale Zeitschrift für Psychoanalyse*, VIII, 1922) partem da tentação de usar livremente palavras indecentes e proibidas mediante o artifício do lapso verbal. Uma paciente que tinha a leve tendência de dobrar, gaguejando, a sílaba inicial de nomes próprios mudou o nome Protágoras para *Protrágoras*, e pouco antes havia dito "A-alexandre", em vez de "Alexandre". Descobriu-se que, quando criança, ela tivera o costume de repetir as sílabas iniciais *a* e *po*, uma brincadeira que não raramente leva à gagueira das crianças. No nome Protágoras, ela percebeu o risco de omitir o *r* da primeira sílaba e dizer *Po-potágoras*. Para se proteger disso, ela se apegou a esse *r* e ainda inseriu outro *r* na segunda sílaba. De modo semelhante, outras vezes deformou as palavras *parterre* [andar térreo] e *Kondolenz* [condolência], tornando-as *part*r*erre* e *Ko*d*olenz*, a fim de evitar *Pater* (pai) e *Kondom* [condom], que ficavam próximas nas associações que fazia. Outro paciente de Abraham admitiu a inclinação a dizer *angora*, em vez de *angina*, provavelmente porque receava a tentação de trocar *angina* por *vagina*. Portanto, esses lapsos ocorrem pelo fato de prevalecer uma tendência defensiva, em vez de deformadora, e Abraham chama a atenção, corretamente, para a analogia entre esse processo e a formação de sintomas nas neuroses obsessivas.

mo disse a alguém que, por ser o indivíduo mais velho do grupo, era saudado com o afetuoso apelativo *"Senexl"* ou "velho *Senexl*": *"Prost* [Saúde], *Senex altesl!"*. Ele próprio ficou chocado com esse erro (Meringer e Mayer, 1895, p. 50). Talvez possamos interpretar seu sentimento recordando que *Altest* é parecido com o insulto *alter Esel* [velho asno]. Há fortes punições internas para a infração do respeito que se deve à idade (ou, reduzindo à infância: ao pai).

Espero que os leitores não ignorem a diferença de valor que há entre essas interpretações, que não são passíveis de prova, e os exemplos que eu próprio reuni e expliquei mediante análises. Mas, se reservadamente me atenho à expectativa de que mesmo os casos aparentemente simples de lapso verbal procederiam de perturbação por uma ideia semissuprimida *fora* do contexto pretendido, o que me induz a isso é uma observação muito interessante de Meringer. Esse autor afirma ser algo curioso o fato de ninguém admitir que cometeu um ato falho. Há pessoas muito inteligentes e corretas que se ofendem quando lhes dizemos que cometeram um lapso. Eu não ousaria generalizar essa afirmação, como faz Meringer com o "ninguém". Mas tem sua importância o traço de afeto que se liga à revelação do lapso e que possui claramente a natureza da vergonha. Pode ser comparado ao aborrecimento que sentimos ao não recordar um nome esquecido e à admiração pela persistência de uma lembrança aparentemente irrelevante, e sempre indica que um motivo participou da gênese da perturbação.

V. LAPSOS VERBAIS

Alterar um nome corresponde a desprezar, quando acontece intencionalmente, e pode ter o mesmo significado numa série de casos em que aparece como ato falho. A pessoa que, segundo Mayer, numa ocasião falou "Freuder", em vez de "Freud", por ter logo antes mencionado o nome "Breuer" (Meringer e Mayer, p. 38), e noutra vez se referiu ao método de "Freuer-Breud" (p. 28), era provavelmente um colega de profissão e não muito entusiasmado com esse método. Quando abordar os lapsos de escrita, mais adiante, relatarei um caso de deformação de nome que certamente não se explica de outra maneira.[20]

---

20 [Nota acrescentada em 1907:] Pode-se também observar que membros da aristocracia deformam com particular frequência os nomes dos médicos que consultam. É lícito concluir, então, que eles os menosprezam interiormente, não obstante a gentileza com que os tratam. — [Acrescentado em 1912:] Citarei algumas observações pertinentes sobre o esquecimento de nomes, publicadas em inglês pelo dr. Ernest Jones, que se achava em Toronto na época ("The Psychopathology of Everyday Life", *American Journal of Psychology*, out. 1911 [n. 22]):

"Poucas pessoas deixam de sentir algum desagrado quando veem que seu nome é esquecido por alguém, sobretudo quando se trata de alguém que elas esperavam ou desejavam que não o esquecesse. Elas instintivamente compreendem que a pessoa se lembraria do nome se tivessem feito maior impressão nela, pois o nome é parte integral da personalidade. De modo similar, poucas coisas são mais lisonjeiras para a maioria das pessoas do que serem abordadas pelo nome por um grande personagem, quando não poderiam esperar isso. Napoleão, como muitos grandes líderes, era um mestre nisso. No meio da desastrosa campanha de 1814, ele deu uma assombrosa demonstração de sua memória a esse respeito. Ao se encontrar numa pequena cidade perto de Craonne, ele se lem-

Nesses casos intervém, como elemento perturbador, uma crítica que deve ser posta de lado, pois naquele momento não corresponde à intenção de quem fala.

Por outro lado,* a substituição do nome, a adoção do nome de outra pessoa, a identificação por meio do lapso com o nome, significam um reconhecimento que, por algum motivo, deve ficar em segundo plano naquele instante. Sándor Ferenczi relata uma experiência desse tipo, que teve quando era menino e frequentava a escola:

"No primeiro ano do curso ginasial, tive (pela primeira vez na vida) de recitar um poema publicamente (isto é, diante da turma inteira). Eu havia me prepara-

---

brou de que havia conhecido o prefeito, De Bussy, mais de vinte anos antes, no regimento La Fère. Encantado, De Bussy pôs-se ao seu serviço com extraordinária dedicação. Inversamente, não há maneira mais segura de afrontar alguém do que fingir que esqueceu seu nome; insinua-se, desse modo, que a pessoa é tão pouco importante para nós que não nos incomodamos de lembrar seu nome. Esse artifício é frequentemente usado na literatura. No romance *Fumaça*, de Turguêniev, lemos a seguinte passagem: 'Então você continua achando Baden divertida, senhor... Litvinov?'. Ratmirov sempre falava o nome de Litvinov com hesitação, como se o tivesse esquecido e não conseguisse lembrar-se dele facilmente. Assim, e com a maneira altiva de erguer o chapéu ao saudá-lo, ele pretendia ofendê-lo em seu orgulho. Em *Pais e filhos*, o mesmo autor escreve: 'O governador convidou Kirsanov e Bazarov para seu baile, e poucos minutos depois os convidou novamente, considerando-os irmãos e chamando-os Kisarov'. Nesse trecho, o esquecimento de que já havia falado com eles, o erro com os nomes e a incapacidade de distinguir entre os dois jovens constituem o cúmulo do menosprezo. Errar um nome significa o mesmo que esquecê-lo; é o primeiro passo para a amnésia total."

* Os quatro parágrafos seguintes foram acrescentados em 1910.

V. LAPSOS VERBAIS

do bem, e fiquei perplexo ao ser interrompido por uma risada geral logo no início. O professor me explicou o motivo da recepção peculiar: eu havia falado corretamente o título do poema, *Aus der Ferne* [De longe], mas, em vez do nome do autor, havia dito o meu próprio nome. O nome do autor é *Alexander* (Sándor [em húngaro]) *Petöfi*. O fato de nosso prenome ser o mesmo facilitou a troca; mas a causa verdadeira era certamente que eu, em meus desejos secretos, me identificava com o festejado poeta-herói. Eu também nutria por ele, de modo consciente, um amor e uma admiração que beiravam a idolatria. Naturalmente, por trás desse ato falho também se achava todo o triste complexo da ambição."

Uma identificação semelhante, por meio da troca de nomes, me foi relatada por um jovem médico. Ele havia se apresentado ao célebre Virschow,* pleno de timidez e reverência, com as seguintes palavras: "Dr. Virschow". O professor se virou para ele, surpreso, e perguntou: "Ah, o senhor também se chama Virschow?". Não sei como o jovem ambicioso justificou o lapso, se encontrou a elegante saída de dizer que, sentindo-se tão pequeno diante do grande nome, o seu próprio lhe escapara, ou se teve a coragem de admitir que esperava se tornar um grande homem como Virschow e pedir ao *Geheimrat*** que não o tratasse com menosprezo por isso. Um desses dois pensamentos — ou talvez os

---

* O patologista alemão Rudolf Virschow (1821-1902).
** Conselheiro de Estado, título honorífico que era dado a personalidades como Virschow.

dois simultaneamente — pode ter atrapalhado o jovem quando este se apresentou.

Por motivos de natureza pessoal deixarei em aberto se uma interpretação igual pode ser aplicada ao caso que agora se segue. No congresso internacional [de psiquiatria e neurologia] de Amsterdam, em 1907, a teoria sobre a histeria que defendo foi objeto de uma viva discussão. Em sua diatribe contra mim, um de meus mais vigorosos adversários cometeu repetidas vezes um lapso em que se punha no meu lugar e falava em meu nome. Ele disse, por exemplo: "Sabe-se que *Breuer e eu* provamos", quando só podia querer dizer "Breuer e Freud". O nome desse adversário não tem a menor semelhança fonética com o meu. Esse e vários outros casos de troca de nome nos lembrarão que o lapso verbal pode dispensar completamente a ajuda proporcionada pela similaridade de som, prevalecendo com base apenas em relações ocultas do conteúdo.

Em outros casos, bem mais significativos, é a autocrítica, a oposição interior à própria manifestação, que faz cometer o lapso verbal e até substituir o que se pretendia falar pelo seu oposto. Então percebemos, surpresos, como as palavras usadas numa afirmação invalidam a sua intenção, e como o erro expõe a insinceridade interior.[21] Os lapsos verbais se tornam um meio de

---

21 Com lapsos verbais desse tipo é que Anzengruber [o dramaturgo vienense Ludwig Anzengruber, 1839-89] estigmatiza o hipócrita caçador de heranças em *Der G'wissenswurm* ["O verme da consciência", comédia musical de 1874].

V. LAPSOS VERBAIS

expressão mimético, frequentemente para a expressão do que não se queria dizer, uma forma de trair a si mesmo. Assim ocorreu, por exemplo, quando um homem, que em suas relações com mulheres não prefere o ato sexual considerado normal, interveio numa conversa sobre uma moça que diziam ser coquete, com esta frase: "Comigo ela logo deixaria de *koëttieren*". Não há dúvida de que apenas outro verbo, *koitieren* ["coitar", copular], pode haver influído na transformação do que ele tinha a intenção de falar, *kokettieren* [coquetear]. Ou tomemos o caso seguinte: "Nós temos um tio que há meses se sente ofendido porque não o visitamos. Aproveitamos o ensejo da sua mudança de apartamento para ir vê-lo, depois de muito tempo. Ele parecia muito contente com nossa visita, e na despedida falou, emocionado: 'A partir de agora, espero vê-los *menos* do que antes'".

Sendo o material linguístico favorável, às vezes surgem lapsos verbais que resultam fulminantes como uma revelação ou têm o efeito cômico de um chiste.

Assim acontece nos casos seguintes, observados e comunicados pelo dr. Reitler:

"'Esse chapéu novo bonito, você mesma que *aufgepatzt* [palavra inexistente, em vez de *aufgeputzt*, "enfeitar, retocar"]?', disse uma senhora para outra, em tom de admiração. Ela não pôde prosseguir com o elogio, pois a crítica tácita de que o *Aufputz* [arranjo] do chapéu era uma *Patzerei* [trabalho malfeito] já havia se insinuado muito claramente naquele lapso desagradável, de modo que nenhuma frase convencional de admiração pareceria convincente."

Mais branda, mas também inequívoca, é a crítica que há neste exemplo:

"Uma senhora visitou uma conhecida, mas logo ficou impaciente e cansada da conversa prolixa e excessiva da mulher. Por fim, conseguiu se levantar e se despedir, mas na antessala foi mais uma vez detida por um novo dilúvio de palavras da conhecida que a acompanhara até ali, e, já a ponto de sair, teve de permanecer diante da porta e mais uma vez escutar. Por fim, interrompeu-a com a pergunta: 'Você está em casa na *antessala*?'. Apenas o semblante espantado da mulher a fez notar seu lapso. Cansada de ficar em pé na antessala [*Vorzimmer*], ela quis interromper a conversa com esta pergunta: 'Você está em casa *de manhã* [*Vormittag*]?', e traiu sua impaciência com a nova parada."

O exemplo seguinte,* testemunhado pelo dr. Max Graf, equivale a uma admoestação para atentar no que se diz:

"Na assembleia geral da Concórdia, uma associação de jornalistas, um membro jovem, sempre necessitado de dinheiro, fez um veemente discurso de oposição e disse, agitado: 'Os senhores membros do *Vorschuss* [empréstimo]', em vez de membros da *Vorstand* [direção] ou *Ausschuss* [comissão]. Esses tinham a prerrogativa de autorizar empréstimos, e o jovem orador havia realmente feito uma solicitação de empréstimo."

---

* Acrescentado em 1907 e também mencionado na terceira das *Conferências introdutórias*.

V. LAPSOS VERBAIS

Já vimos,* no exemplo do *Vorschwein*, que facilmente ocorre um lapso verbal quando o indivíduo se esforça em suprimir xingamentos. É da seguinte maneira que ele se desafoga:

Um fotógrafo, que decidiu não usar termos zoológicos ao lidar com seus funcionários desastrados, diz a um aprendiz que quer esvaziar uma grande bandeja inteiramente cheia e derrama metade do líquido: "Mas *criatura*, primeiro *schöpsen Sie***uma parte!". Pouco depois, diz a uma assistente que quase estragou uma dúzia de chapas valiosas com seu descuido: "Mas você é tão *hornverbrannt*...".

O exemplo seguinte mostra um caso sério, em que o indivíduo se trai mediante um lapso verbal. Alguns pormenores justificam sua reprodução completa, no relato publicado por A. A. Brill na *Zentralblatt für Psychoanalyse*, II.[22]

"Uma noite, eu e o dr. Frink saímos para dar uma volta e discutimos algumas questões da Sociedade Psicanalítica de Nova York. Encontramos um colega, o dr. R., que há anos eu não via, e de cuja vida pessoal eu nada sabia.

---

* Esse parágrafo e o seguinte foram acrescentados em 1920.
** Ele quis dizer *schöpfen Sie*, "tire". O verbo que usou não existe, mas *Schöps* significa "carneiro" ou, figuradamente, "pateta". No outro exemplo, o mesmo fotógrafo quis dizer *hirnverbrannt*, "idiota"; literalmente, "de cérebro (*Hirn*) queimado". O termo que afinal usou, inexistente, significaria "de chifre (*Horn*) queimado", e contém uma alusão a *Hornvieh*, "gado de chifres", que também significa "imbecil".
22 Erradamente atribuído a Ernest Jones na revista.

Ficamos contentes em nos ver, e sugeri que fôssemos a um café, onde conversamos animadamente por duas horas. Ele parecia saber alguma coisa sobre mim, porque depois dos cumprimentos habituais me perguntou sobre meu filho pequeno e disse que de vez em quando lhe chegavam notícias minhas por um amigo em comum e que se interessava por meu trabalho, após haver lido sobre ele nas publicações médicas. Quando lhe perguntei se era casado, respondeu que não e acrescentou: 'Por que um homem como eu se casaria?'.

"Ao sairmos do café, ele se dirigiu a mim de repente: 'Gostaria de saber o que você faria no caso seguinte. Conheço uma cuidadora de doentes que foi envolvida como cúmplice num processo de divórcio. A esposa processou o marido pelo divórcio e a designou como cúmplice, e ele obteve o divórcio'.[23] Eu o interrompi: 'Você quer dizer que *ela* obteve o divórcio'. Ele se corrigiu imediatamente: 'Claro, *ela* obteve o divórcio', e contou também que a cuidadora havia se perturbado de tal maneira com o processo e o escândalo que se pôs a beber, tornou-se muito nervosa etc. Por fim, ele me pediu um conselho, me perguntou como devia tratá-la.

"Assim que corrigi o lapso, solicitei que o explicasse, mas ele me deu as respostas de costume, indicando espanto: que qualquer pessoa tinha o direito de cometer um lapso, que era apenas um acaso, nada havia por

---

[23] "Segundo nossas leis (americanas), o divórcio é declarado apenas quando se prova que uma das partes cometeu adultério, e é concedido apenas à parte enganada."

V. LAPSOS VERBAIS

trás daquilo etc. Repliquei que todo lapso verbal tem um motivo e que, se ele não tivesse me informado antes que era solteiro, eu me inclinaria a crer que ele era o protagonista da história, pois então o lapso se explicaria pelo desejo de que sua mulher, e não ele, tivesse perdido o processo, a fim de que (segundo o nosso direito civil) não precisasse pagar pensão alimentícia e pudesse voltar a se casar na cidade de Nova York. Ele rejeitou obstinadamente minha suposição, mas, ao mesmo tempo, reforçou-a através de uma reação afetiva exagerada, nítidos sinais de agitação e, depois, risos. Quando instei para que falasse a verdade, em nome do esclarecimento científico, recebi esta resposta: 'Se você não quiser ouvir uma mentira, deve acreditar que nunca me casei e, portanto, sua explicação psicanalítica é totalmente errada'. Ainda acrescentou que alguém que dá atenção a toda insignificância é um indivíduo perigoso. Lembrou-se, repentinamente, de que tinha outro compromisso, e despediu-se de nós.

"Mas nós dois, eu e o dr. Frink, ainda estávamos convencidos de que minha solução para o lapso verbal dele era correta, e eu decidi me informar para obter a prova ou contraprova. Alguns dias depois estive com um vizinho, um velho amigo do dr. R., que pôde confirmar inteiramente minha explicação. O processo ocorrera poucas semanas antes e a cuidadora fora citada como co-ré. Agora o dr. R. está convencido da correção dos mecanismos freudianos."

O ato de trair o que se pensa também encontramos no seguinte caso, relatado por Otto Rank:

"Um pai que não tem patriotismo e deseja educar os filhos sem tal sentimento, que lhe parece desnecessário, repreende-os por participar de uma manifestação patriótica; quando eles lhe respondem que o tio fizera o mesmo, ele responde: 'Justamente ele vocês não devem imitar; é um *idiota*'. Vendo o espanto dos meninos com seu tom inusitado, percebeu o lapso que havia cometido e se desculpou com estas palavras: 'Naturalmente eu quis dizer *patriota*'."

Eis um lapso verbal que também foi interpretado como traição de si mesmo pela interlocutora; foi comunicado por J. Stärcke, que faz um comentário pertinente, embora vá além da interpretação:

"Uma dentista combinou com a irmã que olharia se entre dois molares desta havia *contato* (isto é, se as superfícies laterais deles se tocavam, de modo a não deixar espaço para resíduos de comida). A irmã se queixou, depois, de ter de esperar muito tempo por essa consulta, e falou brincando: 'Ela provavelmente está tratando uma colega, e a irmã tem de esperar'. A dentista a examinou por fim, achou realmente uma pequena cavidade num molar, e disse: 'Não pensei que estivesse assim; pensei que você apenas não tinha *Kontant* [dinheiro vivo]... *Kontakt* [contato]'. 'Está vendo', exclamou a irmã sorrindo, 'foi porque gosta de dinheiro que você me fez esperar mais do que as pacientes que pagam!'.

"(Obviamente, não posso juntar minhas associações às dela ou tirar conclusões com base nelas, mas, escutando esse ato falho, ocorreu-me de imediato que essas duas jovens agradáveis e inteligentes são solteiras e pou-

V. LAPSOS VERBAIS

co andam com homens jovens, e imaginei se teriam mais *Kontakt* com pessoas jovens se tivessem mais *Kontant*.)"

O seguinte lapso, relatado por Theodor Reik (op. cit.), também equivale a uma traição de si mesmo:

"Uma moça devia ficar noiva de um homem jovem que não lhe era simpático. A fim de aproximar os jovens, seus pais combinaram uma reunião, na qual os futuros noivo e noiva estariam presentes. A garota possuía autocontrole suficiente para não deixar que o pretendente, o qual era muito galante com ela, notasse a sua aversão. Mas, quando a mãe lhe perguntou se o jovem lhe agradava, respondeu polidamente: 'Sim. Ele é bem *liebenswidrig*!'."*

O mesmo sucede com outro, que Otto Rank descreve como "lapso verbal espirituoso":

"Uma mulher casada, que gosta de ouvir anedotas e da qual dizem não ser avessa a propostas extraconjugais, desde que acompanhadas de presentes, escutou a seguinte, já conhecida história, narrada por um homem jovem que tenta ganhar seus favores. São dois sócios numa firma, dos quais um se empenha em obter os favores da mulher um tanto pudica do outro. Por fim, ela se dispõe a concedê-los em troca de um presente de mil florins. Quando o marido vai viajar, o sócio toma-lhe emprestado mil florins e promete devolvê-los no dia seguinte à sua mulher. Naturalmente, ele passa esse mon-

---

* Em vez de *liebenswürdig*, "agradável", literalmente "digno de amor"; o termo que ela usa não existe, mas significaria algo como "contrário (*widrig*) ao amor".

tante para ela, como suposta recompensa pelo amor. A mulher acredita que foi descoberta quando o marido lhe pede os mil florins ao retornar, recebendo uma afronta além do prejuízo. Quando o homem jovem, narrando essa história, chegou ao ponto em que o sedutor diz ao sócio: 'Amanhã *devolverei* o dinheiro à sua mulher', sua ouvinte o interrompeu com estas palavras reveladoras: 'Mas você já não me *devolveu?* Perdão, quis dizer... contou isso?'.* Dificilmente ela poderia indicar com mais clareza sua disposição de entregar-se sob as mesmas condições, sem dizê-lo de modo expresso" (*Internationale Zeitschrift für Psychoanalyse*, I, 1913).

Um ótimo caso de traição de si mesmo com desenlace inofensivo é relatado por Victor Tausk, sob o título "A fé dos antepassados":

"Como minha noiva era cristã", conta o sr. K., "e não queria se converter ao judaísmo, eu que tive de me converter ao cristianismo para que pudéssemos nos casar. Não mudei de confissão religiosa sem alguma resistência interior, mas os fins me pareceram justificar a mudança, tanto mais porque só tive de abandonar a ligação exterior com o judaísmo, não uma convicção religiosa, pois essa eu não tinha. Mas depois sempre continuei a me declarar judeu, e apenas alguns conhecidos sabem que sou batizado. Desse casamento nasceram dois filhos, que receberam o batismo cristão. Quando os meninos estavam suficientemente crescidos, soube-

---

* Cabe registrar que não há semelhança entre os verbos alemães equivalentes a "devolveu" e "contou" (que são *zurückgegeben* e *erzählt*).

ram de sua origem judaica, para que, sob a influência de opiniões antissemitas na escola, não se voltassem contra o pai por uma razão desnecessária.

"Há alguns anos, eu e os garotos, que estavam na escola primária, passamos o verão em D., hospedados na casa da família de um professor. Um dia, quando merendávamos com nossos hospedeiros — que eram pessoas simpáticas —, a dona da casa, que não sabia da ascendência judaica dos seus hóspedes de verão, fez comentários agressivos sobre os judeus. Eu deveria, ousadamente, deixar clara a situação, para dar a meus filhos o exemplo da 'coragem da convicção', mas tive receio das desagradáveis explicações que costumam se seguir a revelações desse tipo. Além disso, inquietei--me com a possibilidade de ter que abandonar o bom alojamento que havíamos encontrado, e assim estragar o breve tempo de descanso, já não muito longo, de que eu e meus filhos dispúnhamos, caso nossos hospedeiros mudassem a atitude para conosco pelo fato de sermos judeus. No entanto, como era de esperar que meus filhos, em seu modo cândido e sincero, delatassem a momentosa verdade se escutassem mais da conversa, quis afastá-los de nossa companhia, enviando-os para o jardim. 'Vão para o jardim, *Juden* [judeus]', disse eu, e rapidamente corrigi: '*Jungen*' [meninos]. Desse modo, um ato falho ajudou-me a expressar a 'coragem da convicção'. É certo que as outras pessoas não tiraram conclusão nenhuma desse lapso, pois não lhe deram importância, mas eu extraí dele a lição de que a 'fé dos antepassados' não pode ser negada impunemente quando você é um filho e tem filhos" (*Internationale Zeitschrift für Psychoanalyse*, IV, 1916).

Nada inofensivo é o seguinte lapso verbal, que eu não poderia relatar se o próprio funcionário do foro não o tivesse anotado durante a audiência:

"Um soldado acusado de *furto com arrombamento* declara: 'Desde então não fui dispensado desse Dieb*stellung** militar, de modo que ainda pertenço ao Exército'."

O lapso verbal tem efeito animador quando serve para confirmar algo numa divergência, o que pode ser muito bem-vindo para o médico no trabalho psicanalítico. Com um de meus pacientes, certa vez tive que interpretar um sonho em que aparecia o nome *Jauner*. O paciente conhecia alguém com esse nome, mas não descobríamos por que essa pessoa fora incluída no sonho, e por isso arrisquei a suposição de que talvez fosse simplesmente pelo fato de o nome soar como o xingamento *Gauner* [gatuno]. Ele contestou isso de maneira rápida e enérgica, mas fez um lapso e confirmou minha suposição, ao trocar novamente as duas letras. Sua resposta foi: "Isso me parece muito j*ewagt* [em vez de *gewagt*, 'ousado']". Quando lhe chamei a atenção para o lapso, ele aceitou minha interpretação.

Quando, numa discussão séria entre duas pessoas, uma delas incorre num desses lapsos que invertem o sentido do que pretendia dizer, isso de imediato a coloca em

---

* O correto seria *Dienststellung*, "cargo", composto de *Dienst*, "serviço", e *Stellung*, "posição". A palavra que o soldado usou no lugar da primeira, *Dieb*, significa "ladrão".

V. LAPSOS VERBAIS

desvantagem em relação à outra, e esta raramente deixa de se aproveitar de sua melhor posição.

Fica claro,* assim, que as pessoas costumam dar ao lapso verbal e a outros atos falhos a mesma interpretação que defendo neste livro, mesmo quando não endossam esta concepção na teoria e quando, no que toca à sua própria pessoa, não se inclinam a dispensar a comodidade ligada à tolerância de atos falhos. A satisfação e a zombaria que esses deslizes da fala provocam no momento decisivo contrariam a convenção, supostamente admitida por todos, de que um erro na fala é um *lapsus linguae* sem significado psicológico. Ninguém menos que o *Reichskanzler* [chanceler do império] alemão, príncipe Bülow, buscou salvar a situação por essa via, quando um lapso transformou no contrário o sentido do seu discurso em defesa do imperador (em novembro de 1907):

"No tocante à hora presente, o novo tempo do imperador Guilherme II, posso apenas repetir o que falei um ano atrás, ou seja, que *seria inapropriado e injusto falar de um círculo de conselheiros responsáveis junto ao nosso imperador...* (gritos de 'irresponsáveis!'), *irresponsáveis.* Perdoem o *lapsus linguae.* (Risos.)"

No entanto, a sequência de negações tornou menos clara a frase do príncipe Bülow; a simpatia pelo orador e a consideração por sua posição difícil fizeram com que esse ato falho não fosse usado contra ele. Pior aconteceu um ano depois, no mesmo local, a outro orador que quis solicitar uma manifestação de apoio *sem reservas*

---

* Esse parágrafo e os dois seguintes foram acrescentados em 1910.

[*rückhaltlos*] ao imperador e, ao fazê-lo, incorreu num lapso feio, que revelou a existência de outros sentimentos dentro do seu peito leal:

"Lattmann (Partido Alemão Nacional): 'No que toca à manifestação, baseamo-nos no regulamento interno, segundo o qual o parlamento tem o direito de enviar essa manifestação ao imperador. Acreditamos que o pensamento e o desejo unânimes do povo alemão vão no sentido de alcançar uma manifestação unânime também nessa questão, e se pudermos fazê-lo de uma forma que leve em conta os sentimentos do monarca, devemos fazê-lo *rückgratlos* [sem tutano, literalmente, "sem espinha dorsal"]. (Grandes risadas, que persistem por minutos.) Senhores, não é *rückgratlos*, e sim *rückhaltlos* (risadas), e acreditamos que o nosso imperador aceitará tal manifestação sem reservas do povo alemão nesses tempos difíceis'."

O *Vorwärts* ["Avante", jornal social-democrata], em 12 de novembro de 1908, não deixou de apontar o significado psicológico desse lapso: "Provavelmente jamais, em parlamento algum, um deputado, num ato involuntário de autoacusação, caracterizou sua atitude e a da maioria do parlamento em relação ao imperador de forma tão pertinente como fez o antissemita Lattmann, quando no segundo dia da interpelação ao governo admitiu, num descuido, que ele e os amigos queriam dizer sua opinião *rückgratlos* ao imperador. Uma gargalhada geral sufocou as palavras restantes do infeliz, que ainda achou necessário gaguejar, desculpando-se, que quis dizer *rückhaltlos*".

V. LAPSOS VERBAIS

Eis um exemplo* em que o lapso verbal assumiu o caráter quase inquietante de uma profecia. Na primavera de 1923, causou sensação no mundo financeiro internacional o fato de o jovem banqueiro X., um dos mais novos dos "novos-ricos" de W. (certamente o mais rico e de menor idade), conquistar a maioria das ações do banco Z. após uma breve disputa, o que teve por consequência que numa notável assembleia geral os antigos dirigentes do banco, financistas da velha cepa, não foram reeleitos e o jovem X. se tornou presidente do banco. No discurso de despedida que fez o dr. Y., membro do conselho de administração, para o velho presidente que não fora reeleito, chamou a atenção dos ouvintes um lapso deplorável cometido mais de uma vez pelo orador. Ele se referiu ao presidente como *dahinscheidend* [que deixava a vida] (em vez de *ausscheidend* [que deixava o cargo]). Aconteceu, então que o velho presidente faleceu alguns dias após essa assembleia. Mas ele já tinha mais de oitenta anos! (Storfer).

Um bom exemplo de lapso** que não visa tanto mostrar quem fala se traindo, mas sim orientar o espectador que se acha fora da cena, está em *Wallenstein* (*Os Piccolomini*, ato I, cena 5),*** e demonstra conhecimento do mecanismo e do sentido do lapso verbal por parte do autor

---

* Acrescentado em 1924.
** Acrescentado em 1907; esse exemplo e o seguinte foram também citados nas *Conferências introdutórias à psicanálise* (1916-7, segunda conferência).
*** *Wallenstein* é o título de uma trilogia teatral do poeta, dramaturgo, ensaísta e historiador Friedrich Schiller (1759-1805); *Os Piccolomini* é a segunda peça da trilogia.

que o utiliza. Na cena anterior, Max Piccolomini tomou o partido do duque [Wallenstein] com grande veemência, louvando as bênçãos da paz que lhe foram reveladas na viagem em que acompanhou a filha de Wallenstein ao acampamento. Com isso, deixou perplexos seu pai e o enviado da corte, Questenberg. A cena 5 prossegue da maneira seguinte:

> QUESTENBERG: Oh, ai de nós! Assim é, então?
> Amigo, deixamo-lo ir assim,
> Delirante, em vez de prontamente chamá-lo
> De volta, para que possamos logo abrir-lhe
> Os olhos?
> OCTAVIO (*retornando de profunda reflexão*):
> Os meus, ele agora os abriu,
> E vejo mais do que me alegraria ver.
> QUESTENBERG: O que há, amigo?
> OCTAVIO: Maldita viagem!
> QUESTENBERG: Por quê? O que há?
> OCTAVIO: Vem! Preciso
> Seguir de imediato a desafortunada pista,
> Ver com meus próprios olhos — vem! (*quer*
> [*levá-lo*).
> QUESTENBERG: Mas o que há? Para onde?
> OCTAVIO (*apressado*): Até ela!
> QUESTENBERG: Até quem?
> OCTAVIO (*corrigindo-se*): Até o duque! Vamos...

Esse pequeno lapso — "Até ela" [*Zu ihr*], em vez de "Até ele" [*Zu ihm*] — deve nos revelar que o pai com-

V. LAPSOS VERBAIS

preendeu o motivo por que seu filho tomou o partido do duque, enquanto o cortesão se queixa de que ele "está lhe falando enigmas".

Outro exemplo de utilização poética do lapso verbal foi descoberto por Otto Rank em Shakespeare. Citarei a comunicação de Rank, publicada na *Zentralblatt für Psychoanalyse*, I, 3:

"Um lapso verbal de fina motivação literária e emprego tecnicamente brilhante, que, tal como aquele apontado por Freud em *Wallenstein*, mostra que os escritores conhecem o mecanismo e o sentido do ato falho e também pressupõem sua compreensão por parte do público, encontra-se em *O mercador de Veneza*, de Shakespeare (ato III, cena 2). Graças a um feliz acaso, Pórcia, obrigada pela vontade do pai a escolher um cônjuge por sorteio, escapou até o momento de seus pretendentes indesejados. Como, porém, encontrou enfim em Bassânio o candidato pelo qual sente verdadeira afeição, ela teme que, como os demais, ele seja traído pela sorte. Mesmo nesse caso, ela gostaria de lhe dizer, ele poderá estar certo de seu amor, mas o juramento feito a impede de dizê-lo. Assim, estando ela tomada por esse conflito interior, o poeta a faz dizer ao pretendente bem-vindo:

'Não te apresses, por favor. Espera um dia ou dois
Antes de arriscar; pois, se errares na escolha,
Perderei tua companhia. Portanto, aguarda um pouco.
Algo me diz — *mas não é amor* —
Que não devo te perder.
[...]

Poderia dizer-te a escolha certa,
Mas quebraria um juramento,
O que jamais farei. Poderás perder-me;
Nesse caso, lastimarei não ter pecado,
Não haver perjurado. Malditos esses teus olhos,
Que me dominaram e dividiram.
Metade de mim é tua, e a outra metade, tua —
Minha, quero dizer; mas, sendo minha, é também tua
E, assim, toda tua."*

"Precisamente aquilo que ela desejaria apenas insinuar a ele, porque não deveria dizê-lo — isto é, que já antes da escolha [do cofrinho], é toda sua e o ama —, isso o poeta, dotado de maravilhosa sensibilidade psicológica, embute claramente no lapso e, mediante esse recurso artístico, logra tranquilizar tanto a insuportável incerteza do amante como a tensão do público, de natureza semelhante, acerca do resultado da escolha."

Dado o interesse que merece tal adesão dos grandes escritores ao nosso modo de entender o lapso verbal, creio que se justifica citar um terceiro exemplo, comunicado por Ernest Jones:**

---

* Citado, no original alemão, na célebre tradução de Schlegel e Tieck; mas aqui foi traduzido do original inglês. Os itálicos foram acrescentados na citação.
** "Ein Beispiel von literarischer Verwertung des Vesprechens" [Um exemplo de utilização literária do lapso verbal], *Zentralblatt für Psychoanalyse*, 1, p. 10. [Freud cita em tradução alemã, mas aqui a passagem foi traduzida do original, citado na edição *Standard* inglesa.]

V. LAPSOS VERBAIS

"Num artigo publicado recentemente, Otto Rank chamou nossa atenção para um belo exemplo de como Shakespeare fez um de seus personagens, Pórcia, cometer um lapso verbal que revelou seus pensamentos secretos aos espectadores atentos. Pretendo relatar um exemplo semelhante encontrado em *The Egoist*, a obra-prima do maior romancista inglês, George Meredith. O enredo do romance é, em resumo, o seguinte: Sir Willoughby Patterne, um aristocrata muito admirado em seu meio, torna-se noivo de uma Miss Constantia Durham. Ela percebe nele um forte egoísmo que é habilmente escondido das pessoas, e para se furtar ao casamento foge com um certo capitão Oxford. Alguns anos depois, Patterne fica noivo de uma Miss Clara Middleton, e a maior parte do livro é tomada por uma descrição minuciosa do conflito que surge no espírito da noiva ao descobrir também o egoísmo dele. As circunstâncias externas e o seu conceito de honra a fazem se ater ao compromisso, enquanto ele se torna cada vez mais desagradável a seus olhos. Ela confidencia algumas coisas a Vernon Whitford, primo e secretário dele, com o qual terminará se casando; mas, por lealdade a Patterne e por outros motivos, ele se mantém à parte.

"Num monólogo sobre a sua aflição, Clara diz o seguinte: 'Se um cavalheiro nobre pudesse me ver como sou e não desdenhasse ajudar-me! Oh, ser libertada desta prisão de sarças e espinhos! Não posso achar a saída sozinha. Sou uma covarde. O aceno de um dedo me faria mudar, acredito. Eu poderia voar, sangrando e no meio de apupos, na direção de um camarada...

Constantia encontrou um soldado. Talvez ela tenha rezado e suas preces foram ouvidas. Ela fez mal. Mas eu a amo por isso! O nome dele era Harry Oxford... Ela não vacilou, partiu as correntes, passou-se para o outro. Oh, garota valente, o que pensa você de mim? Mas eu não tenho um Harry Whitford; estou sozinha...'. A súbita consciência de haver dito outro nome, em vez de Oxford, foi como uma bofetada que a fez enrubescer completamente.

"O fato de os dois nomes terminarem com *ford* certamente facilitou a troca, e seria visto por muitos como causa adequada para isso, mas o verdadeiro motivo subjacente é claramente indicado pelo autor. Em outra passagem ocorre o nome *lapso*, e é seguido da espontânea hesitação e repentina mudança de assunto que já conhecemos na psicanálise e nos experimentos associativos de Jung, quando um complexo semiconsciente é tocado. Sir Willoughby diz sobre Whitford, de modo condescendente: 'Alarme falso. A resolução para fazer algo inusitado se acha muito além do pobre Vernon'. Clara responde: 'Mas se Mr. Oxford — Whitford... seus cisnes, subindo velejando pelo lago, como são bonitos quando ficam indignados! Eu ia lhe perguntar, certamente os homens, testemunhando uma grande admiração por outro alguém, ficarão naturalmente desencorajados?'. 'Sir Willoughby enrijeceu com um súbito esclarecimento.'

"Em outra passagem ainda, Clara trai, com outro lapso, seu secreto desejo de estar num relacionamento mais íntimo com Vernon Whitford. Falando com

V. LAPSOS VERBAIS

um amigo, ela diz: 'Diga a Mr. Vernon — diga a Mr. Whitford'."[24]

A concepção do lapso verbal que aqui defendemos também resiste à prova nos casos mínimos. Várias vezes já pude mostrar que os deslizes mais triviais e insignificantes têm significado e admitem solução, da mesma forma que os exemplos mais notáveis. Uma paciente, que contra a minha vontade insistia em fazer uma rápida viagem a Budapeste, quis justificar-se dizendo que iria apenas por três *dias*, mas disse "três *semanas*". Deixou ver que, a despeito de mim, queria passar três semanas em companhia que eu considerava inadequada para ela. — Certa vez, tive de me desculpar por não haver buscado minha esposa no teatro e disse: "Cheguei às dez e dez no teatro". Fui corrigido: "Você quer dizer 'dez *para* as dez'". Claro que eu queria dizer dez *para* as dez. Dez e dez não seria uma desculpa. Eu havia sido informado que no bilhete de entrada constava: "Termina antes das dez horas". Chegando ao teatro, encontrei o vestíbulo já escuro e a sala vazia. A apresentação havia terminado mais cedo e minha esposa não havia esperado por mim. Quando consultei o relógio, eram cinco para as dez. Mas decidi, na volta para casa, expor meu caso de modo mais favorável e dizer que eram ain-

---

24 [Nota acrescentada em 1920:] Outros exemplos de lapsos verbais que o poeta deseja que sejam vistos como significativos, e geralmente como traição de si mesmo, encontram-se, em Shakespeare, na peça *Ricardo II* (ato II, cena 2), e em Schiller, em *Dom Carlos* (II, 8; lapso da princesa Eboli). Sem dúvida, seria fácil aumentar essa lista.

da dez para as dez. Infelizmente, o lapso estragou meu plano e desvelou minha insinceridade, pois me fez confessar mais do que pretendia.

Daqui passamos àquelas perturbações da fala que já não podem ser caracterizadas como lapsos, pois não afetam uma palavra, e sim o ritmo e a execução de toda a fala, como, por exemplo, balbuciar e gaguejar por sentir-se atrapalhado. Mas nesse caso, como nos anteriores, é o conflito interno que nos é revelado pela perturbação da fala. Realmente não creio que alguém cometa um lapso verbal numa audiência com Sua Majestade, numa declaração de amor séria ou numa defesa da honra e do nome na frente de jurados; em suma, em todos os casos em que *a pessoa está inteiramente ali*, como se diz de modo significativo. Mesmo na apreciação do estilo de um autor, podemos e costumamos usar o princípio explicativo que nos é indispensável para chegar à origem de um lapso de fala. Uma maneira de escrever clara e inequívoca nos mostra que o autor está em consonância consigo mesmo, e onde vemos uma expressão forçada e contorcida, que mira mais de um alvo, como se diz, percebemos a intervenção de um pensamento que não foi suficientemente resolvido, que tudo complica, ou escutamos a voz sufocada da autocrítica do autor.[25]

---

25 [Nota acrescentada em 1910:] *Ce qu'on conçoit bien / S'annonce clairement / Et les mots pour le dire / Arrivent aisément.*
[O que é bem concebido/ Se anuncia claramente/ E as palavras para dizê-lo/ Surgem facilmente.] Boileau, *Art poétique*.

V. LAPSOS VERBAIS

Desde o aparecimento deste livro,* amigos e colegas estrangeiros começaram a dirigir sua atenção para os lapsos verbais que podem observar onde suas línguas são faladas. Como era de esperar, viram que as leis que regem os atos falhos são independentes do material linguístico, e puseram-se a fazer as interpretações que foram aqui demonstradas com falantes do alemão. Eis um exemplo, entre inúmeros outros:

O dr. A. A. Brill, de Nova York, relata: *"A friend described to me a nervous patient and wished to know whether I could benefit him. I remarked: 'I believe that in time I could remove all his psycho-analysis because it is a* durable case — *wishing to say 'curable'*!*"* [Um amigo me descreveu um paciente nervoso que quis saber se eu poderia ajudá-lo. Eu observei: 'Creio que com o tempo eu poderia eliminar todos os sintomas dele mediante a psicanálise, porque é um caso *durável* — querendo dizer 'curável'!] ("A Contribution to the Psychopathology of Everyday Life", *Psychotherapy*, III, I, 1909).

Por fim apresentarei,** para os leitores que não hesitam em fazer algum esforço e que não desconhecem a psicanálise, um exemplo que permite enxergar as profundezas psíquicas a que pode nos levar até mesmo a análise de um lapso.

O dr. Ludwig Jekels relata: "No dia 11 de dezembro, uma senhora que conheço me interpela em polonês, de

---

* Esse parágrafo e o exemplo que o acompanha foram acrescentados em 1912.
** O restante do capítulo foi acrescentado em 1917.

forma um tanto desafiadora e atrevida, com estas palavras: *'Por que eu disse hoje que tenho do₂e dedos?'*. Por solicitação minha, ela reproduz a cena em que ocorreu a observação. Ela se preparou para sair com a filha, a fim de fazer uma visita; solicitou à filha (um caso de *dementia praecox* em remissão) que trocasse de blusa, o que esta fez no quarto contíguo. Quando a filha voltou, encontrou a mãe limpando as unhas; então houve o seguinte diálogo:

"*Filha*: 'Veja, agora estou pronta, e você, não!'
"*Mãe*: 'Mas você só tem *uma* blusa, e eu, *do₂e* unhas.'
"*Filha*: 'O quê?'
"*Mãe* (impaciente): 'Sim, claro, *eu tenho do₂e dedos*.'

"Um colega meu, que também ouve a história, pergunta o que lhe vem à mente a respeito de *do₂e*, e ela responde imediatamente e com firmeza: *'Do₂e, para mim, não é uma data (de importância)'*.

"Quanto a *dedos*, após hesitar um pouco ela traz esta associação: 'Na família de meu marido nasciam seis dedos no pé (em polonês não há um termo específico para "dedo do pé" [como há em alemão]). Quando cada um de nossos filhos nasceu, logo procurávamos ver se ele não tinha seis dedos'. Por motivos externos, nesse dia a análise não teve prosseguimento.

"Na manhã seguinte, em 12 de dezembro, a senhora me visita e conta, visivelmente agitada: 'Imagine o que me aconteceu; há uns dezenove anos dou parabéns ao velho tio de meu marido pelo aniversário, que é hoje, mas sempre envio uma carta no dia 11; mas desta vez esqueci e tive que enviar um telegrama agora'.

V. LAPSOS VERBAIS

"Eu lembro a ela a firmeza com que respondeu, no dia anterior, à pergunta do meu colega sobre o número doze — que, afinal, podia lhe recordar o aniversário —, quando disse que esse número não tem significação para ela.

"Agora ela admite que esse tio do marido é um homem de posses e que sempre contou com a herança dele, especialmente na sua situação econômica atual, que é difícil.

"Assim, foi nele, na morte dele, que ela pensou imediatamente, quando alguns dias antes uma conhecida leu-lhe as cartas e profetizou que receberia muito dinheiro. De imediato lhe passou pela cabeça que esse tio era o único do qual ela e suas filhas poderiam receber dinheiro. Também se recordou, naquela cena, que a esposa desse tio já lhe havia prometido dotar suas filhas no testamento. Mas depois morreu sem deixar testamento; talvez tenha dado instruções ao marido a respeito disso.

"O desejo de morte em relação ao tio deve ter surgido com grande intensidade, se ela disse à mulher que leu as cartas: 'Você leva as pessoas a matar outras'. Nos quatro ou cinco dias entre a profecia e o aniversário do tio, ela sempre buscou, nos jornais da localidade onde ele vivia, o anúncio relativo à sua morte.

"Não surpreende, portanto, dado o desejo tão intenso de que ele morresse, que o evento e a data do aniversário fossem suprimidos tão fortemente, que houvesse não só o esquecimento de uma intenção realizada havia anos, mas também que nem sequer a pergunta do meu colega os tivesse trazido à consciência.

"No lapso dos 'doze dedos', então, o 'doze' suprimido irrompeu e contribuiu para o ato falho. Digo 'contribuiu' porque a estranha associação com 'dedos' nos leva a supor outras motivações mais; ela também explica por que o número doze falseou a inocente expressão que diz 'só tenho dez dedos'. A associação foi: 'Na família de meu marido nasciam seis dedos no pé'. Seis dedos caracterizam uma certa anormalidade; assim, seis dedos constituem *um* filho anormal, e doze dedos, *dois* filhos anormais. E, de fato, era o que acontecia nesse caso. Essa mulher havia se casado bastante jovem e a única herança que teve do marido, que sempre foi tido como pessoa excêntrica e anormal e que se suicidou não muito tempo depois de casados, foram duas filhas que os médicos várias vezes caracterizaram como portadoras de má herança genética paterna e anormais. A mais velha voltou recentemente para casa, após um grave surto de catatonia; pouco depois, a filha mais nova, que ainda se acha na puberdade, adoeceu de uma grave neurose.

"O fato de aqui a anormalidade das filhas ser ligada ao desejo de que morra o tio, condensando-se com esse elemento muito mais fortemente suprimido e de maior valência psíquica, nos faz supor, como segundo determinante desse lapso verbal, o *desejo de morte em relação às filhas anormais*.

"Mas o predominante significado do doze como desejo de morte já resulta do fato de na imaginação da narradora o dia de aniversário do tio ser intimamente associado à noção de morte. Seu marido se matou no dia 13, um dia após o aniversário desse mesmo tio, cuja mulher havia dito à jovem viúva: 'Ontem ele deu os parabéns, de modo tão simpático e afetuoso — e hoje...!'.

"Acrescentarei ainda que essa senhora tinha suficientes motivos reais para desejar a morte das filhas, que não lhe davam alegria, mas apenas desgosto, e criavam sérios limites à sua autodeterminação, e pelas quais ela tivera de renunciar a toda felicidade no amor. Também nessa ocasião ela se empenhava bastante em evitar qualquer coisa que aborrecesse a filha, com quem fazia a visita; e podemos imaginar quanta paciência e abnegação isso requer num caso de *dementia praecox*, e quantos impulsos de raiva devem ser suprimidos então.

"Por conseguinte, o significado do lapso seria:

"'O tio deve morrer, essas filhas anormais devem morrer (toda essa família anormal, digamos), e eu devo ficar com todo o dinheiro deles.'

"Esse ato falho possui, no meu modo de ver, várias características de uma estrutura insólita:

"a) A presença de dois determinantes, condensados num só elemento.

"b) Essa presença dos dois determinantes se reflete na duplicação do lapso (doze unhas, doze dedos).

"c) Chama a atenção que um dos sentidos do doze, a saber, os doze dedos que expressam a anormalidade das garotas, constitua uma forma de representação indireta; a anormalidade psíquica é aí representada pela anormalidade física, e o elemento mais alto pelo mais baixo."[26]

---

26 *Internationale Zeitschrift für Psychoanalyse*, I, 1913.

VI. LAPSOS DE LEITURA E DE ESCRITA

Para os erros de leitura e de escrita valem os mesmos pontos de vista e observações relativos aos erros de fala — o que não surpreende, dado o parentesco íntimo entre essas funções. Por isso me limitarei a expor alguns exemplos cuidadosamente analisados; não tentarei abarcar todo o conjunto dos fenômenos.

A. ERROS DE LEITURA

1) Sentado num café, folheio um exemplar do semanário *Leipziger Illustrierte*, que se acha obliquamente à minha frente, e leio a legenda de uma foto que toma a página: "Um casamento *na Odisseia* [*in der Odyssee*]". Surpreso, acerto a posição da revista e me corrijo: "Um casamento *no mar Báltico* [*an der Ostsee*]". Como fiz esse absurdo erro de leitura? De imediato penso num livro de Ruths, *Experimentaluntersuchungen über Musikphantome* [Investigações experimentais sobre fantasmas musicais, 1898],* que muito me ocupou recentemente porque toca nos problemas psicológicos de que trato. O autor promete, para um futuro próximo, uma obra que se chamará *Análise e princípios dos fenômenos oníricos*. Não admira, en-

---

* Como informa James Strachey numa nota, esses "fantasmas musicais" seriam, segundo o autor do livro, "um grupo de fenômenos psíquicos que aparecem no cérebro das pessoas quando ouvem música".

VI. LAPSOS DE LEITURA E DE ESCRITA

tão, que eu, tendo publicado há pouco uma *Interpretação dos sonhos*, aguarde esse livro com enorme interesse. Na obra sobre fantasmas musicais encontrei, no sumário, referência a uma minuciosa prova indutiva de que os mitos e lendas da Grécia Antiga se originam principalmente em fantasmas do sono e da música, em fenômenos oníricos e também em delírios. Imediatamente procurei, no texto, se o autor também relaciona a cena em que Ulisses aparece diante de Nausícaa ao sonho comum de nudez. Um amigo me chamou a atenção para a bela passagem de *Der grüne Heinrich* [Henrique, o verde], de Gottfried Keller, que explica o episódio da *Odisseia* como objetivação dos sonhos do navegador que vagueia longe da pátria, e eu indiquei o nexo com o sonho exibicionista de estar nu (*A interpretação dos sonhos*, 8ª ed., p. 170 [cap. v, seção D; p. 286 do v. 4 destas *Obras completas*]). Em Ruths não encontrei isso. Nesse caso, é evidente que me preocupo com questões de prioridade.

2) Como cheguei a ler no jornal, um dia: "*Im Fass* [Num barril] pela Europa", em vez de *Zu Fuss* [A pé]? Tomou-me tempo achar a solução para isso. As primeiras associações indicavam que devia ser o barril de Diógenes que eu tinha em mente, e numa história da arte eu havia lido algo, não muito tempo antes, sobre a arte no tempo de Alexandre. Então era plausível pensar na conhecida frase de Alexandre: "Se eu não fosse Alexandre, gostaria de ser Diógenes".* Também me lembrei vaga-

---

* Diógenes, o Cínico, filósofo grego (c. 407-322 a.C.) e Alexandre, o Grande (356-323 a.C.).

mente de um certo Hermann Zeitung, que se pôs a viajar dentro de um baú. Mas as conexões não iam além disso, e não consegui achar a página naquela história da arte com a observação que me caíra sob os olhos. Deixei de lado esse problema e apenas meses depois ele me ocorreu novamente, dessa vez com a solução. Recordei-me do comentário, num artigo de jornal [*Zeitung*], sobre as estranhas formas de *transporte* [*Beförderung*] que as pessoas escolhiam para ir à Exposição Universal em Paris, e ali se dizia também, de modo jocoso, creio, que um homem pretendia viajar a Paris dentro de um barril empurrado por outro. Naturalmente, a única motivação das pessoas para essas tolices era chamar a atenção. Hermann Zeitung era, de fato, o nome do sujeito que primeiramente deu o exemplo de um meio de transporte tão incomum. Então me ocorreu que já tratei um paciente que tinha um medo patológico de jornal, algo que se explicou como reação à *ambição* patológica de ver seu nome no jornal e ser considerado famoso. Alexandre da Macedônia foi certamente um dos homens mais ambiciosos de que se tem notícia. Ele lamentava não haver um Homero que cantasse as suas proezas. Mas como pude *deixar de pensar* que tenho outro Alexandre mais próximo de mim, que Alexandre é o nome do meu irmão mais novo? Logo encontrei o pensamento inconveniente, que necessitava de repressão, a respeito desse outro Alexandre, e o que o ocasionara. Meu irmão é uma autoridade em questões de tarifas e *transportes*, e esperava-se que recebesse o título de professor catedrático pela atividade docente numa faculdade de comércio. Havia anos meu nome era sugerido

VI. LAPSOS DE LEITURA E DE ESCRITA

para a mesma *promoção* na universidade, sem que eu a obtivesse. Nossa mãe exprimiu, certa vez, seu espanto pelo fato de o filho mais jovem se tornar catedrático antes do mais velho. Essa era a situação na época em que não pude encontrar a solução para aquele erro de leitura. Depois as dificuldades aumentaram também para meu irmão; a chance de ele se tornar catedrático ficou até menor do que a minha. De repente, então, o sentido daquele lapso de leitura se tornou evidente para mim; é como se a chance menor de meu irmão eliminasse um obstáculo. Eu havia me comportado como se lesse a nomeação dele no jornal e pensasse: "Estranho que alguém apareça no jornal (isto é, seja nomeado catedrático) por essas bobagens (como as que ele faz por profissão)!". Sem dificuldade encontrei a passagem sobre a arte helenística na época de Alexandre e me dei conta, para meu assombro, de que na busca anterior eu havia lido trechos daquela página algumas vezes e sempre, como que dominado por uma alucinação negativa, havia pulado a frase relevante. E essa frase nada continha que me esclarecesse, nada que fosse merecedor do esquecimento. Penso que o sintoma de não achar algo no livro foi criado apenas para me confundir, para que eu procurasse a continuação da cadeia de pensamentos ali onde se pusera um obstáculo à minha indagação, ou seja, em alguma ideia ligada a Alexandre da Macedônia, de modo a ser mais seguramente desviado de meu irmão com o mesmo nome. Isso deu certo; empenhei todos os meus esforços em achar o trecho perdido naquela história da arte.

Nesse caso, o duplo sentido da palavra *Beförderung*

["transporte" e "promoção"] é a ponte associativa entre os dois complexos,* o insignificante, despertado pela notícia do jornal, e o mais interessante, mas inconveniente, que aí se impõe, como perturbação do que é lido. Vê-se, por esse exemplo, que nem sempre é fácil explicar ocorrências como esse lapso de leitura. Ocasionalmente somos obrigados a adiar a solução do enigma para um momento mais favorável. Quanto mais difícil for o trabalho de solucionar, porém, com mais certeza poderemos esperar que o pensamento perturbador enfim descoberto seja visto como estranho e contrário pelo nosso pensar consciente.

3) Um dia, recebo uma carta dos arredores de Viena com uma notícia chocante. Imediatamente ligo para minha mulher e lhe participo que *a* pobre [*die arme*] Wilhelm M. adoeceu gravemente e não há mais esperanças, segundo os médicos. Mas algo soa errado nas palavras com que expresso meu pesar, pois minha mulher fica desconfiada, pede para ver a carta e exprime a convicção de que não pode ser isso, pois ninguém chama uma mulher pelo primeiro nome do marido e, além disso, a remetente da carta sabe perfeitamente o nome daquela senhora. Eu insisto na minha afirmação e invoco os costumeiros cartões de visita

---

* Segundo James Strachey, a palavra "complexos" foi usada aqui apenas a partir da edição de 1907; antes se achava "círculos [ou grupos] de pensamentos". Isso marcaria o início da influência de Jung sobre Freud — embora este já usasse o termo antes: por exemplo, numa nota ao caso clínico de Emmy von N..., nos *Estudos sobre a histeria* (1893-95; v. 2 destas *Obras completas*, p. 104).

em que uma mulher designa a si mesma com o prenome do marido. Por fim, tenho de pegar a carta, e nela se acha realmente "o pobre" [*der arme*] W. M.", até mesmo "o pobre dr. W. M.", o que eu não havia notado. Meu lapso consiste, portanto, numa tentativa de fazer com que a triste notícia diga respeito à mulher, não ao marido. O título entre o adjetivo e o nome não se adapta à minha esperança de que aquilo se refira à mulher. Por isso é eliminado na leitura. Mas o motivo para esse falseamento não é que a mulher me seja menos simpática do que o marido, e sim que o destino do pobre sujeito me gerou preocupação por outra pessoa, que me é próxima e que partilha com ele um dos requisitos que conheço para aquela doença.

4) Há um lapso que é, para mim, irritante e risível ao mesmo tempo, e que frequentemente me sucede quando passeio pelas ruas de uma cidade estrangeira durante as férias. Leio "Antiguidades" em cada letreiro de loja que tenha uma palavra semelhante. Nisso se manifesta o gosto do colecionador por achados.*

5) Bleuler relata, em seu importante livro *Affektivität, Suggestibilität, Paranoia* (1906), p. 121: "Certa vez, quando estava lendo, tive a sensação intelectual de que via meu nome duas linhas abaixo. Para meu espanto, vi apenas a palavra *Blutkörperchen* [glóbulos do sangue]. Entre os milhares de lapsos de leitura que analisei, no campo visual periférico e no central, esse foi o mais crasso. Quando eu acreditava ver meu nome, a palavra

---

* Exemplo acrescentado em 1907.

que dava ensejo a isso costumava ser bem mais semelhante, na maioria dos casos todas as letras do nome tinham de estar próximas para que me sucedesse tal erro. Mas nesse caso a ilusão e o delírio de ser aludido se justificam facilmente: o que eu acabava de ler era o final de uma observação sobre uma espécie de estilo ruim que se acha em trabalhos científicos, da qual não me sentia livre".*

6) Hanns Sachs conta que leu o seguinte: "Em sua *Steifleinenheit* [algo como 'rigidez'],** ele ignora as coisas que surpreendem outras pessoas". Essa palavra me chamou a atenção e, olhando mais atentamente, descobri que era *Stilfeinheit* [finura de estilo]. A frase estava num autor que eu admirava, num trecho demasiado elogioso sobre um historiador que não me é simpático, pois carrega bastante no tom "alemão-professoral".

7) O dr. Marcell Eibenschütz relata um caso de lapso de leitura durante seu trabalho filológico, na *Zentralblatt für Psychoanalyse*, I, 5/6: "Ocupo-me da edição crítica dos *Livros dos mártires*, uma coletânea de lendas da época do médio-alto alemão, que deve sair nos 'Textos alemães da Idade Média', publicados pela Academia Prussiana de Ciências. Sabe-se muito pouco sobre essa obra, que nunca foi impressa; há um único ensaio sobre ela, 'Über das mittelhochdeutsche Buch der Märtyrer' [Sobre o livro médio-alto alemão dos mártires], de J.

---

* Acrescentado em 1910.
** *Steifleinheit*: termo inexistente, mas que remete a *Steifheit*, "rigidez", e *Steiflein*, "entretela".

VI. LAPSOS DE LEITURA E DE ESCRITA

Haupt, *Wiener Sitzungsberichte*, 1867, v. 70, pp. 101 ss. Haupt não baseou seu trabalho num manuscrito antigo, mas sim numa cópia mais recente (século XIX) da fonte principal, o Manuscrito C (Klosterneuburg), cópia preservada na Biblioteca Imperial. No final dela se acha o seguinte colofão:

Anno Domini MDCCCL in vigilia exaltacionis sancte crucis ceptus est iste liber et in vigilia pasce anni subsequentis finitus cum adiutorio omnipotentis per me Hartmanum de Krasna tunc temporis ecclesie niwenburgensis custodem. [Este livro foi começado no ano do Senhor de 1850, na véspera do dia da Santa Cruz, e terminado no sábado da Páscoa do ano seguinte, com o auxílio do Todo-Poderoso, por mim, Hartman de Krasna, naquele tempo sacristão da igreja de Klosterneuburg.]

"Haupt cita esse colofão em seu ensaio, acreditando que é do autor de C mesmo, e supõe que C foi redigido em 1350, num erro de leitura do ano 1850 em algarismos romanos, embora tendo copiado perfeitamente o colofão, que tem o ano impresso corretamente (MDCCCL).

"A comunicação de Haupt foi para mim uma fonte de perplexidade. Sendo um completo novato no mundo erudito, eu me achava inteiramente sob a autoridade de Haupt, e por muito tempo li o ano que constava no colofão à minha frente — impresso de modo perfeitamente claro — o ano de 1350 em vez de 1850, como Haupt; mas no Manuscrito C que utilizei não havia nenhum colofão, e verificou-se, além disso, que no século XIV não houve nenhum monge de nome Hartmann em Klosterneuburg. Quando finalmente me caíram os antolhos, entendi o que acontecera, e as pesquisas posteriores confirmaram minha suposição: o tão mencionado colofão se acha *apenas* na cópia usada por Haupt e se deve ao copista por ela responsável, o padre Hartman Zeibig, nascido em Krasna, na Morávia, mestre do coro agostiniano em Klosterneuburg, que em 1850, sendo sacristão do monastério, copiou o Manuscrito C e apôs seu nome no final, à maneira antiga. A dicção medieval e a velha ortografia do colofão provavelmente colaboraram com o *desejo* de Haupt de comunicar o máximo possível sobre a obra de que tratava e de, portanto, *datar o Manuscrito C*, de modo que ele sempre leu 1350, em vez de 1850. (Esse o motivo para o ato falho)."

8) Nos *Witzige und Satirische Einfälle* [Pensamentos espirituosos e satíricos], de Lichtenberg, há uma sentença que sem dúvida provém de uma observação e que contém praticamente toda a teoria dos lapsos de leitura: "Ele sempre lia *Agamenon* em vez de '*angenommen*' [suposto], de tanto que havia lido Homero".*

Na maioria dos casos,** é a predisposição do leitor que modifica o texto e nele introduz algo que espera ou do qual se ocupa. Quanto ao texto em si, basta que favoreça o lapso oferecendo alguma semelhança na palavra, que o leitor pode então modificar no sentido desejado. Uma olhada passageira, sobretudo com visão não

---

* Exemplo acrescentado em 1910; também citado por Freud em *O chiste e sua relação com o inconsciente* (1901) e na segunda das *Conferências introdutórias à psicanálise* (1916-7).
** Acrescentado em 1917, com os exemplos 9 e 10.

VI. LAPSOS DE LEITURA E DE ESCRITA

corrigida, certamente eleva a possibilidade de tal ilusão, mas não é condição necessária para ela.

9) Creio que a época da guerra, que em todos nós gerou certas preocupações fixas e persistentes, contribuiu para o lapso de leitura mais que para os outros atos falhos. Pude fazer um grande número de observações desse tipo, mas infelizmente conservei apenas algumas. Certo dia, peguei um jornal matutino ou vespertino e vi, em letras grandes: *A Paz de Gorizia* [*Der Friede von Görz*]. Mas não, lá estava apenas *Os Inimigos Diante de Gorizia* [*Die Feinde vor Görz*]. Para quem tinha dois filhos lutando justamente naquela zona de guerra, não era difícil se equivocar assim na leitura. Outro sujeito viu um "velho *Brotkarte* [bilhete de racionamento de pão]" mencionado num contexto, mas, olhando mais atentamente, teve de substituí-lo por "velhos *Brokate* [brocados]". Cabe registrar que, em certa casa onde ele é uma visita frequente e bem-vinda, a senhora aprecia o fato de ele lhe obsequiar *Brotkarten*. Um engenheiro, cujo equipamento não resistia muito à umidade do túnel que construía, ficou espantado ao ler um anúncio que louvava objetos feitos de *Schundleder* [couro de má qualidade]. Mas raramente os comerciantes são honestos assim; os artigos anunciados eram de *Seehundleder* [couro de foca].

A profissão ou a situação do leitor também determina seu lapso de leitura. Um filólogo, cujos trabalhos mais recentes e muito bons fizeram-no disputar com os colegas, leu *Sprachstrategie* [estratégia de linguagem], em vez de *Schachstrategie* [estratégia de xadrez]. Um homem que faz um passeio numa cidade estrangeira, justamente na hora em que seus intestinos dão mostras de recuperação após um tratamento médico, lê numa placa, no primeiro andar de uma loja de departamentos: *Klosetthaus* [toalete]. À satisfação com aquilo se mistura um estranhamento pela inusitada localização daquela conveniência. No instante seguinte a satisfação desaparece, pois a inscrição correta diz: *Korsetthaus* [seção de espartilhos].

10) Em outra série de casos, a contribuição do texto para o lapso de leitura é bem maior. Ele contém algo que ativa a defesa do leitor, uma informação ou insinuação que lhe é penosa, e por isso é corrigido, mediante o erro de leitura, no sentido de uma rejeição ou uma realização de desejo. Então é inevitável supor que o texto foi primeiramente recebido e julgado de forma correta, antes que sofresse tal correção, embora a consciência nada soubesse dessa primeira leitura. O exemplo 3, acima, é desse tipo; e agora incluo outro, de grande atualidade, fornecido pelo dr. Max Eitingon, que se achava então no hospital militar de Igló (*Internationale Zeitschrift für Psychoanalyse*, II, 1915).

"O tenente X., que se encontrava em nosso hospital com uma neurose traumática de guerra, leu para mim um poema do poeta Walter Haymann, que teve morte prematura na guerra. Visivelmente comovido, leu os versos finais:

'Mas onde está escrito, eu pergunto, que de todos
Deva restar somente eu, que outro deve morrer por mim?

VI. LAPSOS DE LEITURA E DE ESCRITA

Quem quer que morra, de vocês, esse morre por mim
[certamente;
E eu devo restar? *Por que não?*"[27]

"Meu espanto lhe chamou a atenção, e ele, um tanto embaraçado, leu o verso corretamente:

'E eu devo restar? Por que eu?'

"Devo ao caso X. alguma compreensão analítica do material psíquico dessas 'neuroses traumáticas de guerra', e, apesar das condições pouco propícias de um hospital de campanha, em que havia muitos pacientes e poucos médicos, pude enxergar um tanto além das explosões de granadas, muito valorizadas como 'causa'.

"Também aí havia os severos tremores que dão aos casos acentuados dessas neuroses uma notável semelhança, assim como ansiedade, tendência a chorar, inclinação a ataques de raiva com manifestações convulsivas, infantil-motoras, e a vômitos ('à menor emoção').

"Precisamente o caráter psicogênico desse último sintoma — sobretudo a serviço do ganho secundário da doença — teve de ficar evidente para todos: a chegada do comandante do hospital, que de vez em quando vi-

---

27 De "Den Ausziehenden" [Aos que partem], em *Kriegsgedichte und Feldpostbriefe* [Poemas da guerra e cartas do front]; no original: "*Wo aber steht's geschrieben, frag' ich, dass von allen/ Ich übrig bleiben soll, ein andrer für mich fallen?/ Wer immer von euch fällt, der stirbt gewiss für mich;/ Und ich soll übrig bleiben? Warum denn nicht?*". Corrigido, o último verso é: "*Und ich soll übrig bleiben? Warum denn ich?*".

nha olhar os convalescentes, a frase de um conhecido na rua ('Você está com uma aparência ótima, claro que já está restabelecido!') bastam para desencadear um acesso de vômito.

"'Restabelecido... voltar ao serviço... por que eu?'..."

11) Outros casos de "lapsos de guerra" foram comunicados pelo dr. Hanns Sachs:*

"Um conhecido próximo havia me dito, em várias ocasiões, que quando chegasse a sua vez não se valeria de sua formação especializada, atestada num diploma; que renunciaria ao direito a uma ocupação no interior, que isso lhe dava, e se apresentaria para o serviço no front. Pouco antes do dia da apresentação, ele me comunicou, de forma sumária e sem qualquer justificação, que havia submetido a prova de sua especialização à autoridade responsável e logo seria designado para um estabelecimento industrial. No dia seguinte, encontramo-nos numa repartição pública. Eu estava junto a uma mesinha alta e escrevia; ele se aproximou, olhou por cima de meu ombro e disse: 'Ah, a palavra de cima é *Druckbogen* [prova tipográfica] — eu li *Drückeberger* [fujão]'" (*Internationale Zeitschrift für Psychoanalyse*, IV, 1916-7).

12) "Sentado no bonde, pensei em como vários de meus amigos da juventude, que sempre foram tidos como frágeis e delicados, agora são capazes de aguentar as maiores fadigas, que seriam demais para mim. Imerso nesses pensamentos desagradáveis, li de passagem, sem muita atenção, as letras grandes do cartaz de uma firma:

---

* Os exemplos 11, 12 e 13 foram acrescentados em 1919.

Eisenkonstitution [constituição de ferro]. Um instante depois, ocorreu-me que essa palavra não condizia com o letreiro de um negócio; voltando-me rapidamente, ainda pude enxergar a inscrição, que dizia, na verdade: *Eisenkonstruktion* [construção de ferro]" (ibid.).

13) "Nos jornais vespertinos achava-se uma notícia da agência Reuter, que depois se revelou incorreta, segundo a qual Hughes fora eleito presidente dos Estados Unidos. Era acompanhada de um breve resumo da carreira desse político, onde encontrei a informação de que ele havia cursado a universidade de *Bonn*. Pareceu-me estranho que isso não fosse mencionado nas discussões dos jornais, nas semanas anteriores à eleição. Olhando novamente, vi que o texto se referia à universidade *Brown*. A explicação para esse caso tosco, em que o lapso ocorreu de modo um tanto forçado, é, além da minha leitura descuidada do jornal, que a simpatia do novo presidente pelas potências da Europa Central, como base para boas relações futuras, me parecia desejável não somente por razões políticas, mas também pessoais" (ibid.).

B. LAPSOS DE ESCRITA

1) Numa folha que contém breves anotações diárias, a maioria de interesse profissional, surpreendo-me ao achar, entre algumas coisas datadas corretamente de setembro, a data equivocada de "Quinta-feira, 20 de outubro". Não é difícil explicar essa antecipação — como expressão de um desejo, precisamente. Alguns dias antes

voltei descansado das férias e me sinto disposto para uma intensa atividade médica, mas o número de pacientes é ainda pequeno. Ao chegar, encontrei a carta de uma paciente, anunciando a vinda em 20 de outubro. Quando inscrevi essa data em setembro, posso muito bem ter pensado: "Ela já devia estar aqui; uma pena perder um mês inteiro!", e, com esse pensamento, adiantei o dia. Nesse caso, não se pode dizer que a ideia interferente seja condenável; por isso eu sei a solução do lapso tão logo o percebo. No outono do ano seguinte, fiz um lapso de escrita análogo e de motivação semelhante.* Ernest Jones estudou lapsos desse tipo em datas, e na maioria dos casos notou facilmente que têm motivação psicológica.

2) Recebo as provas do meu texto para o *Jahresbericht für Neurologie und Psychiatrie* [Boletim anual de neurologia e psiquiatria]** e, naturalmente, tenho de revisar com especial cuidado os nomes de autores, pois são de várias nacionalidades e oferecem maior dificuldade para o tipógrafo. De fato, vejo alguns nomes estrangeiros que ainda necessitam de correção, mas, curiosamente, há um que o tipógrafo *mudou* em meu manuscrito, e com toda a razão. Eu escrevi *Buckrhard*, e ele percebeu que era *Burckhard*. Resenhei elogiosamente o trabalho de um obstetra sobre como o nascimento influi na gênese de paralisias infantis e nada tinha contra o autor, mas

---

* Frase acrescentada em 1907; já a frase seguinte é um acréscimo de 1912.
** Freud escreveu resumos e resenhas para a seção sobre paralisia cerebral infantil desse anuário, nos três primeiros volumes (1887-9).

VI. LAPSOS DE LEITURA E DE ESCRITA

ele tem o mesmo sobrenome de um escritor de Viena que me aborreceu com uma crítica insensata da minha *Interpretação dos sonhos*. É como se, ao escrever o nome *Burckhard*, designando o obstetra, eu pensasse algo de ruim sobre o outro B., o escritor,[28] pois deturpar o nome significa frequentemente, como afirmei ao abordar os lapsos verbais, insultar o indivíduo.

3) Isso é bem corroborado numa auto-observação de A. J. Storfer, em que o autor expõe, com louvável franqueza, os motivos que o fizeram lembrar erradamente e escrever de forma distorcida o nome de um suposto concorrente:

"Em dezembro de 1910, avistei na vitrine de uma livraria de Zurique o novo livro do dr. Eduard *Hitschmann* sobre a teoria freudiana das neuroses. Naquele momento eu trabalhava no manuscrito de uma conferência que daria numa sociedade acadêmica, sobre os fundamentos da psicologia freudiana. Na introdução da conferência, que já estava escrita, eu abordava o desenvolvimento histórico da psicologia freudiana a partir de suas pesquisas numa área afim, as dificuldades daí decorrentes para uma exposição sintética desses fundamentos e o fato de não haver ainda uma exposição geral. Ao ver o livro (cujo autor não conhecia), não pensei em

---

28 Cf., por exemplo, esta passagem de *Júlio César*, ato III, cena 3:
"CINNA: Sinceramente, o meu nome é Cinna.
CIDADÃO: Arrebentem com ele! É um conspirador!
CINNA: Sou Cinna, o poeta! Não sou Cinna, o conspirador.
CIDADÃO: Não importa, o nome dele é Cinna; arranquem-lhe o nome do coração e o deixem ir."

comprá-lo imediatamente. Mas alguns dias depois resolvi que sim. O volume não se achava mais na vitrine. Perguntei ao livreiro sobre aquele título, dando como autor o 'dr. Eduard *Hartmann*'. Ele me corrigiu: 'O senhor quer dizer *Hitschmann*", e me trouxe o livro.

"O motivo inconsciente do lapso não foi difícil de achar. Eu como que me arrogava o mérito de sintetizar os fundamentos da teoria psicanalítica e claramente via o livro de Hitschmann como uma diminuição do meu mérito, sentindo inveja e irritação. A alteração do nome seria um ato de hostilidade inconsciente, pensei, conforme a *Psicopatologia da vida cotidiana*. Essa explicação me satisfez na época.

"Algumas semanas depois fiz uma anotação sobre aquele lapso. Foi então que me perguntei por que havia mudado Eduard Hitschmann justamente para Eduard Hartmann. Teria sido apenas a semelhança do nome que me levou ao conhecido filósofo?* Minha primeira associação foi a lembrança de uma frase que ouvi do professor Hugo von Meltzl, um entusiasmado admirador de Schopenhauer, que era mais ou menos assim: 'Eduard von Hartmann é um Schopenhauer estragado, virado pelo avesso'. Assim, a tendência afetiva que determinou a formação substitutiva para o nome esquecido foi: 'Ah, a exposição abrangente desse Hitschmann não deve ser grande coisa; ele deve estar para Freud como Hartmann para Schopenhauer'.

---

* Eduard von Hartmann (1842-1906) foi autor de *Filosofia do inconsciente*, entre outras obras.

VI. LAPSOS DE LEITURA E DE ESCRITA

"Como disse, tomei nota desse caso de um esquecimento determinado [psicologicamente] com substituição do nome.

"Seis meses depois, caiu-me nas mãos a folha em que eu havia feito a anotação. Então percebi que havia escrito *Hintschmann*,* em vez de Hitschmann" (*Internationale Zeitschrift für Psychoanalyse*, II, 1914).

4) Eis um caso aparentemente mais sério de lapso de escrita, que eu talvez possa igualmente incluir entre os atos descuidados:

Quero sacar trezentas coroas da Caixa de Poupança do Correio, que pretendo enviar a um parente para um tratamento médico. Vejo que há 4380 coroas em minha conta e resolvo deixar a cifra redonda de 4000 coroas, que não será tocada no futuro próximo. Depois de preencher devidamente o cheque e retirar os algarismos que correspondem ao número,** noto que não marquei 380 coroas, como pretendia, mas sim 438, e me espanto com a inexatidão do que faço. Logo vejo que não há motivo para alarme; afinal, não fiquei mais pobre do que antes. Mas preciso refletir um momento sobre o que perturbou minha intenção sem se apresentar à minha consciência. Primeiro tomo um caminho errado, ponho-me a subtrair 380 de 438, mas não sei o que fazer

---

* Segundo James Strachey, *Hintsch* é um termo de dialeto e significa "asma" ou, de modo mais geral, "praga".
** Como informa James Strachey, naquele tempo, na Áustria, para sacar dinheiro do banco postal era preciso retirar pedaços de uma folha de papel em que havia colunas de algarismos, e o lugar em que se cortava o papel tinha o valor que se pretendia sacar.

com a diferença. Por fim, ocorre-me um pensamento que conduz ao nexo verdadeiro. Ora, 438 corresponde a dez por cento da soma total de 4380 coroas! Dez por cento é o desconto que dão os livreiros. Lembro-me de que há alguns dias separei vários livros de medicina que já não me interessam, a fim de oferecê-los a um livreiro por 300 coroas. Ele considerou alto o valor pedido, e prometeu dar uma resposta nos dias seguintes. Caso ele aceite minha oferta, compensará exatamente a quantia que vou gastar com o parente enfermo. É inegável que deploro essa despesa. O afeto que acompanha a percepção de meu erro pode ser entendido como temor de ficar pobre com despesas assim. Mas as duas coisas, o lamento pela despesa e o medo de ficar pobre, ligado a ela, são alheios à minha consciência; não senti lamento ao concordar em remeter aquela soma, e teria achado ridículo o motivo para ele. Eu provavelmente não me atribuiria tal impulso se não tivesse me familiarizado com o reprimido na psique mediante a prática da psicanálise, e se não tivesse tido, alguns dias, antes, um sonho que requereu a mesma solução.[29]

5) Cito, do relato de Wilhelm Stekel,* o seguinte caso, cuja autenticidade posso garantir: "Um exemplo verdadeiramente incrível de lapso de escrita e de leitura ocorreu na edição de um semanário bastante difundido.

---

29 É aquele sonho que utilizei como modelo no breve trabalho *Sobre os sonhos* [1901; cf., em especial, o cap. v].

* Nas edições de 1907 e 1910 se achava: "de meu colega Wilhelm Stekel".

VI. LAPSOS DE LEITURA E DE ESCRITA

A direção fora publicamente qualificada de 'venal'; era preciso escrever algo repudiando aquilo e defendendo-a. Isso foi feito — com ardor e páthos. O editor chefe leu o artigo, e o autor, naturalmente, várias vezes, ainda em manuscrito, e todos estavam satisfeitos. De repente, apareceu o revisor e apontou um pequeno erro que havia escapado a todos. Lá estava claramente: 'Nossos leitores darão testemunho de que sempre atuamos *interessadamente* para o bem da comunidade'. Claro que deveria ser *desinteressadamente*. Mas os verdadeiros pensamentos irromperam com força elementar na patética declaração".

6) Uma leitora do *Pester Lloyd*,* a senhora Kata Levy, de Budapeste, também deparou com uma mostra de franqueza involuntária numa nota que o jornal publicou em 11 de outubro de 1918, telegrafada de Viena:

"Com base na relação de absoluta confiança que durante a guerra prevaleceu entre nós e o aliado alemão, pode-se dar como certo que as duas Potências chegarão a uma decisão harmoniosa em todas as ocasiões. É desnecessário enfatizar que também no estágio presente há uma cooperação ativa e *interrupta* das duas diplomacias."

Poucas semanas depois foi possível expressar-se mais abertamente sobre essa "relação de absoluta confiança", não foi mais preciso refugiar-se num lapso de escrita (ou erro de impressão).

7) Um americano que se acha na Europa, que deixou a mulher após um desentendimento, acredita que agora pode se reconciliar com ela e lhe pede que cruze

---

* Jornal diário de Budapeste redigido em alemão.

o oceano para encontrá-lo em certo dia: "Seria ótimo", diz ele, "se você pudesse viajar no *Mauritânia*, como eu". Mas ele não ousa enviar a folha onde está essa frase. Prefere escrevê-la de novo, pois não quer que ela note a correção que teve de fazer no nome do navio. Ele escreveu *Lusitânia* inicialmente.*

Esse lapso de escrita não requer esclarecimento, sua interpretação é imediata. Mas um obséquio do acaso nos permite acrescentar algo. Antes da guerra, sua mulher viajou pela primeira vez à Europa, após a morte da única irmã. Se não me engano, o *Mauritânia* é o navio-irmão sobrevivente do *Lusitânia*, que afundou durante a guerra.

8) Um médico examinou uma criança e escreve uma receita, na qual surge a palavra "álcool". Enquanto ele faz isso, a mãe da criança o incomoda com perguntas tolas e supérfluas. Ele toma a resolução interior de não se aborrecer com isso e cumpre a intenção, mas comete um erro de escrita enquanto a mulher o perturba. Na receita se encontra, em vez de "álcool", *achol*.[30]

9) Devido à afinidade do conteúdo, incluo aqui um caso que Ernest Jones [op. cit.] conta sobre A. A. Brill. Este, embora não bebesse, foi induzido por um amigo a beber um tanto de vinho. Na manhã seguinte, uma forte dor de cabeça o fez lamentar a condescendência.

---

* O *Lusitânia* foi afundado por um submarino alemão em maio de 1915, quando voltava da América do Norte para a Europa.
30 Que significa [em grego antigo] algo como: "Sem irritação!". [Esse exemplo foi acrescentado em 1910.]

VI. LAPSOS DE LEITURA E DE ESCRITA

Teve de escrever o nome de uma paciente que se chamava Ethel, e em vez disso escreveu *Ethyl*.[31] Deve-se também levar em conta que essa própria senhora bebia mais do que lhe convinha.

10)* Como o lapso de um médico ao redigir uma receita tem um significado que vai além do valor prático dos atos falhos em geral, aproveito a oportunidade para comunicar detalhadamente a única análise desses lapsos médicos até agora publicada.

Do dr. Eduard Hitschmann ("Ein wiederholter Fall von Verschreiben bei der Rezeptierung" [1913]): "Um colega me conta que já lhe aconteceu várias vezes, ao longo dos anos, de errar ao prescrever determinado remédio para pacientes idosas. Em duas ocasiões prescreveu dez vezes mais que a dose correta, e depois, ao perceber isso, teve de buscar apressadamente a anulação da receita, angustiado com o temor de haver prejudicado a paciente e por ter colocado a si mesmo numa situação desagradável. Esse peculiar ato sintomático deve ser esclarecido mediante a análise, com uma descrição precisa dos casos.

"Primeiro caso. Para uma senhora quase idosa, que sofre de constipação espástica, o médico prescreve supositórios de beladona dez vezes mais fortes que o necessário. Cerca de uma hora depois que sai do ambulatório,

---

31 Ou álcool etílico. [Exemplo acrescentado em 1912. Recordemos que em alemão todos os substantivos são escritos com inicial maiúscula, não apenas os nomes próprios.]
* Acrescentado em 1917.

em casa, lendo o jornal e tomando o café, subitamente se dá conta do erro; angustiado, volta correndo ao ambulatório para pedir o endereço da paciente, e de lá vai à casa dela, que é distante. A velha senhora ainda não fez aviar a receita, o que o alegra, e ele retorna aliviado para casa. A desculpa que dá para si mesmo, não sem alguma razão, é que o chefe do ambulatório, sempre muito falador, olhou por cima do seu ombro enquanto estava escrevendo a receita e o distraiu.

"Segundo caso. O médico tem de encerrar a consulta com uma paciente bonita e coquete para atender a uma velha senhorita em casa. Utiliza um táxi, pois não tem muito tempo para essa visita; em certo momento deverá se encontrar secretamente com a garota que está amando, perto da casa dela. Também faz a indicação de beladona, por um problema semelhante ao do primeiro caso. Novamente se verifica o erro de receitar uma dose dez vezes superior à normal. A paciente toca num assunto interessante, mas sem relevância no momento; o médico denota impaciência, ainda que o negue, e deixa a paciente, de modo a chegar a tempo para o encontro. Umas doze horas depois, por volta das sete da manhã, ele acorda; quase ao mesmo tempo lhe vêm à consciência o lapso que cometeu e a sensação da angústia, e ele envia uma mensagem à enferma, na esperança de que o medicamento ainda não tenha sido preparado na farmácia e pedindo a devolução da receita, a fim de mudá-la. Mas devolvem-lhe a receita já aviada, e, dotado de certa resignação estoica e do otimismo que a experiência confere, ruma para a farmácia, onde é tranquilizado pelo farmacêutico, que

VI. LAPSOS DE LEITURA E DE ESCRITA

lhe informa que naturalmente (ou também por um lapso?) preparou o remédio numa dose menor.

"Terceiro caso. O médico quer prescrever à sua velha tia, irmã de sua mãe, uma mistura de *tinct. belladonnae* e *tinct. opii* em dose inofensiva. A receita é imediatamente levada à farmácia pela criada. Logo depois ocorre ao médico que em vez de *tinctura* escreveu *extractum*, e em seguida ele recebe um telefonema do farmacêutico, que o interpela sobre esse erro. O médico se desculpa com a mentira de que ainda não havia terminado a receita, esta fora levada de sua mesa inesperadamente, a culpa não era dele.

"Os três pontos em comum que chamam a atenção, nessas receitas, são: que isso aconteceu ao médico apenas com aquele medicamento, que sempre foi uma paciente mulher em idade avançada e que a dose era forte demais. Na breve análise verificou-se que a relação do médico com a mãe tinha de ser de relevância decisiva. Ele se lembrou de que certa vez — e muito provavelmente antes desses atos sintomáticos — havia redigido para sua mãe, também idosa, a mesma receita; na dose de 0,03, embora fosse habitual a dose de 0,02, para ajudá-la de forma radical, pensou. A reação de sua delicada mãe ao medicamento foi congestão do rosto e desagradável secura na garganta. Ela se queixou disso mencionando, de forma brincalhona, os perigos que pode trazer uma consulta com o filho. Em outras ocasiões, ela (que era filha de médico) também havia feito objeções assim, de forma brincalhona, aos remédios indicados pelo filho médico, falando inclusive de envenenamento.

"Até onde o presente autor compreende as relações desse filho com a mãe, não há dúvida de que é um filho instintivamente afetuoso, mas não demonstra muita apreciação intelectual pela mãe nem grande respeito pessoal. Vivendo com ela e o irmão um ano mais jovem, há anos sente essa convivência como inibidora de sua liberdade erótica; mas sabemos, pela experiência analítica, que tais argumentos são usados como pretexto para o vínculo interior. O médico aceitou a análise, bastante satisfeito com a explicação, e disse, sorrindo, que a palavra *belladonna*, 'bela mulher', poderia ser também uma referência erótica. Ele próprio usou esse remédio no passado" (*Internationale Zeitschrift für Psychoanalyse*, I, 1913).

Eu diria que esses atos falhos sérios se originam do mesmo modo que os lapsos inocentes que costumamos investigar.

11) O seguinte lapso de escrita, relatado por Sándor Ferenczi, será considerado particularmente inocente.* É possível interpretá-lo como uma condensação devida à impaciência (cf. o lapso verbal do *Apfe*, p. 89), e tal concepção poderia ser defendida se uma análise mais penetrante do fato não demonstrasse a existência de um fator perturbador mais forte:

"'Cabe aqui a *Anektode*'** — eu escrevi no caderno de anotações. Naturalmente, quis dizer *Anekdote* [anedota]; a do cigano condenado à *morte* que pediu a graça de

---

* Os exemplos 11 e 12 foram acrescentados em 1919.
** Palavra inexistente; mas *Tode* significa "morte".

VI. LAPSOS DE LEITURA E DE ESCRITA

escolher ele próprio a árvore onde seria enforcado. (Procurou muito, mas não achou uma árvore adequada)."

12) Há ocasiões, por outro lado, em que o mais insignificante erro de escrita pode expressar um perigoso sentido oculto. Um anônimo relata:

"Concluí uma carta com estas palavras: 'Lembranças à sua esposa [*Ihre Frau Gemahlin*] e ao filho dela [*ihren Sohn*]'. Logo antes de colocar a folha no envelope, percebi o erro na letra inicial, em *ihren Sohn*,* e o corrigi. Ao retornar da última visita a esse casal, a moça que me acompanhava observou que o filho deles era muito parecido com um amigo da família e certamente era filho dele."

13) Uma senhora escreve à irmã uma mensagem de felicitações pela mudança para um novo, espaçoso apartamento. Uma amiga, presente nesse instante, observa que ela pôs no envelope o endereço errado, que não é nem mesmo o que a irmã deixou, mas o primeiro, de tempos atrás, em que esta havia morado após se casar. Ela chama a atenção da senhora para isso. "Você tem razão", admite esta, "mas como? Por que fiz isso?" A amiga responde: "Provavelmente você não admite que ela agora viva num apartamento grande e bonito, enquanto você mesma se sente restringida no seu, e por isso a colocou de volta no primeiro endereço, onde ela não estava melhor que você". "Claro que não gosto que ela tenha esse novo apartamento", confessou honestamente a mu-

---

* O correto seria *Ihren Sohn*, "seu filho", com inicial maiúscula no possessivo, já que *ihren Sohn* significa "filho dela".

lher, e acrescentou: "Uma pena sermos tão mesquinhas nessas coisas!".*

14) Ernest Jones [op. cit.] relata o seguinte exemplo de lapso de escrita, que lhe foi comunicado por A. A. Brill: "Um paciente escreveu ao dr. Brill, buscando explicar seu nervosismo pela preocupação com o andamento dos negócios durante uma crise do algodão. Ele dizia: *'My trouble is all due to that damned frigid wave; there isn't even any seed'* [Meu problema se deve todo a essa maldita onda fria; não há sequer uma semente]. Com *wave* ele se referia a uma onda ou tendência no mercado financeiro; mas na realidade não escreveu *wave*, e sim *wife* [esposa]. No fundo do coração, ele recriminava a mulher pela frigidez no casamento e pela ausência de filhos, e percebia vagamente, com razão, que sua vida de abstinência forçada influía consideravelmente na gênese dos seus sintomas".

15) O dr. R. Wagner conta sobre si mesmo (*Zentralblatt für Psychoanalyse*, I, 1911):

"Relendo um velho caderno de anotações da universidade, vi que na pressa de tomar notas havia cometido um pequeno lapso. Em vez de *Epithel* [epitélio], havia escrito *Edithel*. Enfatizando a primeira sílaba, temos o diminutivo de um nome de garota. A análise retrospectiva é simples. No momento do lapso, minha relação com a portadora desse nome era superficial, só muito depois se tornou íntima. Portanto, o lapso é uma bela

---

* Exemplo acrescentado em 1910. Já os exemplos seguintes, números 14, 15 e 16, foram acrescentados em 1912.

VI. LAPSOS DE LEITURA E DE ESCRITA

prova da irrupção do afeto inconsciente, numa época em que eu próprio ainda não sabia dele, e a forma do diminutivo também caracteriza aquele sentimento."

16) Da dra. H. Hug-Hellmuth:

"Um médico receitou para uma paciente água de *Levítico*, em vez de *Levico*.* Esse erro, que deu a um farmacêutico a oportunidade de fazer comentários depreciativos, pode ser visto com menor severidade se lhe buscarmos as possíveis motivações inconscientes e, ainda que sejam apenas a conjectura subjetiva de alguém que não é próximo do médico, não recusarmos a elas de antemão alguma verossimilhança. Apesar de repreender os pacientes pela alimentação pouco racional com palavras duras — de 'ler-lhes o Levítico',** digamos —, esse médico tinha uma grande clientela, de modo que sua sala de espera estava sempre cheia, o que justificava sua solicitação de que o paciente atendido se vestisse o mais rapidamente possível, *vite, vite* [rápido, rápido]. Se bem me recordo, sua esposa era francesa de nascimento, o que justifica em alguma medida a suposição aparentemente ousada de que ele utilizasse o francês ao solicitar aos pacientes maior rapidez. Muitas pessoas costumam recorrer a um idioma estrangeiro para expressar tais solicitações, como meu próprio pai, que de bom grado nos incitava nos passeios, quando éramos

---

* Água mineral da localidade de Levico, no norte da Itália. O Levítico, como se sabe, é o terceiro livro do Antigo Testamento, contendo as prescrições rituais e morais para o povo eleito.
** Expressão idiomática alemã (*die Leviten lesen*) que significa "passar um sermão, dar uma bronca".

crianças, com exclamações de *Avanti gioventù* [Adiante, jovens] ou *Marchez au pas* [Andem rápido]; enquanto um médico já idoso, com o qual eu me tratava da garganta quando menina, buscava inibir meus movimentos bruscos dizendo suavemente *piano, piano* [devagar, devagar]. Assim, posso imaginar que também aquele médico rendesse tributo a esse hábito; e por isso *prescreveu*[*] 'água de Levítico', em vez de Levico" (*Zentralblatt für Psychoanalyse*, II, 5).

No mesmo local se acham outros exemplos lembrados da juventude da autora (frazö*sisch* em vez de *franzö-sisch* [francês], erro ao escrever o nome *Karl*).

17) Devo a um certo sr. J. G., do qual já mencionei outra contribuição,[**] o exemplo de um lapso cujo teor é o mesmo de um notório chiste ruim, mas em que certamente não há intenção de fazer um chiste:

"Eu estava num sanatório (para doentes do pulmão) e soube, com pesar, que num parente próximo constataram a mesma doença que me levou à internação. Então escrevi uma carta a esse parente, aconselhando-o a procurar um professor conhecido com o qual eu mesmo estava me tratando e cuja autoridade científica me parecia inegável, embora tivesse todos os motivos para lamentar sua indelicadeza — já que pouco antes esse professor se recusara a me conceder um atestado

---

[*] O verbo *verschreiben* é aqui usado com o seu duplo sentido de "prescrever" e "cometer lapso ao escrever".
[**] Na verdade, o outro exemplo fornecido por este senhor se acha adiante: é o número 11 do cap. x.

VI. LAPSOS DE LEITURA E DE ESCRITA

que era de grande importância para mim. Na resposta à minha carta, o parente me chamou a atenção para um erro que, como percebi de imediato a sua causa, me divertiu bastante. Eu havia escrito a frase seguinte: '... recomendo-lhe, sem demora, que *in*sulte o prof. X.'. Naturalmente, eu quis dizer *con*sulte.* Talvez caiba registrar que meus conhecimentos de latim e francês excluem a possibilidade de que o erro fosse devido à ignorância."***

18) Omissões ao escrever têm direito, naturalmente, a serem julgadas da mesma forma que os lapsos de escrita. Na *Zentralblatt für Psychoanalyse*, I, 12, o jurista B. Dattner relatou um curioso exemplo de "ato falho histórico". Num artigo da lei sobre as obrigações financeiras de Áustria e Hungria, estipuladas no compromisso de 1867 entre os dois Estados, foi omitida a palavra *effektiv* na tradução húngara, e Dattner considera plausível que tenha influído nessa omissão a tendência inconsciente de conceder o mínimo possível de vantagens à Áustria, por parte dos redatores húngaros.***

Além disso,**** temos bons motivos para supor que as frequentes repetições de uma palavra ao escrever e ao copiar — as "perseverações" — são igualmente significativas. Ao lançar novamente uma palavra, a pessoa que escreve indica que não se desfez facilmente dela, que na-

---

* Os verbos alemães usados no original também são de origem latina: *insultieren* e *konsultieren*.
** Acrescentado em 1920.
*** Acrescentado em 1912.
**** Esse parágrafo e o seguinte foram acrescentados em 1917.

quele ponto poderia ter expressado mais, porém deixou de fazê-lo, ou algo assim. A "perseveração" ao copiar parece substituir um "eu também". Tive em mãos pareceres médico-legais detalhados que exibiam "perseverações" do copista em lugares especiais, e a interpretação que gostaria de lhes dar seria que o copista, enfastiado de seu papel impessoal, teria juntado sua glosa: "Exatamente o meu caso", ou "Conosco a mesma coisa".

19) Nada impede que tratemos os erros de impressão como "lapsos de escrita" do tipógrafo e os vejamos como [psicologicamente] motivados em grande medida. Não fiz uma coleta sistemática de atos falhos assim, que poderia ser divertida e instrutiva. Jones dedicou uma seção especial aos *misprints* [erros de impressão] no trabalho que já mencionei algumas vezes aqui.

Também as desfigurações encontradas nos telegramas* podem ser ocasionalmente entendidas como lapsos de escrita do telegrafista. No verão, durante as férias, recebi um telegrama da minha casa editora, cujo texto não compreendi. Dizia:

"*Vor*räte [provisões] recebidas, *Ein*la*dung* [convite] X. urgente." A solução do enigma está no nome X. Assim se chama o autor do livro para o qual devo escrever uma introdução. Essa introdução [*Einleitung*] se tornou um convite [*Einladung*]. Então me recordei de que alguns dias antes tinha enviado à editora um prefácio [*Vorrede*] para outro livro, e era o recebimento des-

---

* Parágrafo acrescentado em 1920, e a referência ao ensaio de Silberer, em 1924.

se prefácio que eles confirmavam. O texto correto seria este: *Vorrede erhalten, Einleitung X. dringend* [Prefácio recebido, introdução X. urgente]. Podemos supor que o telegrama foi vítima de uma elaboração pelo "complexo de fome" do telegrafista, na qual as duas metades da frase foram relacionadas mais intimamente do que era a intenção do remetente. Além disso, esse é um bom exemplo da "elaboração secundária" que pode ser observada na maioria dos sonhos.[32]

Herbert Silberer discute a possibilidade de "erros de impressão tendenciosos" em *Internationale Zeitschrift für Psychoanalyse*, VIII, 1922.

20) Ocasionalmente, outros autores apontaram para erros de impressão em que é difícil não admitir a tendenciosidade. Assim fez Storfer, por exemplo, no artigo "Der politische Druckfehlerteufel" [Diabo do erro de impressão político], na *Zentralblatt für Psychoanalyse*, II, 1914, e também na pequena nota (ibid., III, 1915) que aqui reproduzo:

"Há um erro de impressão político no número de *März* de 25 de abril deste ano. Uma correspondência enviada de Argyrokastron trazia declarações de Zographos, o líder dos rebeldes epirotas da Albânia (ou, se preferirem, o presidente do governo independente do Épiro). Entre outras coisas, ele dizia: 'Acredite, um Épiro autônomo seria de interesse fundamental para o príncipe Wied. O príncipe poderia nele se *stürzen* ["cair", em vez de *stützen*, "apoiar"]'. Mesmo sem esse fatal erro

---

[32] Cf. *Interpretação dos sonhos*, capítulo sobre o trabalho dos sonhos [última seção].

de impressão, o príncipe albanês sabe muito bem que o *Stütze* [apoio] que os epirotas lhe oferecem significaria a sua *Sturz* [queda]."

21) Eu próprio li recentemente, em um dos nossos diários vienenses, um artigo intitulado "A Bucovina sob domínio romeno" — um título que era no mínimo prematuro, pois na época a Romênia ainda não se declarara inimiga. Pelo conteúdo, certamente deveria ser "russo", em vez de "romeno", mas também para o censor a expressão não deve ter parecido estranha e ele próprio não notou esse lapso.*

É difícil** não pensar num erro de impressão "político" ao ler, numa circular impressa da famosa gráfica (que antes era gráfica imperial e real) de Karl Prochaska, em Teschen, o seguinte lapso ortográfico:

"Por decreto da Entente, fixando a fronteira no rio Olsa, não apenas a Silésia, mas também Teschen foi dividida em duas partes, das quais uma *zuviel* ["demais", em vez de *zufiel*, "coube"; a pronúncia é a mesma] à Polônia, a outra, à Tchecoslováquia."

Foi de maneira espirituosa que Theodor Fontane se defendeu, certa vez, de um erro de impressão bastante significativo. Em 29 de março de 1860 ele escreveu ao editor Julius Springer:

"Caro senhor,

"Parece que não me é dado ver meus modestos desejos se realizarem. Uma simples olhada nas provas tipo-

---

* Os exemplos 20 e 21 foram acrescentados em 1917.
** Esse exemplo e o seguinte foram acrescentados em 1924.

gráficas³³ que envio anexas poderá lhe dizer tudo. Além disso, enviaram-me apenas *um* conjunto de provas tipográficas, embora eu necessite de dois, pelas razões que informei. Também não me devolveram a primeira prova para uma verificação final, especialmente devido às palavras e frases em inglês. Dou grande importância a isso. Na p. 27 das provas de hoje, numa cena entre John Knox e a rainha, encontra-se: 'ao que Maria *aasrief* [gritou *aas*, sendo que *Aas* significa "carniça" ou, figuradamente, "canalha"; o certo seria *ausrief*, "exclamou"]'. No caso de um erro assim gritante, queremos ter a certeza de que foi realmente corrigido. Esse triste *aas*, em vez de *aus*, torna-se ainda pior porque não há dúvida de que ela (a rainha) deve realmente tê-lo chamado assim no seu íntimo.

"Atenciosamente,
"Th. Fontane"

Wundt dá uma explicação digna de nota para o fato — facilmente comprovável — de que cometemos mais lapsos de escrita do que lapsos verbais (op. cit., p. 374): "No curso da fala normal, a função inibidora que tem a vontade se dirige continuamente a harmonizar a sequência de representações e o movimento de articulação. Se o movimento de expressão que segue as representações é retardado por causas mecânicas, como na escrita [...], tais antecipações se verificam com particular facilidade".

---

33 Trata-se da edição de *Jenseits des Tweed. Bilder und Briefe aus Schottland* [Além do rio Tweed: Quadros e cartas da Escócia], livro publicado por Julius Springer em 1860.

A observação das condições em que ocorrem os lapsos de leitura dá ensejo a uma dúvida que não posso deixar de mencionar, pois ela pode, no meu entender, tornar-se o ponto de partida para uma investigação fecunda. Todos sabem como é frequente, na leitura em voz alta, que a atenção de quem lê abandone o texto e se volte para os próprios pensamentos. A consequência desse desvio da atenção é, não poucas vezes, que a pessoa não sabe informar o que acabou de ler, quando a interrompem e fazem uma pergunta. Ela leu como que de forma automática, mas quase sempre corretamente. Não acredito que nessas condições os erros de leitura aumentem de maneira notável. Estamos acostumados a supor, para toda uma série de funções, que elas são executadas corretamente de maneira automática, ou seja, com quase nenhuma atenção consciente. Disso decorreria que o fator da atenção nos lapsos de fala, leitura e escrita deve ser determinado de modo diferente daquele proposto por Wundt (ausência ou diminuição da atenção). Os exemplos que submetemos à análise não nos autorizaram a supor uma diminuição quantitativa da atenção; o que vimos, que pode não ser o mesmo, foi o distúrbio da atenção por parte de um pensamento outro, que pede para ser considerado.

Podemos situar* entre lapso de escrita e esquecimento o caso de alguém que esquece de escrever a assinatura. Um cheque não assinado equivale a um cheque

---

* O restante desse capítulo foi acrescentado em 1919.

esquecido. No que diz respeito ao significado desse esquecimento, citarei a passagem de um romance que foi destacada pelo dr. Hanns Sachs:

"Um exemplo instrutivo e transparente da segurança com que os escritores utilizam o mecanismo dos atos falhos e sintomáticos no sentido da psicanálise se acha no romance *The Island Pharisees* [Os fariseus da ilha, 1904], de John Galsworthy. O protagonista é um jovem da alta classe média que está dividido entre um profundo sentimento social e as atitudes convencionais de sua classe. No capítulo XXVI é mostrado como ele reage à carta de um jovem vadio que ele ajudou algumas vezes, atraído por aquela atitude original diante da vida. A carta não contém um pedido explícito de dinheiro, mas retrata uma situação de grande dificuldade que não admite outra leitura. Primeiramente ele rejeita a ideia de desperdiçar o dinheiro com um incorrigível, em vez de destiná-lo a causas beneficentes. 'Oferecer uma mão amiga, um quê de si mesmo, um aceno de camaradagem a um semelhante, sem nada reivindicar, apenas porque ele não está bem, é um absurdo sentimental! É preciso traçar um limite!' Mas ao murmurar essa conclusão ele sentiu como que uma pontada de honestidade. 'Farsante! Você não quer dar seu dinheiro, é só isso!'

"'Antes que ele terminasse de preencher o cheque, uma mariposa voejando ao redor da vela distraiu sua atenção, e, depois de apanhá-la e pô-la fora do quarto, esqueceu-se de que não havia incluído o cheque.' A carta foi enviada como estava.

"Mas o lapso de memória teve uma motivação ainda

mais refinada do que a tendência egoísta, que parece ter sido superada, de poupar-se aquela despesa.

"Na propriedade rural de seus futuros sogros, rodeado de sua noiva, a família dela e seus hóspedes, Shelton sente-se isolado; seu ato falho indica que ele anseia por seu protegido, que, com seu passado e sua concepção da vida, contrasta inteiramente com as pessoas irrepreensíveis, moldadas pelas mesmas convenções, que se acham ao seu redor. E esse, de fato, não mais podendo se manter sem apoio, chega alguns dias depois, para saber por que não recebeu o cheque prometido."

VII. ESQUECIMENTO DE IMPRESSÕES E INTENÇÕES

Se alguém mostrar tendência a superestimar o estado atual de nosso conhecimento da psique, bastará lembrar-lhe a função da memória para torná-lo mais modesto. Até agora, nenhuma teoria psicológica pôde explicar conjuntamente o fenômeno fundamental do recordar e esquecer; nem mesmo se começou a investigar a fundo o que se pode realmente observar. Hoje em dia, talvez o esquecer tenha se tornado mais enigmático para nós do que o recordar, desde que o estudo dos sonhos e dos eventos patológicos nos ensinou que também pode emergir subitamente na consciência o que acreditávamos ter esquecido havia muito tempo.

Mas temos alguns pontos de vista que, segundo cremos, poderão alcançar reconhecimento geral. Supomos

VII. ESQUECIMENTO DE IMPRESSÕES E INTENÇÕES

que o esquecimento é um processo espontâneo a que podemos atribuir certa duração. Enfatizamos que no esquecimento ocorre certa escolha entre as impressões que se oferecem, e também entre os pormenores de cada impressão ou vivência. Conhecemos algumas das precondições para que se conserve na memória e seja despertado o que de outro modo seria esquecido. Todavia, em inúmeras ocasiões da vida cotidiana podemos notar como é imperfeito e insatisfatório o nosso conhecimento. Basta escutar duas pessoas que receberam as mesmas impressões externas, que fizeram juntas uma viagem, por exemplo, quando comparam lembranças algum tempo depois. Com frequência, algo que ficou nítido na memória de uma foi esquecido pela outra, como se não tivesse ocorrido, e não é possível afirmar que a impressão teve maior importância psíquica para uma do que para a outra. Toda uma série de fatores que determinam a escolha pela memória ainda se furta ao nosso conhecimento.

A fim de contribuir um pouco para o conhecimento das precondições do esquecimento, adquiri o hábito de submeter a uma análise psicológica meus próprios casos de esquecimento. Em regra, me ocupo apenas de certo grupo desses casos, daqueles em que o esquecimento me espanta, pois esperava saber aquilo. Observarei também que em geral não tendo a esquecer (as coisas vividas, não as aprendidas), e que por um breve período da vida, quando jovem, fui capaz de feitos de memória extraordinários. Na época da escola, era-me natural poder repetir de cor uma página que acabara de ler, e pouco antes da universidade eu conseguia anotar quase literalmente uma palestra de divulgação científica depois de ouvi-la. Na tensão em que me preparava para o exame final de medicina, devo ter usado o que me restava dessa capacidade, pois em alguns assuntos dei aos examinadores, quase automaticamente, respostas fiéis ao texto do manual, que havia lido apenas uma vez e com pressa.

Desde então vem decrescendo o meu domínio sobre o estoque de memórias, mas até há pouco estava convencido de que mediante um artifício posso me lembrar de bem mais do que acreditava possível de outra forma. Se numa sessão o paciente afirma, por exemplo, que eu já o vi antes, e não consigo me lembrar nem do fato nem da época, procuro adivinhar, isto é, penso rapidamente em certo número de anos a partir do presente. Quando anotações ou uma informação mais precisa do paciente me permitem checar o que me veio à mente, vê-se que eu raramente erro por uma margem maior que seis meses em dez anos.[34] Sucede algo semelhante quando encontro um conhecido e, por gentileza, pergunto por seus filhos pequenos. Se ele fala dos progressos deles, procuro imaginar que idade tem a criança agora, guiando-me pelas informações do pai, e me equivoco no máximo em um mês, com crianças mais velhas em três meses, embora não consiga dizer o que me serve de base para esse cálculo. Por fim, tornei-me ousado a ponto de apresentar espontaneamente minha estimativa, sem

---

34 No decorrer da conversa, então, detalhes daquela primeira visita costumam emergir conscientemente.

VII. ESQUECIMENTO DE IMPRESSÕES E INTENÇÕES

correr o risco de ofender o pai com minha ignorância sobre sua prole. Assim, amplio minha recordação consciente apelando à memória inconsciente, que é muito mais rica, de todo modo.

Assim, relatarei exemplos *evidentes* de esquecimento, a maioria deles observada em mim mesmo. Distingo o esquecimento de impressões e vivências, ou seja, de coisas que sei, do esquecimento de intenções, ou seja, de omissões. Posso adiantar o resultado persistente de todas as observações: *em todos os casos, o esquecimento revelou-se baseado num motivo desprazeroso.*

A. ESQUECIMENTO DE IMPRESSÕES E CONHECIMENTOS

1) Num verão, minha mulher me causou grande contrariedade, por um motivo que era inocente em si mesmo. Estávamos sentados a uma mesa de hotel, de frente para um senhor de Viena que eu conhecia e que provavelmente também se recordava de mim. Mas eu tinha minhas razões para não renovar aquele conhecimento. Minha mulher, que apenas havia escutado o nome respeitável do senhor, deixou perceber que atentava para sua conversa com os vizinhos, pois de vez em quando se dirigia a mim com perguntas que diziam respeito ao tema que abordavam. Eu fiquei impaciente e, por fim, irritado. Algumas semanas depois, queixei-me a um parente sobre essa conduta de minha mulher. Mas não fui capaz de me lembrar de uma palavra sequer da conversa daquele senhor. Como costumo guardar rancor e

não esquecer nenhum detalhe de um episódio que me irritou, minha amnésia nesse caso foi provavelmente motivada por consideração pela esposa. Há pouco me aconteceu novamente algo semelhante. Eu estava com um amigo próximo e quis fazer troça de algo que minha mulher havia dito poucas horas antes, mas minha intenção foi atrapalhada pelo fato curioso de haver esquecido inteiramente a afirmação dela. Tive de primeiro pedir a minha mulher que a repetisse. É fácil compreender que esse esquecimento deve ser visto como análogo* à típica perturbação de julgamento a que estamos sujeitos quando se trata de um parente muito próximo.

2) Eu havia me encarregado de obter, para uma senhora que era nova em Viena, uma pequena caixa de ferro para guardar documentos e dinheiro. Quando me ofereci para fazer isso, eu tinha presente, de modo excepcionalmente vívido, a imagem de uma vitrine no centro da cidade, onde acreditava ter visto caixas assim. Não conseguia me lembrar do nome da rua, mas tinha certeza de que acharia a loja se andasse pelo centro, pois minha lembrança me dizia que eu havia passado inúmeras vezes por ela. Para meu desgosto, porém, não tive êxito em achar essa vitrine, embora percorresse o centro em todas as direções. Não me restou senão procurar num catálogo os fabricantes de caixas, para poder identificar a loja numa segunda ida ao centro. Mas isso não chegou a ser necessário; entre os endereços mostrados no catálogo achava-se um que reconheci de ime-

---

* Na edição de 1901 se achava "como um exemplo de".

VII. ESQUECIMENTO DE IMPRESSÕES E INTENÇÕES

diato como sendo aquele esquecido. Era verdade que eu tinha passado inúmeras vezes pela vitrine, ao visitar a família M., que há muitos anos vive naquele prédio. Depois que esse trato íntimo deu lugar a um completo distanciamento, eu costumava, sem me dar conta das razões para isso, evitar a região e o prédio. Naquela volta pelo centro, procurando a vitrine com as caixas, eu havia passado por cada rua do bairro menos essa, como se ela fosse alvo de uma proibição. Está claro o motivo desprazeroso responsável por minha desorientação nesse caso. Mas o mecanismo do esquecimento não é tão simples como no exemplo anterior. Minha aversão não diz respeito ao fabricante das caixas, naturalmente, mas sim a outro indivíduo, sobre o qual não quero pensar, e se transfere desse outro para a ocasião em que produz o esquecimento. De maneira muito semelhante, no caso de "Burckhard" [cf. p. 162] a animosidade contra um indivíduo provocou meu lapso ao escrever o nome, quando se tratava de outra pessoa com o mesmo nome. O que ali foi realizado pela homonímia, a ligação entre dois grupos de ideias essencialmente diversos, no exemplo da vitrine pôde ser substituído pela contiguidade espacial, pela vizinhança inseparável. De resto, esse último caso era ligado mais firmemente; nele havia um segundo nexo de conteúdo, pois o dinheiro tivera um papel importante entre os motivos para o distanciamento da família que morava no prédio.

3) A firma B. & R. me solicita uma visita médica a um dos seus funcionários. Indo para o endereço dele, vem-me a ideia de que eu já devo ter estado várias vezes

no prédio onde se acha a firma. É como se eu tivesse notado a placa dessa firma num andar inferior, quando tive que visitar um paciente num andar acima. Mas não consigo lembrar qual é esse prédio, nem a pessoa que atendi. Embora a questão seja insignificante e sem interesse, eu me preocupo com ela e finalmente descubro, pelo rodeio habitual, juntando o que me ocorre a respeito, que um andar acima das instalações da firma B. & R. se acha a pensão Fischer, onde frequentemente visitei pacientes. Agora sei também qual é o prédio que abriga a firma e a pensão. Mas ainda não entendo que motivo se acha por trás desse esquecimento. Não encontro nada que seja desagradável à memória na firma, na pensão Fischer ou nos pacientes que lá viviam. Também suponho que não se trate de nada muito penoso; senão dificilmente conseguiria recuperar por via indireta o que esqueci, sem recorrer a meios externos como no exemplo anterior. Por fim me ocorre que pouco antes, quando comecei a andar para ver o novo paciente, fui cumprimentado na rua por um senhor que tive dificuldade em reconhecer. Eu tinha visto esse homem alguns meses atrás, em estado aparentemente grave, e havia lhe diagnosticado uma paralisia progressiva, mas depois soube que ele havia se restabelecido, de modo que meu julgamento teria sido errado. A menos que se tratasse de uma dessas remissões que também encontramos na demência paralítica, de maneira que meu diagnóstico ainda seria justificado! Veio desse encontro a influência que me fez esquecer onde fica o escritório de B. & R., e meu interesse em solucionar o problema do que es-

VII. ESQUECIMENTO DE IMPRESSÕES E INTENÇÕES

queci foi transferido do caso do diagnóstico discutível. Mas, havendo uma ínfima ligação interna — o homem que se curou inesperadamente era também funcionário de um grande escritório que costumava me indicar pacientes —, o nexo associativo foi proporcionado por uma identidade de nomes. O médico que examinou juntamente comigo o paralítico em questão se chamava *Fischer*, tal como a pensão localizada no mesmo prédio, por mim esquecida.

4) *Extraviar* [*verlegen*] uma coisa não é diferente de esquecer onde a colocamos, e, como a maioria das pessoas que lidam com livros e textos, conheço bem minha escrivaninha e acho rapidamente o que busco. O que para outros parece desordem é, para mim, ordem que tem uma história. Mas por que recentemente extraviei, de modo a não conseguir achar depois, um catálogo de livros que me enviaram? Eu tinha a intenção de encomendar um livro que ali se anunciava, *Über die Sprache* [Sobre a linguagem], porque é de um autor cujo estilo vivaz e espirituoso me agrada, cujo entendimento da psicologia e conhecimento da história da civilização aprendi a estimar. Creio que justamente por isso eu extraviei o catálogo. Costumo emprestar livros desse autor a meus conhecidos, pelo que trazem de esclarecedor, e há poucos dias alguém me disse, ao devolver uma dessas obras: "O estilo me lembra bastante o seu, e também o modo de pensar é o mesmo". A pessoa não sabia em que tocava dentro de mim com essa observação. Anos atrás, quando eu era ainda jovem e sentia mais necessidade de contatos, ouvi algo semelhante de um colega mais velho ao qual ti-

nha louvado as obras de um conhecido autor médico: "É bem seu estilo e sua maneira". Isso me fez escrever uma carta a esse autor, buscando uma aproximação, mas sua resposta fria me colocou de volta em meu lugar. Talvez outras experiências desencorajadoras tenham precedido essa última, pois nunca achei o catálogo extraviado e esse sinal realmente me desestimulou de encomendar o livro, embora o desaparecimento do catálogo não criasse um impedimento efetivo, já que eu retivera na memória o título e o nome do autor.[35]

5) Outro caso de *extravio* merece o nosso interesse pelas condições em que o objeto extraviado foi encontrado. Um jovem me relatou: "Alguns anos atrás houve desentendimentos entre mim e minha esposa. Eu a achava muito fria, e, embora eu reconhecesse suas grandes qualidades, não havia ternura em nossa vida. Um dia, retornando de um passeio, ela me trouxe um livro, que havia comprado porque achou que me interessaria. Agradeci por esse sinal de 'atenção', prometi que leria o livro, guardei-o e não o encontrei mais. Passaram-se meses, em que eu ocasionalmente me lembrava desse livro desaparecido e o procurava, em vão. Uns seis meses depois, minha querida mãe, que não morava conosco, adoeceu. Minha esposa mudou-se para a casa da sogra, a fim de cuidar dela. O estado de minha mãe

---

[35] Proponho explicações similares para casualidades de vários tipos que desde T. Vischer são atribuídas à "perfídia dos objetos". [Theodor Vischer (1807-87) foi um ficcionista e pensador alemão. Freud se refere a ele várias vezes em *O chiste e sua relação com o inconsciente*; cf. também adiante, p. 233.]

VII. ESQUECIMENTO DE IMPRESSÕES E INTENÇÕES

se agravou, o que deu ocasião a que minha mulher mostrasse seu melhor lado. Uma noite, voltei para casa entusiasmado com o que ela realizava e cheio de gratidão para com ela. Aproximei-me de minha escrivaninha e, sem uma intenção clara, mas com uma espécie de certeza sonâmbula, abri uma gaveta dela e achei, bem em cima, o livro desaparecido e tão procurado".*

6) Um caso de extravio que coincide com esse no tocante à última característica, a notável certeza ao encontrar o objeto, quando deixou de haver o motivo para o extravio, é relatado por J. Stärcke (op. cit.):**

"Uma garota estragou um pedaço de tecido ao cortá-lo para fazer um colarinho. Então a costureira teve de ir à sua casa, para tentar remendá-lo. Quando ela chegou e a garota quis apanhar o colarinho mal cortado na gaveta onde o havia posto, não o encontrou. Revirou o conteúdo da gaveta, mas em vão. Irritada, sentou-se e perguntou a si mesma por que o pedaço de pano havia desaparecido de repente, e por que motivo ela talvez não o *quisesse* encontrar; refletiu que naturalmente se envergonhava diante da costureira, por não ter conseguido fazer algo simples como um colarinho. Tendo pensado isso, levantou-se, dirigiu-se a outro armário e apanhou imediatamente o colarinho mal cortado."

7) O exemplo seguinte de "extravio" corresponde a um tipo que se tornou conhecido de todo psicanalista.

---

* Acrescentado em 1907. O exemplo foi novamente usado por Freud na terceira das *Conferências introdutórias à psicanálise* (1916-7).
** Acrescentado em 1917.

Quero mencionar que o próprio paciente responsável por esse extravio encontrou a chave para ele:*

"Um paciente está em tratamento psicanalítico e a interrupção das férias de verão cai num período de resistência e mal-estar. À noite, ao se despir, ele deixa — ou acredita deixar — seu molho de chaves no lugar habitual. Então se lembra de que para o dia seguinte, o último do tratamento e no qual pagaria os honorários, necessita de alguns objetos que estão na escrivaninha, onde também se acha o dinheiro. Mas as chaves... desapareceram. Ele começa a vasculhar o pequeno apartamento, sistematicamente, mas cada vez mais agitado — e sem sucesso. Dado que percebe o 'extravio' como ato sintomático, ou seja, intencional, acorda seu criado, para continuar a busca com o auxílio de alguém 'desprevenido'. Após uma hora mais, desiste da busca e receia haver perdido as chaves. Na manhã seguinte, encomenda ao fabricante da escrivaninha outras chaves, que são feitas com urgência. Dois conhecidos que o acompanharam até a casa acreditam ter ouvido algo tilintar ao cair no chão, quando ele saiu do carro. Ele está convencido de que as chaves lhe caíram do bolso. À noite, o criado lhe apresentou as chaves, com ar de triunfo. Elas estavam entre um livro grosso e uma brochura fina (trabalho de um dos seus alunos) que ele pretendia levar para ler nas férias, tão habilmente inseridas que ninguém as imaginaria ali. A inconsciente habilidade com que um objeto é 'extraviado' por motivos fortes

---

* Acrescentado em 1910.

e ocultos lembra bastante a 'certeza sonâmbula'. O motivo, naturalmente, foi o mau humor com a interrupção da terapia e a raiva oculta por ter de pagar altos honorários não se sentindo bem."

8) "Um homem", relata A. A. Brill, "foi instado pela mulher a participar de uma ocasião social que no fundo não lhe interessava. Ele cedeu, por fim, e começou a tirar seu terno da mala, mas parou e decidiu primeiro se barbear. Terminando a barba, dirigiu-se de novo para a mala, mas achou-a trancada, e não conseguiu encontrar a chave. Não havia como providenciar um chaveiro, pois era noite de domingo, e, assim, os dois tiveram de se desculpar por não irem ao evento. Quando a mala foi aberta, na manhã seguinte, viu-se que a chave estava dentro. Distraidamente, o homem a havia lançado dentro da mala e pressionado a fechadura. Ele me garantiu que o fizera sem querer, mas sabemos que não queria ir à reunião social. Portanto, o extravio da chave não deixou de ter um motivo."*

Ernest Jones [op. cit.] observou em si próprio que costumava "extraviar" seu cachimbo sempre que havia fumado muito e não se sentia bem por isso. Então o cachimbo aparecia em todos os lugares possíveis, onde normalmente não ficava.

9) Um caso inofensivo e de motivação confessa é relatado por Dora Müller:

"A srta. Erna A. me contou o seguinte, dois dias antes do Natal: 'Imagine que ontem à noite tirei um pedaço da

---

* Acrescentado em 1912.

minha broa de Natal da caixa e comi; nisso pensei que teria de oferecer um pouco à srta. S. (a dama de companhia da mãe), quando ela viesse me dar boa-noite. Não queria fazer isso, mas decidi que faria. Quando ela veio e eu estendi a mão para minha mesinha, a fim de pegar a caixa, não a encontrei lá. Depois eu procurei e a encontrei dentro do armário. Sem perceber, eu a havia guardado'. Uma análise foi desnecessária, ela própria se deu conta no nexo. O impulso de querer ter o bolo somente para si, que acabava de ser reprimido, conseguiu se impor como ação automática, mas nesse caso foi de novo anulado pela subsequente ação consciente" (*Internationale Zeitschrift für ärztliche Psychoanalyse*, III, 41, 1915).*

10) Hanns Sachs descreve como certa vez se furtou, mediante um ato assim, à obrigação de trabalhar: "No domingo à tarde, por um momento hesitei entre trabalhar e fazer um passeio com uma visita no final, mas após alguma luta me decidi pela primeira coisa. Depois de uma hora notei que minha provisão de papel tinha acabado. Sabia que em algum lugar, numa gaveta, havia anos conservava uma pilha de papel de escrever, mas em vão procurei por ela, em minha escrivaninha e em outros lugares onde poderia estar, embora me empenhasse muito e revirasse todos os livros velhos, brochuras, cartas etc. Então me vi obrigado a interromper o trabalho e sair. À noite, quando voltei para casa, sentei-me no sofá e olhei, perdido em pensamentos, um tanto ausente, para a estante que se achava à minha

---

* Esse exemplo e o seguinte foram acrescentados em 1917.

VII. ESQUECIMENTO DE IMPRESSÕES E INTENÇÕES

frente. Uma gaveta me chamou a atenção e me lembrei que havia muito não examinava seu conteúdo. Então fui em direção a ela e a abri. Em cima estava uma pasta de couro e, dentro dela, papel não utilizado. Mas apenas quando eu o tinha retirado e ia colocá-lo na gaveta da escrivaninha me ocorreu que esse era o papel que eu havia procurado em vão à tarde. Devo acrescentar que, embora normalmente não seja parcimonioso, eu sou muito cuidadoso com papel e guardo todo pedaço que pode ser utilizado. Foi esse hábito, alimentado por um instinto, que me fez corrigir o esquecimento assim que o motivo imediato para ele desapareceu".

Observando o conjunto dos casos de extravio,* é difícil supor que coloquemos algo fora de lugar senão como resultado de uma intenção inconsciente.

11) Certa vez, no verão de 1901, declarei a um amigo com o qual mantinha uma viva troca de ideias sobre questões científicas: "Esses problemas neuróticos podem ser resolvidos apenas com base na suposição de uma bissexualidade original do indivíduo". Ao que ele me respondeu: "Eu lhe falei isso há dois anos e meio, em Br. [Breslau], quando fizemos aquele passeio à noite. Na época isso não lhe interessou".** Ora, é doloroso quando alguém nos solicita que abandonemos a própria originalidade. Eu não conseguia me lembrar dessa conversa e dessa afirmação do meu amigo. Um de nós

---

* Parágrafo acrescentado em 1907.
** O amigo era Wilhelm Fliess e, segundo os biógrafos de Freud, esse encontro se deu em 1900, na verdade.

dois se enganava; segundo o princípio do *cui prodest?* [a quem aproveita?], devia ser eu. E de fato, ao longo da semana seguinte me recordei de tudo, tal como o meu amigo tentou me fazer lembrar. Sei inclusive a resposta que dei então: "Não cheguei a isso, não abordarei essa questão". Mas desde então fiquei mais tolerante ao encontrar, na literatura médica, uma das poucas ideias a que meu nome pode ser associado e ver que não sou mencionado.

Objeções à esposa, uma amizade que se transformou no oposto, erro em diagnóstico médico, rejeição por parte de concorrentes, apropriação de ideias — não deve ser casual que bom número de exemplos de esquecimento, juntados sem critério, requeiram que eu toque em temas tão desagradáveis para serem explicados. E suponho que qualquer outra pessoa que busque os motivos por trás de seus esquecimentos poderá exibir semelhante mostruário de coisas repreensíveis. A tendência a esquecer o que é desagradável me parece universal; a capacidade para isso é desenvolvida de forma diferente em pessoas diferentes. Provavelmente várias *recusas* [*Ableugnen*] que encontramos na atividade médica derivam do *esquecimento*.[36] Mas

---

36 [Nota acrescentada em 1907:] Quando perguntamos a alguém se teve uma infecção luética há dez ou quinze anos, é fácil esquecermos que, de um ponto de vista psíquico, essa pessoa encarou a doença de modo muito diverso do que, digamos, um ataque de reumatismo. — Nas anamneses que os pais produzem sobre as filhas que adoeceram neuroticamente é difícil separar com certeza o que foi esquecido e o que é escondido, pois tudo o que pode estorvar o futuro casamento da garota é sistematicamente afastado, ou

VII. ESQUECIMENTO DE IMPRESSÕES E INTENÇÕES

nossa concepção desse esquecimento limita a diferença entre ele e aquele comportamento a fatores puramente psicológicos e nos permite enxergar nos dois modos de reação a expressão do mesmo motivo. Dos numerosos exemplos de recusa [*Verleugnung*] de lembranças desagradáveis que vi em parentes de enfermos, houve um que

seja, reprimido pelos pais. — [Acrescentado em 1910:] Um homem que há pouco perdeu a esposa devido a uma afecção pulmonar me relatou o seguinte caso de resposta enganosa dada à pergunta do médico, que pode ser atribuída apenas a um esquecimento desse tipo: "Quando a pleurite de minha pobre esposa não cedia depois de meses, o dr. P. foi chamado para consulta. Na anamnese ele fez as perguntas habituais, entre elas a de se na família de minha mulher tinha havido doenças dos pulmões. Ela disse que não e eu também não me lembrava de tais doenças. Quando o dr. P. se despedia, a conversa se voltou para excursões, como por acaso, e minha esposa disse: 'Sim, e também é uma longa viagem até Langersdorf, *onde meu pobre irmão está sepultado*'. Esse irmão havia morrido uns quinze anos antes, após sofrer de tuberculose por vários anos. Minha mulher o amava muito e me havia falado dele com frequência. Sim, e me ocorreu que ao se constatar a pleurite ela havia se preocupado muito e comentado, com tristeza: '*Meu irmão também morreu por doença dos pulmões*'. Mas essa lembrança foi tão reprimida que mesmo após mencionar a excursão a Langersdorf a mulher não corrigiu a informação que havia dado sobre as doenças na família. Eu me dei conta do esquecimento no mesmo instante em que ela falou de Langersdorf". — [Acrescentado em 1912:] Uma experiência análoga é contada por Ernest Jones no trabalho que já citei várias vezes aqui. A mulher de um médico sofria de uma enfermidade abdominal de diagnóstico incerto, e o marido lhe disse, como para consolá-la: "Ainda bem que na sua família não houve caso de tuberculose". Ao que ela respondeu, bastante surpresa: "Você esquece que minha mãe morreu de tuberculose e que minha irmã só se restabeleceu da tuberculose depois de ser desenganada pelos médicos?".

me ficou na memória como bastante singular. Uma mãe me informava sobre a infância do seu filho neurótico, que se achava então na puberdade, e contou que ele, como os irmãos, havia urinado na cama até relativamente tarde, o que não é destituído de importância num caso clínico de neurose. Algumas semanas depois, quando ela quis saber como andava o tratamento, tive ocasião de apontar-lhe os sinais de uma disposição constitucional para a doença no jovem, e ao fazê-lo me referi à incontinência noturna destacada na anamnese. Para meu espanto, ela contestou esse fato, tanto em relação àquele filho como aos outros, e me perguntou como eu podia saber isso. Por fim, tive de lhe dizer que ela própria me havia informado isso pouco tempo antes; portanto, ela havia esquecido.[37]

37 Enquanto eu escrevia estas páginas, me aconteceu o seguinte caso de esquecimento, quase inacreditável. No dia 1º de janeiro, verifiquei minha agenda de consultas para poder enviar as contas dos honorários e em junho encontrei o nome M...l, mas não pude me lembrar de alguém com esse nome. Minha surpresa aumentou ao virar as páginas e perceber que havia tratado a pessoa num sanatório, visitando-a diariamente por semanas. Um médico não esquece um paciente depois de apenas seis meses, tendo se ocupado dele dessa forma. Teria sido um homem, um caso de paralisia sem interesse, perguntei a mim mesmo. Por fim, a anotação dos honorários recebidos me retornou à lembrança o que havia escapado. M...l era uma garota de catorze anos, o caso mais singular dos últimos anos, que me deixou uma lição que dificilmente esquecerei e cujo desfecho me trouxe momentos de aflição. A menina adoeceu de uma evidente histeria e melhorou consideravelmente e de modo rápido comigo. Após a melhora, os pais a levaram; ela ainda se queixava de dores abdominais, que tinham o papel principal no quadro sintomático da histeria. Dois meses depois, faleceu de sarcoma das glândulas abdominais. A histeria, à qual ela era também predisposta,

VII. ESQUECIMENTO DE IMPRESSÕES E INTENÇÕES

Assim, também em pessoas saudáveis, não neuróticas, há muitos indícios de que uma resistência se opõe à lembrança de impressões desagradáveis, à emergência de pensamentos desagradáveis.[38] Mas o significado pleno desse fato pode ser apreendido apenas se investigarmos a psicologia de pessoas neuróticas. Somos obrigados a ver um dos principais pilares do mecanismo que sustenta os sintomas histéricos nesse *esforço elementar de defesa* contra ideias que podem provocar sentimentos de desprazer, um esforço comparável apenas ao reflexo de fuga quando há estímulos dolorosos. Não se deve objetar à hipótese dessa tendência à defesa que nós, pelo contrário, com frequência verificamos ser impossível nos livrarmos de recordações penosas que nos perseguem e pôr de lado afetos penosos como arrependimento e autorrecriminações. Não afirmamos que essa tendência de defesa consegue se impor em todo caso, que não pode, no jogo

---

havia usado o tumor como causa provocadora e eu, cativado pelas manifestações ruidosas mas inofensivas da histeria, não vi os primeiros sinais da insidiosa e incurável enfermidade.

38 [Nota acrescentada em 1910:] Recentemente, A. Pick ("Zur Psychologie des Vergessens bei Geistes und Nervenkranken", *Archiv für Kriminal-Anthopologie und Kriminalistik* [18, 1905]) elencou uma série de autores que consideram a influência de elementos afetivos na memória e — com maior ou menor clareza — reconhecem a contribuição que o empenho em evitar o desprazer presta ao esquecimento. Mas nenhum de nós soube descrever esse fenômeno e sua fundamentação psicológica de maneira tão exaustiva e, ao mesmo tempo, tão impressionante como Nietzsche em um dos seus aforismos (em *Além do bem e do mal,* § 68): "*'Eu fiz isso', diz minha memória. 'Eu não posso ter feito isso', diz meu orgulho, e permanece inflexível. Por fim — a memória cede*".

das forças psíquicas, deparar com fatores que se empenham, para outros fins, em obter o oposto, e o fazem apesar dela. *Como princípio arquitetônico do aparelho psíquico podemos imaginar a estratificação, a construção em instâncias sobrepostas*, e é bem possível que esse esforço de defesa pertença a uma instância psíquica mais baixa e seja inibido por instâncias mais altas. De todo modo, fala em favor da existência e da força dessa tendência o fato de podermos relacionar a ela processos como os achados em nossos exemplos de esquecimento. Como vimos, várias coisas são esquecidas por causa de si mesmas; quando isso não é possível, a tendência de defesa desloca sua meta e faz com que pelo menos outra coisa seja esquecida, algo menos significativo, que se ligou por associação ao que é realmente detestável.

O ponto de vista aqui desenvolvido, de que lembranças penosas sucumbem muito facilmente ao esquecimento motivado, mereceria ser estendido a vários âmbitos em que até hoje recebeu pouca ou nenhuma atenção. Assim, ele não me parece receber ênfase suficiente na avaliação de testemunhos em tribunais,[39] onde claramente se acredita que o juramento da testemunha tem uma influência purificadora muito grande no jogo das suas forças psíquicas. Admite-se universalmente que é preciso levar em conta, na gênese das tradições e das lendas de um povo, um motivo desses, que tende a eliminar da lembrança o que é penoso para o sentimento nacional. Um exame mais aprofundado talvez revelasse uma completa ana-

---

39 Cf. Hans Gross, *Kriminalpsychologie*, 1898.

VII. ESQUECIMENTO DE IMPRESSÕES E INTENÇÕES

logia entre a maneira como se formam as tradições dos povos e como se formam as recordações de infância do indivíduo. O grande Darwin fez uma "regra de ouro" para o trabalho científico a partir de sua compreensão desse motivo desprazeroso do esquecimento.[40]

De modo muito semelhante ao esquecimento de nomes, também pode haver recordação errada no esquecimento de impressões, algo que, quando acha crédito, é designado como "ilusão da memória". Nos casos patológicos — na paranoia ela chega a ser um fator constituinte na formação do delírio —, a ilusão da memória gerou uma literatura extensa, na qual jamais encontro uma referência à sua motivação. Como também esse tema faz parte da psicologia das neuroses, sua abordagem extrapola o nosso contexto. Em vez disso, comunicarei um exemplo singular de ilusão da memória que aconteceu a mim mesmo, no qual a motivação por ma-

---

40 [Esta nota e a última frase do texto foram acrescentadas em 1912:] Ernest Jones assinala o seguinte trecho da autobiografia de Darwin, que reflete convincentemente sua honestidade científica e seu acume psicológico: "*I had, during many years, followed a golden rule, namely, that whenever a published fact, a new observation or thought came upon me, which was opposed to my general results, to make a memorandum of it without fail and at once; for I had found by experience that such facts and thoughts were far more apt to scape from the memory than favourable ones*" ["Durante muitos anos eu segui uma regra de ouro, a saber, a de que sempre que deparava com um fato publicado, uma nova observação ou pensamento que contradizia meus resultados gerais tomava nota daquilo imediatamente, sem falta; pois aprendi, por experiência própria, que esses fatos e pensamentos tendem a escapar da memória com bem maior facilidade do que os favoráveis"].

terial reprimido inconsciente e a forma como se liga a ele podem ser claramente notadas.

Ao escrever os últimos capítulos do meu livro sobre a interpretação de sonhos, estava num local de veraneio, sem acesso a bibliotecas e obras de consulta, e fui obrigado a incluir as referências e citações de memória, para uma eventual correção posterior. Ao escrever a seção sobre os devaneios,* ocorreu-me a excelente figura do pobre amanuense de *O nababo*, de Alphonse Daudet, na qual o autor provavelmente expõe os próprios devaneios. Eu acreditava me lembrar muito bem de uma das fantasias que esse homem — eu o chamava Monsieur Jocelyn — inventou em suas caminhadas pelas ruas de Paris, e comecei a reproduzi-la de memória: como o sr. Jocelyn se lança ousadamente contra um cavalo desembestado e o faz parar, a porta do coche se abre, uma alta personalidade desce, aperta a mão do sr. Jocelyn e lhe diz: "O senhor é meu salvador. O que posso fazer pelo senhor?".

Eventuais inexatidões no meu relato dessa fantasia, pensei, seriam facilmente corrigidas em casa, quando eu tivesse o livro em mãos. Mas, quando finalmente pude folhear *O nababo*, a fim de checar esse trecho do meu manuscrito já pronto para a impressão, não encontrei, para minha vergonha e perplexidade, nenhum devaneio assim do sr. Jocelyn, e o pobre amanuense nem mesmo esse nome tinha; chamava-se, na verdade, *Monsieur Joyeuse*. Esse outro erro logo forneceu a chave para a solução do

---

* Cf. *A interpretação dos sonhos*, cap. VI, seção I [p. 540 do v. 4 destas *Obras completas*].

VII. ESQUECIMENTO DE IMPRESSÕES E INTENÇÕES

primeiro, da ilusão de memória. *Joyeux* (do qual *Joyeuse* representa a forma feminina) é como eu traduziria meu sobrenome, *Freud*, para o francês.* Então de onde viria a fantasia erroneamente lembrada que atribuí a Daudet? Só poderia ser um produto meu, um devaneio que eu mesmo havia criado e que não se tornou consciente, ou que já tinha sido consciente e depois esqueci totalmente. Talvez eu o tivesse produzido em Paris mesmo, onde frequentemente andava pelas ruas sozinho e pleno de nostalgia, necessitando de apoio e proteção, até que mestre Charcot me acolheu no seu círculo. Depois vi o autor de *O nababo* várias vezes na casa de Charcot.**⁴¹

---

* Em alemão, o substantivo *Freud* é uma variante de *Freude*, que significa "alegria".
** Segundo nota de James Strachey, esse parágrafo continha também as seguintes frases nas edições anteriores a 1924: "Mas o irritante nisso é que dificilmente há um grupo de ideias a que mais me sinto antagônico do que ser o protegido de alguém. O que se vê em relação a isso em nosso país é suficiente para tirar todo o desejo de sê-lo, e o papel de filho favorito é realmente pouco adequado a meu caráter. Sempre senti um impulso muito poderoso de ser 'o homem forte eu mesmo'. E, no entanto, tive de me lembrar de devaneios como esse — que, diga-se de passagem, nunca se realizou. Além de tudo, o episódio ilustra muito bem como a relação consigo mesmo, que normalmente é refreada mas emerge vitoriosamente na paranoia, nos perturba e nos confunde em nossa visão objetiva das coisas" [traduzido da edição *Standard* inglesa].
41 [Nota acrescentada em 1924:] Há algum tempo, um de meus leitores me enviou um pequeno volume da *Jugendbibliothek* [Biblioteca da Juventude] de Franz Hoffmann, no qual aparece, em relato minucioso, uma cena de salvação como a que fantasiei em Paris. A coincidência se estende inclusive a algumas expressões pouco usuais. Não se pode afastar a suposição de que eu tenha

Outro caso de ilusão da memória que pôde ser explicado satisfatoriamente faz pensar na *fausse reconnaissance* [falso reconhecimento], que será discutida mais adiante. Eu havia contado a um de meus pacientes, um homem ambicioso e capaz, que um estudante fora admitido entre os meus discípulos, pouco tempo antes, com base num interessante trabalho, *Der Künstler. Versuch einer Sexualpsychologie* [O artista: Uma tentativa de psicologia sexual, de Otto Rank]. Quando esse texto foi publicado, um ano e três meses depois, meu paciente afirmou que se lembrava com certeza de que tinha visto o anúncio da publicação em algum lugar, talvez num folheto de livraria, antes que eu o mencionasse (um ou seis meses antes). E que essa notícia lhe chamou a atenção ime-

---

realmente lido essa obra infantil quando era garoto. A biblioteca da escola tinha a coleção de Hoffmann e sempre se dispunha a oferecê-la aos alunos, no lugar de qualquer outro alimento intelectual. A fantasia que eu, aos 43 anos, acreditei lembrar como sendo criação de outro e depois tive de perceber que era produção minha, de quando tinha 29 anos, pode muito bem ter sido a reprodução fiel de uma impressão recebida entre os onze e os treze anos. A fantasia de salvação que atribuí ao amanuense desempregado devia apenas preparar o caminho para a fantasia de minha própria salvação, tornar meu anseio por um benfeitor e protetor tolerável para meu orgulho. Nenhum conhecedor da alma humana achará surpreendente que na minha vida consciente me repugnasse depender do favor de um patrono, e que suportei mal as poucas situações reais em que algo assim aconteceu. No ensaio "Vaterrettung und Vatermord in den neurotischen Phantasiegebilden" [Salvação do pai e parricídio nas fantasias neuróticas], de 1922 (*Internationale Zeitschrift für Psychoanalyse*, VIII), Karl Abraham revelou o significado mais profundo das fantasias com esse conteúdo e esclareceu de forma exaustiva suas peculiaridades.

VII. ESQUECIMENTO DE IMPRESSÕES E INTENÇÕES

diatamente, e ele constatou que o autor havia mudado o título, que o livro não se chamava mais *Tentativa*, mas *Princípios* [*Ansätze*] *de uma psicologia sexual*. Mas, informando-me junto ao autor e comparando as datas, vi que o paciente pretendia se lembrar de algo impossível. Nenhum anúncio daquela obra apareceu antes da publicação, ainda mais um ano e três meses antes. Quando deixei de fazer uma interpretação desse engano de memória, o paciente produziu uma repetição equivalente. Disse ter notado um trabalho sobre a agorafobia na vitrine de uma livraria e, a fim de obtê-lo, pesquisava em todos os catálogos de livrarias. Então pude lhe explicar por que não teria êxito nisso. O texto sobre a agorafobia existia apenas em sua imaginação, como intenção inconsciente; deveria ser escrito por ele mesmo. Sua ambição de fazer como aquele jovem e tornar-se meu discípulo com um trabalho científico daqueles o havia levado ao primeiro engano de memória e também ao segundo. Nisso ele se lembrou de que o anúncio de livraria que usara para essa falsa percepção dizia respeito a uma obra intitulada *Genesis, das Gesetz der Zeugung* [Gênese, a lei da procriação].* Mas a mudança no título por ele mencionada era devida a mim mesmo, pois pude me lembrar de que havia cometido essa imprecisão — falar *Tentativa*, em vez de *Princípios* — ao fornecer o título.

---

* Livro de G. Herman; citado por Freud nos *Três ensaios sobre a teoria da sexualidade* (1901).

B. O ESQUECIMENTO DE INTENÇÕES

Nenhum grupo de fenômenos se presta melhor para provar a tese de que a pouca atenção não basta para explicar os atos falhos do que o esquecimento de intenções. Uma intenção é um impulso para a ação que já foi aprovado, mas cuja execução foi adiada para um momento adequado. É certo que nesse intervalo pode ocorrer uma mudança tal nos motivos que a intenção não chegue a se realizar, mas então ela não é esquecida, e sim reexaminada e cancelada. O esquecimento de intenções, a que estamos sujeitos todo dia e em todas as situações possíveis, não é algo que costumamos explicar a nós mesmos introduzindo algo novo na equação de motivos, e sim que deixamos não explicado, ou para o qual buscamos uma explicação psicológica na hipótese de que, na época da execução, a necessária atenção para o ato não se achava mais disponível — a qual, porém, era uma precondição indispensável para o surgimento da intenção e, portanto, estava à disposição para esse mesmo ato naquele momento. A observação de nosso comportamento normal para com as intenções nos faz rejeitar essa tentativa de explicação como arbitrária. Se de manhã eu me proponho realizar algo à noite, posso me lembrar disso algumas vezes ao longo do dia. Mas isso não *tem* de se tornar consciente durante o dia. Quando o momento da realização se aproxima, isso me ocorre subitamente e me leva a fazer os preparativos para o ato intencionado. Se, ao fazer uma caminhada, eu levo junto uma carta que deve ser expedida, não pre-

VII. ESQUECIMENTO DE IMPRESSÕES E INTENÇÕES

ciso, sendo um indivíduo normal e não neurótico, tê-la na mão durante o trajeto inteiro e sempre olhar em busca de uma caixa de correio onde colocá-la, mas sim a ponho no bolso, sigo meu caminho, deixo os pensamentos vagarem livremente e confio em que uma das próximas caixas de correio me chamará a atenção e me fará pôr a mão no bolso e retirar a carta. O comportamento normal, após surgir a intenção, coincide por inteiro com a conduta, gerada experimentalmente, de pessoas às quais é dada, sob hipnose, a chamada "sugestão pós-hipnótica de longo prazo".[42] Esse fenômeno é geralmente descrito da seguinte forma. A intenção sugerida fica dormindo na pessoa em questão, até que chega o momento de sua execução. Então ela acorda e impele à ação.

Há duas situações da vida em que também o leigo se dá conta de que o esquecimento de intenções não pode ser considerado um fenômeno elementar que não remete a algo mais, e sim justifica a conclusão de que há motivos inconfessos. Refiro-me às relações amorosas e à disciplina militar. Se um amante não comparece ao encontro marcado, não adianta ele oferecer à sua dama a desculpa de que infelizmente esqueceu. Ela lhe responderá: "Um ano atrás você não teria esquecido, você já não se importa comigo". Caso ele recorra à explicação psicológica mencionada acima e tente desculpar o esquecimento pelos muitos afazeres profissionais, ela — perspicaz

---

[42] Cf. Bernheim, *Neue Studien über Hypnotismus, Suggestion und Psychotherapie*, 1892 [obra traduzida do francês por Freud].

como o médico na psicanálise — lhe dará esta resposta: "É curioso que esses afazeres não atrapalhassem antes". Certamente ela não questiona a possibilidade de esquecimento; apenas acha, não sem razão, que do esquecimento não intencional pode-se tirar mais ou menos a mesma conclusão — quanto à ausência de vontade — que da evasão consciente.

De modo semelhante, no serviço militar a diferença entre omissão por esquecimento e proposital é desconsiderada em princípio — e com razão. O soldado não *pode* esquecer o que dele é requerido. Se ele esquece, embora saiba da exigência, isso acontece porque aos motivos que o impelem a cumprir a exigência militar se contrapõem outros motivos. O voluntário de um ano* que quisesse se desculpar na inspeção, por exemplo, dizendo que se *esqueceu* de lustrar os botões do uniforme, teria a certeza de ser punido. Mas tal punição seria irrisória em comparação à que estaria sujeito se confessasse aos superiores que o motivo de sua negligência foi "estar cheio de usar coturno". Poupando-se essa punição maior, como que por motivos econômicos, ele utiliza o esquecimento como desculpa, ou este surge como compromisso.

Tanto o serviço do amor como o serviço militar exigem que tudo ligado a eles seja refratário ao esquecimento, e desse modo lembram a noção de que o esquecimento é admissível em coisas irrelevantes, ao passo

---

* No original, *Einjähriger*; naquele tempo, os jovens de certo nível educacional que se alistassem voluntariamente só precisavam servir um ano.

VII. ESQUECIMENTO DE IMPRESSÕES E INTENÇÕES

que nas coisas relevantes é um sinal de que a pessoa as trata como irrelevantes, ou seja, retira-lhes a importância.⁴³ De fato, não podemos rejeitar aqui o ponto de vista da valoração psíquica. Ninguém esquece de realizar ações que lhe parecem importantes sem despertar a suspeita de distúrbio psíquico. Assim, nossa investigação pode se estender apenas ao esquecimento de intenções mais ou menos secundárias; não consideraremos nenhuma intenção totalmente indiferente, pois nesse caso ela certamente não teria se formado.

Assim como nos distúrbios de função anteriormente abordados, reuni os casos de não realização por esquecimento que observei em mim mesmo e busquei esclarecê-los, e nisso descobri, de modo geral, que podiam ser relacionados à interferência de motivos desconhecidos e não confessados — ou, como também é possível dizer, a uma *contravontade*.* Numa série desses casos, encontrei-me em situação parecida com a do serviço militar, sob uma coação contra a qual não havia cessado inteiramente

---

43 [Nota acrescentada em 1912:] Em *César e Cleópatra*, peça teatral de Bernard Shaw, César está deixando o Egito e por um instante se atormenta com a ideia de que pretendia fazer algo, mas se esquece do que era. Por fim, verifica-se o que ele esqueceu: despedir-se de Cleópatra! Esse detalhe deve ilustrar — contrariamente à verdade histórica, seja dito — como César fazia pouco da pequena princesa egípcia. (Segundo Ernest Jones, op. cit., p. 488.) [Isso é também mencionado na terceira das *Conferências introdutórias à psicanálise*, de 1916-7.]

* O termo foi usado numa nota de "Um caso de cura por hipnose" (1892-3) e reapareceria na quarta das *Conferências introdutórias à psicanálise* (1916-7).

de me opor, de modo que protestava contra ela através do esquecimento. Liga-se a isso o fato de eu esquecer facilmente de dar parabéns em aniversários, celebrações, aniversários de casamento e promoções. Sempre digo a mim mesmo que o farei, e sempre torno a me convencer de que não conseguirei. Estou a ponto de desistir e conscientemente dar razão aos motivos que a isso se opõem. Encontrando-me num estágio de transição, um amigo me pediu que enviasse um telegrama de felicitações juntamente com o meu, em certa data; eu lhe respondi que me esqueceria dos dois, e não foi algo surpreendente que a profecia se cumprisse. Relaciona-se com dolorosas experiências de vida o fato de eu ser incapaz de manifestar participação quando a manifestação deve ser necessariamente exagerada, pois a expressão correspondente ao meu pequeno grau de comoção não é aceitável. Desde que percebi que muitas vezes tomava por genuína a pretensa simpatia dos outros, revolto-me contra tais expressões convencionais de sentimento — cuja utilidade social reconheço, por outro lado. As condolências em caso de morte são excluídas desse comportamento dividido; uma vez que decidi transmiti-las, não deixo de fazê-lo. Quando minha participação emocional já não tem relação com o dever social, sua expressão jamais é inibida pelo esquecimento.

Quando era prisioneiro de guerra,* o tenente T. relatou sobre um esquecimento assim, em que a intenção primeiramente suprimida irrompeu como "contravontade" e levou a uma situação desagradável:

---

* Exemplo acrescentado em 1920.

VII. ESQUECIMENTO DE IMPRESSÕES E INTENÇÕES

"O oficial de patente mais alta, internado num campo de prisioneiros de guerra, foi insultado por um dos seus camaradas. Para evitar complicações, ele quis usar o único poder de que dispunha e afastar esse oficial, fazendo-o ser transferido para outro campo. Mas, aconselhado por alguns amigos, ele resolveu, contra seu desejo oculto, abandonar a ideia e levar o problema para o campo da honra, embora isso pudesse ter consequências desagradáveis. Naquela mesma manhã, esse comandante tinha de fazer a chamada dos oficiais, sob a supervisão da guarda do campo. Ele já conhecia seus companheiros havia algum tempo, e até então não cometera erros nisso. Mas naquele dia ele omitiu o nome de quem o havia insultado, de modo que este foi obrigado a permanecer sozinho no local depois que os outros se retiraram, até que o erro fosse esclarecido. O nome omitido estava perfeitamente claro, no meio de uma das folhas. Esse incidente foi visto como ofensa deliberada por uns, e por outros como acaso lamentável, passível de interpretação equivocada. Mas depois, ao tomar conhecimento da *Psicopatologia da vida cotidiana*, de Freud, o protagonista do episódio pôde formar um juízo correto do que havia acontecido."

De modo semelhante, é pelo antagonismo entre uma obrigação convencional e uma avaliação íntima não confessada que se explicam os casos em que nos esquecemos de fazer algo que prometemos realizar em favor de alguém. Nisso acontece normalmente de apenas o obsequiador acreditar que o esquecimento desculpa, enquanto quem pediu o obséquio dá a si mesmo a resposta correta:

"Ele não tem interesse nisso, senão não teria esquecido". Há pessoas que são tidas como esquecidas e que por isso costumamos desculpar, mais ou menos como ao sujeito míope que não nos cumprimenta na rua.[44] Tais pessoas esquecem todas as pequenas promessas que fizeram, deixam de realizar todas as incumbências que receberam; ou seja, mostram-se nada confiáveis nas pequenas coisas, e assim requerem que não levemos a mal essas faltas menores, isto é, que não as expliquemos pelo caráter, e sim que as relacionemos a uma peculiaridade orgânica.[45] Não sou uma dessas pessoas e não tive a oportunidade de analisar as ações de uma delas, a fim de descobrir, pela escolha dos

---

44 As mulheres, com sua mais refinada compreensão dos processos psíquicos inconscientes, tendem a considerar uma ofensa quando alguém não as reconhece na rua, ou seja, não as cumprimenta, em vez de pensarem na explicação mais simples de que o descuidado é míope ou que, imerso em pensamentos, não as notou. Concluem que a pessoa as teria notado se "lhes desse algum valor".

45 [Nota acrescentada em 1910:] Ferenczi conta que ele próprio já foi um "distraído", notório entre seus conhecidos pela frequência e singularidade dos seus atos falhos. Mas os sinais dessa "distração" desapareceram quase totalmente depois que ele adotou o tratamento psicanalítico dos pacientes e se viu obrigado a voltar sua atenção para a análise de seu próprio Eu. Ele diz que a pessoa abandona os atos falhos à medida que aprende a estender a própria responsabilidade. Sustenta, com razão, que a distração é um estado que depende de complexos inconscientes e pode ser curado pela psicanálise. Certo dia, porém, ele se acusava de haver cometido um erro técnico na psicanálise de um paciente. Nesse dia reapareceram todas as suas "distrações" antigas. Ele tropeçou várias vezes ao andar na rua (representação daquele *faux pas* [passo errado] no tratamento), esqueceu a carteira em casa, quis pagar um centavo a menos no bonde, não abotoou corretamente a roupa etc.

VII. ESQUECIMENTO DE IMPRESSÕES E INTENÇÕES

esquecimentos, a sua motivação. Mas não posso deixar de supor, por analogia, que uma medida extraordinária de menosprezo pelo outro é o motivo que usa o fator constitucional para seus próprios fins.[46]

Em outros casos, os motivos do esquecimento são menos fáceis de descobrir e causam maior estranheza quando são achados. Assim, anos atrás percebi que, entre as muitas visitas a doentes, eu esquecia apenas aquelas a pacientes de que não cobrava e a colegas médicos. Envergonhado por isso, adotei o hábito de anotar de manhã cedo as visitas que teria de fazer durante o dia. Não sei se outros médicos chegaram à mesma prática pelo mesmo caminho. Mas desse modo temos uma ideia do que leva o paciente chamado neurastênico a anotar, em seus conhecidos "pedaços de papel", as coisas que quer dizer ao médico. Segundo ele, falta-lhe confiança na capacidade da própria memória. Isso é correto, sem dúvida, mas a cena geralmente se desenrola da seguinte maneira. O paciente apresenta suas diversas queixas e indagações de forma circunstanciada. Depois que termina, faz pausa por um instante, saca as anotações e diz, desculpando-se: "Anotei umas coisas, porque não

---

46 Ernest Jones observa a respeito disso: "*Often the resistance is of a general order. Thus a busy man forgets to post letters entrusted to him — to his slight annoyance — by his wife, just as he may 'forget' to carry out her shopping orders*" ["Frequentemente, a resistência é de ordem geral. Assim, um homem ocupado esquece de enviar pelo correio as cartas que sua esposa — para seu ligeiro incômodo — lhe pediu que enviasse, do mesmo modo que pode 'esquecer' de comprar as coisas que ela solicitou"].

guardo na memória". Em geral, as anotações não trazem nada de novo. Ele repete cada ponto e responde ele próprio: "Sim, isso já perguntei". Com isso, provavelmente apenas demonstra um dos seus sintomas, a frequência com que suas intenções são atrapalhadas pela intromissão de motivos obscuros.

Agora mencionarei problemas de que também sofre a maioria das pessoas saudáveis que conheço, pois confesso que, sobretudo na juventude, eu facilmente me esquecia de devolver livros que tomava emprestados, conservando-os por longos períodos, e que me acontecia facilmente de atrasar os pagamentos por esquecer de fazê-los. Certa manhã, há não muito tempo, deixei a tabacaria onde comprava diariamente os meus charutos sem pagá-los. Foi uma negligência inofensiva, pois lá me conhecem e no dia seguinte eles poderiam me lembrar a dívida. Mas a pequena omissão, a tentativa de fazer dívidas, certamente estava ligada às ponderações sobre o orçamento que me haviam ocupado no dia anterior. No tocante a dinheiro e bens, mesmo na maioria das pessoas ditas respeitáveis notam-se traços de um comportamento dividido. A primitiva avidez do lactente, que busca se apoderar de todos os objetos (a fim de levá-los à boca), talvez se mostre, em geral, subjugada apenas de modo incompleto pela cultura e a educação.[47]

---

[47] Em nome da unidade do tema, creio que posso desconsiderar aqui a divisão adotada e acrescentar ao que disse acima que, em questões de dinheiro, a memória das pessoas mostra uma parcialidade peculiar. Enganos da memória, em que acreditamos já ter pago uma coisa, são frequentemente tenazes, como sei de expe-

VII. ESQUECIMENTO DE IMPRESSÕES E INTENÇÕES

Receio que os exemplos dados até agora tenham parecido simplesmente banais. Mas, afinal, satisfaz meu objetivo encontrar coisas que são familiares a todos e que cada qual entende da mesma forma, pois me proponho apenas reunir e aproveitar cientificamente o que é cotidiano. Não vejo por que se deveria negar à sabedoria, que é o precipitado da experiência de vida comum,

---

riência própria. Quando se dá livre curso ao desejo de ganho à margem dos grandes interesses da vida, de brincadeira, portanto, como no jogo de cartas, até os homens mais honrados tendem a erros, falhas de lembrança e de contagem, e se acham envolvidos em pequenas fraudes sem saber exatamente como chegaram a isso. A essas liberdades se deve, em parte, a natureza psiquicamente tonificante do jogo. Podemos aceitar o provérbio segundo o qual no jogo se conhece o caráter de um homem, desde que não pensemos no seu caráter manifesto. [Nas edições anteriores a 1924, a última oração dizia: "desde que estejamos dispostos a acrescentar: no seu caráter suprimido".] Se ainda há erros não intencionais nas contas dos garçons, a mesma explicação é válida para esses erros. Entre os comerciantes, com frequência pode-se observar certa hesitação no desembolso de quantias de dinheiro para o pagamento de faturas etc., algo que não traz vantagem ao pagador e que psicologicamente deve ser entendido como expressão da contravontade de gastar dinheiro. [A frase seguinte foi acrescentada em 1912:] Brill observa a propósito, com epigramática agudeza: "*We are more apt to mislay letters containing bills than checks*" [Somos mais propensos a perder as cartas que contêm contas do que as que contêm cheques]. Se as mulheres têm especial má-vontade em pagar o médico, isso está ligado aos impulsos mais íntimos e que menos foram esclarecidos. Elas habitualmente esqueceram a carteira, e por isso não podem pagar no consultório; então esquecem regularmente de enviar os honorários de casa, e assim conseguem que sejam tratadas de graça — "por seus belos olhos". É como se pagassem com a visão que nos oferecem.

a inclusão entre as conquistas da ciência. O que constitui a característica essencial do trabalho científico não é a natureza diferente dos seus objetos, mas sim o método mais rigoroso na averiguação e o empenho em buscar nexos mais abrangentes.

No que toca às intenções de alguma importância, descobrimos que em geral são esquecidas quando motivos obscuros se contrapõem a elas. No caso das intenções menos importantes, discernimos um segundo mecanismo de esquecimento: uma contravontade que se transfere para a intenção desde outro tema, depois que se produz uma associação externa entre esse outro tema e o conteúdo da intenção. Eis um exemplo. Gosto de usar um papel mata-borrão [*Löschpapier*] bonito, e pretendia comprar um maço à tarde, no caminho para o centro da cidade. Mas esqueci de fazê-lo por quatro dias seguidos, e então perguntei a mim mesmo qual a razão disso. Encontrei-a facilmente, depois que me lembrei que costumo escrever *Löschpapier*, mas falo *Fliesspapier* [são sinônimos]. *Fliess* é o nome de um amigo de Berlim, que naqueles dias me deu ensejo para pensamentos dolorosos. Não consigo me livrar desses pensamentos, mas a tendência à defesa (cf. p. 201) se manifestou transferindo-se, por meio da semelhança do termo, para a intenção trivial e por isso pouco resistente.

A contravontade direta e a motivação mais distante se conjugam no seguinte caso de adiamento. Eu havia escrito, para a coleção *Grenzfragen des Nerven- und Seelenlebens* [Questões fronteiriças da vida nervosa e psíquica], um ensaio intitulado "Sobre os sonhos", que

VII. ESQUECIMENTO DE IMPRESSÕES E INTENÇÕES

resumia o conteúdo da minha *Interpretação dos sonhos*. O editor Bergmann, de Wiesbaden, enviou-me as provas tipográficas e pediu pressa na devolução, pois queria publicar o livro ainda antes do Natal. Eu fiz as correções na mesma noite e coloquei as provas sobre a minha escrivaninha, para levá-las comigo na manhã seguinte. De manhã me esqueci delas; lembrei-me apenas à tarde, ao ver o embrulho sobre a escrivaninha. Mas novamente esqueci de levá-las, e também na manhã seguinte, até que tomei ânimo e na tarde do segundo dia levei as provas para uma caixa de correio, admirado de qual podia ser o motivo da procrastinação. Era evidente que eu não queria enviá-las, mas não encontrava a razão para isso. Na mesma caminhada estive com meu editor de Viena, que havia publicado o livro sobre os sonhos. Fiz uma encomenda e disse, como que me lembrando subitamente: "Você sabe que eu escrevi a *Interpretação dos sonhos* de novo?" — "Ah, não diga isso!" — "Não se preocupe, foi apenas um ensaio para a coleção de Löwenfeld e Kurella." Mas isso não o satisfez; ele receou que o ensaio prejudicasse as vendas do livro. Eu discordei e, por fim, falei: "Se eu lhe tivesse avisado antes, você me teria proibido essa publicação?" — "Não, de maneira nenhuma." Pessoalmente, creio que agi com pleno direito e não fiz algo que não seja prática comum; mas me parece também que uma apreensão similar àquela expressa pelo editor foi o motivo da minha demora em devolver as provas. Essa apreensão estava ligada a uma ocasião anterior, em que outro editor fez objeções quando inevitavelmente utilizei, sem mudanças, algumas páginas de um trabalho sobre paralisia cerebral infantil publicado antes por outra editora numa monografia sobre o mesmo tema incluída no manual de Nothnagel. Mas também ali a recriminação não se justificava; eu havia informado lealmente o meu primeiro editor (o mesmo da *Interpretação dos sonhos*) sobre a minha intenção. Porém, se a memória retroceder ainda mais, ela me trará uma ocasião ainda anterior, a de uma tradução que fiz do francês, em que realmente infringi os direitos de propriedade relativos a uma publicação. Sem pedir a autorização do autor do livro, acrescentei notas ao texto traduzido, e alguns anos depois tive razões para supor que ele não havia gostado dessa minha arbitrariedade.*

Há um provérbio que mostra o conhecimento popular de que o esquecimento de intenções não é casual: "Se alguém esqueceu de fazer algo uma vez, vai esquecer outras vezes mais".

De fato,** às vezes é difícil fugir à impressão de que tudo o que se pode dizer sobre o esquecimento e os atos falhos já é conhecido e considerado evidente por todos. Surpreende, então, que ainda seja necessário pôr diante de sua consciência o que eles conhecem tão bem! Quantas vezes já não me disseram: "Não me peça para fazer isso, certamente esquecerei". Claro que no cumprimento

---

* Referência à tradução do livro *Leçons du mardi* [Lições das terças-feiras], de J.-M. Charcot (1888), publicada em 1893 com o título de *Poliklinische Vorträge* [Conferências policlínicas].
** Esse parágrafo foi acrescentado em 1910, e o seguinte, em 1907.

dessa predição não havia nada de místico. Quem assim falou notava em si a intenção de não cumprir a solicitação, apenas se recusava a admiti-lo para si mesmo.

Fora isso, o esquecimento de intenções tem uma boa elucidação em algo que poderíamos designar como "adoção de falsos propósitos". Certa vez, prometi a um jovem autor que escreveria uma resenha do seu breve trabalho, mas adiei fazê-lo, devido a resistências internas de que tinha conhecimento, até que um dia, movido por sua insistência, prometi que na mesma noite a resenha estaria pronta. Eu tinha a séria intenção de escrevê-la, mas esqueci que havia reservado aquela noite para a redação de um parecer inadiável. Ao assim perceber meu propósito como falso, desisti de lutar contra minhas resistências e me desculpei com o autor.

VIII. ATOS DESCUIDADOS

Citarei outra passagem do trabalho que mencionei de Meringer e Mayer:

"Os lapsos verbais não são algo isolado. Eles correspondem aos erros que frequentemente se verificam em outras atividades humanas e que, de maneira tola, são chamados 'distrações'." (p. 98)

Portanto, não sou realmente o primeiro a supor que há sentido e intenção por trás dos pequenos distúrbios funcionais da vida cotidiana.[48]

---

48 [Nota acrescentada em 1910:] Uma segunda publicação de Me-

Se os erros cometidos ao falar — que é uma operação motora — admitem essa concepção, então é plausível estender a mesma expectativa aos erros de nossas outras atividades motoras. Nisso eu estabeleci dois grupos de casos. Denomino "atos descuidados" [*Vergreifen*] todos aqueles em que o efeito errado, ou seja, um desvio do que se intencionava, parece ser o essencial. Os outros, em que é toda a ação que parece inapropriada, designo como "atos sintomáticos e casuais". Mas não se pode fazer uma distinção muito nítida; chegaremos a ver, inclusive, que todas as divisões feitas neste livro têm significado apenas descritivo e contrariam a unidade íntima desse campo de fenômenos.

Está claro que a compreensão psicológica dos atos descuidados não é incrementada se os classificamos sob a rubrica de ataxia, em particular "ataxia cortical". Procuremos, isto sim, relacionar os exemplos às suas respectivas condições. Nisso recorrerei novamente a auto-observações, embora comigo as ocasiões não tenham sido muito frequentes.

a) No passado, quando eu ia à casa dos pacientes com maior frequência do que hoje, muitas vezes me acontecia de, quando estava na porta onde eu ia tocar, tirar do bolso as chaves do meu apartamento — para em seguida guardá-las novamente, um pouco envergonhado. Quando indago a mim mesmo com quais pacientes isso ocorria, tenho de admitir que esse ato falho — tirar as

---

ringer me fez ver, depois, que eu havia sido injusto com esse autor ao lhe atribuir esse entendimento.

chaves, em vez de tocar — era como uma homenagem à casa onde eu o cometia. Equivalia ao pensamento "Aqui estou em casa", pois ocorria apenas onde eu havia me afeiçoado ao paciente (naturalmente, nunca toco a campainha em minha porta).

O ato falho era, portanto, a representação simbólica de um pensamento que não seria realmente admitido de modo consciente e sério, pois o médico de nervos sabe, na realidade, que o doente permanece ligado a ele somente enquanto espera benefícios dele, e que ele próprio se permite nutrir um interesse muito caloroso por seus pacientes apenas tendo em vista a ajuda psíquica.

Muitas auto-observações de outras pessoas mostram que mexer nas chaves de modo descuidado e significativo não é uma peculiaridade minha.*

Uma repetição quase idêntica da minha experiência é descrita por A. Maeder ("Contribution à la psychopathologie de la vie quotidienne", *Archives de Psychologie*, VI, 1906): "*Il est arrivé à chacun de sortir son trousseau, en arrivant à la porte d'un ami particulièrement cher, de se surprendre, pour ainsi dire, en train d'ouvrir avec sa clé comme chez soi. C'est un retard, puisqu'il faut sonner malgré tout, mais c'est une preuve qu'on se sent — ou qu'on voudrait se sentir — comme chez soi, auprès de cet ami*". [Já aconteceu a cada um de nós de sacar seu molho de chaves ao chegar à porta de um amigo particularmente querido, de se flagrar, por assim dizer, querendo abrir a porta

---

* Esse parágrafo e os quatro seguintes foram acrescentados em 1912.

com sua chave, como se a casa fosse sua. É uma perda de tempo, pois é preciso tocar a campainha, afinal, mas é uma prova de que a pessoa se sente — ou gostaria de se sentir — em casa junto a esse amigo.]

Ernest Jones (op. cit., p. 509): *"The use of keys is a fertile source of occurrences of this kind of which two examples may be given. If I am disturbed in the midst of some engrossing work at home by having to go to the hospital to carry out some routine work, I am very apt to find myself trying to open the door of my laboratory there with the key of my desk at home, although the two keys are very unlike each other. The mistake unconsciously demonstrates where I would rather be at the moment".* [O uso de chaves é uma boa fonte de ocorrências desse tipo, das quais posso oferecer dois exemplos. Se estou absorvido com um trabalho em casa e tenho de interrompê-lo para ir ao hospital, a fim de realizar algum trabalho de rotina, é bastante provável que eu me surpreenda tentando abrir a porta do meu laboratório lá com a chave da minha escrivaninha de casa, embora as duas sejam muito diferentes. Esse engano mostra, inconscientemente, onde eu preferia estar naquele momento.]

"Some years ago I was acting in a subordinate position at a certain institution, the front door of which was kept locked, so that it was necessary to ring for admission. On several occasions I found myself making serious attempts to open the door with my house key. Each one of the permanent visiting staff, of which I aspired to be a member, was provided with a key to avoid the trouble of having to wait at the door. My mistakes thus expressed my desire to me

VIII. ATOS DESCUIDADOS

on a similar footing, and to be quite 'at home' there." [Alguns anos atrás, eu tinha uma posição subordinada em certa instituição, cuja porta da frente ficava trancada, de modo que era preciso tocar a campainha para entrar. Em várias ocasiões eu me vi tentando seriamente abrir a porta com minha chave de casa. Cada pessoa do quadro permanente, do qual eu desejava me tornar um membro, tinha sua própria chave, para evitar o incômodo de ter de aguardar na porta. Assim, meus enganos expressavam o desejo de estar na mesma situação e me sentir "em casa" ali.]

O dr. Hanns Sachs relata algo semelhante: "Levo sempre duas chaves comigo. Uma é a chave do escritório; a outra, do meu apartamento. Não é fácil confundi-las, pois a do escritório é pelo menos três vezes maior que a do apartamento. Além disso, tenho a primeira no bolso da calça, e a outra no colete. No entanto, com frequência ocorria de eu, em pé diante da porta, perceber que havia retirado a chave errada ao subir a escada. Decidi fazer uma estatística. Como diariamente me achava diante das duas portas com aproximadamente o mesmo estado de ânimo, a troca das duas chaves deveria mostrar uma tendência regular, se fosse mesmo determinada psiquicamente. A observação mostrou, então, que eu tirava regularmente a chave de casa diante da porta do escritório, e somente uma vez aconteceu o oposto: quando voltei cansado para casa, e sabia que lá me esperava um hóspede. Chegando à porta, fiz a tentativa de abri-la com a chave do escritório, que naturalmente era grande demais".

b) Numa determinada casa, havia seis anos que duas vezes por dia, em horários específicos, eu aguardava ante uma porta do segundo andar para ser admitido. Durante todo esse tempo, aconteceu-me duas vezes (com um breve intervalo entre elas) de eu subir um andar além da conta, ou seja, "ir longe demais".* Na primeira vez eu estava num ambicioso devaneio em que "subia cada vez mais alto". Inclusive deixei de escutar que a porta havia se aberto, quando punha os pés nos primeiros degraus do terceiro andar. Na segunda vez, de novo fui além da conta "imerso em pensamentos". Quando notei isso, dei meia-volta e tentei apreender a fantasia que me dominava; vi que me aborrecia com uma crítica (imaginada) de meus escritos, na qual me faziam a objeção de que eu sempre "me excedia", que eu então substituía pela não muito respeitável expressão "ir longe demais".

c) Sobre minha escrivaninha, há muitos anos, acham-se lado a lado um pequeno martelo para examinar reflexos e um diapasão. Um dia, após o fim de uma sessão, apressei-me em sair, pois queria pegar determinado bonde metropolitano, e, em plena luz do dia, enfiei o diapasão em vez do martelo no bolso do paletó. O peso do objeto no bolso me chamou a atenção para o engano. Quem não estiver acostumado a pensar sobre ocorrências tão pequenas sem dúvida explicará e desculpará o

---

* O verbo alemão *versteigen* significa normalmente "errar o caminho (ao subir uma montanha)" ou, em sentido figurado, "ousar fazer algo".

VIII. ATOS DESCUIDADOS

engano pela pressa do momento. Mas eu preferi perguntar a mim mesmo por que havia pegado o diapasão em vez do martelo. A pressa podia igualmente ser um motivo para apanhar o objeto certo, a fim de não perder tempo corrigindo o erro.

"Que pessoa havia apanhado o diapasão por último?" foi a pergunta que me veio. Havia sido um garoto com *idiotia*, de quem eu testava a atenção para as impressões sensoriais, e que ficou tão atraído pelo diapasão que eu tive dificuldade em tirá-lo dele. Então isso significaria que eu era um idiota? Parece que sim, pois a associação seguinte com o martelo [*Hammer*] foi *Chamer* ("asno" em hebraico).

Mas por que esse xingamento? Nisso precisamos examinar a situação. Eu corria para um atendimento num local da linha oeste do bonde, de uma doente que, segundo a anamnese transmitida por carta, caiu de uma varanda e desde então não consegue andar. O médico que me chamou escreveu que não sabia se se tratava de uma lesão da medula ou de uma neurose traumática (histeria). Eu que devia decidir. Era aconselhável, então, ser bastante cauteloso nesse delicado diagnóstico. Meus colegas já acham que diagnosticamos histeria com muita ligeireza, quando na verdade se trata de coisas mais sérias. Mas isso não bastava para justificar o xingamento. Então me ocorreu que a pequena estação ficava no lugar em que eu, anos antes, vira um jovem que depois de uma forte comoção não podia mais andar direito. Naquela época diagnostiquei histeria e depois tomei o doente para tratamento psíquico. Verificou-se então que, embora meu diagnóstico não tivesse sido incorreto, também não tinha sido correto. Vários sintomas do doente haviam sido histéricos, e desapareceram rapidamente com o tratamento. Mas por trás desses tornou-se visível um resto que a terapia não chegava a tocar, que podia ser relacionado apenas a uma esclerose múltipla. Para os que viram o doente depois de mim, foi fácil perceber uma afecção orgânica. Eu dificilmente poderia ter julgado e agido de outra forma, mas a impressão que deixei foi de um erro grave; a promessa de cura que eu havia dado não pôde ser mantida, naturalmente. O engano de apanhar o diapasão, em vez do martelo, podia ser traduzido nas seguintes palavras: "Imbecil, asno, trate de tomar cuidado agora, para não diagnosticar novamente uma histeria se houver uma doença incurável, como fez com o pobre coitado anos atrás, no mesmo lugar!". E, felizmente para essa pequena análise, mas infelizmente para meu ânimo, esse mesmo indivíduo com grave paralisia espástica havia estado em meu consultório alguns dias antes, um dia depois do garoto com idiotia.

Nota-se que dessa vez é a voz da autocrítica que se faz ouvir através do ato descuidado. Essa utilização como autorreproche é bastante adequada para o ato descuidado. O erro, no caso, busca representar o erro cometido em outra ocasião.

d) Claro que os atos descuidados podem servir a toda uma série de outras intenções obscuras. Eis um primeiro exemplo. Raramente acontece de eu quebrar alguma coisa. Não sou particularmente jeitoso, mas,

VIII. ATOS DESCUIDADOS

devido à integridade anatômica de meus nervos e músculos, não há razões para movimentos desajeitados com consequências indesejáveis. Assim, não me lembro de objeto em minha casa que eu tenha quebrado. O pouco espaço em meu escritório me faz, com frequência, assumir posições incômodas ao manejar as peças antigas de pedra e argila, das quais tenho uma pequena coleção, e as visitas já manifestaram o receio de que eu possa derrubar alguma. Mas isso jamais aconteceu. Por que, então, certa vez deixei cair a tampa de mármore do meu tinteiro, de modo que ela se despedaçou no chão?

O conjunto desse tinteiro consiste numa pequena placa de mármore de Untersberg, com uma cavidade onde fica o frasco de vidro para a tinta; e este possui uma tampa feita da mesma pedra. Atrás desse tinteiro há uma série de estatuetas de bronze e figuras de terracota. Eu me sentei à mesa para escrever, e com a mão que segurava a pena fiz um movimento singularmente canhestro, amplo, e lancei ao chão a tampa do tinteiro, a qual já se encontrava sobre a mesa.

Não foi difícil achar a explicação para isso. Algumas horas antes, minha irmã havia estado no aposento, a fim de olhar algumas novas aquisições. Achou-as belas e disse: "Agora sua escrivaninha está com um aspecto realmente bonito, só o tinteiro não combina com ela. Você precisa de um mais elegante". Eu saí juntamente com ela e voltei apenas horas depois. Então, ao que parece, levei a cabo a execução do tinteiro condenado. Será que eu concluí, das palavras de minha irmã, que ela pensava em me presentear com um tinteiro mais belo na ocasião festiva seguinte, e quebrei o velho e feio para obrigá-la a realizar a intenção insinuada? Se assim foi, então meu movimento brusco foi só aparentemente desajeitado; na verdade, foi muito hábil e bem direcionado, já que soube evitar os objetos que se achavam próximos, todos eles mais valiosos.

Acredito mesmo que devemos julgar dessa forma toda uma série de movimentos aparentemente desajeitados e casuais. É certo que eles mostram algo de violento, arrebatador, como que espástico-atáxico, mas se revelam dominados por uma intenção e atingem sua meta com uma segurança que geralmente não é possível atribuir aos movimentos voluntários e conscientes. As duas características, a violência e a segurança, eles têm em comum com as manifestações motoras da neurose histérica e, em parte, com os atos motores do sonambulismo, o que provavelmente aponta, num caso e no outro, para a mesma modificação desconhecida do processo de inervação.

Também uma auto-observação* comunicada pela sra. Lou Andreas-Salomé pode oferecer uma prova convincente de como uma persistente "inabilidade" serve, de maneira hábil, a intenções não confessadas:

"Justamente quando o leite se tornou uma mercadoria rara e custosa, aconteceu-me de frequentemente deixá-lo ferver demais e transbordar, para meu horror e aborrecimento. Em vão eu me esforçava por evitar isso, ainda que não se possa dizer que em outras ocasiões eu me mostrasse distraída ou desatenta. Teria havido

---

* Exemplo acrescentado em 1919.

VIII. ATOS DESCUIDADOS

maior razão para isso após a morte do meu querido terrier branco (que bem merecia o nome que tinha, "Amigo" [*Drujok*, em russo], talvez mais que qualquer ser humano). Mas — vejam só — desde então o leite não transbordou uma gota sequer. Meu primeiro pensamento a respeito disso foi: "Que bom, pois agora o leite que caísse na chapa do fogão ou no chão seria desperdiçado!" — e ao mesmo tempo vi meu "Amigo" diante de mim, sentado e ansiosamente observando o cozimento, com a cabeça um pouco inclinada para o lado e a cauda abanando, na segura expectativa da ótima desgraça iminente. Com isso tudo ficou claro, e também percebi que gostava dele *ainda mais* do que eu mesma sabia."

Nos últimos anos,* depois que passei a juntar observações desse tipo, acontece-me algumas vezes de quebrar ou despedaçar objetos de certo valor, mas investigando esses casos me convenci de que jamais foram fruto do acaso ou da minha falta de jeito. Assim, certa manhã, quando atravessava um aposento em trajes de banho, com chinelos de palha, num impulso repentino lancei um dos chinelos contra a parede, derrubando uma pequena e bela Vênus de mármore do seu suporte. Enquanto ela se despedaçava no chão, citei impassivelmente estes versos de Busch:**

---

* Esse parágrafo e os quatro seguintes foram acrescentados em 1907.
** Cf. *Die fromme Helene* [Helena, a piedosa, 1872], de Wilhelm Busch, cap. VIII.

Ach! Die Venus is perdü —
Klickeradoms! — von Medici!
[Oh! A Vênus está perdida —
Catapram! — de Médici!]

Esse gesto louco e minha calma ante o prejuízo são explicados pela situação na época. Tínhamos uma grave enferma na família, e no meu íntimo eu já havia desesperado de sua cura. Naquela manhã eu soube de uma grande melhora; sei que disse a mim mesmo: "Ela viverá, enfim". Então meu acesso de fúria destrutiva serviu para expressar um sentimento de gratidão, permitiu-me realizar um "ato sacrificial", como se eu tivesse prometido que, se ela ficasse boa, sacrificaria alguma coisa! O fato de haver escolhido a Vênus de Médici para o sacrifício deve ter sido uma galante homenagem à convalescente. O que também dessa vez permanece incompreensível para mim é haver decidido tão rapidamente, haver mirado tão habilmente e não haver atingido nenhum outro dos objetos vizinhos.

Outra ocasião em que despedacei algo deixando a pena escapar da mão teve igualmente o significado de um sacrifício, mas dessa vez de um *sacrifício propiciatório* para evitar uma coisa. Certa vez, pude me comprazer em dirigir a um amigo leal e valoroso uma repreensão que se baseava apenas na interpretação de determinados sinais do seu inconsciente. Ele levou isso a mal, e me escreveu uma carta em que pedia que eu não tratasse psicanaliticamente meus amigos. Tive que dar razão a ele e procurei apaziguá-lo com minha resposta. Enquanto escrevia essa carta, tinha à frente a minha mais nova aquisição, uma magnífica figura de vidro egípcia. Eu a quebrei da maneira mencionada, e soube, de imediato, que havia causado essa desgraça para evitar uma pior. Felizmente, as duas coisas — a amizade e a estatueta — puderam ser remendadas de forma a não se perceber a fratura.

Um terceiro exemplo com algo quebrado se ligou a uma questão menos séria; foi uma "execução" camuflada, para usar a expressão de Theodor Vischer (do romance *Auch Einer* [Também uma pessoa, 1879]), de um objeto que já não me agradava. Por algum tempo eu havia utilizado uma bengala com cabo de prata. Certo dia, o fino revestimento de prata foi danificado, não por culpa minha, e foi consertado de maneira insatisfatória. Pouco depois que a bengala voltou, usei o cabo para, de modo traquinas, agarrar a perna de um dos meus filhos pequenos. Nisso ela se partiu em dois pedaços e eu fiquei livre dela.

Em todos esses casos, a indiferença com que recebemos o dano produzido pode ser tomada como prova da existência de uma intenção inconsciente na realização do ato.

Ocasionalmente, ao indagar as razões para um ato falho pequenino como o despedaçamento de um objeto, encontramos nexos que penetram fundo na história da pessoa e, além disso, vinculam-se firmemente à sua situação presente. A análise que se segue, de Ludwig Jekels, deve fornecer um exemplo disso:

"Um médico possuía um vaso de flores de barro, que, embora não fosse valioso, era muito bonito. Ele lhe fora dado por uma paciente (casada) junto com muitos outros objetos, entre eles alguns valiosos. Quando nela se manifestou uma psicose, ele devolveu todos os presentes à família da paciente — exceto um vaso bem menos caro, do qual não pôde se separar, supostamente pela beleza do objeto. Mas tal subtração gerou certa luta interior naquele homem escrupuloso, já que ele tinha plena consciência da impropriedade desse ato e buscava ignorar seus remorsos com o pretexto de que o vaso não tinha valor material, era difícil de transportar etc. Quando, alguns meses depois, ele ia fazer um advogado cobrar os honorários restantes pelo tratamento da paciente, que estavam sendo contestados, suas autorrecriminações apareceram novamente. Também foi acometido por algum temor de que a suposta subtração fosse descoberta pela família da paciente e aduzida contra ele no processo legal. Mas sobretudo o primeiro fator foi tão forte, por um momento, que ele pensou até mesmo em renunciar à cobrança, que equivalia a cem vezes mais — quase como ressarcimento pelo objeto subtraído —; contudo, logo abandonou essa ideia, considerando-a absurda.

"Nesse estado de espírito lhe aconteceu — a ele, que muito raramente quebrava algo e que tinha bom domínio de seus músculos — que, ao tornar a pôr água no vaso, derrubou-o da mesa com um movimento que não se relacionava organicamente com esse ato, muito 'desajeitado', de modo que o vaso se quebrou em cinco ou seis pedaços. E isso depois da noite em que havia decidido, não sem grande hesitação, pôr justamente esse vaso, cheio de flores, sobre a mesa da sala de jantar para

VIII. ATOS DESCUIDADOS

os convidados, e tendo pensado nele pouco antes de quebrá-lo, angustiadamente sentindo-lhe a falta na sala de estar e tendo ele mesmo ido buscá-lo na outra sala. Quando, após a consternação inicial, juntou os pedaços, e precisamente ao constatar que era possível, justapondo-os, reconstruir o vaso quase por inteiro — então lhe escaparam das mãos dois ou três pedaços maiores; eles se fragmentaram em mil lascas, e com isso acabou-se a esperança de salvar o objeto.

"Sem dúvida, esse ato falho serviu à tendência de possibilitar ao médico a busca do seu direito, pois eliminou aquilo que ele havia conservado e que dificultava, em alguma medida, sua reivindicação do que tinham conservado dele.

"Mas além desse determinante direto, para qualquer psicanalista esse ato falho possui outro, bem mais profundo e importante, que é o *simbólico*; pois o vaso é um incontestável símbolo da mulher.

"O herói dessa pequena história havia perdido sua bela, jovem e muito amada esposa de maneira trágica; ele sucumbiu a uma neurose cujo tema fundamental era sua própria culpa na desgraça ('eu quebrei um belo vaso'). Além disso, ele não se relacionava mais com mulheres e tinha aversão ao casamento e a relações amorosas duradouras, que no inconsciente eram vistos como infidelidade para com a falecida esposa, mas na consciência eram racionalizados com a ideia de que ele levava infelicidade às mulheres, uma mulher podia se matar por sua causa etc. (Então, naturalmente, ele não podia conservar para sempre o vaso!).

"Dada sua forte libido, não é de surpreender que as relações mais adequadas lhe parecessem aquelas — transitórias por natureza — com mulheres casadas (daí ele reter o vaso de outro).

"Uma boa confirmação desse simbolismo se acha nos dois fatores seguintes. Devido à neurose, ele se submeteu ao tratamento psicanalítico. No decorrer da sessão em que falou que havia quebrado o vaso 'de terra', voltou bem depois a seu relacionamento com as mulheres e disse que era absurdamente exigente; assim, exigia que as mulheres fossem de uma 'beleza extraterrena'. Isso deixa claro que ele ainda se apegava à mulher (falecida, ou seja, 'extraterrena') e que nada queria com uma 'beleza terrena'; daí o despedaçamento do vaso 'de terra' (terreno).

"E precisamente na época em que ele, na transferência, formou a fantasia de se casar com a filha do seu médico, presenteou este com... um vaso, quase insinuando o que desejaria ganhar em troca.

"É de presumir que o significado simbólico do ato falho admita outras variações, como não querer encher o vaso etc. Mais interessante me parece, contudo, a consideração de que a presença de motivos vários, pelo menos dois, provavelmente atuando separados a partir do pré--consciente e do inconsciente, se reflete na duplicação do ato falho — derrubar e deixar escapar o vaso".[49]

e) Deixar cair, virar, quebrar objetos parece ser frequentemente usado para a expressão de pensamentos

---

49 *Internationale Zeitschrift für Psychoanalyse*, I, 1913.

VIII. ATOS DESCUIDADOS

inconscientes, como se pode provar ocasionalmente pela análise, mas também é possível, com mais frequência, percebê-lo a partir das interpretações supersticiosas ou divertidas que o povo relaciona a isso. Sabe-se das interpretações dadas quando se derrama sal, quando se derruba uma taça de vinho, quando uma faca fica espetada no chão etc. Mais adiante examinarei que consideração merecem tais interpretações supersticiosas; no momento me limito a observar que uma ação desajeitada não tem um sentido constante, mas sim serve como meio de representação para essa ou aquela intenção, conforme as circunstâncias.

Recentemente houve,[*] em minha casa, um período em que se quebrou uma quantidade excepcional de louça de vidro e porcelana; eu mesmo contribuí para o prejuízo com várias peças. Mas a pequena endemia psíquica pôde ser facilmente explicada; foram os dias que precederam o casamento da minha filha mais velha. Em celebrações desse tipo, costumava-se quebrar intencionalmente uma louça e expressar votos de felicidade. Tal costume podia ter o significado de um sacrifício e mais algum outro sentido simbólico.

Quando serviçais deixam cair e destroem objetos frágeis, não se pensará primeiramente numa explicação psicológica, mas também nesse caso não é improvável a contribuição de motivos obscuros. Nada é mais alheio às pessoas incultas do que a apreciação da arte e das obras artísticas. Uma surda hostilidade às criações ar-

---

[*] Parágrafo acrescentado em 1910.

tísticas vigora entre os nossos serviçais, especialmente quando os objetos, cujo valor eles não compreendem, vêm a lhes dar mais trabalho. Já indivíduos de mesma origem e grau de educação se distinguem muitas vezes, em instituições científicas, pela grande habilidade e confiabilidade no manejo de objetos delicados, tão logo começam a se identificar com seu chefe e se ver como parte essencial da instituição.

Incluo aqui a comunicação de um jovem técnico,* que nos permite ter ideia do mecanismo de uma danificação de objeto.

"Há algum tempo, no laboratório da faculdade, trabalhei com vários colegas numa série de complicados experimentos de elasticidade, um trabalho que havíamos assumido voluntariamente, mas que começou a demandar mais tempo do que esperávamos. Um dia, quando eu ia de novo para o laboratório com o colega F., este falou como lhe desagradava perder tanto tempo justamente naquele dia, em que tinha muitas outras coisas para fazer em casa. Não pude deixar de concordar com ele, e ainda falei, meio de brincadeira, aludindo a um acontecimento da semana anterior: 'Tomara que a máquina tenha problema de novo, para que a gente possa interromper o trabalho e ir para casa mais cedo!'. Conforme a divisão do trabalho, o colega F. foi encarregado de manejar a válvula de escape da prensa, ou seja, ele tinha de, abrindo com cuidado a válvula, fazer o fluido passar lentamente

---

* Acrescentada em 1912; também citada na quarta das *Conferências introdutórias à psicanálise* (1916-7).

do acumulador para o cilindro da prensa hidráulica; o condutor do experimento ficava junto ao manômetro e gritava 'Pare!' quando a pressão correta era atingida. A esse aviso, F. fez a válvula girar — mas para a esquerda (as válvulas todas, sem exceção, são fechadas para a direita!). Com isso, a pressão total do acumulador agia subitamente na prensa, algo para o qual a tubulação não foi feita, de maneira que logo uma conexão estourou — uma falha inofensiva da máquina, mas que nos obrigou a interromper o trabalho do dia e ir para casa. É algo característico, de resto, que algum tempo depois, ao comentarmos esse fato, o amigo F. não se lembrava absolutamente de meu comentário, do qual eu tinha certeza."

Do mesmo modo, cair, dar um passo em falso, escorregar não precisam ser sempre interpretados como erros puramente casuais da ação motora. O duplo sentido que a linguagem dá a essas expressões já mostra a espécie de fantasias refreadas que podem se manifestar nesse abandono do equilíbrio do corpo. Recordo-me de vários adoecimentos nervosos leves em mulheres e garotas, que surgiram depois de uma queda sem ferimentos e que foram vistos como histeria traumática resultante do choque da queda. Já então eu tive a impressão de que as coisas podiam estar relacionadas de forma diferente, de que a queda já podia ter sido obra da neurose e expressão das mesmas fantasias inconscientes de teor sexual que podemos supor serem as forças moventes por trás dos sintomas. Não seria esse o significado do provérbio que diz: "Quando uma donzela cai, cai sempre de costas"?

Também é possível* incluir entre os *atos descuidados* o fato de alguém dar a um mendigo uma moeda de ouro, em vez de uma de cobre ou prata. A explicação para esses atos falhos é fácil; são atos sacrificiais, destinados a abrandar o destino, evitar o infortúnio etc. Se ouvimos uma mãe ou tia dedicada manifestar preocupação com a saúde de uma criança logo antes do passeio no qual se mostra muito generosa contra a vontade, já não podemos duvidar do significado do incidente supostamente desagradável. Dessa maneira, nossos atos falhos possibilitam a prática de todos aqueles costumes inocentes e supersticiosos que, devido à oposição da nossa incrédula razão, são obrigados a temer a luz da consciência.

f) Mais que em qualquer outro âmbito, é no da atividade sexual que achará mais crédito a opinião de que ações casuais são, na verdade, intencionais. Nele, a fronteira entre os dois tipos parece realmente desaparecer. Há alguns anos, uma experiência própria me deu um belo exemplo de como um movimento aparentemente desajeitado pode ser aproveitado para fins sexuais de maneira bastante refinada. Encontrei, em casa de amigos, uma garota que lá estava como hóspede e que proporcionou um deleite que havia muito eu acreditava extinto, deixando-me alegre, loquaz e atencioso. Na época também busquei averiguar de onde vinha isso; um ano antes essa mesma garota havia me deixado indiferente. Quando o tio dela, um senhor bem idoso, entrou na sala, levantamo-nos os dois bruscamente, a fim de apanhar para ele uma cadeira que estava

---

* Parágrafo acrescentado em 1907.

VIII. ATOS DESCUIDADOS

no canto. Ela foi mais ligeira do que eu, e talvez estivesse mais próxima da cadeira; assim, apoderou-se primeiro dela e a levou com o assento voltado para a frente, segurando os lados da cadeira com as mãos. Como cheguei em seguida e não desisti de pegar a cadeira, achei-me de repente atrás da garota, com os braços estendidos em torno dela, e minhas mãos se tocaram por um momento diante do seu colo. Naturalmente, desfiz essa situação com a mesma rapidez. E ninguém pareceu notar como aproveitei habilmente esse gesto canhestro.

Às vezes também tive de achar que a incômoda, inábil tentativa de não colidir com alguém na rua, em que por alguns segundos se vai para a direita ou para a esquerda, e sempre para o mesmo lado que a outra pessoa, até que as duas param uma diante da outra — que também esse "cortar o caminho" repete o comportamento malcriado e provocante de uma idade mais nova, perseguindo propósitos sexuais sob a máscara da falta de jeito. Através de minhas psicanálises de pessoas neuróticas, sei que frequentemente a assim chamada ingenuidade de jovens e crianças é apenas uma máscara desse tipo, usada para poder expressar ou fazer algo impróprio sem embaraço.

Wilhelm Stekel relatou observações muito similares que fez em sua própria pessoa: "Entrei num apartamento e ofereci a mão direita à dona da casa. Estranhamente, nisso desfiz o laço que atava seu amplo penhoar. Não tinha consciência de nenhuma intenção desonesta, mas realizei esse movimento desajeitado com a habilidade de um prestidigitador".

Já repetidas vezes pude apresentar exemplos de que os escritores veem os atos falhos como significativos e motivados, tal como aqui defendemos. Não nos surpreenderá, então, ver como um romancista dota de significado um movimento desajeitado, tornando-o prenúncio de eventos posteriores.

Em *L'Adultera*, de Theodor Fontane [1882], encontra-se a seguinte passagem: "[...] Melanie se ergueu rapidamente e lançou uma das bolas grandes para o marido, como que numa saudação. Mas ela não mirou corretamente, a bola foi para o lado e Rubehn a apanhou". Na volta do passeio em que ocorreu esse pequeno episódio, uma conversa entre Melanie e Rubehn revela indícios de uma afeição incipiente. Essa inclinação cresce e se torna paixão, de modo que Melanie abandona enfim o marido, para pertencer completamente ao homem que ama. (Comunicado por Hanns Sachs.)

g) Os efeitos produzidos pelos enganos de pessoas normais são inócuos, em geral. Justamente por isso haverá interesse especial na questão de se atos equivocados de amplo alcance, que podem ter consequências significativas — como os de um médico ou farmacêutico, por exemplo —, se incluem de alguma forma em nossa perspectiva.

Como raramente me vejo na situação de fazer intervenções médicas, posso relatar apenas um exemplo pessoal de ato descuidado de natureza médica. Há anos visito duas vezes por dia uma velha senhora, e na visita matutina minha atividade se limita a duas coisas: ponho algumas gotas de colírio nos seus olhos e lhe aplico uma

VIII. ATOS DESCUIDADOS

injeção de morfina. Dois frascos ficam preparados: um azul, contendo o colírio, e um branco, com a solução de morfina. Durante as duas operações, em geral meus pensamentos divagam; isso já se repetiu tantas vezes que a minha atenção se comporta como se estivesse livre. Certa manhã, notei que o automatismo havia falhado; eu havia introduzido o conta-gotas no frasco branco, em vez do azul, e pingado morfina nos olhos da paciente. Apavorei-me, mas me tranquilizei com a reflexão de que umas gotas de solução de morfina a dois por cento não poderiam fazer mal nem mesmo ao saco conjuntival. A sensação de pavor devia ter outra origem.

Na tentativa de analisar o pequeno erro, ocorreu-me primeiramente a expressão *"sich an der Alten vergreifen"* [cometer erro com a idosa],* que indicou o caminho para a solução. Eu estava sob a influência de um sonho que um homem jovem havia me relatado na tarde anterior, cujo conteúdo só podia ser interpretado como de uma relação sexual com a própria mãe.[50] O fato peculiar de a lenda não fazer objeção à idade da rainha Jocasta me pareceu se adequar bem à conclusão de que, no amor ardente pela própria mãe, não se trata jamais da pessoa presente, e sim da sua imagem que a lembrança

---

* No caso, *vergreifen* também pode significar "cometer violência, violentar".
50 O "sonho de Édipo", como costumo chamá-lo, pois contém a chave para a compreensão da lenda do rei Édipo. No texto da peça de Sófocles, a referência a um sonho desses é colocada na boca de Jocasta [cf. *Édipo rei*, vv. 982 ss] (cf. *A interpretação dos sonhos*, cap. v, seção D, β [p. 305 do v. 4 destas *Obras completas*]).

tem dos anos da infância. Tais incongruências sempre aparecem quando uma fantasia que oscila entre duas épocas se torna consciente e, assim, é vinculada a uma época determinada. Imerso em pensamentos desse tipo, cheguei à minha paciente nonagenária, e devia estar a ponto de apreender o caráter universal do mito, como correlato do destino que é expresso nos oráculos, pois cometi "erro ou violência" contra a mulher idosa. No entanto, esse ato descuidado foi também inofensivo; dos dois erros possíveis, utilizar a solução de morfina para os olhos ou o colírio na injeção, escolhi o que era, de longe, o mais inofensivo. Ainda permanece esta questão: em atos falhos que podem provocar graves danos, é lícito levar em consideração um propósito inconsciente, como nesses aqui abordados?

Nisso o material não me ajuda, como era de esperar, e tenho de recorrer a suposições e inferências. Sabe-se que em casos mais severos de psiconeuroses surgem ocasionalmente, como sintomas da doença, lesões autoinfligidas, e que neles não podemos jamais excluir o suicídio como desfecho do conflito psíquico. Agora descobri, e posso atestar* com exemplos convincentes, que muitas lesões aparentemente acidentais desses pacientes são, na realidade, autoinfligidas, na medida em que uma tendência à autolesão, que sempre se acha à espreita e que normalmente se manifesta como autorrecriminação ou contribui para a formação de sintomas, aproveita habilmente uma situação exterior que surge por acaso, ou

---

* Nas edições anteriores a 1924 constava: "e um dia atestarei".

VIII. ATOS DESCUIDADOS

lhe presta alguma ajuda até que se obtenha o efeito danoso desejado. Ocorrências assim não são raras, mesmo em casos de não muita gravidade, e revelam a participação do propósito inconsciente por uma série de traços particulares; por exemplo, pela surpreendente compostura que os doentes conservam no suposto acidente.[51]

Em vez de muitos exemplos,[*] relatarei em detalhes apenas um, tirado de minha experiência médica. Uma jovem mulher quebrou a perna num acidente de carruagem, de modo que ficou de cama por semanas; nisso chamou a atenção a ausência de manifestações de dor e a tranquilidade com que ela suportou seu infortúnio. Esse acidente deu início a uma longa e severa neurose, da qual enfim se recuperou mediante a psicanálise. No tratamento eu soube das circunstâncias do acidente, assim como de certos eventos que o haviam precedido. A jovem mulher se achava, com seu marido bastante ciumento, na propriedade rural de uma irmã casada, em companhia de seus vários outros irmãos e irmãs e seus respectivos cônjuges. Uma noite, nesse círculo íntimo, ela pôde exibir uma de suas prendas: dançou perfeitamente o cancã, sob grande aplauso dos parentes, mas para insatisfação do marido, que depois lhe sussurrou que ela havia nova-

---

51 Em nosso presente estado de civilização, a autolesão que não tem como objetivo a autodestruição total não tem outra escolha senão ocultar-se por trás do acidente ou realizar-se pela simulação de uma doença espontânea. Já houve tempo em que ela constituía um sinal costumeiro de luto; em outras épocas, expressou tendências à religiosidade e ao afastamento do mundo.

* Esse parágrafo e os dois seguintes foram acrescentados em 1907.

mente se comportado como uma meretriz. A frase teve efeito; não vamos inquirir se foi exatamente por causa da dança. Ela dormiu mal, e na manhã seguinte desejou passear de coche. Mas ela própria escolheu os cavalos; recusou uma parelha e exigiu outra. A irmã mais nova queria que seu bebê também fosse, juntamente com a babá; ela se opôs a isso de forma enérgica. Durante o passeio ela se mostrou nervosa, advertiu o cocheiro de que os cavalos estavam ficando assustados, e, quando os inquietos animais realmente causaram dificuldade num instante, ela pulou fora, apavorada, e quebrou uma perna, enquanto os que permaneceram no veículo nada sofreram. Após saber desses pormenores, é difícil contestar que o acidente foi, na realidade, algo preparado; mas tampouco deixemos de admirar a habilidade que fez o acaso ministrar um castigo tão adequado à culpa. Para ela, dançar o cancã tornou-se impossível por um bom tempo.

Quanto a minhas próprias autolesões, pouco teria a relatar em tempos tranquilos; mas em condições extraordinárias não me vejo incapaz delas. Quando um dos membros de minha família se queixa de haver mordido a língua, machucado o dedo etc., em vez da esperada compaixão de minha parte ouve esta pergunta: "Para que você fez isso?". Mas eu próprio apertei meu polegar de maneira bastante dolorosa, depois que um jovem paciente falou, numa sessão, do propósito (que não devia ser levado a sério, naturalmente) de se casar com minha filha mais velha, quando eu sabia que naquele momento ela se achava num sanatório, em sério perigo de vida.

VIII. ATOS DESCUIDADOS

Um de meus garotos, cujo temperamento vivaz dificultava a tarefa de cuidar dele quando se achava doente, teve um acesso de fúria certa manhã, porque exigimos que ficasse na cama, e ameaçou se matar, algo de que tomou conhecimento pelos jornais. À noite ele me mostrou um ponto inchado num lado do tórax, produzido ao se chocar com a maçaneta de uma porta. Quando lhe perguntei ironicamente para que havia feito aquilo, o menino de onze anos respondeu, como que numa iluminação: "Foi minha tentativa de suicídio, a que eu ameacei fazer de manhã". Não creio que naquele tempo meus filhos tivessem acesso a minhas ideias sobre lesões autoinfligidas.

Quem acredita na ocorrência de autolesão semi-intencional — se me permitem a expressão canhestra — está preparado para supor que, além do suicídio intencional consciente, há também autoaniquilação semi-intencional — com intenção inconsciente —, capaz de utilizar habilmente uma ameaça à vida e mascará-la de acidente. Não se deve pensar que isso é coisa rara. A tendência à autodestruição se acha presente com certa intensidade em muito mais pessoas do que naquelas em que se realiza; as autolesões são, geralmente, um compromisso entre esse impulso [*Trieb*] e as forças que a ele se opõem, e mesmo quando realmente se chega ao suicídio, a inclinação para isso já existia em intensidade menor ou como tendência inconsciente e suprimida.

Mesmo a intenção consciente de se matar escolhe seu tempo, o meio e a oportunidade; condiz inteiramente com isso que a intenção inconsciente aguarde um ensejo que tome sobre si uma parcela da causa e, requisitando as forças defensivas da pessoa, libere da pressão delas a intenção.[52] Essas considerações que apresento não são supérfluas; tomei conhecimento de mais de um caso de infortúnio que parecia acidental (de cavalo ou viatura) e cujas circunstâncias justificam a suspeita de que houve suicídio inconscientemente permitido. Por exemplo, um oficial caiu do cavalo, numa corrida com outros oficiais, e se feriu tão gravemente que faleceu dias depois. Seu comportamento, ao recuperar a consciência, foi singular em vários aspectos. Ainda mais digna de nota havia sido sua conduta anterior. Ele estava muito abatido com a morte de sua querida mãe, era tomado de crises de choro na presença dos colegas, dizia aos amigos próximos que estava cansado de viver, queria deixar o serviço para participar de uma guerra na África que não lhe

---

52 Afinal, o caso não é diferente daquele do atentado sexual contra uma mulher, no qual o ataque do homem não pode ser repelido com toda a força muscular dela porque uma parte dos seus impulsos inconscientes vai ao encontro dele. Diz-se que tal situação *paralisa* as forças da mulher; então é preciso acrescentar as razões para essa paralisação. Nesse sentido, é psicologicamente injusta a espirituosa sentença que Sancho Pança emite como governador de sua ilha (*Dom Quixote*, parte II, cap. 45). Uma mulher arrasta um homem até o juiz, alegando que ele roubou-lhe a honra com violência. Sancho a indeniza com a bolsa cheia de dinheiro que tira do acusado, e, depois que ela se vai, dá a ele a permissão de correr atrás dela e arrancar-lhe a bolsa. Os dois retornam, lutando, e a mulher se gaba de que o malvado não foi capaz de apoderar-se da bolsa. Ao que Sancho diz: "Se você tivesse defendido sua honra com metade do empenho com que defendeu essa bolsa, o homem não lhe teria tirado a honra" [citação traduzida do alemão de Freud].

VIII. ATOS DESCUIDADOS

interessava;[53] outrora um cavaleiro garboso, deixou de montar cavalo sempre que possível. Por fim, antes da corrida, à qual não pôde escapar, manifestou um pressentimento sombrio; dada a nossa concepção, não nos surpreenderá que esse tenha se cumprido. Poderão me objetar que é compreensível que uma pessoa com tal depressão nervosa não seja capaz de dominar um cavalo tão bem como em época normal. Concordo plenamente; apenas acho que o mecanismo dessa inibição motora gerada pelo "nervosismo" deve ser buscado no propósito de autodestruição que enfatizo.

Sándor Ferenczi, de Budapeste, enviou-me para publicação a análise de um caso de ferimento com arma de fogo supostamente acidental, que ele explica como tentativa inconsciente de suicídio.* Só posso concordar com sua opinião:

"J. Ad., um marceneiro de 22 anos, procurou-me em 18 de janeiro de 1908. Queria saber de mim se a bala que havia penetrado em sua têmpora esquerda em 20 de março de 1907 podia ou devia ser retirada cirurgicamente. Fora dores de cabeça eventuais, não muito fortes, ele se sentia bem, e o exame objetivo nada mostrou além da característica cicatriz escura de bala na têmpora, de modo que desaconselhei a operação. Inda-

---

53 É compreensível que a situação no campo de batalha favoreça a intenção consciente de suicídio, que receia o caminho direto. Cf., em *Wallenstein*, as palavras do capitão sueco sobre a morte de Max Piccolomini: "Dizem que ele queria morrer" [no ato IV, cena II da peça *A morte de Wallenstein*, de Schiller; cf. acima, p. 136].
* Exemplo acrescentado em 1910.

gado sobre as circunstâncias do ocorrido, ele declarou haver se ferido acidentalmente. Disse que brincava com o revólver do irmão, *acreditando que não estava carregado*; apontou-o contra a têmpora esquerda com a mão esquerda (ele não é canhoto), pôs o dedo no gatilho e o tiro saiu. *Havia três balas na arma de seis tiros*. Eu lhe perguntei como havia chegado a pegar o revólver. Ele respondeu que tinha sido na época de se apresentar para o serviço militar; na noite anterior tinha levado a arma para a taberna, pois temia alguma briga. No exame da apresentação foi declarado inapto, por causa de suas varizes; envergonhou-se muito por isso. Foi para casa, brincou com o revólver, mas não tinha a intenção de fazer mal a si mesmo; então houve o acidente. Quando lhe perguntei também se de resto estava satisfeito com sua vida, ele suspirou e contou sua história amorosa com uma garota que também o amava e, contudo, o abandonou. Ela emigrou para a América, porque desejava ganhar dinheiro. Ele quis ir atrás dela, mas os pais o impediram. Sua namorada partiu em 20 de janeiro de 1907, ou seja, dois meses antes do infortúnio. Apesar desses fatores suspeitos, o paciente insistiu em que o tiro fora um 'acidente'. Mas estou convencido de que a negligência de não se certificar de que o revólver estava descarregado, assim como a lesão autoinfligida, foram psiquicamente determinadas. Ele ainda estava sob a impressão deprimente do amor infeliz e queria claramente 'esquecer tudo' no serviço militar. Quando também essa esperança lhe foi tirada, veio a brincar com a arma de fogo, isto é, chegou à tentativa inconsciente de sui-

VIII. ATOS DESCUIDADOS

cídio. O fato de ele não segurar o revólver com a mão direita, e sim com a esquerda, é um forte indício de que realmente 'brincava' apenas, isto é, não pretendia conscientemente se suicidar."

Outra análise de uma autolesão aparentemente acidental,* que me foi transmitida por quem a observou, traz à lembrança o provérbio: "Quem faz uma cova para outro, nela cairá" [cf. Eclesiastes, 10,8]. "A sra. X., de uma boa família de classe média, é casada e tem três filhos. Sofre dos nervos, é certo, mas nunca necessitou de um tratamento enérgico, pois tem capacidade suficiente para lidar com a vida. Um dia, ela teve o rosto desfigurado, de uma forma que no momento assustou, mas que foi apenas temporária. Aconteceu da seguinte maneira. Numa rua que estava em obras, ela tropeçou num monte de pedras e bateu o rosto contra a parede de uma casa. O rosto ficou totalmente ferido, as pálpebras ficaram azuis e inchadas, e, como ela teve medo de que acontecesse algo com seus olhos, solicitou que chamassem o médico. Depois de tranquilizá-la quanto à vista, perguntei: 'Mas por que a senhora caiu assim?'. Ela respondeu que pouco antes havia advertido seu marido, que há alguns meses tinha um problema na articulação e não andava direito, para que tivesse cuidado nessa rua, e repetidas vezes já tivera a experiência de casos assim, em que, de modo estranho, acontecia-lhe justamente aquilo contra o qual advertira outra pessoa.

* Acrescentada em 1912.

"Não me dei por satisfeito com esse determinante do seu acidente e perguntei se ela não teria algo mais para contar. Sim, justamente antes do acidente ela tinha visto, numa loja do outro lado da rua, um belo quadro, que de súbito desejou ter, como ornamento para o quarto das crianças, e quis comprá-lo imediatamente. Então atravessou direto para a loja, sem atentar na rua, tropeçou no monte de pedras e caiu com o rosto de encontro à parede da casa, sem fazer a menor tentativa de se proteger com as mãos. A intenção de adquirir o quadro foi esquecida, e ela foi rapidamente para casa. 'Mas por que a senhora não olhou com mais atenção?', perguntei. — 'É', disse ela, 'foi talvez um *castigo*! Pela história que já lhe contei confidencialmente.' — 'Então essa história ainda a atormentava desse jeito?' — 'Sim. Depois sempre lamentei, me considerei má, criminosa e imoral, mas na época quase enlouqueci de nervosismo.'

"Tratava-se de um aborto, que ela havia feito com a anuência do marido, pois, devido a suas circunstâncias pecuniárias, eles não desejavam mais a bênção de ter novos filhos. Uma 'fazedora de anjos' havia começado o procedimento e um médico especialista o havia terminado.

"'Com frequência faço a mim mesma a recriminação de que deixei matarem meu filho, e tinha medo de que algo assim não ficasse sem punição. Mas agora que o senhor me garantiu que não há nenhum problema com meus olhos, fico tranquilizada; de todo modo, já fui *punida o bastante*.'

"Portanto, o acidente havia sido, por um lado, uma autopunição, a fim de pagar por seu delito; mas, por outro, a fim de escapar a uma punição talvez bem maior e desconhecida, da qual ela tivera medo continuamente durante meses. No instante em que ela partiu para a loja a fim de comprar o quadro, a lembrança de toda a história e dos temores a ela relacionados, que já atuava fortemente no seu inconsciente enquanto advertia o marido, havia passado a predominar e talvez achasse expressão em palavras assim: 'Mas por que você precisa de um ornamento para o quarto das crianças, você fez matarem seu filho! Você é uma assassina! O grande castigo está próximo!'.

"Esse pensamento não se tornou consciente; em vez disso ela usou a situação, nesse momento que eu chamaria de psicológico, para aproveitar o monte de pedras, que lhe pareceu conveniente, e castigar a si mesma de forma dissimulada. Por isso ela nem sequer estendeu as mãos ao cair e tampouco se assustou muito. O segundo determinante de sua queda, provavelmente menor, seria a autopunição pelo desejo *inconsciente* de eliminar o marido, que nesse episódio era cúmplice, porém. Esse desejo havia se denunciado na advertência totalmente supérflua de prestar atenção ao monte de pedras na rua, já que o marido, justamente porque estava mal do pé, andava com bastante cuidado" (Van Emden, "Selbstbestrafung wegen Abortus" [Autopunição por causa de aborto], *Zentralblatt für Psychoanalyse*, 2, 12 [1911]).[54]

54 [Nota acrescentada em 1920:] Um correspondente me escreve sobre o tema da "Autopunição através de atos falhos": "Atentando para a maneira como as pessoas se comportam na rua, temos oportunidade de constatar que é frequente os homens que se voltam para olhar mulheres que passam — o que não é nada raro —

Se considerarmos os pormenores do caso, também nos inclinaremos a dar razão a J. Stärcke (op. cit.), quando entende como "ato sacrifical" uma autolesão aparentemente casual por meio de queimadura:

"Uma senhora, cujo genro teve de partir para a Alemanha, a fim de lá fazer o serviço militar, queimou o pé nas seguintes circunstâncias. Sua filha esperava um bebê para breve, e o pensamento dos perigos da guerra não contribuía para alegrar a família, certamente. Na véspera da partida, ela convidou a filha e o genro para uma refeição. Ela mesma preparou a comida, depois de, curiosamente, trocar suas botas ortopédicas, que eram cômodas e que habitualmente usava também em casa, por um par de pantufas do marido, que eram muito grandes e abertas em cima. Ao tirar do fogo uma grande panela de sopa fervente, deixou-a cair e assim queimou consideravelmente um pé, sobretudo o peito do pé, que não era protegido pela pantufa aberta. Naturalmente, todos imputaram a seu compreensível 'nervosismo' esse acidente. Nos primeiros dias após esse sacrifício pelo fogo, ela foi bastante cuidadosa com objetos quentes, o que não a impediu, porém, de queimar o pulso com uma sopa quente."[55]

---

terem algum pequeno acidente. Ora um deles torce o pé — na calçada plana —, ora outro se bate contra um poste ou se fere de alguma outra forma".

55 [Nota acrescentada em 1924:] Em grande número desses casos de lesão ou morte por acidente, a interpretação permanece duvidosa. Quem não conhece a vítima não verá motivo para enxergar no acidente algo que não seja casual, enquanto alguém próximo e

VIII. ATOS DESCUIDADOS

conhecedor de particulares íntimos terá razões para suspeitar de uma intenção inconsciente por trás do acaso. O relato seguinte, de um jovem cuja noiva foi atropelada na rua, ilustra bem que tipo de conhecimento é esse e a que detalhes nos referimos:

"Em setembro do ano passado, conheci uma senhorita de nome Z., de 34 anos de idade. Ela vivia em boa situação econômica, tinha noivado antes da guerra, mas o noivo, que era oficial na ativa, havia falecido em 1916. Nós nos conhecemos e passamos a gostar um do outro, inicialmente sem pensar em casamento, pois as circunstâncias — sobretudo a diferença de idade — eu tinha 26 anos — não pareciam permiti-lo. Morávamos na mesma rua, de frente um para o outro, e diariamente estávamos juntos, de modo que a relação se tornou íntima com o passar do tempo. Assim a ideia do matrimônio veio a surgir, e eu próprio concordei finalmente com ela. A cerimônia foi planejada para acontecer na Páscoa; mas a srta. Z. pretendia antes visitar seus parentes em M., uma viagem que de repente se tornou impossível, por causa da greve das ferrovias provocada pelo golpe de Kapp [tentativa de golpe de Estado em Berlim, em março de 1920]. As perspectivas sombrias que a vitória dos trabalhadores e suas consequências pareciam abrir também tiveram efeito em nosso ânimo, principalmente no da srta. Z. — sempre sujeita a variações de humor, de resto —, pois ela acreditava que eram novos obstáculos para o nosso futuro. Mas no sábado, 20 de março, ela estava excepcionalmente alegre, algo que me surpreendeu e me arrebatou, de modo que vimos tudo nas cores mais róseas. Alguns dias antes havíamos falado de eventualmente ir juntos à igreja, mas sem estabelecer uma data. Na manhã seguinte, domingo, 21 de março, às 9 e 15, ela me telefonou solicitando que a buscasse naquele momento para ir à igreja, mas eu lhe respondi que não, pois não conseguiria me aprontar a tempo e, além disso, queria terminar um trabalho. A srta. Z. ficou claramente decepcionada, pôs-se a caminho sozinha e encontrou na escada do seu prédio um conhecido, com o qual fez o breve caminho pela Tauenzienstrasse até a Rankestrasse; estava de ótimo humor e não falou da nossa conversa. O conhecido se despediu com um gracejo. Ela só tinha de atravessar a Kurfürstendamm [a rua principal de Berlim], que ali se alarga e oferece boa visão; mas

Se tais ações impetuosas contra a própria integridade e a própria vida podem se esconder atrás de uma inabilidade aparentemente acidental e uma insuficiência motora, não é preciso dar um passo grande para considerar possível a transferência da mesma concepção para os atos falhos que põem seriamente em perigo a saúde e a vida de outras pessoas. O que posso apresentar como evidência da correção desse ponto de vista é tirado da experiência com neuróticos, ou seja, não preenche to-

---

quase chegando à calçada foi atropelada por um coche (contusão no fígado, que algumas horas depois levou à morte). — Havíamos atravessado naquele lugar centenas de vezes antes; a srta. Z. era bastante prudente; com frequência impediu que eu cometesse imprudências, naquela manhã quase não havia tráfego, os bondes, ônibus etc. estavam em greve — naquele momento fazia *silêncio quase absoluto*, se ela não viu o coche, certamente o ouviu! Todos acreditam num 'acaso' — meu primeiro pensamento foi: 'É impossível' —, mas tampouco se pode falar de intenção. Eu procurei uma explicação psicológica. Após um bom tempo, acreditei achá-la na sua *Psicopatologia da vida cotidiana*. Sobretudo, a srta. Z. mostrava às vezes alguma inclinação ao suicídio, chegou mesmo a tentar convencer-me, pensamentos dos quais eu a dissuadi com frequência; por exemplo, dois dias antes, após voltar de um passeio, sem motivação externa começou a falar de sua morte e das disposições testamentárias. Essas últimas ela não deixou — um sinal de que essas manifestações não se ligavam a um propósito. Se me é dado expressar minha modesta opinião, direi que esse infortúnio não é uma casualidade, nem o efeito de uma turvação da consciência, mas sim uma autodestruição intencional realizada com propósito inconsciente, disfarçada de acidente. Essa minha interpretação é corroborada por observações que a própria srta. Z. fez aos parentes, tanto antes, quando não me conhecia, como depois, e também a mim próprio, até nos últimos dias — tudo pode ser visto como efeito da perda do seu antigo noivo, que nada podia substituir a seus olhos."

VIII. ATOS DESCUIDADOS

talmente o requisito. Informarei sobre um caso em que não foi propriamente um ato falho, mas o que se pode chamar uma ação sintomática ou casual que me forneceu a pista que veio a possibilitar a solução do conflito no paciente. Certa vez me incumbi de melhorar o casamento de um homem muito inteligente, cujas discordâncias com a jovem esposa que o amava podiam, sem dúvida, ter fundamentos reais, mas não se explicavam de todo por esses, como ele próprio admitia. Ele pensava constantemente na separação, e em seguida rejeitava de novo a ideia, pois amava muito os dois filhos pequenos. Contudo, sempre voltava a ter essa intenção, e não buscava mudar a situação para fazê-la suportável. Essa incapacidade de resolver um conflito me parece prova de que motivos inconscientes e reprimidos se dispuseram a reforçar aqueles conscientes, em luta um com o outro, e nesses casos me proponho dar fim ao conflito mediante a análise psíquica. Um dia, o homem me relatou um pequeno episódio que o havia assustado bastante. Ele brincava agitadamente com o filho mais velho, aquele que mais amava, erguendo-o bem alto e abaixando-o, e em determinado lugar o ergueu tão alto que o menino quase bateu a cabeça no pesado candelabro de gás que pendia do teto. *Quase*, mas não realmente, ou talvez por um triz! O garoto não se feriu, mas ficou tonto com o susto. O pai permaneceu com o filho nos braços, apavorado, e a mãe teve um ataque histérico. A habilidade especial desse movimento imprudente, assim como a veemência da reação dos pais, fez-me enxergar nessa casualidade uma ação sintomática, que expressaria uma má intenção para com o filho amado. A contradição com a afeição presente do pai pelo menino eu pude eliminar fazendo remontar o impulso de machucar à época em que esse filho era o único, e tão pequeno ainda que o pai não tinha necessariamente um interesse afetuoso por ele. Então me foi fácil supor que aquele homem, sentindo pouca satisfação com a mulher, teve o seguinte pensamento ou propósito: "Se essa pequena criatura, que pouco me importa, morrer, então estou livre e posso me separar de minha mulher". Portanto, o desejo de que morresse aquela criatura que ele agora tanto amava devia persistir inconscientemente. A partir daí, foi fácil achar o caminho para a fixação inconsciente desse desejo. Um determinante poderoso veio realmente de uma recordação da infância do paciente: a morte de um irmãozinho, que a mãe atribuiu à negligência do pai, tinha levado a veementes discussões entre os pais e ameaças de divórcio. O decurso posterior do casamento do paciente confirmou minha concatenação, assim como o êxito do tratamento.

Stärcke (op. cit.) deu um exemplo* de como os escritores não hesitam em substituir uma ação proposital por um ato descuidado, tornando este uma fonte de graves consequências:

"Num dos esquetes de Heyermans[56] há um exemplo de ato descuidado ou, mais precisamente, ato falho, que é usado como tema dramático pelo autor.

---

* Acrescentado em 1917.
56 Hermann Heyermans, *Schetsen van Samuel Falkland*, v. 18, Amsterdã, 1914.

VIII. ATOS DESCUIDADOS

"É o esquete *Tom e Teddie*. Num casal de mergulhadores — que aparece num teatro de variedades, permanecendo um bom tempo debaixo d'água num tanque de ferro com paredes de vidro, lá realizando truques —, a mulher começou recentemente um caso com outro homem, um domador de animais. O marido mergulhador os flagrou juntos no camarim, logo antes da apresentação. Uma cena silenciosa, com olhares ameaçadores e o mergulhador dizendo: 'Depois!'. — A apresentação começa. — O mergulhador fará o truque mais difícil, ficará 'dois minutos e meio numa caixa hermeticamente fechada, debaixo d'água'. — Eles já fizeram esse truque muitas vezes, a caixa é fechada e 'Teddie mostra a chave aos espectadores, que controlam o tempo em seus relógios'. Ela deixa intencionalmente a chave cair no tanque algumas vezes e de imediato mergulha atrás dela, para não se atrasar no momento de abrir a caixa.

"'Nessa noite do dia 31 de janeiro, Tom foi trancado na caixa, como sempre, pelos dedos pequenos da animada mulherzinha. Ele sorria por trás da janelinha; ela brincava com a chave enquanto aguardava o sinal dele. Pelos bastidores estava o domador, com seu fraque impecável, sua gravata e seu chicote. Para chamar a atenção dela, assobiou rapidamente; era 'o outro'. Ela olhou em sua direção, sorriu e, com o movimento canhestro de quem tem a atenção desviada, lançou a chave tão impetuosamente para o alto que esta, tendo-se passado exatamente dois minutos e vinte segundos, caiu ao lado do tanque, entre as dobras do pano de bandeira que cobria o pedestal. Ninguém podia vê-la. Olhando da plateia, havia a ilusão óptica de que a chave tinha mergulhado na água — e nenhum dos ajudantes notou o que havia acontecido, pois o pano amorteceu o ruído.

"'Sorrindo, sem hesitar, Teddie subiu pela borda do tanque. Sorrindo — Tom certamente aguentava bem —, desceu a escada. Sorrindo, desapareceu atrás do pedestal, para ali buscar a chave; e, quando não a encontrou de imediato, inclinou-se na frente do pano com uma mímica impagável, tendo no rosto uma expressão que dizia; 'Ai, meu Deus! Que chateação!'.

"'Enquanto isso, Tom fazia caretas engraçadas atrás da janelinha, como se estivesse ficando inquieto. Via-se o branco de sua dentadura, os lábios sendo mordidos sob o bigode louro, as cômicas bolhas de ar que já tinham aparecido quando ele comeu uma maçã. As pessoas viram seus dedos pálidos a se agitar e se retorcer e riram bastante, como já tinham rido naquela noite.

"'Dois minutos e cinquenta e oito segundos...

"'Três minutos e sete segundos, doze segundos...

"'Bravo! Bravo! Bravo!...

"'Então a plateia ficou estupefata e começou a fazer ruído com os pés, pois também os empregados e o domador se puseram a procurar e a cortina desceu antes que a caixa fosse aberta.

"'Seis dançarinas inglesas apareceram; depois o homem com os pôneis, cachorros e macacos. E assim por diante.

"'Somente na manhã seguinte o público soube que havia acontecido uma desgraça, que Teddie havia se tornado viúva...'

"Do que foi citado se vê como esse artista entendeu esplendidamente a natureza dos atos sintomáticos, para apresentar tão bem a causa mais profunda daquela fatal inaptidão."

IX. ATOS SINTOMÁTICOS E ATOS CASUAIS

Os atos descritos no capítulo anterior, nos quais vimos a realização de um propósito inconsciente, surgiram como perturbações de outros atos intencionados e se esconderam sob o pretexto da inaptidão ou falta de jeito. As ações casuais de que falaremos agora se diferenciam dos atos descuidados apenas pelo fato de dispensarem o apoio numa intenção consciente e, portanto, não necessitarem de um pretexto. Surgem por conta própria e são admitidas porque não se imagina que tenham finalidade e intenção. São executadas "sem pensar em nada", apenas "por acaso", "como que para ocupar as mãos", e as pessoas acham que uma resposta dessas dará fim à indagação sobre o significado do ato. Para poder fruir desse caráter excepcional, tais ações — que já não recorrem à desculpa da falta de jeito — têm de preencher determinadas condições: precisam ser *discretas* e seus efeitos têm de ser insignificantes.

Reuni um grande número desses atos casuais, meus e de outros indivíduos, e creio, após um exame aprofundado dos casos, que eles merecem antes a denominação de *atos sintomáticos*. Eles expressam algo que o próprio indivíduo não supõe neles e que em geral não pretende comunicar, e sim guardar para si. Portanto, têm o papel de sintomas, como todos os demais fenômenos até aqui considerados.

A colheita mais abundante desses atos casuais ou sintomáticos obtemos, sem dúvida, no tratamento psicanalítico de neuróticos. Não posso deixar de mostrar, em dois exemplos com essa origem, até que ponto e com que sutileza esses eventos simples são determinados por pensamentos inconscientes. O limite entre atos sintomáticos e ações descuidadas é tão tênue que eu poderia ter incluído esses exemplos também no capítulo anterior.

1) Durante a sessão, uma jovem senhora conta algo que lhe vem à mente: que ontem, ao cortar as unhas, "cortou o dedo, quando tentava remover a cutícula ao redor da unha". Isso é tão pouco relevante que nos perguntamos, surpresos, por que é lembrado e mencionado, e começamos a suspeitar de que lidamos com um ato sintomático. Realmente, o dedo afetado por essa pequena inabilidade foi o anular, aquele em que se usa o anel matrimonial. Além disso, era aniversário de casamento dela, o que empresta ao ato de ferir a pelezinha um sentido bastante definido e fácil de imaginar. Ao mesmo tempo, ela relata um sonho que alude à inabilidade do marido e à sua anestesia como mulher. Mas por que se feriu ela no dedo anular da mão esquerda, quando se usa o anel de casamento na mão direita?* Seu marido é jurista, *Doktor der Rechte* [doutor dos direitos], e na juventude ela tinha secreta afeição por um médico (jocosamente chamado

---

* Em determinados países.

IX. ATOS SINTOMÁTICOS E ATOS CASUAIS

"doutor da mão esquerda"). Um "casamento da mão esquerda" tem também um significado específico.*

2) Uma jovem senhorita conta: "Ontem, totalmente sem querer, rasguei uma nota de cem florins em duas metades e dei uma delas a uma senhora que me visitava. Isso também é um ato sintomático?". Uma indagação mais minuciosa revela as seguintes particularidades. A nota de cem florins: ela dedica parte do seu tempo e dos seus bens a obras de caridade. Juntamente com outra dama, cuida da educação de uma criança órfã. Os cem florins são a contribuição enviada por aquela dama, que ela pôs num envelope e deixou momentaneamente sobre sua escrivaninha.

A visitante era uma senhora distinta, que ela assiste em outra atividade beneficente. Essa senhora queria fazer uma lista de nomes de pessoas a quem poderiam solicitar apoio. Não havia papel, então minha paciente pegou o envelope sobre a escrivaninha e o rasgou, sem pensar no conteúdo, em dois pedaços, dos quais conservou um, para ter uma cópia da lista, e passou o outro para sua visita. Note-se que, embora inadequado, foi um procedimento de caráter inofensivo. Uma nota de cem florins, como se sabe, não perde o valor quando é rasgada, caso possa ter os fragmentos colados. A importância da lista de nomes garantia que a senhora não jogaria fora o pedaço de papel, e tampouco havia

---

* Segundo nota da versão italiana, trata-se do casamento de tipo morganático, entre um nobre e uma plebeia, em que aquele dá a esta a mão esquerda, em vez da direita.

dúvida de que ela devolveria o precioso conteúdo assim que o notasse.

Mas a que pensamento inconsciente devia dar expressão esse ato casual, tornado possível por um esquecimento? A visitante tinha uma relação particular com o nosso tratamento. Ela havia sido a mesma que me recomendara à senhorita como médico, e, se não estou enganado, minha paciente sente um débito de gratidão para com ela por essa indicação. A nota de cem florins dividida em duas seria um honorário pela intermediação? Isso ainda seria estranho.

Outro material se agrega a esse, porém. Um dia antes, uma intermediária de outra espécie havia indagado a uma parenta da senhorita se esta gostaria de conhecer determinado cavalheiro, e na manhã seguinte, algumas horas antes da visita da senhora, havia chegado a carta do pretendente, causando divertimento. Quando a senhora iniciou a conversa perguntando pelo estado de minha paciente, esta bem pode haver pensado: "Você me indicou o médico certo, mas se puder ajudar a encontrar o marido certo (e, além disso: a ter um filho), eu lhe seria ainda mais grata". A partir desse pensamento reprimido, as duas intermediárias se juntaram numa só para ela, e ela entregou à visitante o honorário que sua imaginação estava disposta a dar para a outra. Esta solução torna-se inescapável se acrescento que na tarde anterior eu lhe havia falado sobre esses atos casuais ou sintomáticos. Então ela utilizou a primeira oportunidade para produzir algo semelhante.

Esses atos casuais e sintomáticos, que são tão fre-

IX. ATOS SINTOMÁTICOS E ATOS CASUAIS

quentes, podem ser divididos em três grupos, segundo ocorram habitualmente, regularmente em determinadas condições ou esporadicamente. Os primeiros (como brincar com a corrente do relógio, mexer na barba etc.), que talvez sirvam para caracterizar a pessoa em questão, aproximam-se dos muitos movimentos denominados "tiques" e devem ser abordados juntamente com esses. No segundo grupo eu coloco, por exemplo, brincar com uma bengala, fazer rabiscos com um lápis, fazer moedas tilintarem no bolso, dar forma a uma pasta ou qualquer substância plástica, remexer a roupa que se usa etc. Durante o tratamento psíquico, por trás dessas atividades distraídas se escondem, em geral, sentido e significação a que não é dada expressão de outra forma. Habitualmente, a pessoa não sabe que faz aquilo ou que realizou certas modificações na sua distração costumeira, e não vê nem escuta os efeitos desses atos. Não escuta, por exemplo, o ruído que gera ao fazer as moedas se tocarem, e fica surpresa e incrédula quando lhe chamamos a atenção para isso. Do mesmo modo, tudo o que a pessoa faz com a roupa que veste, frequentemente sem notar, é pleno de significado e merecedor da atenção do médico. Cada mudança na vestimenta habitual, cada pequeno desleixo (como um botão aberto), cada mínimo sinal de desnudamento expressa algo que o usuário da roupa não quer dizer diretamente, em geral nem saberia dizer. As interpretações desses pequenos atos casuais, assim como as evidências para essas interpretações, surgem a cada vez, com suficiente certeza, das circunstâncias no decorrer da sessão, do assunto tratado e das associações que se apresentam quando a atenção é dirigida para a casualidade aparente. Devido a esse contexto, não sustento minhas afirmações com exemplos seguidos de análise; mas menciono essas coisas porque acho que em indivíduos normais elas têm o mesmo significado que têm nos meus pacientes.

Não posso abster-me de mostrar com um exemplo,* ao menos, como pode ser estreita a relação entre uma ação simbólica realizada por hábito e o que há de mais íntimo e importante na vida de uma pessoa saudável:[57]

"Como o professor Freud nos ensinou, o simbolismo tem um papel maior na infância da pessoa normal do que as experiências psicanalíticas anteriores faziam esperar. Relacionado a isso, a breve análise seguinte pode ser de algum interesse, especialmente em vista do seu assunto médico.

"Ao arrumar seus móveis numa nova casa, um médico encontrou um velho estetoscópio de madeira e, após refletir por um momento onde deveria colocá-lo, decidiu pô-lo ao lado de sua escrivaninha, numa posição tal que ficou exatamente entre sua cadeira e aquela reservada aos pacientes. Por dois motivos o ato em si foi um pouco estranho. Primeiro, ele não usa esse instrumento com frequência (ele é um neurologista), e,

---

* Acrescentado em 1912.
57 E. Jones, "Beitrag zur Symbolik im Alltag" [Contribuição ao estudo do simbolismo no cotidiano], *Zentralblatt für Psychoanalyse*, I, 3, 1911. [A tradução desse exemplo foi feita com base no texto inglês reproduzido na edição *Standard*, que diverge em alguns pormenores do texto alemão citado por Freud, que é tradução do inglês.]

IX. ATOS SINTOMÁTICOS E ATOS CASUAIS

quando necessita de um, utiliza um modelo biauricular. Em segundo lugar, todos os seus instrumentos e aparelhos médicos eram mantidos em gavetas, com a única exceção desse. Ele não pensou mais nisso, porém, até o dia em que uma paciente, que nunca tinha visto um estetoscópio 'reto', perguntou o que era aquilo. Tendo escutado a resposta, perguntou por que ele o havia posto ali; ele respondeu, de imediato, que tanto fazia aquele lugar como outro. Mas isso o fez pensar, e ele imaginou se tinha havido algum motivo inconsciente para aquele ato; e, estando familiarizado com o método psicanalítico, resolveu investigar a questão.

"A primeira lembrança que lhe veio à mente foi que, quando era estudante de medicina, causou-lhe impressão o hábito que tinha o internista do hospital de sempre levar na mão um estetoscópio reto nas visitas à enfermaria, embora jamais o usasse. Ele admirava muito esse médico e lhe tinha grande afeição. Depois, quando ele próprio se tornou médico do hospital, adotou o mesmo hábito e não se sentia bem se deixasse sua sala, por descuido, sem ter o instrumento para balançar na mão. Mas a inutilidade desse costume se mostrou não apenas no fato de que o único estetoscópio que ele usava realmente era para os dois ouvidos, o qual ele levava no bolso, mas também porque prosseguiu quando ele se tornou cirurgião e já não precisava de estetoscópio. O sentido dessas observações torna-se claro quando atentamos para a natureza fálica desse ato simbólico.

"Em seguida, ele se lembrou de que, quando menino, se impressionou com o hábito do médico da família de levar um estetoscópio reto dentro do chapéu; achou interessante que o médico sempre tivesse seu principal instrumento à mão quando ia ver os pacientes e só precisasse tirar o chapéu (ou seja, parte de sua roupa) e 'botá-lo para fora'. Quando criança ele gostava muito desse médico; e uma breve autoanálise o fez descobrir que aos três anos e meio teve uma dupla fantasia sobre o nascimento de uma irmã mais nova — em que ela era filha, primeiro, dele com a mãe, e, depois, do médico com ele. Portanto, nessa fantasia ele desempenhava tanto o papel masculino como o feminino. Recordou-se também de aos seis anos ter sido examinado pelo mesmo médico, e da sensação voluptuosa de ter a cabeça do médico junto dele, pressionando o estetoscópio em seu peito, e do movimento rítmico da respiração. Com a idade de três anos ele tivera uma doença crônica no peito e fora repetidamente examinado, embora não pudesse realmente se lembrar disso.

"Aos oito anos, ficou impressionado quando um garoto mais velho lhe falou ser costume do médico ir para a cama com as pacientes. Certamente havia algum fundamento real para esse boato; de todo modo, as mulheres da vizinhança, incluindo sua própria mãe, eram bastante afeiçoadas ao jovem e simpático doutor. O próprio analisando, em várias ocasiões, sentiu tentações sexuais em relação a suas pacientes; havia se apaixonado por duas e, por fim, casado com uma. Dificilmente se pode duvidar que sua identificação inconsciente com o médico foi o principal motivo para a sua escolha da profissão. Outras análises nos levam a supor que esse é, sem dúvida, o motivo mais comum (embora seja difícil determinar exatamente quão comum). No presente caso, isso foi duplamente determinado: primeiro, pela superioridade que em várias ocasiões o médico demonstrou em relação ao pai, do qual o filho era muito ciumento; e, em segundo lugar, pelo conhecimento que o médico tem de coisas proibidas e suas oportunidades de satisfação sexual.

"Então houve um sonho que já abordei em outra publicação;[58] era claramente de natureza homossexual-masoquista. Nele, um homem que era uma figura substitutiva do médico atacava o sujeito com uma 'espada'. A espada lembrou-lhe uma história da saga dos volsungos e nibelungos, em que Sigurd coloca uma espada entre si mesmo e Brunida, que dorme. A mesma história aparece na lenda do rei Artur, que nosso protagonista também conhece muito bem.

"Agora o sentido do ato sintomático se torna claro. O médico pôs o estetoscópio entre ele e suas pacientes assim como Sigurd colocou a espada entre si mesmo e a mulher que ele não devia tocar. O ato foi uma formação de compromisso: satisfez dois impulsos. Serviu para satisfazer na imaginação o desejo suprimido de ter relações sexuais com qualquer paciente mulher atraente, mas também lhe recordava que esse desejo não podia se tornar realidade. Era, digamos, um sortilégio para não ceder à tentação.

---

58 Jones, "Freud's Theory of Dreams", *American Journal of Psychology*, abril de 1930, n. 7, p. 301.

"Acrescentarei que a seguinte passagem de *Richelieu*, [peça] de Lord Lytton, fez grande impressão no garoto: '*Beneath the rule of men entirely great/ The pen is mightier than the sword*' [Sob o governo de homens inteiramente grandes/ A pena é mais poderosa que a espada],[59] que ele se tornou um escritor fecundo e utiliza uma caneta-tinteiro excepcionalmente grande. Quando lhe perguntei por que precisava de uma caneta assim, ele deu uma resposta característica: 'Tenho muito para expressar'.

"Essa análise nos lembra, mais uma vez, que amplos vislumbres da vida psíquica nos proporcionam os atos 'inocentes' e 'sem sentido', e como a tendência à simbolização se desenvolve cedo na vida."

Posso ainda relatar, de minha experiência psicoterapêutica, um caso em que uma declaração eloquente foi prestada por uma mão que brincava com um pedaço de miolo de pão. Meu paciente era um garoto que ainda ia fazer treze anos de idade, era gravemente histérico havia quase dois anos, e que eu enfim tomei para tratamento psicanalítico, depois que uma longa permanência numa clínica hidroterápica se revelou ineficaz. Pelo que eu pressupunha, ele devia ter tido experiências sexuais e, de modo correspondente à sua idade, ser atormentado por questões sexuais. Mas evitei ajudá-lo com esclarecimentos, pois queria, uma vez mais, pôr à prova as minhas pressuposições. Estava curioso, en-

---

59 Cf. a frase de John Oldham [1653-83]: "*I wear my pen as others do their sword*" [Eu uso minha pena como outros usam a espada].

IX. ATOS SINTOMÁTICOS E ATOS CASUAIS

tão, sobre a maneira como se manifestaria nele o que eu buscava. Um dia, notei que ele friccionava algo nos dedos da mão direita, punha aquilo dentro do bolso, lá continuava a mexer, tirava de novo para fora etc. Não perguntei o que tinha na mão; mas ele mostrou o que era, abrindo-a subitamente. Era miolo de pão, que ele havia amassado. Na sessão seguinte ele trouxe novamente um montinho desses, mas formou com ele enquanto conversávamos, com incrível rapidez e de olhos fechados, figuras que despertaram meu interesse. Eram, sem dúvida, homenzinhos com cabeça, dois braços e duas pernas, como os grosseiros ídolos pré-históricos, e tinham um apêndice entre as pernas, que ele espichou, formando uma ponta. Assim que esta ficou pronta, ele amassou novamente o homenzinho; depois o deixou inteiro, mas fez um apêndice igual nas costas e em outros locais, a fim de esconder o significado do primeiro. Eu quis lhe mostrar que o havia compreendido, mas tirando-lhe a desculpa de que nada havia pensado ao moldar as figuras. Com essa intenção, perguntei-lhe se se lembrava da história do rei romano que respondeu ao enviado do filho com uma pantomima no jardim. O garoto não conseguiu se lembrar, embora tivesse aprendido isso muito mais recentemente do que eu, sem dúvida. Perguntou se era a história do escravo em cuja cabeça raspada haviam escrito uma resposta.[*]
"Não, isso é da história grega", disse eu, e contei-lhe o

---

[*] Contada por Heródoto em *Histórias*, v, 35.

episódio. "O rei Tarquínio Soberbo* tinha feito seu filho, Sexto, se infiltrar secretamente numa cidade latina inimiga. O filho, depois de ganhar adeptos na cidade, enviou um mensageiro ao pai, perguntando-lhe o que fazer então. O rei não respondeu; foi a seu jardim, fez repetir a pergunta e, em silêncio, cortou as maiores e mais belas papoulas. O mensageiro apenas relatou isso a Sexto, que compreendeu o pai e tratou de eliminar os mais notáveis cidadãos do lugar."

Enquanto eu falava, o menino parou de friccionar a figura, e quando eu ia contando o que o rei fez no jardim, já nas palavras "em silêncio, cortou", ele tirou a cabeça do seu homenzinho, num movimento rapidíssimo. Portanto, ele me compreendeu e notou que tinha sido compreendido por mim. Então pude lhe fazer perguntas diretas, passei as informações que lhe eram caras e em pouco tempo demos fim à neurose.

Os atos sintomáticos, que podemos observar abundantemente em indivíduos sãos e em doentes, merecem o nosso interesse por mais de um motivo. Para os médicos, com frequência servem como valioso indício para orientação em situações novas ou pouco conhecidas; para os observadores da natureza humana, com frequência revelam tudo o que ele deseja saber — e

---

* Nas edições de 1901 e 1904 se achava, erradamente, Tarquínio Prisco, filho de Tarquínio Soberbo. No exemplar pessoal de Freud, da edição de 1904, havia uma anotação dele à margem, na qual observa que substituir o nome do pai pelo do filho tem relação com o erro que ele comenta mais adiante (p. 297), sendo a castração o tema comum aos dois.

até mais, às vezes. Quem está familiarizado com sua caracterização pode ocasionalmente se sentir como o rei Salomão, que, segundo a lenda oriental, entendia a linguagem dos bichos. Um dia, tive de examinar um jovem que não conhecia, na casa de sua mãe. Quando veio a meu encontro, tinha na calça uma grande mancha de clara de ovo, que reconheci pelas bordas nítidas peculiares. Ele se desculpou, após um instante de embaraço, dizendo que havia ingerido um ovo cru porque sentia que estava rouco, e provavelmente um pouco da clara havia caído em sua roupa; e, como confirmação disso, apontou para a casca de ovo que ainda se achava num pires. Assim, a mancha suspeita teve uma explicação inocente; mas, quando a mãe nos deixou sozinhos, agradeci-lhe por ter me facilitado muito o diagnóstico, e sem dificuldade tomei como base de nossa conversa a sua confissão de que sofria dos problemas da masturbação. De outra vez, fiz uma visita a uma senhora rica, tola e avarenta, que costumava impor ao médico a tarefa de atravessar um emaranhado de queixas até chegar à simples causa do seu estado. Quando entrei, ela estava sentada a uma mesinha, arrumando florins de prata em pilhas, e, ao se levantar, derrubou algumas das moedas no chão. Ajudei-a a recolher as moedas, e logo a interrompi na descrição de seu sofrimento, perguntando: "Então seu genro nobre lhe tirou tanto dinheiro?". Ela negou isso com amargura, apenas para logo depois contar a triste história da irritação que lhe causava a extravagância do genro, mas desde então não voltou a me chamar. Não posso dizer que sempre ficamos amigos daqueles a quem comunicamos o significado de seus atos sintomáticos.

Outra "confissão através de ato falho" é relatada pelo dr. J. E. G. van Emden, de Haia:* "No pagamento da conta, num pequeno restaurante em Berlim, o garçom disse que o preço de determinado prato aumentara dez centavos por causa da guerra. Perguntei por que isso não constava da lista de preços e ele respondeu que devia ter sido uma omissão, mas que era isso mesmo! Ao embolsar o dinheiro, ele foi desajeitado e deixou cair justamente uma moeda de dez centavos sobre a mesa para mim!

"'Agora sei com certeza que você cobrou demais; quer que eu pergunte ao caixa?'

"'Com licença... um momento', e ele saiu.

"Naturalmente, concedi-lhe a retirada, e após ele ter se desculpado, dois minutos depois, dizendo que incompreensivelmente havia confundido meu prato com outro, deixei-o conservar os dez centavos, como pagamento pela contribuição à psicopatologia da vida cotidiana."

Quem quiser observar** seus semelhantes à mesa poderá comprovar neles os atos sintomáticos mais interessantes e instrutivos.

Eis o que relata o dr. Hanns Sachs: "Aconteceu de eu estar presente quando jantava um velho casal de parentes meus. A senhora sofria do estômago e tinha de

---

* Acrescentado em 1919.
** Esse parágrafo e os quatro exemplos subsequentes foram acrescentados em 1912.

IX. ATOS SINTOMÁTICOS E ATOS CASUAIS

manter uma dieta rigorosa. O marido ia comer um assado e pediu à mulher, que não podia partilhar aquela comida, que lhe passasse a mostarda. A esposa abriu o armário, apanhou algo e pôs na mesa, diante do marido, o frasco de suas gotas para o estômago. Entre a garrafinha de mostarda e o pequeno frasco de remédio não havia, naturalmente, uma semelhança que justificasse o erro; mas a senhora só percebeu a troca quando o marido, rindo, lhe chamou a atenção para aquilo. O sentido do ato sintomático não requer explicação".

Devo ao dr. Bernhard Dattner, de Viena, um ótimo exemplo desse tipo, que foi habilmente aproveitado pelo observador:

"Estava almoçando num restaurante com meu colega H., doutor da faculdade de filosofia. Ele falou das dificuldades dos aspirantes a professor, e mencionou que antes de terminar seus estudos havia obtido o posto de secretário do embaixador, ou melhor, ministro plenipotenciário extraordinário do Chile. 'Mas depois o ministro foi transferido e não me apresentei ao sucessor.' Enquanto ele falava essa última frase, levou um pedaço de torta à boca, mas deixou-a cair da faca, como que por inabilidade. Apreendi imediatamente o sentido oculto desse ato sintomático e, como que casualmente, disse àquele colega, que não tinha familiaridade com a psicanálise: 'Aí você deixou escapar um bom bocado'.*
Mas ele não notou que minhas palavras podiam se refe-

---

* "*Ein guter Bissen*", aqui traduzido literalmente, também tem um sentido figurado: "um bom negócio".

rir também ao seu ato sintomático, e repetiu, com vivacidade encantadora, surpreendente, como se eu tivesse lhe tirado a frase da boca, as mesmas palavras que eu tinha usado: 'Sim, foi realmente um bom bocado que eu deixei escapar', e prosseguiu, aliviando-se num relato minucioso da inabilidade que havia lhe custado aquela posição bem remunerada.

"O sentido do ato sintomático se esclarece quando consideramos que o colega tinha escrúpulos em falar a mim, que não lhe era tão próximo, de sua situação material precária, e que o pensamento insistente se vestiu de um ato sintomático que exprimia simbolicamente o que devia permanecer oculto, desse modo lhe proporcionando um alívio a partir do inconsciente."

Os exemplos seguintes mostrarão como pode se revelar prenhe de significado a ação aparentemente não intencional de levar algo consigo.

O dr. B. Dattner nos conta: "Um colega visitou sua adorada amiga da juventude pela primeira vez depois que ela se casou. Ele me falou dessa visita e do seu espanto por não ter conseguido ficar pouco tempo na casa dela, como pretendia. Mas então relatou um estranho ato falho que havia cometido lá. O marido de sua amiga, que participava da conversa, havia procurado uma caixa de fósforos que com certeza estava sobre a mesa no momento em que ele havia chegado. Também esse colega havia procurado em seu bolso, para ver se não 'a' tinha 'pegado', mas em vão. Um bom tempo depois, ele 'a' encontrou de fato em seu bolso, e chamou-lhe a atenção o fato de só haver um palito de fósforo na cai-

IX. ATOS SINTOMÁTICOS E ATOS CASUAIS

xa. — Alguns dias depois, um sonho, que mostrava abertamente o simbolismo da caixa e em que figurava a amiga da juventude, confirmou minha explicação de que ele, com o ato falho, quis reivindicar prioridade e representar a exclusividade de sua posse (só havia um fósforo dentro)".

O dr. Hanns Sachs nos conta: "Nossa empregada gosta muito de determinada torta. Quanto a isso não há dúvida, pois é o único prato que faz realmente bem. Num domingo, ela nos trouxe justamente essa torta, colocou-a sobre o aparador, pegou os pratos e talheres recém-usados e os amontoou na bandeja na qual havia trazido a torta; em cima desse monte pôs então a torta, em vez de servi-la a nós, e desapareceu com aquilo na direção da cozinha. Primeiro pensamos que ela tinha achado alguma coisa para melhorar na torta, mas, como não apareceu de novo, minha mulher a chamou e disse: 'Betty, que aconteceu com a torta?'. Ao que ela respondeu, sem entender: 'Como assim?'. Tivemos de lhe explicar que ela tinha levado de volta a torta; ela a havia posto na pilha de pratos, carregado para a cozinha e guardado 'sem se dar conta'. — No dia seguinte, quando íamos comer o restante dessa torta, minha mulher notou que havia a mesma quantidade que tínhamos deixado na véspera, ou seja, a empregada havia rejeitado o pedaço que lhe cabia de seu prato favorito. Ao ser perguntada por que não havia comido da torta, respondeu, um pouco embaraçada, que não havia tido vontade. — A atitude infantil é bastante clara nas duas ocasiões; primeiro, a falta de medida da criança que não quer partilhar com ninguém o objeto de seus desejos; depois, a reação de despeito igualmente infantil: 'Se vocês não me dão isso, podem ficar, agora não quero mais'".

Os atos casuais ou sintomáticos* que acontecem no relacionamento de casais têm, com frequência, um significado muito sério, e poderiam levar a crer em presságios quem não quer se ocupar da psicologia do inconsciente. Não é um bom começo quando uma jovem esposa perde a aliança na lua de mel, mas geralmente foi apenas deixada em algum lugar e logo é reencontrada. — Conheço uma senhora, agora separada do marido, que, administrando suas posses, com frequência assinou documentos com o nome de solteira, muitos anos antes de realmente voltar a tê-lo. — Certa vez, visitando um novo casal, ouvi a jovem esposa contar, rindo, que no dia após o retorno da viagem de núpcias tinha buscado sua irmã para fazer compras, como antes, enquanto o marido cuidava dos seus negócios. De repente, chamou-lhe a atenção um homem do outro lado da rua, e ela exclamou, tocando no braço da irmã: "Olhe, ali vai o sr L.!". Ela havia esquecido que desde algumas semanas aquele homem era seu marido. Estremeci ao escutar isso, mas não ousei tirar nenhuma conclusão. Somente anos depois me lembrei desse episódio, ao saber do final infeliz que havia tido esse casamento.

---

* Parágrafo acrescentado em 1907. Os três exemplos seguintes foram também usados na terceira das *Conferências introdutórias à psicanálise* (1916-7).

IX. ATOS SINTOMÁTICOS E ATOS CASUAIS

Tomo dos trabalhos notáveis de A. Maeder (de Zurique), escritos em francês, a seguinte observação, que também poderia ser incluída entre os "esquecimentos":

"*Une dame nous racontait récemment qu'elle avait oublié d'essayer sa robe de noce et s'en souvint la veille du mariage à huit heures du soir, la couturière désespérait de voir sa cliente. Ce détail suffit à montrer que la fiancée ne se sentait pas très heureuse de porter une robe d'épouse, elle cherchait à oublier cette représentation pénible. Elle est aujourd'hui... divorcée.*"

[Uma senhora nos contava recentemente que havia se esquecido de provar seu vestido de noiva e se lembrou disso na véspera do casamento, às oito horas da noite; a costureira já perdia a esperança de ver sua cliente. Esse detalhe já mostra que a noiva não se sentia muito feliz em usar um vestido de noiva, buscava esquecer essa exibição penosa. Hoje ela está... divorciada.]

Acerca da grande atriz Eleonora Duse,[*] um amigo que aprendeu a ler sinais contou-me que ela, num de seus papéis, usou um ato sintomático que bem mostra de que profundidade ela extrai sua arte. É um drama de adultério; ela acabou de ter uma discussão com o marido e está absorta em pensamentos, antes do sedutor se aproximar. Nesse breve intervalo, ela brinca com a aliança no dedo; tira-a e novamente a coloca, e volta a tirá-la, por fim. Agora está pronta para o outro.

Cabe reproduzir aqui o que Theodor Reik informa sobre outros atos sintomáticos com um anel:

---

[*] Parágrafo acrescentado em 1907.

"Conhecemos os atos sintomáticos que pessoas casadas executam, tirando e pondo de novo a aliança. Meu colega M. produziu uma série de atos sintomáticos desse tipo. Uma garota que ele amava tinha lhe dado um anel de presente, com a observação de que ele não podia perdê-lo, senão ela saberia que ele não gostava mais dela. No período que se seguiu, ele desenvolveu uma grande apreensão de que pudesse perder o anel. Se o tirava por um momento, para tomar banho, por exemplo, normalmente não se lembrava onde o havia posto, de modo que muitas vezes era necessário procurar muito até achá-lo. Quando punha uma carta na caixa do correio, não conseguia suprimir o leve temor de que o anel pudesse ficar preso e ser removido pelas bordas da caixa do correio. Certa vez, foi tão desajeitado que o anel caiu dentro da caixa. A correspondência que enviava nessa ocasião era uma carta de despedida a uma namorada anterior, em relação à qual se sentia culpado. Ao mesmo tempo, teve saudades dessa mulher, o que entrava em conflito com sua inclinação pelo objeto de amor de então" (*Internationale Zeitschrift für Psychoanalyse*, III, 1915).

O tema do anel confirma, uma vez mais, a impressão de como é difícil para o psicanalista achar algo novo que um escritor já não soubesse. No romance *Vor dem Sturm* [Antes da tempestade], de Theodor Fontane, o conselheiro de justiça Turgany diz, num jogo de prendas: "Acreditem, senhoras, os mais profundos segredos da natureza se revelam na entrega das prendas". Entre os exemplos que ele usa para sustentar sua afirmação, há um merecedor do nosso interesse: "Recordo-me da esposa de um catedráti-

IX. ATOS SINTOMÁTICOS E ATOS CASUAIS

co, na idade em que as formas se arredondam, que a cada vez tirava a aliança e a oferecia como prenda. Não me peçam para descrever a felicidade daquele casamento". Ele prossegue: "Na mesma reunião estava um senhor que não se cansava de depositar no colo das senhoras o seu canivete inglês, com dez lâminas, saca-rolhas e isqueiro, até que o monstro laminoso, após rasgar vários vestidos de seda, desapareceu sob os gritos de indignação".

Não nos surpreenderá que um objeto de tão rico significado simbólico também seja utilizado em atos falhos significativos, mesmo quando não denote um vínculo erótico, como aliança de casamento ou de noivado. O dr. M. Kardos pôs à minha disposição o seguinte exemplo de ocorrência desse tipo:

"Há vários anos, tornou-se meu amigo um homem bem mais jovem, que partilha minhas buscas intelectuais e mantém comigo a relação de um discípulo com o mestre. Em certa ocasião o presenteei com um anel, e desde então esse anel já lhe deu várias oportunidades para atos falhos ou sintomáticos, assim que desaprovou algo em nossa relação. Há pouco, ele me relatou o seguinte caso, que é particularmente bom e transparente. Ele havia faltado, sob algum pretexto, a uma das reuniões semanais em que costumava me ver e conversar comigo, pois lhe pareceu mais desejável o encontro com uma jovem mulher. No dia seguinte, notou, mas só quando há muito já tinha saído de casa, que não estava com o anel no dedo. Não se preocupou com isso, porque supôs que o havia esquecido na mesa de cabeceira, onde o deixava a cada noite, e o encontraria ali ao voltar para casa. Olhou naquele lugar ao retornar, mas em vão, e se pôs a vasculhar o quarto, também sem sucesso. Por fim, ocorreu-lhe que o anel — como já acontecia há mais de um ano — tinha ficado na mesa de cabeceira, ao lado de um pequeno canivete que ele costumava levar no bolso do colete. Assim, supôs que 'por distração' podia ter levado o anel junto com o canivete. Pôs a mão no bolso e, realmente, lá estava o anel que buscava. — 'A aliança no bolso do colete' é o modo proverbial de guardar a aliança, quando o homem pretende enganar a esposa, de quem a recebeu. O sentimento de culpa do meu amigo o fez, primeiramente, castigar a si mesmo ('Você não merece usar este anel'), e depois confessar sua infidelidade, mas apenas na forma de um ato falho sem testemunhas. Somente por via indireta, ao relatar esse ato falho — relato que era previsível —, ele chegou à confissão da pequena 'infidelidade' cometida."

Também sei[*] de um senhor de meia-idade que se casou com uma mulher bastante jovem e pensou em passar a noite de núpcias num hotel da cidade grande, em vez de viajar imediatamente. Mal chegou ao hotel, percebeu, assustado, que estava sem a carteira com todo o dinheiro reservado para a viagem de núpcias, que a tinha perdido ou esquecido em algum lugar. Conseguiu falar por telefone com o criado, que achou a carteira no traje que o noivo tinha usado e a levou ao hotel, para o senhor que o aguardava e que havia iniciado o casamento tão sem meios [*ohne Vermögen*]. Assim, na manhã seguinte ele

---

[*] Esse parágrafo e o seguinte foram acrescentados em 1907.

IX. ATOS SINTOMÁTICOS E ATOS CASUAIS

pôde viajar com sua jovem mulher; mas durante a noite, como havia temido, ele permaneceu "sem meios" [*unvermögend*, que pode significar "impotente" no contexto].

É consolador pensar que "perder coisas" é, numa insuspeitada quantidade de casos, um ato sintomático, e, assim, algo pelo menos bem-vindo para a intenção secreta de quem perde. Com frequência, é apenas expressão da pouca estima pelo objeto perdido ou de uma secreta aversão a ele ou à pessoa da qual veio, ou a inclinação a perder se transferiu, por conexão simbólica de pensamentos, de outros objetos mais significativos para ele. A perda de coisas valiosas serve à expressão de vários impulsos; pode representar simbolicamente um pensamento reprimido, ou seja, repetir uma admoestação que se gostaria de ignorar, ou — sobretudo — pode ser uma oferenda às obscuras potências do destino, cujo culto ainda não foi extinto entre nós.*

Eis alguns exemplos para ilustrar essas afirmações sobre a perda de objetos.**

Do dr. B. Dattner: "Um colega me diz que inesperadamente perdeu sua lapiseira Penkala,*** que possuía

---

* Na edição de 1907 foi acrescentada, nesse ponto, uma nota contendo vários exemplos breves de atos sintomáticos. Essa nota foi aumentada em edições posteriores e, por fim, inserida no texto em 1924, no final deste capítulo.
** Essa frase e o parágrafo seguinte foram acrescentados em 1907.
*** Inventada pelo engenheiro croata Slavoljub Eduard Penkala (1871-1922). Esse exemplo foi retomado na terceira das *Conferência introdutórias à psicanálise* (1916-1), na qual a lapiseira Penkala é designada apenas como "seu lápis".

há mais de dois anos e que muito apreciava pelas boas características. A análise revelou os seguintes fatos. Na véspera, ele havia recebido do cunhado uma carta desagradável, que terminava com esta frase: 'Por ora não tenho disposição nem tempo para sustentar sua leviandade e sua preguiça'. O afeto suscitado por essa carta foi tão poderoso que no dia seguinte o colega sacrificou a Penkala, *um presente desse cunhado*, para não sentir demais o peso dos seus favores".

Uma senhora que conheço* se absteve, compreensivelmente, de ir ao teatro durante o luto pela mãe idosa. Faltavam apenas alguns dias para o término do ano de luto, e amigos a persuadiram a obter um bilhete de entrada para uma apresentação muito interessante. Chegando ao teatro, ela percebeu que havia perdido o bilhete. Acreditou, depois, que o havia jogado fora junto com o bilhete do bonde, ao descer do vagão. Essa mesma senhora se gaba de nunca perder algo por descuido.

É lícito supor, então, que outra perda sua também não foi sem motivação. Chegando a uma estância termal, ela decidiu visitar uma pousada onde havia se hospedado antes. Foi lá recebida como velha amiga, comeu e bebeu e, quando quis pagar, soube que devia se considerar convidada, o que não achou muito certo. Permitiram-lhe que deixasse algo para a criada que a servira, e ela abriu a bolsa, para pôr sobre a mesa uma cédula de um marco. À noite, um empregado da pousada lhe levou uma nota de cinco marcos, que fora achada embai-

---

* Parágrafo acrescentado em 1917.

IX. ATOS SINTOMÁTICOS E ATOS CASUAIS

xo da mesa e, segundo a proprietária da pousada, devia pertencer a ela. Então ela a tinha deixado cair da bolsa, ao tirar a gorjeta para a criada. Provavelmente queria mesmo pagar sua refeição.

Numa comunicação um pouco mais extensa,[60] Otto Rank evidenciou, através de análises de sonhos, o ânimo sacrificial que subjaz a esse ato e suas motivações mais profundas.[61] É interessante, depois, sua afirmação de que às vezes não somente perder, mas também *achar* objetos aparece como determinado [psicologicamente]. Em que sentido isso se deve entender poderá ser depreendido da sua observação, que aqui reproduzo. Está claro que na perda já estava presente o objeto; no ato de achar, ele deve antes ser procurado.

"Uma garota que dependia materialmente dos pais quis comprar uma bijuteria barata. Perguntou na loja o preço do objeto que lhe atraía, mas soube, para sua tristeza, que custava mais do que as economias de que dispunha. Mas eram apenas duas coroas que faltavam, que a privavam dessa pequena alegria. Abatida, andou vagarosamente na direção de casa, pelas ruas animadas do entardecer. Numa das praças mais frequentadas, notou — embora, segundo ela mesma disse, estivesse mergulhada em pensamentos — um pedaço de papel

---

60 "Das Verlieren als Symptombildung" [A perda como formação sintomática], *Zentralblatt für Psychoanalyse*, I, 10/11.
61 [Nota acrescentada em 1917:] Outros artigos sobre o mesmo tema se acham em *Zentralblatt für Psychoanalyse*, II, e *Internationale Zeitschrift für Psychoanalyse*, I, 1913. [O restante do parágrafo e o exemplo que se segue foram também acrescentados em 1917.]

que estava no chão, pelo qual tinha acabado de passar. Voltou-se, apanhou-o e viu, para seu espanto, que era uma nota de duas coroas dobrada. Pensou consigo: 'Foi o destino que me mandou isso, para que eu compre a bijuteria', e deu meia-volta, contente, para seguir o aceno do destino. No mesmo instante, porém, disse a si mesma que não podia fazer isso, pois dinheiro achado é dinheiro de sorte e não deve ser gasto.

"O pouco de análise necessário para entender esse 'ato casual' pode ser inferido da situação dada, mesmo sem informações pessoais da jovem. Entre os pensamentos que a preocupavam na volta para casa, certamente estava em primeiro plano o da sua pobreza e limitação material, e podemos supor que tal pensamento foi no sentido de um bem-vindo final para as condições difíceis em que vivia. A ideia de como obter mais facilmente o dinheiro que faltava não devia ser alheia ao interesse voltado para a satisfação do seu modesto desejo e indicou-lhe a solução mais simples. Desse modo, seu inconsciente (ou pré-consciente) estava orientado para 'achar', mesmo que — pois a atenção era tomada por outras coisas ('mergulhada em pensamentos') — o pensamento de fazê-lo não tenha se tornado totalmente consciente. Podemos inclusive afirmar, a partir de casos semelhantes analisados, que a *inconsciente* 'disposição para a busca' é muito mais capaz de levar ao êxito do que a atenção conscientemente dirigida. De outra forma, seria difícil explicar como justamente essa pessoa, das várias centenas de transeuntes, ainda mais nas circunstâncias desfavoráveis da luz crepuscular e da multidão, faria esse

IX. ATOS SINTOMÁTICOS E ATOS CASUAIS

achado surpreendente. Uma indicação da forte medida em que realmente havia essa disposição inconsciente ou pré-consciente é dada pelo fato singular de que a garota, após esse achado — ou seja, depois que a atitude se tornou supérflua e foi certamente removida da atenção consciente —, encontrou um lenço ainda a caminho de casa, no local escuro e ermo de uma via do subúrbio."[62]

É preciso dizer* que justamente esses atos sintomáticos proporcionam, com frequência, o melhor acesso ao conhecimento da vida psíquica íntima.

Quanto aos atos casuais esporádicos, fornecerei agora um exemplo que mesmo sem análise admitiu uma interpretação relativamente profunda, que ilustra muito bem as condições em que tais sintomas podem ser produzidos sem chamar a atenção, e que permite fazer uma importante observação prática. Numa viagem de férias, aconteceu que tive de esperar pela chegada do meu companheiro de viagem em certo lugar por alguns dias. Nisso travei conhecimento com um jovem, que também parecia se sentir só e de bom grado buscava minha companhia. Como estávamos no mesmo hotel, foi natural fazermos juntos as refeições e também passearmos juntos. Na tarde do terceiro dia, ele me comunicou subitamente que esperava a chegada da mulher à noite, pelo trem expresso. Meu interesse psicológico foi estimulado por isso, pois de manhã já me chamara a atenção o fato de ele rejeitar minha proposta de um passeio mais longo

---

62 *Internationale Zeitschrift für Psychoanalyse*, III, 1915.
* Parágrafo acrescentado em 1912.

e de não querer tomar determinado caminho, em nossa breve caminhada, por achá-lo íngreme e perigoso. Na caminhada da tarde ele disse, de repente, que eu certamente estava com fome, que eu não devia atrasar meu jantar por causa dele — ele aguardaria a chegada da esposa para cear com ela. Compreendi e fui me sentar à mesa, enquanto ele ia para a estação. Na manhã seguinte nos encontramos no saguão do hotel. Ele me apresentou a esposa e disse: "O senhor vai tomar o café da manhã conosco, não é?". Eu tinha uma pequena compra a fazer numa rua próxima e assegurei que iria logo. Quando entrei no salão do café, vi que o casal havia escolhido uma mesa junto a uma janela e que os dois se sentavam no mesmo lado. No lado oposto havia somente uma cadeira, mas sobre o encosto desta se achava o grande e pesado casaco do marido, tomando o lugar. Compreendi muito bem o sentido desse arranjo, que certamente não era intencional, mas tanto mais significativo por isso mesmo. Queria dizer: "Aqui não tem lugar para você, agora você é supérfluo". O marido não notou que eu estava em pé diante da mesa, mas a esposa sim, e ela tocou nele e sussurrou: "Você ocupou o lugar do senhor".

Devido a essa e outras experiências semelhantes, concluí que os atos não intencionais se tornam inevitavelmente fonte de mal-entendidos nas relações entre as pessoas. O autor do gesto, que ignora uma intenção ligada a ele, acha que não lhe deve ser imputado e não se vê responsável por ele. A outra pessoa, que costuma utilizar gestos assim para fazer inferências sobre as intenções e posições do companheiro, entende mais dos

IX. ATOS SINTOMÁTICOS E ATOS CASUAIS

processos psíquicos dele do que ele próprio está disposto a admitir e acredita haver comunicado. Mas este fica indignado quando essas conclusões tiradas dos seus atos sintomáticos lhe são expostas, declara que elas não têm fundamentos, pois ele não tem consciência da intenção de realizá-los, e se queixa de mau entendimento por parte do outro. Olhando bem, mal-entendidos assim se baseiam numa compreensão demasiada e também sutil demais. Quanto mais "nervosas" são duas pessoas, tanto mais facilmente oferecem uma à outra ocasião para discórdia, cuja motivação cada qual rejeita no tocante a si mesma, tão decididamente quanto a julga certa no tocante à outra. Esse é o castigo pela insinceridade interior de apenas sob os pretextos do esquecimento, dos atos descuidados e da não intencionalidade permitir que se expressem impulsos que seria melhor confessar a si mesmo e aos outros, se não podem ser dominados. É possível afirmar, de modo bem geral, que cada um faz continuamente a análise psíquica do seu próximo e, portanto, aprende a conhecê-lo mais do que a si mesmo. O caminho para seguir a admoestação γνωθι σεαυτόν [conhece-te a ti mesmo] passa pelo estudo dos próprios atos e omissões aparentemente casuais.

De todos os escritores[*] que eventualmente se manifestaram sobre os pequenos atos falhos e ações sintomáticas e os utilizaram, nenhum discerniu sua natureza secreta com tanta clareza e os mostrou com tão inquie-

---

[*] Esse parágrafo e a longa citação de Strindberg foram acrescentados em 1917.

tante vivacidade como Strindberg — cujo gênio para esse conhecimento foi auxiliado por profunda anormalidade psíquica. O dr. Karl Weiss, de Viena, chamou a atenção para o seguinte trecho de uma das obras de Strindberg, *Os aposentos góticos* [1904]:

"Após um momento, o conde veio realmente e se aproximou de Esther com tranquilidade, como se a tivesse chamado para um encontro:

"— Você esperou muito tempo? — perguntou, com sua voz abafada.

"— Seis meses, como você sabe — respondeu Esther —; mas você me viu hoje?

"— Sim, há pouco, no bonde; e olhei nos seus olhos, sentindo que falava com você.

"— Muita coisa 'aconteceu' desde a última vez.

"— Sim, e eu achei que estava acabado entre nós.

"— Como assim?

"— Todos os pequenos presentes que recebi de você se despedaçaram, e de maneira misteriosa. Mas isso é uma velha percepção minha.

"— Como?! Agora me lembro de uma porção de casos que pensei que eram devidos ao acaso. Certa vez ganhei um pincenê de minha avó, quando éramos amigas. Era de cristal de rocha polido, excelente para as autópsias,* uma verdadeira maravilha que eu guardava com cuidado. Um dia *rompi* com a velha e ela se irritou comigo. E na autópsia seguinte aconteceu que as lentes saíram sem motivo. Achei que era coisa simples e o

---

* A personagem é médica.

IX. ATOS SINTOMÁTICOS E ATOS CASUAIS

enviei para o conserto. Não, continuou se recusando a funcionar; foi colocado numa gaveta e desapareceu.

"— Como?! É estranho que as coisas ligadas aos olhos sejam as mais sensíveis. Eu tinha um binóculo dado por um amigo; ele se adequava bem a meus olhos, era um prazer usá-lo. O amigo e eu nos afastamos um do outro. Você sabe, isso ocorre sem motivo claro; a impressão é de que não é possível estar de acordo. Quando quis usar novamente o binóculo, não consegui ver com clareza. O eixo era curto demais e eu via duas imagens. Não preciso lhe dizer que nem o eixo havia diminuído nem a distância entre meus olhos aumentado! Foi um milagre que acontece todos os dias e que os maus observadores não notam. A explicação? *A força psíquica do ódio deve ser maior do que acreditamos.* — De resto, o anel que recebi de você perdeu a pedra; e não pode ser consertado, não pode. Quer se separar de mim agora?..." (*Internationale Zeitschrift für Psychoanalyse*, 1, 1913).

Também no âmbito* dos atos sintomáticos a observação psicanalítica tem de ceder a prioridade aos escritores. Pode apenas repetir o que eles disseram há muito tempo. O sr. Wilhelm Stroβ chamou-me a atenção para a seguinte passagem do romance humorístico *Tristram Shandy*, de Laurence Sterne (volume VI, cap. V):**

"[...] e não me surpreende nada que Gregório Na-

---

* Esse parágrafo e a citação subsequente foram acrescentados em 1920.
** Citado por Freud numa tradução alemã; aqui utilizamos a tradução de José Paulo Paes (*A vida e as opiniões do cavalheiro Tristram Shandy*, São Paulo: Companhia das Letras, 2ª ed. corrigida, 1998).

zianzeno, tão só com observar os gestos açodados e rebeldes de Juliano, pudesse prever que um dia ele se tornaria um apóstata; — ou que santo Ambrósio pusesse para fora o seu Amanuense devido ao movimento indecoroso da cabeça dele, a balançar para a frente e para trás como um mangual; — ou que Demócrito percebesse ser Protágoras um sábio ao vê-lo atar um feixe de varas empurrando os ramos pequenos para dentro. — Há milhares de aberturas que passam despercebidas, continuou meu pai, mas pelas quais um olho penetrante alcança chegar à alma de um homem; e eu sustento, acrescentou, que um homem não pode tirar o chapéu ao entrar num aposento, — ou pegá-lo, ao sair, sem deixar transparecer algo que lhe revele o caráter."

Eis agora uma pequena coleção de atos sintomáticos diversos, de pessoas sãs e neuróticas:[*]

Um colega mais velho, que não gosta de perder no jogo de cartas, certa vez teve de pagar uma quantia considerável, pois havia perdido. Fez isso sem lamentar, mas num estado de espírito peculiarmente contido. Depois que partiu, viram que ele havia deixado no assento praticamente tudo o que tinha consigo: óculos, lenço, porta-charutos. Isso requer a seguinte tradução: "Ladrões! Vocês me roubaram tudo!".

Um homem que sofria ocasionalmente de impotên-

---

[*] Os exemplos dados até o final do capítulo apareceram primeiramente em forma de nota de rodapé, num ponto anterior do texto; cf. nota à p. 283.

IX. ATOS SINTOMÁTICOS E ATOS CASUAIS

cia sexual, causada pela intensidade de suas relações com a mãe na infância, informou que estava acostumado a decorar textos e anotações com a letra "s", a inicial do nome da mãe. Ele não suportava que cartas vindas de casa entrassem em contato, sobre a escrivaninha, com a outra correspondência, que não era sagrada, e por isso tinha de guardar separadamente aquelas.

Uma jovem senhora abriu de repente a porta do consultório, onde ainda estava a paciente anterior. Desculpou-se alegando "distração". Logo se verificou que ela havia mostrado a curiosidade que no passado a fizera entrar no quarto dos pais.

Garotas que se orgulham do cabelo bonito são capazes de manusear pentes e grampos com tal habilidade que o cabelo se solta enquanto conversam.

Há homens que, durante o tratamento (deitados), deixam cair trocados do bolso da calça, e assim remuneram o trabalho da sessão conforme sua estimativa.

Quem esquece no consultório do médico algum objeto que levou, como pincenê, luvas, bolsinha, indica que não consegue se afastar e gostaria de voltar logo. Ernest Jones diz: "*One can almost measure the success with which a physician is practising psychotherapy, for instance, by the size of the collection of umbrellas, handkerchiefs, purses, and so on, that he could make in a month*" [Quase se pode medir o sucesso com que um médico pratica a psicoterapia, por exemplo, pelo tamanho da coleção de guarda-chuvas, lenços, bolsas etc., que ele consegue fazer em um mês].

As menores ações habituais, realizadas com o mínimo de atenção, como dar corda no relógio antes de dormir, apagar a luz ao deixar um aposento etc., são ocasionalmente sujeitas a perturbações que mostram, de maneira inequívoca, a influência dos complexos inconscientes nos hábitos supostamente mais fortes. Na revista *Coenobium*, Maeder conta de um médico de hospital que certa noite resolveu ir à cidade, devido a um assunto importante, embora estivesse de serviço no hospital. Ao voltar, notou, surpreso, que havia luz em sua sala. Ele havia esquecido de desligar a luz ao sair, o que nunca havia acontecido antes. Mas logo atinou com o motivo desse esquecimento. O diretor do hospital, que morava lá, certamente concluiu, pela luz na sala do seu internista, que este se achava no local.

Um homem assoberbado de preocupações, e eventualmente sujeito a depressões, garantiu-me que sempre achava seu relógio parado de manhã, quando na noite anterior a vida lhe parecera dura e inamistosa demais. Assim, não dando corda ao relógio ele exprimia simbolicamente que não lhe importava viver o dia seguinte.

Outro homem, que não conheço pessoalmente, escreve: "Golpeado duramente pelo destino, a vida me pareceu tão dura e hostil que julguei não ter força bastante para viver um dia mais, e então percebi que quase diariamente esquecia de dar corda ao relógio, o que anteriormente nunca deixava de fazer antes de ir para a cama, de maneira quase mecânica e inconsciente. Era raro eu me lembrar disso, apenas quando no dia seguinte eu tinha algo importante ou que me interessava particularmente. Seria também isso um ato sintomático? Eu não conseguia achar uma explicação".

IX. ATOS SINTOMÁTICOS E ATOS CASUAIS

Quem quiser, como Jung e Maeder,⁶³ dar-se o trabalho de atentar para as melodias que cantarola, sem querer e muitas vezes sem notar, poderá descobrir a relação entre as palavras da canção e um assunto que tem na mente.

Também merecem atenção cuidadosa os determinantes mais sutis da expressão de pensamentos, oralmente ou por escrito. As pessoas acreditam, em geral, escolher livremente as palavras com que exprimem seus pensamentos ou as imagens com que os disfarçam. Uma observação mais precisa mostra que outras considerações decidem quanto a essa escolha e que na forma do pensamento transparece um sentido mais profundo, muitas vezes não pretendido. As imagens e locuções que uma pessoa gosta de utilizar não são irrelevantes, geralmente, para o juízo que se faz dela, enquanto outras vêm a ser, com frequência, alusão a um assunto que naquele momento é mantido em segundo plano, mas que tocou fortemente quem fala. Em determinada época, ouvi alguém usar repetidamente a seguinte locução, em discussões teóricas: "Se uma coisa lhe atravessa de repente a cabeça", mas eu sabia que pouco tempo antes lhe havia chegado a notícia de que seu filho, que se achava no campo de batalha, tivera o quepe atravessado por um projétil russo de frente para trás.*

---

63 Jung, "Über die Psychologie der Dementia praecox" (1907, p. 62); Maeder, "Une voie nouvelle en psychologie — Freud et son école" (1909).

* Segundo informa James Strachey, essa pessoa foi o próprio Freud, que numa carta a Lou Andreas-Salomé conta que aconteceu justamente isso ao seu filho mais velho (carta de 30 de julho de 1915).

X. ERROS

Os erros de memória se distinguem do esquecimento com recordação errada apenas pelo fato de o erro (a recordação equivocada) não ser reconhecido como tal, mas achar crédito. O uso da palavra "erro" parece se ligar também a outra condição. Falamos de "errar", em vez de "recordar erradamente", quando no material psíquico a ser reproduzido deve ser enfatizada a realidade objetiva, ou seja, quando outra coisa que não um fato de nossa vida psíquica deve ser lembrada, algo que não seja passível de confirmação ou refutação pela memória de outros. O oposto de erro de memória, nesse sentido, é a ignorância.

Em meu livro *A interpretação dos sonhos* (1900), fui responsável por vários falseamentos de dados históricos, até mesmo factuais, que após o livro publicado me admirei de encontrar. Examinando-os detidamente, vi que não se originaram de minha ignorância, mas de erros de memória que a análise pode esclarecer.

1) Na página 266 (da primeira edição [p. 502 do v. 4 destas *Obras completas*]), dou como local de nascimento de Schiller a cidade de Marburg, nome que é também o de uma localidade na Estíria.* O erro se encontra na análise do sonho tido numa viagem noturna, em que despertei ao ouvir o cobrador gritar o nome da estação,

---

* A Estíria era uma região do Império Austro-Húngaro, agora da Áustria em sua maior parte. Atualmente a cidade que em alemão se chamava Marburg fica na Eslovênia; seu nome nativo era (é) Maribor.

X. ERROS

Marburgo. No sonho alguém pergunta por um livro de Schiller. Ora, este não nasceu na cidade universitária de Marburgo, e sim em Marbach, na região da Suábia. E garanto que sempre soube disso.

2) Na página 135 [234 do nosso v. 4], Asdrúbal é designado como sendo o pai de Aníbal. Esse erro me irritou especialmente, mas foi o que mais contribuiu para corroborar meu entendimento de tais erros. Poucos leitores do livro estariam mais familiarizados com a história dos Barca do que o autor, que cometeu o erro e o deixou escapar em três provas tipográficas. O pai de Aníbal se chamava Amílcar — Asdrúbal era o nome de seu cunhado e antecessor no comando.

3) Nas páginas 177 e 370 [297 e 673], afirmo que Zeus castrou o pai, Cronos, e o tirou do trono. Mas erroneamente adiantei essa barbaridade em uma geração; na mitologia grega, foi Cronos que a perpetrou no pai, Urano.[64]

Como se explica que minha memória tenha fornecido dados incorretos nesses pontos, enquanto em outros, como os leitores do livro podem comprovar, pôs à minha disposição o material mais remoto e inusitado? E, além disso, que em três cuidadosas leituras das provas eu tenha ignorado esses erros, como que atingido por uma cegueira?

Goethe falou de Lichtenberg: "Onde ele faz um gracejo, há um problema escondido".* Algo parecido

---

[64] Não foi um erro total, porém. Na versão órfica do mito, a castração é repetida em Cronos pelo filho Zeus.

* Também citado em *O chiste e sua relação com o inconsciente* (1905),

se pode afirmar dos trechos aqui mencionados do meu livro: onde aparece um erro, há uma repressão por trás dele — ou melhor, uma insinceridade, uma deformação que, afinal, se baseia em algo reprimido. Na análise dos sonhos ali relatados, a própria natureza dos temas a que se referem os pensamentos oníricos me obrigou a, por um lado, interromper a análise antes de arrematá-la verdadeiramente; e a, por outro lado, atenuar a ousadia de um pormenor indiscreto mediante uma leve deformação. Não soube fazer de outro modo, e realmente não tinha escolha, se queria apresentar exemplos e provas. Minha situação difícil resultava necessariamente de uma característica dos sonhos, que é dar expressão a material reprimido, ou seja, incapaz de chegar à consciência. Apesar de tudo, parecia restar coisa suficiente para escandalizar as almas mais sensíveis. Não era possível realizar a deformação ou omissão dos pensamentos, cujo prosseguimento eu conhecia, sem deixar traços. Com frequência, o que eu queria suprimir obtinha acesso ao que era aceito por mim e lá se manifestava como um erro não notado por mim. O mesmo tempo subjaz aos três exemplos destacados; os erros são derivados de pensamentos reprimidos que se ligavam a meu falecido pai.*

Quem ler o sonho analisado na página 266 do livro [pp. 501 ss do v. 4 destas *Obras completas*] verá claramen-

---

onde vários aforismos de Lichtenberg são examinados, e na segunda das *Conferências introdutórias à psicanálise* (1916-7).

* Cf. o prefácio à segunda edição da *Interpretação dos sonhos*.

X. ERROS

te, ou perceberá por alusões, que eu interrompi pensamentos que conteriam uma crítica inamistosa a meu pai. Na continuação desses pensamentos e lembranças há uma história desagradável, em que aparecem livros e um amigo de negócios de meu pai que se chama Marburg, o nome com que fui despertado na estação ferroviária homônima. Na análise eu quis omitir esse senhor Marburg, para mim e para os leitores. Ele se vingou intrometendo-se onde não era seu lugar, e mudou o nome do lugar de nascimento de Schiller, de Marbach para Marburg.

2) O erro de trocar Amílcar por Asdrúbal, de pôr o nome do irmão em vez do nome do pai, surgiu num contexto que diz respeito a fantasias com Aníbal, em meu tempo de ginásio, e à minha insatisfação ante o comportamento de meu pai com os "inimigos de nosso povo". Eu poderia ter prosseguido e relatado como minha relação com meu pai foi alterada por uma viagem que fiz à Inglaterra, onde conheci o meio-irmão que lá vivia, fruto de um casamento anterior de meu pai. O filho mais velho desse irmão tem a mesma idade que eu; de modo que a questão da idade não dificultava as fantasias de como teria sido diferente se eu tivesse nascido como filho de meu irmão, e não do meu pai. Essas fantasias suprimidas falsearam o texto de meu livro no lugar em que interrompi a análise, fazendo-me escrever o nome do irmão em vez do nome do pai.

3) Também atribuo à influência da lembrança desse irmão o fato de haver adiantado em uma geração as atrocidades mitológicas dos deuses gregos. Entre as advertências de meu irmão, uma me ficou por longo tempo na

memória: "Não esqueça, na condução de sua vida, que você pertence, na verdade, à terceira geração no tocante a seu pai, não à segunda". Nosso pai se casou novamente quando já maduro, e por isso era bem mais velho que os filhos do segundo casamento. No livro, eu faço o erro justamente ao tratar da piedade entre pais e filhos.

Algumas vezes também aconteceu de amigos e pacientes, cujos sonhos relatei no livro ou aos quais me referi nas análises, observarem que eu havia narrado de forma inexata as circunstâncias de episódios por nós vividos conjuntamente. Seriam, de novo, erros históricos. Após corrigi-los, examinei os vários casos e me convenci igualmente de que minha lembrança dos fatos era infiel apenas onde, na análise, havia deformado ou escondido algo de propósito. Também aí temos *um erro não notado como substituto para uma omissão ou repressão intencional*.

Esses erros, originados da repressão, são claramente distintos de outros, que se baseiam em genuína ignorância. Assim, foi ignorância quando, num passeio à região de Wachau, acreditei haver chegado à casa do líder revolucionário Fischhof. Os dois locais têm apenas o mesmo nome; o Emmersdorf de Fischhof fica na Caríntia. Mas isso eu não sabia.

4) Eis outro erro* vergonhoso e instrutivo, um exemplo de ignorância momentânea, se podemos dizer assim. Um paciente me lembrou, certo dia, de passar-lhe dois livros sobre Veneza que lhe havia prometido,

---

* Esse e o exemplo 5 foram acrescentados em 1907.

com os quais queria se preparar para uma viagem na Páscoa. "Já os separei", respondi, e fui até a biblioteca para pegá-los. Na verdade, eu havia esquecido de procurá-los, pois não concordava inteiramente com a viagem do paciente, que me parecia uma interrupção desnecessária do tratamento e um prejuízo material para o médico. Assim, olhei rapidamente na biblioteca, em busca dos dois livros que tinha em mente. *Veneza, cidade da arte* era um; mas eu também devia ter uma obra histórica, numa coleção daquele tipo. Correto, lá estava: *Os Médici*. Eu o tomei e levei ao paciente que esperava; mas reconheci, envergonhado, o erro. Naturalmente, sabia que os Médici não têm relação com Veneza, mas por um breve instante isso não me pareceu incorreto. Eu tive de ser justo; dado que tantas vezes o havia confrontado com seus atos sintomáticos, só podia salvar minha autoridade diante dele se fosse franco e lhe revelasse os motivos de minha oposição a sua viagem.

Pode nos surpreender, de modo geral, que o impulso de dizer a verdade seja tão mais forte do que habitualmente se pensa. É talvez uma consequência do meu trabalho com a psicanálise o fato de eu quase não conseguir mais mentir. Sempre que busco distorcer algo, cometo um erro ou algum outro ato falho que denuncia minha insinceridade, como se viu nesse e nos exemplos anteriores.

O mecanismo do erro parece ser o menos rígido de todos os atos falhos, isto é, o aparecimento do erro mostra, de maneira bem geral, que a atividade psíquica teve de lutar com alguma influência perturbadora, sem que o tipo do erro fosse determinado pela qualidade da ideia perturbadora, que permaneceu obscura. Neste ponto acrescentamos, ao que foi dito anteriormente, que em muitos casos simples de lapsos verbais e de escrita deve-se supor a mesma coisa. A cada vez que cometemos um lapso verbal ou de escrita, podemos inferir que há uma perturbação devida a processos psíquicos alheios à intenção, mas deve-se admitir que muitas vezes o lapso obedece às leis da semelhança, da comodidade ou da tendência à pressa, sem que o elemento perturbador consiga impor algo de sua característica ao equívoco resultante na fala ou escrita. A complacência* da linguagem possibilita a determinação do erro, mas também lhe coloca um limite.

Para não me restringir a erros meus, vou comunicar alguns exemplos mais, que poderiam igualmente ser incluídos entre os lapsos verbais e de escrita — o que pode ser irrelevante, dada a equivalência de todas essas formas de ato falho.

5) Proibi um paciente de telefonar para a namorada com quem queria romper, pois cada conversa fazia reiniciar a luta para se afastar dela. Ele devia comunicar por escrito sua decisão final, embora houvesse dificuldade em lhe fazer chegar correspondência. Ele me visitou às

---

* No original, *das Entgegenkommen*; nas versões consultadas: *el apoyo*, *la solicitación*, *la compiacenza*, *la plasticité*, *the compliance*. Além daquelas que normalmente consultamos — a espanhola da Biblioteca Nueva, a argentina da Amorrortu, a italiana da Boringhieri e a *Standard* inglesa —, dispusemos de uma antiga tradução francesa assinada por S. Jankélévitch (*Psychopathologie de la vie quotidienne*, Paris: Petite Bibliothèque Payot, s. d.).

treze horas, para dizer que havia encontrado um meio de contornar essa dificuldade, e me perguntou, entre outras coisas, se podia invocar minha autoridade de médico. Às catorze horas estava escrevendo a carta de despedida, mas a interrompeu subitamente e disse à mãe, que estava presente: "Esqueci de perguntar ao professor se posso mencionar o nome dele na carta"; correu ao telefone, obteve a ligação e falou: "Por favor, o professor já terminou a refeição e pode falar?". Como resposta, ouviu uma pergunta assombrada: "Adolf, você está maluco?". Era a mesma voz que, pela minha injunção, ele não deveria mais escutar. Ele havia simplesmente "se enganado" e, em vez do número do médico, havia informado o da namorada.

6) Uma jovem senhora* devia prestar uma visita a uma amiga recém-casada que vivia na *Habsburger*gasse. Falou disso quando se achava à mesa com a família, mas disse, erroneamente, que ia à *Babenberger*gasse. Alguns dos presentes lhe chamaram a atenção, rindo, para o erro — ou lapso, se preferirem — que ela não percebera. Dois dias antes a república havia sido proclamada em Viena; a bandeira preta e amarela desapareceu, dando lugar às cores da antiga Província Oriental: vermelho, branco e vermelho; a dinastia dos Habsburgos foi deposta. A jovem transpôs essa mudança para o endereço da amiga. Existe em Viena uma Babenberger*strasse*, muito conhecida, mas nenhum vienense se refere a essa rua como *Gasse*.**

---

* Exemplo acrescentado em 1919.
** *Strasse* é uma rua mais importante; *Gasse*, uma via secundária.

7) Num local de veraneio,* o professor da escola, um jovem sem recursos mas de boa aparência, cortejou tanto a filha do proprietário de uma mansão, de uma família da cidade grande, que a garota se apaixonou por ele e inclusive convenceu os pais a aprovarem o casamento, não obstante as diferenças de classe e de raça. Um dia, o professor escreveu ao irmão uma carta em que dizia: "A garota não é bonita, mas é bastante meiga e quanto a isso estaria tudo bem. Só não sei lhe dizer se conseguirei me decidir a casar com uma judia". A noiva chegou a ler essa carta e pôs fim ao compromisso, enquanto o irmão deve ter se surpreendido com as declarações de amor que recebeu. Quem me informou garantiu que havia se tratado de um erro, não de um expediente sagaz. Soube também de outro caso de troca de cartas, em que uma senhora, insatisfeita com seu antigo médico e não querendo rejeitá-lo abertamente, teve seu objetivo alcançado dessa maneira. Nesse caso, pelo menos, posso assegurar que foi o erro, e não a astúcia consciente, que fez uso desse velho artifício das comédias.

8) Brill conta** de uma senhora que lhe perguntou por notícias de uma conhecida em comum, mas erroneamente usou o nome de solteira da mulher. Quando ele a fez atentar para isso, foi obrigada a admitir que

---

A Áustria era chamada de *Ostmark* ("Província Oriental") no tempo de Carlos Magno e foi governada pela dinastia dos Babenberg até o séc. XIII, quando os Habsburgos assumiram o poder — até 1918, quando se proclamou a república.
* Exemplo acrescentado em 1907.
** Acrescentado em 1912.

não gostava do marido dessa conhecida e se entristecera com aquele casamento.

9) Eis um caso de erro* que também pode ser descrito como "lapso verbal". Um jovem pai foi ao cartório para registrar o nascimento da segunda filha. Ao ser perguntado como se chamaria a criança, respondeu "Hanna". Mas o funcionário teve de lhe dizer: "O senhor já tem uma filha com esse nome". Teremos de concluir que essa segunda filha não foi tão bem-vinda quanto a primeira.

10) Vou apresentar** algumas outras observações de trocas de nomes que, naturalmente, poderiam muito bem constar de outros capítulos deste livro.

Uma senhora é mãe de três filhas, das quais duas se casaram há muito tempo, enquanto a mais nova ainda aguarda seu destino. Uma amiga da família deu o mesmo presente nos dois casamentos, um valioso conjunto de chá de prata. Sempre que se fala desse conjunto de chá, a mãe diz, erroneamente, que a terceira filha é a dona. É evidente que tal erro expressa o desejo que tem a mãe de ver a filha mais nova casada. Nisso ela pressupõe que essa filha receberia o mesmo presente de casamento.

Igualmente fáceis de interpretar são os casos, nada infrequentes, em que uma mãe troca os nomes das filhas, filhos ou genros.

11) Um bom exemplo de troca de nomes persistente, mas que se explica facilmente, está na auto-observação

---

* Acrescentado em 1907.
** Os exemplos 10 e 11 foram acrescentados em 1920.

de um senhor de nome J. G., quando de sua estadia num sanatório:

"No jantar, numa conversa com minha vizinha de mesa, em tom bastante convencional e de pouco interesse para mim, falei algo particularmente amável. A senhorita, já não muito nova, não pôde deixar de comentar que não era do meu feitio ser tão amável e galante para com ela — uma resposta que continha certo lamento, mas também uma alfinetada numa senhorita nossa conhecida, a quem eu dava mais atenção. Naturalmente, compreendi de imediato. No prosseguimento da conversa, ela teve de observar, o que foi penoso para mim, que várias vezes eu a chamei pelo nome daquela senhorita, que ela via, não sem razão, como sua rival mais afortunada."

12) Também vou apresentar* como "erro" um incidente com pano de fundo sério, que me foi relatado por uma testemunha presente. Uma senhora saiu à noite com o marido e dois outros senhores. Um desses era seu amigo íntimo, algo que os demais não sabiam e não podiam saber. Os dois acompanharam o casal até a porta do seu prédio. Enquanto esperavam que a porta fosse aberta, fizeram as despedidas. A senhora inclinou-se para o homem que não conhecia e estendeu-lhe a mão e disse algumas palavras educadas. Depois agarrou o braço do seu amante secreto, voltou-se para o marido e ia despedir-se dele também educadamente. O marido viu aquilo como uma brincadeira, tirou o chapéu e disse, com exagerada polidez:

---

* Acrescentado em 1917.

X. ERROS

"Encantado, madame!". A mulher, assustada, deixou cair o braço do amante e ainda teve tempo de dizer com um suspiro, antes do porteiro chegar: "Não, não é possível!". O marido era daqueles que veem como absolutamente impossível a infidelidade da mulher. Havia jurado que, se isso acontecesse, mais de uma vida correria perigo. Desse modo, possuía os mais fortes impedimentos interiores para notar o desafio contido naquele erro.

13) Eis agora* um erro de um dos meus pacientes, particularmente instrutivo pelo fato de repetir-se com o significado oposto. Após demorada luta interior, um jovem muito hesitante prometeu se casar com a garota que o amava havia bastante tempo, assim como ele a ela. Acompanhou a noiva até a casa, despediu-se dela, tomou um bonde, extremamente feliz, e solicitou à cobradora... *dois* bilhetes. Uns seis meses depois já estava casado, mas não fruía realmente a felicidade conjugal. Tinha dúvida de haver feito bem em casar, sentia falta das amizades de antes, punha defeitos nos sogros. Um dia, buscou sua jovem esposa na casa destes, tomou um bonde com ela e pediu somente um bilhete à cobradora.

14) Um bom exemplo** de Maeder mostra como um desejo suprimido com relutância pode ser satisfeito através de um "erro". Um colega tinha o dia livre e desejava aproveitá-lo sem incômodos. Mas devia fazer uma visita em Lucerna, perspectiva que não lhe agradava; depois de pensar muito, resolveu ir. Para se distrair, pôs-se a

---

* Acrescentado em 1919.
** Acrescentado em 1910.

ler os jornais no trecho de Zurique a Arth-Goldau; mudou de trem nessa última estação e prosseguiu com a leitura. Na continuação da viagem, o fiscal que verificava os bilhetes lhe disse que ele havia tomado o trem errado — aquele que retornava de Goldau para Zurique, embora ele tivesse um bilhete para Lucerna ("Nouvelles contributions à la psychopathologie de la vie cotidienne", *Archives de psychologie*, VII, 1908).

15) Uma tentativa semelhante,* mas não muito bem-sucedida, de fazer um desejo suprimido alcançar expressão pelo mesmo mecanismo de erro é relatada pelo dr. Viktor Tausk, com o título "Indo na direção errada":

"Eu havia chegado a Viena, de licença do front. Um antigo paciente soube de minha presença e solicitou que lhe prestasse uma visita, pois estava de cama. Atendi à solicitação e passei duas horas com o doente. Na despedida, ele perguntou quanto me devia. 'Estou aqui de licença, não estou trabalhando no momento', respondi. 'Tome esta visita como um gesto de amizade'. Ele ficou surpreso, provavelmente não se sentia no direito de ter uma ajuda profissional em forma de gesto de amizade não remunerado. Mas afinal aceitou minha resposta, expressando a respeitosa opinião (ditada pelo prazer em poupar o gasto) de que, como psicanalista, eu certamente fazia a coisa certa. Instantes depois, eu mesmo já não estava seguro da sinceridade do meu ato nobre e, cheio de dúvidas — que dificilmente admitiam mais de uma explicação —, tomei

---

* Acrescentado em 1919.

um bonde da linha X. Após um curto trajeto eu tinha de mudar para a linha Y. Enquanto esperava pelo outro bonde, esqueci da questão dos honorários e pensei nos sintomas do meu paciente. Chegou o bonde e subi nele. Mas tive que descer no ponto seguinte. É que, em vez de tomar a linha Y, eu havia entrado inadvertidamente num bonde da linha X e estava indo na direção da qual tinha acabado de vir, na direção do paciente do qual não quis aceitar honorários. *Mas meu inconsciente queria receber os honorários"* (*Internationale Zeitschrift für Psychoanalyse*, IV, 1916-7).

16) Certa vez,* eu próprio realizei um estratagema muito semelhante ao do exemplo 14. Havia prometido ao meu inflexível irmão mais velho que no verão lhe faria a visita que há muito lhe devia, num balneário inglês, obrigando-me a viajar pelo trajeto mais curto, sem paradas, pois o tempo era limitado. Quis permanecer um dia na Holanda, mas ele achou que isso poderia ficar para a volta. Assim, eu iria de Munique, via Colônia, até Rotterdam-Hoek van Holland, de onde o barco partia à meia-noite para Harwich. Em Colônia eu tinha de fazer baldeação; deixei meu trem, a fim de tomar o expresso para Rotterdam, mas não consegui achá-lo. Perguntei a vários funcionários da estação, enviaram-me de uma plataforma para outra, fui tomado de um desespero exagerado e logo percebi que com aquela busca inútil havia perdido o trem. Depois que confirmei isso, refleti se deveria pernoitar em Colônia; opção que era favorecida,

---

* Acrescentado em 1910.

entre outras coisas, pela devoção filial, pois, segundo uma velha tradição familiar, meus antepassados tinham saído dessa cidade, fugindo de uma perseguição aos judeus.* Mas tomei outra decisão; embarquei num trem posterior para Rotterdam, aonde cheguei altas horas, sendo obrigado a passar um dia na Holanda. Esse dia me proporcionou a satisfação de um desejo que havia muito abrigava: pude ver as magníficas pinturas de Rembrandt em Haia e no Rijksmuseum, em Amsterdam. Apenas na manhã seguinte, quando, já no trem da Inglaterra, pude reunir minhas impressões, é que me veio a indubitável lembrança de que na estação de Colônia, a alguns passos do local onde eu havia descido, na mesma plataforma, eu tinha visto uma grande placa com os dizeres "Rotterdam-Hoek van Holland". Lá, esperando por mim, estava o trem com que eu prosseguiria a viagem. Será preciso designar como incompreensível "cegueira" o fato de, apesar dessa boa orientação, eu ter corrido e buscado o trem em outro lugar, se não quisermos supor que minha intenção era justamente admirar os quadros de Rembrandt já na viagem de ida, à revelia do meu irmão. Todo o resto — minha perplexidade bem encenada, o surgimento da filial intenção de pernoitar em Colônia — foi apenas uma montagem para ocultar de mim mesmo a minha intenção, até que ela se realizasse.

17) J. Stärcke relata,** de sua própria pessoa, uma montagem semelhante produzida pelo "esquecimen-

---

* Cf. *Autobiografia* (1925; p. 77 do v. 16 destas *Obras completas*).
** Acrescentado em 1917.

to", para satisfazer um desejo a que supostamente renunciamos:

"Uma vez tive de fazer uma palestra com diapositivos num lugarejo. Mas a palestra foi adiada em uma semana. Eu respondi à carta que falava desse adiamento e anotei a nova data em minha agenda. Eu queria chegar ao lugar ainda à tarde, para ter tempo de visitar um escritor meu conhecido que lá vivia. Infelizmente, porém, eu não tinha a tarde livre no dia marcado. A contragosto, tive que desistir da visita.

"Quando veio o dia da palestra, parti para a estação com toda a pressa, carregando uma maleta cheia de diapositivos. Tive de tomar um táxi para ainda pegar o trem (acontece-me com frequência demorar tanto para sair que preciso tomar um táxi para pegar o trem!). Chegando ao lugar, fiquei surpreso de ninguém me aguardar na estação (como é costume quando fazemos palestras em lugares pequenos). De repente me lembrei de que a palestra havia sido adiada em uma semana, de modo que eu tinha viajado em vão, na data originalmente marcada. Após amaldiçoar meu esquecimento, pensei em tomar o trem seguinte e voltar para casa. Refletindo um pouco mais, porém, achei que era uma boa oportunidade de fazer a visita desejada, e a fiz, de fato. Apenas no caminho me veio à mente que o desejo não satisfeito de ter tempo para a visita havia tramado habilmente aquele complô. O esforço de carregar a maleta com diapositivos e a corrida para pegar o trem ajudaram muito bem a esconder a intenção inconsciente" (*Internationale Zeitschrift für Psychoanalyse*, IV, 1916).

Talvez se pense que não é muito numerosa ou significativa a categoria de erros para a qual ofereço explicação. Mas convido a refletir se não há motivos para estender essa abordagem ao exame dos bem mais importantes *erros de julgamento* humanos na vida e na ciência. Apenas para os espíritos mais seletos e equilibrados parece ser possível preservar o quadro da realidade exterior percebida da distorção que ele habitualmente sofre na passagem pela individualidade psíquica de quem a percebe.

XI. ATOS FALHOS COMBINADOS*

Dois dos exemplos apresentados — meu erro ao situar os Médici em Veneza e o do jovem que conseguiu falar ao telefone com a namorada, apesar da proibição — tiveram uma caracterização imprecisa, na verdade, e se mostram, numa consideração mais atenta, como a combinação de um esquecimento e um erro. Posso exemplificar essa mesma combinação de modo mais nítido com alguns outros casos.

1) Um amigo me contou a seguinte experiência: "Há alguns anos, aceitei minha escolha para o comitê diretor de uma associação literária, porque imaginei que um dia eles poderiam ajudar na produção de minha peça, e participei regularmente, embora sem muito interesse, das

---

* Capítulo acrescentado ao livro em 1907. Inicialmente constava apenas dos primeiros quatro parágrafos e do último; os demais foram incluídos nas edições seguintes.

XI. ATOS FALHOS COMBINADOS

reuniões que aconteciam toda sexta-feira. Alguns meses atrás, recebi a garantia de que a peça será montada num teatro em F., e desde então *esqueci* regularmente as reuniões da associação. Quando li sua obra sobre essas coisas, envergonhei-me do meu esquecimento, repreendi a mim mesmo, dizendo que era uma mesquinhez não ir quando não precisava mais deles, e resolvi não esquecer a reunião seguinte. Sempre me lembrava dessa intenção, até que a realizei e me encontrei diante da porta da sala onde ocorreria. Para minha surpresa, estava fechada; a reunião já havia passado. Eu havia me enganado quanto ao dia; já era sábado!".

2) O exemplo seguinte é uma combinação de ato sintomático e ato descuidado; chegou-me por via indireta, mas é de boa fonte.

Uma senhora viajou para Roma com seu cunhado, um artista famoso. Esse foi bastante festejado pelos alemães que viviam em Roma e recebeu de presente, entre outras coisas, uma antiga medalha de ouro. A senhora se irritou porque o cunhado não apreciou devidamente o belo objeto. Sua irmã a substituiu em Roma e ela retornou para casa. Ao chegar em casa, descobriu, abrindo a bagagem, que — não sabia como — tinha levado consigo a medalha. Escreveu imediatamente ao cunhado, comunicando isso e dizendo que a enviaria de volta para Roma no dia seguinte. Mas então a medalha foi tão habilmente posta em outro lugar que não foi possível achá-la e remetê-la, e enfim ela compreendeu o que significava sua "distração": que desejava ficar com o objeto.

3) Eis alguns casos* em que o ato falho se repete obstinadamente, mas mudando os meios que utiliza:

Por motivos que ele próprio ignorava, Ernest Jones (op. cit., p. 483) deixou uma carta sobre a sua escrivaninha por vários dias, sem despachá-la. Por fim se decidiu a fazê-lo, mas recebeu-a de volta do *Dead letter office*,** pois havia esquecido de pôr o endereço do destinatário. Depois de endereçá-la, levou-a novamente ao correio, mas dessa vez sem o selo. Então não pôde mais ignorar sua relutância em expedi-la de fato.

4) Esta breve comunicação do dr. Karl Weiss, de Viena,*** descreve de modo impressionante os vãos esforços para realizar algo em oposição a uma resistência interna:

"O episódio seguinte oferece uma prova de como o inconsciente sabe se impor tenazmente quando tem um motivo para não deixar que uma intenção se realize e como é difícil guardar-se dessa tendência. Um conhecido me pede para lhe emprestar um livro e levá-lo no dia seguinte. Concordei de imediato, mas senti um claro desprazer, que inicialmente não pude explicar a mim mesmo. Depois compreendi: essa pessoa me devia dinheiro há anos e, ao que parecia, não pensava em pagá-lo. Não pensei mais na solicitação, mas me lembrei dela na manhã seguinte, com o mesmo sentimento de

---

* Os exemplos 3, 4 e 5 foram acrescentados em 1912.
** Em inglês no original; significa algo como "Departamento de cartas mortas".
*** Weiss, K., "Über einen Fall von Vergessen', *Zeitblatt für Psychoanalyse*, II, p. 532 (1912).

XI. ATOS FALHOS COMBINADOS

desprazer, e disse a mim mesmo: 'Seu inconsciente vai se empenhar para que você esqueça o livro. Mas você não quer ser indelicado, e por isso fará tudo para não esquecer'. Fui para casa, envolvi o livro num papel e o coloquei ao meu lado, sobre a mesa onde escrevo cartas. Após certo tempo, saí. Depois de alguns passos, lembrei-me de que tinha deixado sobre a mesa as cartas que queria levar ao correio. (Direi, de passagem, que entre elas havia uma em que tive de escrever algo desagradável a uma pessoa que poderia me ajudar em certa questão.) Retornei, apanhei as cartas e saí novamente. No bonde me ocorreu que havia prometido a minha esposa comprar algo para ela, e pensei, com satisfação, que o pacote seria pequeno. Então surgiu a associação 'pacote'-'livro', e notei que não estava com o livro. Portanto, não apenas o havia esquecido na primeira vez que saí, mas continuei não o enxergando ao pegar as cartas junto das quais ele estava."

5) A mesma coisa se acha numa observação exaustivamente analisada por Otto Rank:

"Um homem extremamente ordeiro e meticuloso relatou o seguinte acontecimento, que para ele foi extraordinário. Num dia à tarde, quando quis ver as horas, estando na rua, notou que havia esquecido o relógio [de bolso] em casa, o que não se lembrava de ter ocorrido antes. Como tinha um compromisso à noite, em que deveria ser pontual, e não havia tempo de buscar seu relógio em casa, aproveitou para visitar uma dama sua amiga e tomar-lhe emprestado o relógio para a noite. Isso era conveniente, pois já tinha combinado que a visitaria na manhã seguinte, e lhe devolveria o relógio nessa ocasião. Mas, quando quis entregá-lo à proprietária no dia seguinte, notou, para seu espanto, que o havia esquecido em casa; seu próprio relógio estava consigo. Então decidiu firmemente devolver o relógio à dama naquela tarde, e o fez. Quando quis consultar as horas, ao sair, viu novamente, para seu enorme espanto e aborrecimento, que havia esquecido seu próprio relógio. Essa repetição do ato falho pareceu tão patológica àquele indivíduo amante da ordem que ele desejava muito conhecer a motivação psicológica disso — algo logo revelado pela indagação psicanalítica, que averiguou se no dia crítico do primeiro esquecimento ele tinha vivenciado alguma coisa desagradável e em que contexto isso teria ocorrido. Imediatamente ele contou que após o almoço — pouco antes de sair, esquecendo o relógio — havia tido uma conversa com a mãe, que lhe disse que um parente leviano, que já tinha lhe causado muitas preocupações e despesas, empenhara o relógio e pedia que lhe emprestasse o dinheiro para resgatá-lo, pois necessitavam do relógio em casa. Esse empréstimo quase forçado o havia irritado e trazido à sua lembrança todos os desgostos que esse parente lhe ocasionara ao longo dos anos. Assim, seu ato sintomático se mostra multiplamente determinado: primeiro, dá expressão a pensamentos que seriam mais ou menos estes: 'Não vou deixar que me tirem dinheiro dessa maneira, e se precisam de um relógio, deixarei o meu em casa'; mas, como ele necessita do relógio para ir a um compromisso à noite, essa intenção pode se realizar

XI. ATOS FALHOS COMBINADOS

apenas por via inconsciente, na forma de um ato sintomático. Em segundo lugar, o esquecimento significa algo como: 'Os eternos gastos com esse imprestável ainda vão me arruinar, acabarei perdendo tudo'. Embora, segundo ele, a irritação com essa notícia tenha sido momentânea, a repetição do mesmo ato sintomático mostra que ela prossegue atuando de maneira intensa no inconsciente, como se a consciência dissesse: 'Essa história não me sai da cabeça'.[65] Dada essa atitude do inconsciente, não nos surpreende que o mesmo acontecesse ao relógio emprestado da dama. Mas motivos especiais talvez facilitem essa transferência para o 'inocente' relógio dela. O primeiro é que ele possivelmente queria conservá-lo, como substituto do seu próprio relógio sacrificado, e por isso esqueceu de devolvê-lo no dia seguinte; e talvez quisesse tê-lo como recordação da mulher. Além disso, o esquecimento do relógio dela lhe dá uma oportunidade de visitar novamente a mulher que admirava. Ele tinha de visitá-la na manhã seguinte, por outra razão, e com o esquecimento do relógio parece insinuar que dá muito valor a essa visita, marcada algum tempo antes, para usá-la com o propósito secundário de devolver o relógio. Além de tudo, o fato de esquecer duas vezes o próprio relógio e assim poder restituir o outro indica que inconscientemente ele procura evitar ter os dois relógios ao mesmo tem-

---

[65] "Esse prosseguimento da atuação no inconsciente se manifesta algumas vezes na forma de um sonho após o ato falho, outras vezes na repetição deste ou no fato de não ser corrigido."

po. Evidentemente, ele busca evitar dar a impressão de abundância, que contrastaria de modo ostensivo com a escassez do parente. Mas, por outro lado, com isso se opõe à sua aparente intenção de casamento em relação à mulher, advertindo a si mesmo que tem indissolúveis obrigações para com sua família (sua mãe). Outra razão para o esquecimento de um relógio de mulher seria, por fim, que na noite anterior ele havia se incomodado de, sendo solteiro, consultar um relógio de mulher, algo que fizera furtivamente, e que, para evitar a repetição dessa situação embaraçosa, ele não quis mais levar consigo o relógio. Por outro lado, como tinha que devolvê-lo, disso resultou também o ato sintomático inconscientemente realizado, que se revela como formação de compromisso entre impulsos emocionais conflitantes e custoso triunfo da instância inconsciente" (*Zentralblatt für Psychoanalyse*, II, 5 [1912]).

Três casos observados por J. Stärcke (op. cit.):

6) *Pôr fora do lugar, quebrar e esquecer como expressão de uma contravontade repelida*: "Eu tinha uma série de ilustrações para um trabalho científico e certa vez meu irmão pediu algumas emprestadas, para usar como diapositivos numa palestra. Embora me viesse, por um momento, o pensamento de que preferia que não fossem apresentadas ou publicadas aquelas reproduções (que eu havia juntado com muito esforço) antes que eu mesmo pudesse fazê-lo, prometi-lhe que buscaria os negativos das imagens que ele queria e aprontaria diapositivos com eles. No entanto, não consegui achar esses negativos. Olhei toda a pilha de caixas com negativos

relacionados ao tema, peguei um a um, cerca de duzentos, mas os que procurava não estavam lá. Suspeitei de que, na verdade, eu não queria que meu irmão tivesse as imagens. Depois que esse pensamento inamistoso se tornou consciente para mim e eu o afastei, percebi que havia posto de lado a caixa mais alta da pilha e não a tinha examinado, e nela estavam os negativos procurados. Na tampa dessa caixa havia uma breve anotação sobre o conteúdo, e provavelmente eu tinha passado os olhos sobre ela antes de pôr a caixa de lado. Mas o pensamento inamistoso parecia não estar completamente eliminado, pois aconteceram ainda várias coisas antes dos diapositivos serem enviados. Apertei demais os lados de um deles e o quebrei, enquanto o segurava para limpar o vidro (eu nunca havia danificado um diapositivo). Depois que fiz uma nova cópia dele, esta me caiu das mãos e só não se espatifou no chão porque estendi o pé a tempo. Quando ordenei os diapositivos, todo o monte caiu, mas felizmente nenhum se quebrou. E, por fim, foram precisos vários dias até que eu realmente os embalasse e enviasse, pois todo dia me propunha fazê-lo e sempre esquecia de novo esse propósito".

7) *Esquecer repetidamente e descuidar-se no momento da execução*: "Eu tinha de enviar um cartão-postal para um conhecido, mas adiei isso por vários dias, e tive a forte suspeita de que a causa disso foi a seguinte. Ele havia me dito, numa carta, que naquela semana me visitaria uma pessoa que eu não fazia questão de ver. Quando a semana havia passado e a perspectiva da visita indesejada era bem menor, escrevi afinal o

cartão, dizendo quando poderia receber visitas. Ao escrever o cartão, pensei em dizer primeiramente que o *druk werk* (trabalho intenso [em holandês]) me havia impedido de escrever antes, mas afinal não falei isso, pois nenhum indivíduo sensato acredita mais nessa desculpa tão comum. Não sei se essa pequena inverdade tinha de aparecer de toda forma, mas o fato é que, quando botei o cartão na caixa de correio, eu o lancei, erradamente, na abertura debaixo, reservada para *Drukwerk* ('Impressos')".

8) *Esquecer e errar*: "Numa manhã em que o tempo estava muito bonito, uma garota foi ao Rijksmuseum para desenhar moldes de gesso que lá estavam. Embora ela preferisse passear, com um tempo tão bonito, resolveu ser diligente e desenhar. Primeiro, teve de comprar papel para desenho. Foi à loja (a cerca de dez minutos do museu), comprou lápis e outros utensílios, mas esqueceu justamente do papel; foi para o museu e, quando estava no seu banquinho, pronta para começar, não tinha papel, de modo que precisou ir de novo à loja. Depois que buscou o papel, começou realmente a desenhar, adiantou bem o trabalho e, após algum tempo, ouviu muitas badaladas de sino vindas da torre do museu. Pensou: 'Já devem ser doze horas', e trabalhou mais, até que o sino tocou um quarto de hora ('São doze e quinze', pensou ela); então arrumou suas coisas e decidiu ir à casa de sua irmã através do Vondelpark, a fim de lá tomar café (a segunda refeição na Holanda). No museu Suasso viu, surpresa, que em vez de meio-dia e meia era apenas meio-dia! — O

XI. ATOS FALHOS COMBINADOS

tempo belo e atraente havia enganado sua diligência e, quando o relógio da torre bateu doze vezes às onze e meia, ela não se lembrou de que esse relógio bate a cada meia hora também".

9) Como algumas* das observações precedentes mostraram, a tendência perturbadora inconsciente pode alcançar seu propósito ao repetir obstinadamente a mesma espécie de ato falho. Citarei um divertido exemplo disso que está num pequeno livro, *Frank Wedekind e o teatro*, publicado pela editora Drei Masken, de Munique, mas a responsabilidade pela historinha, contada à maneira de Mark Twain, é certamente do autor:

"Na peça em um ato escrita por Wedekind, *Die Zensur* [A censura], ocorre a frase seguinte no instante mais sério: '*O medo da morte é um erro de lógica* [*Denkfehler*]'. O autor, que dava muita importância ao trecho, pediu ao ator, nos ensaios, que fizesse uma pequena pausa antes da palavra *Denkfehler*. Na noite da estreia, o ator entrou inteiramente no papel, observou com exatidão a pausa, mas disse involuntariamente, no tom mais solene: 'O medo da morte é um *Druckfehler* [erro de impressão]'. Respondendo a uma pergunta do ator, após o final da peça, o autor lhe assegurou que não havia o que objetar em sua atuação; apenas aquela frase não era 'O medo da morte é um *Druckfehler*', e sim 'um *Denkfehler*'. Quando *Die Zensur* foi apresentada na noite seguinte, o intérprete falou, naquela passagem, novamente em tom solene: 'O medo da morte é um... *Denkzettel* [lembrete]'. Mais uma vez,

---

* Esse parágrafo e o seguinte foram acrescentados em 1919.

Wedekind elogiou bastante o ator, mas comentou, de passagem, que não era 'O medo da morte é um *Denkzettel*', e sim 'um *Denkfehler*'. Na noite seguinte, *Die Zensur* foi novamente apresentada, e o ator — com o qual o autor, nesse meio-tempo, havia feito amizade e trocado impressões sobre a arte em geral — disse, quando chegou o momento, com a expressão mais solene do mundo: 'O medo da morte é um... *Druckzettel* [uma folha impressa]'. O intérprete recebeu a aprovação incondicional do autor, a peça teve muitas apresentações mais, porém o autor reconheceu que a noção de *Denkfehler* era uma causa perdida."

Otto Rank também se ocupou* das interessantes relações entre "Atos falhos e sonhos" (*Zentralblatt für Psychoanalyse* II, p. 266 [1912], e *Internationale Zeitschrift für Psychoanalyse*, III, p. 158 [1915]), que não podem ser estudadas, porém, sem uma aprofundada análise do sonho que se liga ao ato falho. Certa vez sonhei, como parte de um sonho maior, que havia perdido a carteira de dinheiro. De manhã, ao me vestir, dei por sua falta; eu havia esquecido de tirá-la do bolso da calça e pô-la no lugar de costume na noite anterior, antes de dormir. Portanto, esse esquecimento não me era desconhecido, provavelmente expressava um pensamento inconsciente que estava preparado para surgir no conteúdo do sonho.[66]

---

* Parágrafo acrescentado em 1912; a referência ao segundo artigo de Rank foi incluída em 1917.
66 [Nota acrescentada em 1924:] Não é raro que um ato falho como perder ou pôr algo no lugar errado seja desfeito num sonho em que o objeto é encontrado; mas tampouco tem nature-

XI. ATOS FALHOS COMBINADOS

Não afirmo que esses casos de atos falhos combinados possam ensinar algo novo, que já não se depreendesse daqueles simples, mas essa mudança da forma do ato falho, com manutenção do mesmo resultado, dá a viva impressão de uma vontade que busca determinada meta, e contradiz, de maneira bem mais enérgica, a concepção de que o ato falho seria algo casual e que não requer interpretação. Também nos deve chamar a atenção o fato de nesses exemplos a intenção consciente fracassar totalmente na prevenção do ato falho. Meu amigo não foi à reunião da associação literária, afinal, e aquela senhora não conseguiu ficar sem a medalha. O fator desconhecido que se opõe a essas intenções acha outra saída, depois que o primeiro caminho lhe é barrado. Para vencer o motivo desconhecido é preciso algo diferente da contraintenção consciente; é necessário um trabalho psíquico que torne o desconhecido conhecido para a consciência.

---

za de fenômeno oculto se o sonhador e quem perdeu o objeto são a mesma pessoa. Uma jovem dama escreve: "Há cerca de quatro meses notei — no banco — que havia perdido um anel muito bonito. Examinei cada canto do meu quarto, mas não o achei. Há uma semana sonhei que ele estava junto do radiador da calefação. Naturalmente, o sonho não me deu sossego, e na manhã seguinte encontrei o anel naquele lugar". Ela se admira com esse incidente, diz que é frequente que seus pensamentos e desejos se realizem dessa forma, mas não pergunta a si mesma que mudança houve em sua vida entre a perda e a recuperação do anel.

XII. DETERMINISMO, CRENÇA NO ACASO E SUPERSTIÇÃO — CONSIDERAÇÕES

Como conclusão geral das discussões precedentes podemos apresentar o seguinte. *Certas deficiências em nosso funcionamento psíquico* — cujas características comuns serão definidas em breve — *e certas ações aparentemente não intencionais se revelam, quando a elas aplicamos o método da investigação psicanalítica, perfeitamente motivadas e determinadas por motivos desconhecidos pela consciência.*

Para ser incluída na categoria dos fenômenos que podem ser explicados dessa forma, um ato falho psíquico deve preencher as seguintes condições:

a) Não pode exceder certa medida estabelecida por nosso julgamento, que é designada pelos termos "dentro do âmbito do normal".

b) Precisa ter o caráter de perturbação momentânea e temporária. Devemos já ter realizado aquela ação corretamente e nos saber capazes de realizá-la corretamente em qualquer ocasião. Quando somos corrigidos por outra pessoa, devemos reconhecer de imediato a justeza da correção e a natureza errada do nosso ato psíquico.

c) Quando chegamos a perceber o ato falho, não devemos estar cientes da motivação dele, e sim nos inclinar a justificá-lo como "desatenção" ou atribuí-lo ao "acaso".

Desse modo, permanecem nesse grupo os casos de esquecimento [*das Vergessen*] e os erros cometidos apesar de saber fazer, os lapsos verbais [*das Versprechen*], os lapsos de leitura [*Verlesen*], de escrita [*Verschreiben*],

XII. DETERMINISMO, CRENÇA NO ACASO E SUPERSTIÇÃO — CONSIDERAÇÕES

os atos descuidados [*Vergreifen*] e os chamados "atos casuais". A língua [alemã] aponta para a semelhança interna da maioria desses fenômenos, ao dotá-los do prefixo *ver-*.* O esclarecimento dos atos** psíquicos assim determinados leva a uma série de observações que devem, em parte, despertar um interesse mais amplo.

A) Se abandonamos parte de nosso funcionamento psíquico como sendo inexplicável mediante representações com meta [*Zielvorstellungen*], ignoramos o alcance do determinismo na vida psíquica. Nesse âmbito, como em outros, ele vigora mais do que suspeitamos. Num artigo publicado no jornal *Die Zeit* [O Tempo] em 1900, o historiador da literatura R. M. Meyer argumentou, com exemplos, ser impossível criar algo absurdo de modo intencional e arbitrário. Há algum tempo sei que não conseguimos fazer com que nos ocorra livremente um número, assim como um nome, por exemplo. Se investigarmos um número que parece formado de maneira arbitrária, talvez de vários algarismos, falado de brincadeira, ele se revelará estritamente determinado, como não acreditaríamos possível. Começarei discutindo um nome aparentemente escolhido de modo arbitrário e, em seguida, um exemplo análogo de número "dito sem pensar".

---

* O prefixo *ver-* denota, nessas palavras, desvio ou erro na função, equivalendo a *mis-* em inglês e *mé-* ou *més-* em francês.
** No original: *psychische Vorgänge* — o substantivo pode significar "processos" ou "eventos", "atos".

1) Quando ia preparar para publicação o caso clínico de uma paciente, pensei em qual nome lhe daria no trabalho. O leque de escolha parecia amplo; certamente alguns estavam excluídos de antemão: em primeiro lugar, o nome verdadeiro, depois os nomes femininos da minha própria família, que me incomodariam, e talvez outros nomes de mulher com um som peculiar. De resto, eu não deveria ter dificuldade em achar um nome. Era de esperar — e eu esperava — que toda uma série de nomes femininos se apresentasse. Em vez disso, apareceu apenas um, nenhum outro além dele: o nome "Dora". Eu me perguntei o que o determinava. Quem mais se chamava Dora? Quis dispensar, incrédulo, o primeiro pensamento que me veio: o de que a babá dos filhos de minha irmã tem esse nome. Mas, tendo muita disciplina ou prática na análise, me ative àquela associação e a desenvolvi. Imediatamente me ocorreu um incidente trivial da noite anterior, que trouxe o determinante que buscava. Na mesa da sala de jantar de minha irmã havia uma carta endereçada à "Srta. Rosa W.". Surpreso, indaguei quem era aquela pessoa, e fui informado de que a suposta Dora se chama Rosa, na verdade, e que teve de trocar o primeiro nome ao assumir o emprego, pois minha irmã, ouvindo chamarem "Rosa", pensaria se tratar dela mesma. Eu disse, com pena: "Pobre gente, nem mesmo o nome pode conservar!". Lembro-me de que depois disso guardei silêncio por um momento e me pus a pensar em diversas coisas sérias que se tornaram vagas, perderam-se, mas que então, refletindo sobre aquilo, pude tornar conscientes.

XII. DETERMINISMO, CRENÇA NO ACASO E SUPERSTIÇÃO — CONSIDERAÇÕES

Quando, no dia seguinte, busquei um nome para uma pessoa *que não podia conservar o próprio nome*, ocorreu-me apenas "Dora". Essa exclusividade se baseou também num nexo do próprio conteúdo do caso, pois na história de minha paciente teve influência decisiva no curso do tratamento uma pessoa que trabalhava numa casa alheia, uma preceptora.

Anos depois,* esse pequeno incidente teve uma continuação inesperada. Ao discutir numa conferência o caso clínico da moça a que havia denominado "Dora", publicado anos antes, ocorreu-me que uma das duas mulheres presentes tinha o mesmo nome, que eu teria de falar muitas vezes, em relação com várias coisas. Então me dirigi à jovem colega, que também conhecia pessoalmente, e desculpei-me, dizendo que não havia me lembrado da coincidência do nome, mas que o trocaria de bom grado naquela palestra. Tive de escolher rapidamente outro, e refleti que precisava evitar o nome da outra moça presente, para não dar um mau exemplo aos outros colegas, já familiarizados com a psicanálise. Fiquei satisfeito quando me ocorreu, como substituto para "Dora", o nome "Erna", que utilizei então na conferência. No final, perguntei a mim mesmo de onde podia ter vindo esse nome, e tive de rir ao constatar que a possibilidade temida havia se realizado na escolha do nome substituto, ao menos em parte. O nome de família da outra ouvinte era "Lucerna", do qual "Erna" faz parte.

2) Numa carta a um amigo, disse-lhe que havia terminado a correção das provas da *Interpretação dos sonhos*

---

* Parágrafo acrescentado em 1907.

e que nada mais mudaria no livro, ainda que ele contivesse "2467 erros".* Imediatamente procurei explicar esse número a mim mesmo e acrescentei a breve análise à carta. É melhor eu citar agora o que escrevi então, quando me peguei em flagrante:

"Aqui vai, rapidamente, uma contribuição à psicopatologia da vida cotidiana. Na carta há o número 2467, como estimativa arbitrária e espirituosa dos erros que serão encontrados no livro sobre os sonhos. Eu quis dizer que seria um grande número e me veio esse. Mas não existe nada arbitrário, não determinado, na psique. Assim, você vai esperar, com razão, que o inconsciente tenha se apressado em determinar o número que foi liberado pela consciência. Ora, eu tinha lido no jornal que o general E. M. se retirou da ativa como chefe da Artilharia. Você precisa saber que esse indivíduo me interessa. Quando eu servia como médico-cadete, ele apareceu um dia na enfermaria e falou ao oficial médico: 'O senhor precisa me curar em oito dias, pois eu tenho de fazer algo que o Imperador aguarda'. Depois disso, resolvi acompanhar a carreira desse homem, e veja, agora (em 1899) ele chega ao final dela, chefe da Artilharia e já aposentado. Eu quis calcular em quanto tempo ele fez essa trajetória, e achei que o tinha visto no hospital em 1882. Seriam dezessete anos, então. Falei disso a minha mulher e ela comentou: 'Então você também já deveria se aposentar?'. Eu protestei: 'Deus me guarde disso!'. Após essa conversa, eu me sentei à mesa para lhe escrever. Mas aquela cadeia de pensamentos prosseguiu, e com bons mo-

---

* Cf. a carta a Wilhelm Fliess, 27 de agosto de 1899.

XII. DETERMINISMO, CRENÇA NO ACASO E SUPERSTIÇÃO — CONSIDERAÇÕES

tivos. O cálculo estava errado; tenho um ponto de referência seguro em minha memória. Celebrei minha maioridade, isto é, meu aniversario de 24 anos, sob detenção militar (porque havia me ausentado sem permissão). Isso foi em 1880, há dezenove anos. Eis o 24 de 2467! Agora tome minha idade atual, 43, e acrescente 24 anos, e obterá 67! Ou seja, em resposta à pergunta sobre minha aposentadoria, eu me concedi mais 24 anos de trabalho. Claramente, eu estava aborrecido porque eu próprio não tinha avançado muito na carreira, no intervalo de tempo em que acompanhei a do coronel M., mas sentia uma espécie de triunfo pelo fato de ele ter chegado ao fim, enquanto eu ainda tenho tudo à minha frente. Então é possível dizer, corretamente, que nem mesmo o número 2467, escrito sem pensar, deixou de ser determinado pelo inconsciente."

3) Desde esse primeiro exemplo de explicação de um número aparentemente escolhido de modo arbitrário, repeti muitas vezes a experiência, sempre com o mesmo resultado. Mas a maioria dos casos é de conteúdo bastante íntimo, não pode ser comunicada.

Justamente por isso,* não quero deixar de incluir aqui uma interessante análise de "número que vem à mente", que o dr. Alfred Adler, de Viena, obteve de um indivíduo "perfeitamente saudável".[67] "Ontem à noite", relata essa pessoa, "peguei a *Psicopatologia da vida cotidiana* e teria lido o volume inteiro se um incidente

---

* Esse parágrafo e os seguintes foram acrescentados em 1907.
67 Adler, *Psychiatrisch-Neurologische Wochenschrift*, VII, p. 263 [1905].

curioso não tivesse me acontecido. Quando li que tem um significado todo número que nós, de modo aparentemente arbitrário, chamamos à consciência, decidi fazer uma experiência. Veio-me à mente o número 1734. Apareceram rapidamente as associações seguintes: 1734 : 17 = 102; 102 : 17 = 6. Então decompus o número em 17 e 34. Tenho 34 anos de idade. Vejo 34 — acho que lhe falei isso uma vez — como o último ano da juventude, e por isso me senti miserável no meu último aniversário. No final dos 17 anos começou um período bonito e interessante do meu desenvolvimento. Divido minha vida em seções de 17 anos. Que significam essas divisões? Acerca de 102 me ocorre que o número 102 da Biblioteca Universal Reclam é a peça de Kotzebue, *Menschenhass und Reue* [Misantropia e remorso].

"Meu atual estado psíquico é de misantropia e remorso. O número 6 da Biblioteca Reclam é *Schuld* [Culpa], de Müllner (sei de cor o número de uma porção de volumes). Sou continuamente atormentado pelo pensamento de, por minha culpa, não ter me tornado o que minha capacidade permitia. Também me ocorre que o nº 34 da B. R. é uma novela do mesmo Müllner, intitulada *Der Kaliber* [O calibre]. Decomponho a palavra em *Ka-liber*; além disso, me ocorre que ela contém 'Ali' e 'Kali'. Então me lembro de que certa vez inventei rimas com meu filho Ali (de seis anos). Solicitei que ele buscasse uma rima com 'Ali'. Não lhe veio à mente nenhuma, e eu disse, quando ele me pediu uma: *'Ali reinigt den Mund mit hypermangansauren Kali'* [Ali lava a boca com permanganato de potássio]. Nós rimos bastante e

XII. DETERMINISMO, CRENÇA NO ACASO E SUPERSTIÇÃO — CONSIDERAÇÕES

Ali foi adorável [*lieb*]. Nos últimos dias tive de constatar, com desgosto, que ele *ka (kein) lieber Ali sei* [não é um Ali adorável].

"Então me perguntei: qual é o nº 17 da B. R.?, e não soube responder. Mas certamente eu sabia antes qual é; suponho, assim, que quis esquecer esse número. Não adiantou refletir sobre isso. Eu queria continuar a ler, mas lia só mecanicamente, sem entender as palavras, pois o número 17 me atormentava. Apaguei a luz e prossegui buscando. Enfim me ocorreu que o 17 devia ser uma peça de Shakespeare. Mas qual? Me veio à mente *Hero and Leander*. Claramente, uma tola tentativa que minha vontade faz de me desviar. Afinal, me levanto e procuro o catálogo da B. R.; o nº 17 é *Macbeth*. Para meu espanto, verifico que quase nada sei desse drama, embora não lhe tenha dado menos atenção do que a outras peças de Shakespeare. Ocorre-me apenas assassino, Lady Macbeth, bruxas, 'Belo é feio', e que na época achei muito bonita a versão de Schiller. Sem dúvida, eu quis esquecer a peça. Ocorre-me também que 17 e 34 divididos por 17 dão 1 e 2. Na B. R., os números 1 e 2 são o *Fausto*, de Goethe. No passado, achei que havia muita coisa fáustica em mim."

Devemos lamentar que a discrição do médico não nos permita vislumbrar o significado dessa série de pensamentos. Adler observa que esse homem não conseguiu fazer uma síntese de suas explicações. Achamos que elas não mereceriam ser comunicadas se depois, no prosseguimento delas, não surgisse algo que nos fornecesse a chave para a compreensão do número 1734.

"Esta manhã tive, de fato, uma experiência que fala em favor da justeza da concepção freudiana. Minha mulher, que eu tinha acordado de noite, ao me levantar, me perguntou por que eu havia procurado o catálogo da B. R. Então lhe contei a história. Ela achou que era tudo palavrório, admitiu somente — o que foi interessante — o *Macbeth*, ao qual eu tanto me opusera. Disse que nada lhe ocorria quando pensava em um número. Eu respondi: 'Vamos fazer um teste'. Ela falou o número 117. Eu logo repliquei: '17 está relacionado ao que lhe contei; e ontem eu lhe disse que quando uma mulher está com 82 anos e um homem tem 35, há um grande desequilíbrio'. Nos últimos dias tenho brincado com minha mulher, dizendo que é uma velhinha de 82 anos. 82 + 35 = 117."

Portanto, esse homem que não soube achar o que determinou seu próprio número logo encontrou a solução, quando sua esposa lhe falou um número supostamente escolhido de forma arbitrária. Na realidade, a mulher havia apreendido muito bem de qual complexo o número do marido se originava, e escolheu seu número do mesmo complexo, que certamente era comum aos dois, pois se tratava da relação entre suas idades. Agora é fácil traduzirmos o número que ocorreu ao marido. Como Adler insinua, esse número expressa um desejo suprimido do homem, que se fosse desenvolvido plenamente seria: "Para um homem de 34 anos, como eu, convém uma mulher de 17".

Para que não se pense com menosprezo dessas "brincadeiras", acrescento o que soube recentemente pelo dr.

XII. DETERMINISMO, CRENÇA NO ACASO E SUPERSTIÇÃO — CONSIDERAÇÕES

Adler: que um ano após a publicação dessa análise o homem se separou da mulher.[68]

4) Adler dá explicações semelhantes sobre a origem dos números obsessores.

Também a escolha* dos chamados "números favoritos" tem relação com a vida do indivíduo e possui determinado interesse psicológico. Um homem que admitia especial predileção pelos números 17 e 19 pôde informar, após uma breve reflexão, que aos 17 anos havia obtido a ansiada liberdade acadêmica, entrando para a universidade, e que aos 19 havia feito sua primeira grande viagem e, logo em seguida, sua primeira descoberta científica. Mas a fixação nessa preferência aconteceu dez anos depois, quando os mesmos números assumiram importância na sua vida erótica. A análise permite encontrar o sentido inesperado até mesmo dos números usados de modo aparentemente arbitrário em certo contexto. Assim, um de meus pacientes notou que gostava de dizer o seguinte, quando estava de mau humor: "Já lhe falei isso de 17 a 36 vezes", e se perguntou se também nesse caso havia uma motivação. Logo lhe ocorreu que havia nascido num dia 27 e seu irmão mais jovem, num dia 26, e que tinha razões para lamentar que o destino lhe privasse de tantas coisas boas da vida e as con-

---

[68] Como explicação para o *Macbeth*, o n.º 17 da B. R., Adler me informou que aos dezessete anos esse homem havia entrado para uma sociedade anarquista que tinha como objetivo o assassinato do rei. Provavelmente por isso ele esqueceu o teor do *Macbeth*. Naquela época, também inventou uma escrita secreta em que as letras eram substituídas por números.

* Parágrafo acrescentado em 1910.

cedesse ao irmão menor. Então representava essa parcialidade do destino subtraindo dez do seu dia de nascimento e acrescentando-os ao do irmão. "Eu sou o mais velho, mas fui diminuído dessa forma."

5) Ainda me deterei* nas análises dos números que nos vêm à mente, pois não conheço outras observações que provem tão claramente a existência de processos mentais complexos de que a consciência não tem notícia, nem exemplo melhor de análises em que a contribuição do médico (sugestão), tantas vezes incriminada, está seguramente excluída. Então relatarei a análise do número que ocorreu a um de meus pacientes (com sua permissão). Sobre ele, basta informar que é o caçula de uma numerosa família e que ainda na infância perdeu o pai que muito admirava. Ele estava particularmente alegre e lhe veio à mente o número *426718*; e colocou a si mesmo a pergunta: "O que me ocorre a respeito desse número? Primeiro, uma piada que ouvi: 'Quando um médico trata o nosso resfriado, ele dura 42 dias; mas quando não o tratamos, dura... 6 semanas'". Isso corresponde aos primeiros algarismos do número: $42 = 6 \times 7$. Na pausa que houve após essa primeira solução, observei-lhe que o número que havia escolhido incluía todos os primeiros algarismos exceto o 3 e o 5. Então ele pôde prosseguir com a interpretação. "Nós somos 7 irmãos, eu sou o mais novo. Na série de filhos, 3 corresponde à minha irmã A., e 5, ao meu irmão L.; os dois eram meus inimigos. Quando era criança, toda noite eu rezava para que

---

* Acrescentado em 1912.

XII. DETERMINISMO, CRENÇA NO ACASO E SUPERSTIÇÃO — CONSIDERAÇÕES

Deus tirasse de minha vida aqueles dois que me atormentavam. Parece que eu próprio realizei agora esse desejo: foram omitidos o 3 e o 5, o irmão malvado e a irmã odiada." — Se o número representa a série de irmãos, o que é o 18 no final? Vocês eram apenas 7. "Muitas vezes pensei que, se o meu pai tivesse vivido mais, eu deixaria de ser o caçula. Se tivesse nascido mais 1, seríamos 8 e depois de mim haveria um filho menor, para quem eu seria um irmão mais velho."

Com isso o número estava explicado, mas ainda tínhamos de estabelecer a relação entre a primeira parte da interpretação e a segunda. Isso aconteceu facilmente, a partir da condição necessária para os últimos algarismos: se o pai tivesse vivido mais. $42 = 6 \times 7$ significava o desdém pelos médicos que não tinham salvado o pai; expressava, dessa forma, o desejo de que o pai prosseguisse vivendo. Todo o número correspondia à realização de seus dois desejos infantis no tocante à sua família, os dois irmãos ruins deviam morrer e um irmãozinho nascer depois deles; ou, dito de modo mais sucinto: "Se aqueles dois morressem, em vez do querido pai!".[69]

6) Eis um breve exemplo* que me foi dado por um correspondente. O diretor do telégrafo de L. escreve que seu filho de dezoito anos e meio, que quer estudar medicina, já se ocupa da psicopatologia da vida cotidiana e procura persuadir os pais de que minhas concepções são

---

[69] Para simplificar, omiti algumas associações secundárias do paciente que não deixavam de ser pertinentes.
* Acrescentado em 1920.

corretas. Reproduzo uma das experiências que ele realizou, sem me pronunciar sobre a discussão que se seguiu.

"Meu filho conversava com minha esposa sobre o assim chamado 'acaso' e lhe dizia que ela não seria capaz de mencionar uma canção ou um número que de fato lhe ocorresse 'casualmente'. Então houve o seguinte diálogo. Filho: 'Diga um número qualquer'. — Mãe: '79'. — Filho: 'O que lhe vem à cabeça a respeito dele?' — 'Penso no chapéu bonito que vi ontem'. Filho: 'Quanto custava ele?' — Mãe: '158 marcos' — Filho: 'Aí está: 158 : 2 = 79. Você achou o chapéu muito caro e certamente pensou: Se custasse a metade, eu o compraria'.

"Contrapus a essas afirmações de meu filho, em primeiro lugar, que as mulheres, em geral, não são muito boas com números, e que sua mãe certamente não notou que 79 é a metade de 158. Além disso, a teoria dele pressupõe o fato improvável de que o subconsciente calcula melhor do que a consciência normal. 'De maneira nenhuma', ele respondeu. 'Talvez minha mãe não tenha feito a conta 158 : 2 = 79, mas ela pode muito bem ter visto essa equação em algum momento; ela pode ter sonhado com o chapéu, percebendo quanto ele custaria se fosse a metade'."

7) Outra análise de números* encontrei em Jones (op. cit., p. 478). Um senhor seu conhecido lançou o número 986 e desafiou Jones a relacioná-lo com alguma coisa que ele pensasse. "Usando o método da associação livre, pri-

---

* Parágrafo acrescentado em 1912. A citação de Jones foi aqui traduzida do original inglês reproduzido na edição *Standard*, não da tradução alemã que se acha no texto dos *Gesammelte Werke*.

XII. DETERMINISMO, CRENÇA NO ACASO E SUPERSTIÇÃO — CONSIDERAÇÕES

meiro lhe veio esta recordação, que antes não tinha se apresentado: seis anos antes, no dia mais quente de que se lembrava, ele tinha visto um gracejo no jornal vespertino, que dizia que a temperatura havia chegado a 986°Fahrenheit, claramente um exagero com base em 98,6°F [31,5°C]. Naquele momento estávamos sentados diante de uma lareira bem quente, da qual ele se afastou, e ele observou, provavelmente com razão, que o calor havia despertado essa lembrança dormente. Mas eu estava curioso de saber por que essa memória havia persistido com tal vividez, aparecendo tão rapidamente, pois a maioria das pessoas a teria esquecido por completo, a não ser que estivesse associada com alguma outra experiência mental mais significativa. Ele me contou que ao ler a piada havia dado uma gargalhada, e que em muitas ocasiões subsequentes havia se lembrado dela com deleite. Como a piada era evidentemente fraca, isso fortaleceu minha expectativa de que haveria algo mais por trás dela. O pensamento que lhe ocorreu em seguida foi a reflexão geral de que o conceito de calor sempre o havia impressionado muito; de que o calor era a coisa mais importante do universo, a fonte de toda vida etc. Essa atitude notável de um homem jovem e bastante prosaico certamente requeria explicação, de modo que lhe pedi que continuasse suas associações livres. O pensamento seguinte foi relativo a uma chaminé de fábrica que ele podia ver da janela do seu quarto. À noite, muitas vezes ele ficava olhando a chama e a fumaça que saíam dela, refletindo sobre o lamentável desperdício de energia. Calor, fogo, a fonte da vida, o desperdício de energia vital saindo de um tubo elevado e oco — a partir dessas associações, não foi difícil adivinhar que as ideias de calor e fogo estavam inconscientemente ligadas com a ideia de amor em sua mente, como é tão frequente no pensamento simbólico, e que havia um forte complexo ligado à masturbação, uma conclusão que ele logo confirmou."

Para quem desejar ter uma boa ideia da maneira como o material dos números é trabalhado no inconsciente, recomendo o artigo de C. G. Jung, "Ein Beitrag zur Kenntnis des Zahlenstraumes" [Uma contribuição para o conhecimento dos sonhos de números] (*Zentralblatt für Psychoanalyse* I, 1911) e também outro de E. Jones ("Unconscious Manipulations of Numbers", ibid., II, 5, 1912).

Em análises desse tipo que fiz em mim mesmo, duas coisas me chamaram a atenção. Primeiro, a certeza praticamente sonâmbula com que me lanço à meta desconhecida, mergulhando em pensamentos aritméticos que de repente chegam ao número buscado, e a rapidez com que se faz o trabalho complementar; em segundo lugar, porém, o fato de meu pensamento inconsciente dispor com facilidade dos números, quando não sou muito bom em matemática e tenho grande dificuldade em registrar conscientemente datas, números de casas etc. E nessas operações mentais inconscientes com números encontro um pendor à superstição, cuja origem permaneceu longo tempo desconhecida para mim.*[70]

---

* Antes da edição de 1907, as últimas palavras dessa frase eram: "[...] cuja origem ainda é desconhecida para mim"; e o parágrafo continuava assim: "Geralmente me ponho a especular sobre a duração da minha vida e daquelas dos que me são caros; e o fato de meu amigo de B. [Berlim, ou seja, Wilhelm Fliess; antes de 1907, isso vinha após o

XII. DETERMINISMO, CRENÇA NO ACASO E SUPERSTIÇÃO — CONSIDERAÇÕES

exemplo número 2] haver tomado os períodos da vida humana como objeto de seus cálculos, baseados em unidades biológicas, deve ter agido como um determinante dessa prestidigitação inconsciente. Hoje não concordo com uma das premissas do seu trabalho; por motivos extremamente egoístas, eu deveria estar contente em refutá-lo, mas pareço estar imitando seus cálculos à minha maneira". Os "motivos egoístas" se referem à previsão de que, segundo os cálculos de Fliess, Freud morreria aos 51 anos, em 1907. Cf. *A interpretação dos sonhos* (1900), *GW*, II-III, pp. 441 e 517-8 (pp. 483 e 562 do v. 4 destas *Obras completas*).

70 [Nota acrescentada em 1920:] O sr. Rudolf Schneider, de Munique, fez uma interessante objeção à força comprobatória dessas análises de números ("Zu Freuds analytischer Untersuchung des Zahleneinfalles, *Internationale Zeitschrift für Psychoanalyse*, I, 1920). Ele tomou números dados — por exemplo, o que lhe saltava à vista ao abrir um livro de história — ou ofereceu a outra pessoa um número que havia escolhido, e observou se também para esse número proposto surgiam pensamentos aparentemente determinantes. E foi isso o que aconteceu. Num exemplo relativo a ele mesmo, as associações forneceram determinantes tão copiosos e significativos como em nossas análises de números surgidos espontaneamente, ao passo que o número da experiência, sendo dado de fora, não requeria determinante. Numa outra experiência com uma pessoa desconhecida, ele claramente tornou a tarefa muito simples para si, pois forneceu a ela o número 2, para o qual toda pessoa pode achar o determinante através de algum material. — Schneider conclui duas coisas de suas experiências: primeiro, que "a psique tem, para os números, as mesmas possibilidades de associação que tem para os conceitos"; em segundo lugar, que a emergência de associações determinantes para números espontâneos não prova a origem desses números a partir dos pensamentos encontrados em sua "análise". A primeira inferência é correta, sem dúvida. É tão fácil achar uma associação adequada para um número dado quanto para uma palavra dita; talvez até mais fácil, pois os algarismos são poucos e bastante suscetíveis de formar ligações. A situação em que se encontra a pessoa é simplesmente a do chamado

Não ficaremos surpresos* ao ver que não só números, mas também associações verbais de outro tipo se mostram normalmente determinadas diante da investigação psicanalítica.

8) Um belo exemplo de derivação de uma palavra obsessiva — isto é, uma palavra que nos persegue —

---

experimento de associações, que foi estudado de muitos ângulos pela escola de Bleuler e Jung. Nela a associação (reação) é determinada pela palavra dada (palavra-estímulo). Mas essa reação poderia ser de tipos muito variados, e os experimentos de Jung mostraram que a distinção posterior também não é deixada ao "acaso", que "complexos" inconscientes participam da determinação quando são tocados pela palavra-estímulo. — A segunda inferência de Schneider vai longe demais. O fato de associações adequadas surgirem para números (ou palavras) dados não diz nada, sobre a origem de números (ou palavras) que surgem espontaneamente, que já não devesse ser levado em consideração antes do conhecimento desse fato. Essas ideias espontâneas (palavras ou números) podiam ser não determinadas, ou ser determinadas pelos pensamentos que aparecem na análise, ou por outros pensamentos que não se revelaram na análise, caso em que a análise nos teria desorientado. É necessário se livrar da impressão de que esse problema seria diferente para números e para associações de palavras. Uma investigação crítica do problema e, assim, uma justificação da técnica psicanalítica de associações está fora do escopo deste livro. Na prática analítica partimos do pressuposto de que a segunda das possibilidades mencionadas corresponde aos fatos e pode ser usada na maioria dos casos. As investigações de um psicólogo experimental (Poppelreuter [1914]) nos ensinaram que ela é, de longe, a mais provável. (Cf. também a notável exposição de Bleuler no capítulo 9 do seu livro *Das autistisch-undisziplinierte Denken in der Medizin und seine Überwindung* [O pensamento autista-indisciplinado na medicina e sua superação], 1919.)

* Essa frase e os dois exemplos seguintes foram acrescentados em 1912.

XII. DETERMINISMO, CRENÇA NO ACASO E SUPERSTIÇÃO — CONSIDERAÇÕES

se acha em Jung (*Diagnostische Assoziationstudien*, IV, p. 215). "Uma senhora me contou que há alguns dias tinha sempre na boca a palavra 'Taganrog',* sem saber de onde vinha isso. Perguntei-lhe pelos acontecimentos tingidos de afeto e desejos reprimidos do passado recente. Após alguma hesitação, ela contou que gostaria de ter um *Morgenrock* [roupão; *Morgen* = manhã], mas seu marido não demonstrava interesse nisso. *Morgen-rock*, *Tag-an-rock* [*Tag* = dia]; nota-se a similaridade parcial de som e de sentido. A forma russa foi determinada pelo fato de que mais ou menos nessa época a senhora conheceu alguém de Taganrog."

9) Devo ao dr. E. Hitschmann a solução de outro caso, em que numa certa localidade um verso de poesia se apresentou repetidamente, sem que a pessoa entendesse sua origem e suas ligações.

"Relato do sr. E., doutor em direito: 'Há seis anos fui de Biarritz a San Sebastián. A ferrovia passa sobre o rio Bidassoa, que ali forma a fronteira entre Espanha e França. Da ponta se tem uma bela vista, de um lado há um amplo vale e os Pireneus; do outro, o mar ao longe. Era um dia belo e claro de verão, tudo estava pleno de sol e luz, eu fazia uma viagem de férias e me alegrava de ir para a Espanha — então me ocorreram estes versos: *'Aber frei ist schon die Seele, schwebt in dem Meer von Licht* [Mas a alma já está livre, flutua no mar de luz]'.

'Lembro-me de que refleti sobre a origem desses versos e não a encontrei. Pelo ritmo, a frase devia ser de um

---

* Nome de uma cidade russa que fica junto ao mar de Azov.

poema, mas ele me fugira da memória. Acho que depois, quando isso me veio repetidas vezes à mente, perguntei a várias pessoas se o conheciam, sem obter resposta.

'No ano passado, retornando de uma viagem à Espanha, passei por aquele trecho da ferrovia. Era noite escura e chovia. Olhei pela janela, para ver se já nos aproximávamos da estação da fronteira, e notei que estávamos sobre a ponte do Bidassoa. De imediato me vieram novamente à lembrança aqueles versos, e de novo não consegui me lembrar de onde eram.

'Meses depois, em minha casa, caíram-me nas mãos os poemas de Uhland. Abri o volume e dei com os versos: *'Aber frei ist schon die Seele, schwebt in dem Meer von Licht'*, que formam a conclusão de um poema, 'Der Waller' [O peregrino]. Li o poema e me lembrei vagamente de haver tomado conhecimento dele muitos anos antes. O palco da ação é a Espanha, e esta me pareceu ser a única ligação dos versos com o trecho da ferrovia que descrevi. Não fiquei totalmente satisfeito com a descoberta e continuei a folhear maquinalmente o livro. Os versos *'Aber frei ist schon* etc.' eram os últimos de uma página. Virando-a, encontrei um poema intitulado 'A ponte do Bidassoa'.

'Observo ainda que o teor desse último poema me pareceu tão ou mais desconhecido que o do primeiro, e que seus versos iniciais eram: *'Auf der Bidassoabrücke steht ein Heiliger altersgrau, segnet rechts die span'schen Berge, segnet links den fränk'schen Gau'* [Na ponte do Bidassoa se acha um santo velho e grisalho; à direita ele abençoa as montanhas da Espanha; à esquerda, as terras da França].'"

XII. DETERMINISMO, CRENÇA NO ACASO E SUPERSTIÇÃO — CONSIDERAÇÕES

B) Talvez esse entendimento da determinação de nomes e números aparentemente escolhidos de modo arbitrário contribua para a elucidação de outro problema. Como se sabe, muitas pessoas questionam a hipótese de um determinismo psíquico ininterrupto, invocando um particular sentimento de convicção em favor da existência de um livre-arbítrio. Tal sentimento de convicção existe e não cede nem ante a crença no determinismo. Como todos os sentimentos normais, deve ter alguma justificação. Até onde consigo observar, porém, não se manifesta nas grandes, importantes decisões da vontade; nessas ocasiões temos, isto sim, um sentimento de coação psíquica e o invocamos de bom grado ("Aqui estou eu; não posso fazer de outra forma").* Já nas decisões insignificantes, indiferentes, queremos garantir que poderíamos agir de outra forma, que fizemos algo por vontade livre, não motivada. De acordo com nossas análises, não é preciso contestar o direito ao sentimento de convicção de ter livre-arbítrio. Se introduzimos a distinção entre motivação a partir do consciente e motivação a partir do inconsciente, o sentimento de convicção nos informa que a motivação consciente não se estende a todas as nossas decisões motoras. *Minima non curat praetor* [O pretor — ou a lei — não se ocupa de minúcias]. Mas o que assim é deixado livre de um lado, recebe sua motivação de outro lado, do inconsciente, e desse modo a determinação na esfera psíquica se realiza sem lacunas.[71]

---

* Frase famosa de Lutero, falada na Dieta de Worms em 1521.
71 [Nota acrescentada em 1907:] Essas concepções sobre a determinação estrita de ações psíquicas aparentemente arbitrárias já deram

C) Apesar de, pela própria natureza da coisa, a motivação dos atos falhos discutidos escapar ao conhecimento consciente, seria desejável achar uma prova psicológica da existência dessa motivação; é até mesmo provável, por razões que um conhecimento mais aprofundado do inconsciente revela, que tais provas sejam encontradas em algum lugar. Em dois âmbitos pode-se realmente apontar fenômenos que parecem corresponder a um conhecimento inconsciente, e por isso deslocado, dessa motivação:

1) Um traço incomum e geralmente notado no comportamento dos paranoicos é que eles atribuem enorme importância aos pequenos detalhes que nós negligenciamos no comportamento das outras pessoas, buscam interpretá-los e tomam-nos como base para conclusões abrangentes. O último paranoico que conheci, por exemplo, imaginou que todos estavam de comum acordo ao seu redor, porque quando seu

---

ricos frutos na psicologia, talvez também na jurisprudência. Aplicando-as, Bleuler e Jung tornaram compreensíveis as reações no chamado experimento de associação, em que a pessoa responde a uma palavra que lhe é dita (palavra-estímulo) com outra que lhe ocorre (reação), e se mede o tempo nisso decorrido (tempo de reação). Em seus *Estudos sobre associação* (1906), Jung mostrou que fino reagente para estados psíquicos nós temos no experimento de associação que é assim interpretado. Wertheimer e Klein, dois discípulos do professor de direito penal Hans Gross, de Praga, desenvolveram, com base nesses experimentos, uma técnica para o estabelecimento dos fatos em processos criminais que está sendo examinada por psicólogos e juristas. [Cf. "A instrução judicial e a psicanálise", 1906, no v. 8 destas *Obras completas*.]

XII. DETERMINISMO, CRENÇA NO ACASO E SUPERSTIÇÃO — CONSIDERAÇÕES

trem saía da estação as pessoas fizeram determinado movimento com uma das mãos. Outro observou a maneira como as pessoas andavam na rua, movimentavam as bengalas etc.[72]

Portanto, a categoria do casual, do que não requer motivação, que o indivíduo normal admite para uma parte de suas produções psíquicas e atos falhos, o paranoico rejeita no tocante às manifestações psíquicas dos outros. Tudo o que ele observa nos outros é pleno de significado, tudo é interpretável. Como ele chega a isso? Provavelmente ele projeta na vida psíquica dos outros o que está presente, inconscientemente, na sua própria, como sucede em muitos casos semelhantes. Na paranoia, abre caminho até a consciência muita coisa que somente pela psicanálise podemos comprovar que se acha no inconsciente de indivíduos normais e neuróticos.[73] Portanto, em certo sentido o paranoico tem razão, ele reconhece algo que escapa ao indivíduo normal, enxerga de modo mais agudo que a capacidade intelectual normal, mas o deslocamento para outras pessoas daquilo que ele percebe torna sem valor o seu

---

72 A partir de outros pontos de vista, esse modo de julgar manifestações casuais e irrelevantes de outras pessoas foi classificado como "delírio de referência".
73 Por exemplo, as fantasias dos histéricos relativas a maus-tratos sexuais e cruéis, que a análise deve tornar conscientes, correspondem, às vezes até em detalhes, às queixas de paranoicos perseguidos. É notável, mas não incompreensível, que conteúdo idêntico apareça como realidade nos expedientes dos pervertidos para a satisfação dos seus desejos. [Cf. *Três ensaios sobre a teoria da sexualidade* (1905), v. 6 destas *Obras completas*, p. 63n.]

conhecimento. Portanto, não se espere de mim que justifique as interpretações paranoicas. A justificação parcial que concedemos à paranoia nessa concepção dos atos casuais nos facilitará o entendimento psicológico da convicção que no paranoico é ligada a todas essas interpretações. *É que há algo de verdadeiro nelas;* nossos erros de julgamento que não podem ser designados como doentios também adquirem dessa forma o sentimento de convicção que lhes é próprio. Tal sentimento é justificado para certa parte do raciocínio errado ou para a fonte da qual se origina, e nós então o estendemos ao resto do contexto.

2) Outra indicação de que há conhecimento inconsciente e deslocado da motivação nos atos casuais e falhos se acha no fenômeno da superstição. Explicarei minha opinião discutindo o pequeno fato que foi meu ponto de partida para essas reflexões.

Tendo retornado das férias, meus pensamentos se voltaram para os doentes que me ocupariam no novo ano de trabalho que se iniciava. Minha primeira visita foi a uma velha senhora que trato há anos (cf. p. 242), realizando os mesmos procedimentos médicos duas vezes ao dia. Devido a essa uniformidade, muitas vezes pensamentos inconscientes se expressaram no trajeto até sua casa ou enquanto me ocupava dela. Ela tem mais de noventa anos; é natural, então, que no começo de cada ano eu me pergunte até quando ela viverá. No dia em questão eu tinha pressa, de modo que tomei uma viatura para ir até lá. Cada cocheiro da parada de fiacres diante da minha casa sabe o endereço da velha senhora, pois

XII. DETERMINISMO, CRENÇA NO ACASO E SUPERSTIÇÃO — CONSIDERAÇÕES

cada um deles já me levou algumas vezes até lá. Nesse dia aconteceu que o cocheiro não parou diante de sua casa, mas de outra com o mesmo número, numa rua paralela e de aspecto semelhante. Notei o engano e adverti o cocheiro, que se desculpou. Teria algum significado que eu fosse conduzido para uma casa onde não acharia a senhora? Para mim, certamente não; se eu fosse *supersticioso*, porém, enxergaria nesse incidente um augúrio, um indício de que esse ano seria o último para a velha senhora. Muitos dos augúrios conservados pela história não se baseiam num simbolismo melhor. Mas eu considerei o fato um acaso sem significado maior.

Seria muito diferente se eu tivesse feito o caminho a pé e "perdido em pensamentos, distraído" chegasse à casa da rua paralela, em vez de à casa certa. Isso eu não consideraria um acaso, mas sim um ato com intenção inconsciente e requerendo interpretação. Eu provavelmente daria a esse "extravio" a interpretação de que logo não encontraria mais a velha senhora.

Portanto, eu me diferencio de alguém supersticioso da seguinte forma:

Eu não acredito que um evento ocorrido sem a participação de minha vida psíquica possa me dizer algo oculto sobre a configuração futura da realidade; acredito, porém, que uma manifestação não intencional de minha atividade psíquica me revele algo oculto, mas que pertence tão só à minha vida psíquica. Acredito num acaso externo (real), mas não na casualidade interna (psíquica). Com o indivíduo supersticioso é o contrário: ele nada sabe da motivação de seus atos falhos e ações casuais, ele acredita que há casualidades psíquicas; por outro lado, tende a atribuir ao acaso externo um significado que se manifestará em eventos reais, a ver no acaso um meio de expressão para algo de fora que lhe está oculto. As diferenças entre mim e um supersticioso são duas: primeiro, ele projeta para fora uma motivação que eu busco dentro; em segundo lugar, ele interpreta o acaso através de um evento, enquanto eu o faço remontar a um pensamento. Mas o que é oculto para ele corresponde ao inconsciente para mim, e a compulsão a não ver o acaso como acaso, mas interpretá-lo, é algo comum a nós dois.[74]

---

74 [Nota acrescentada em 1924:] Mencionarei aqui o belo exemplo com que N. Ossipow expõe a diferença entre a concepção supersticiosa, a psicanalítica e a mística ("Psychoanalyse und Aberglauben", *Internationale Zeitschrift für Psychoanalyse*, VIII, 1922). Ele se casou numa pequena cidade do interior da Rússia e logo em seguida se mudou para Moscou com sua jovem esposa. Numa parada, duas horas antes de chegar ao destino, teve o desejo de ir até à saída da estação e lançar um olhar sobre a cidade. O trem se demoraria ali por tempo suficiente, ele pensou, mas quando voltou, após alguns minutos, ele já havia partido com sua esposa. Ao saber disso, sua velha "nânia" [babá], em casa, falou, balançando a cabeça: "Esse casamento não vai dar certo". Ossipow riu dessa profecia. Mas, como cinco meses depois se separou da mulher, não pôde deixar de entender seu abandono do trem, a posteriori, como um "protesto inconsciente" contra seu casamento. A cidade onde aconteceu esse ato falho adquiriu, anos depois, grande importância para ele, pois nela morava uma pessoa a quem o destino o uniria estreitamente. Essa pessoa, a própria existência dela, ele desconhecia inteiramente na época. Mas a explicação *mística* da sua conduta seria que ele abandonou o trem e a esposa naquela cidade porque ali já buscava se anunciar o futuro que o esperava na relação com essa outra pessoa.

XII. DETERMINISMO, CRENÇA NO ACASO E SUPERSTIÇÃO — CONSIDERAÇÕES

Suponho que esse desconhecimento consciente e conhecimento inconsciente da motivação das casualidades psíquicas seja uma das raízes psíquicas da superstição. *Porque* o supersticioso nada sabe sobre a motivação dos seus atos casuais e *porque* o fato dessa motivação exige um lugar no seu reconhecimento, ele é obrigado a situá-lo, mediante o deslocamento, no mundo externo. Havendo esse nexo, dificilmente se limitará a um só caso. Acredito, de fato, que boa parte da concepção mitológica do mundo, que alcança inclusive as religiões mais novas, não é senão *psicologia projetada no mundo exterior*. O obscuro conhecimento (a percepção endopsíquica, digamos)* de fatores e relações do inconsciente[75] se reflete — é difícil expressá-lo de outra maneira, aqui temos de recorrer à analogia com a paranoia — na construção de uma *realidade sobrenatural*, que a ciência deve transformar de volta em *psicologia do inconsciente*. É possível se atrever a explicar desse modo os mitos do paraíso e do pecado original, de Deus, do bem e do mal, da imortalidade etc., convertendo a *metafísica* em *metapsicologia*. O abismo entre o deslocamento do paranoico e o do supersticioso não é tão grande como parece à primeira vista. Quando os seres humanos começaram a pensar, sabemos que tiveram de explicar o mundo exterior antropomorficamente, decompondo-o numa mul-

---

* As palavras entre parênteses foram acrescentadas em 1907. Cf. *Observações sobre um caso de neurose obsessiva* ("O homem dos ratos", 1909), cap. II, seção B.
75 Que, naturalmente, não tem o caráter de um conhecimento.

tidão de personalidades feitas à sua imagem. Assim, as casualidades que eles interpretavam supersticiosamente eram atos e manifestações de pessoas, e nisso eles se comportavam exatamente como os paranoicos, que tiram conclusões dos menores indícios que os outros lhes dão, e como todos os indivíduos sãos, que justamente tomam as ações casuais e não intencionais dos seus semelhantes como base para a avaliação do caráter. A superstição parece fora de lugar em nossa visão de mundo moderna, científica, mas ainda longe de aperfeiçoada; na visão de mundo dos tempos e povos pré-científicos, ela era justificada e coerente.

Portanto, o antigo romano que desistia de um empreendimento importante, se via pássaros voando de forma adversa, estava relativamente certo. Mas se abdicava do empreendimento porque havia tropeçado na soleira de sua porta (*"un Roman retournerait"* [literalmente, "um romano retornaria"]), então era absolutamente superior a nós, descrentes, era um melhor conhecedor da alma do que nós nos empenhamos em ser. Pois esse tropeço provava para ele a existência de uma dúvida, de uma contracorrente no seu íntimo, cuja força poderia, no momento da execução, subtrair algo da força de sua intenção. Só estamos seguros do êxito quando todas as forças da alma buscam unidas a meta que desejamos. Que respondeu o Guilherme Tell de Schiller, que havia tanto hesitado em atingir a maçã na cabeça do seu filho, quando o alcaide lhe perguntou por que ele tinha uma segunda flecha?

"Esta segunda flecha atravessaria — o senhor,
Se eu tivesse atingido meu filho,

XII. DETERMINISMO, CRENÇA NO ACASO E SUPERSTIÇÃO — CONSIDERAÇÕES

E *no seu caso* — verdadeiramente — eu *não* teria falhado."*

D) Quem teve a oportunidade** de estudar os impulsos psíquicos ocultos do ser humano com os meios da psicanálise pode também dizer alguma coisa nova sobre a qualidade dos motivos inconscientes que se exprimem na superstição. Nos neuróticos que sofrem de pensamentos obsessivos e estados obsessivos — com frequência, indivíduos muito inteligentes — percebe-se, do modo mais claro, que a superstição vem de impulsos hostis e cruéis que foram suprimidos. Superstição é, em grande parte, expectativa de infortúnio, e quem costuma desejar o mal para os outros, mas, tendo sido educado no bem, reprimiu tais desejos no inconsciente, tenderá facilmente a esperar a punição por esse mal inconsciente como um infortúnio que virá de fora.

Admitimos que essas observações não esgotam de maneira nenhuma a psicologia da superstição, mas, por outro lado, é preciso ao menos tocar na questão de se devemos contestar inteiramente que a superstição tenha raiz na realidade, se definitivamente não existem intuições, sonhos proféticos, experiências telepáticas, manifestações de poderes sobrenaturais etc. Estou longe de rejeitar sumariamente esses fenômenos, sobre os quais

---

* Friedrich Schiller, *Guilherme Tell*, ato II, cena 3; no original: "*Mit diesem zweiten Pfeil durchschoss ich — Euch / Wenn ich mein liebes Kind getroffen hätte, / Und Euer — wahrlich — hätt' ich nicht gefehlt*".
** A seção D foi acrescentada em 1907, sendo ampliada nas edições seguintes.

há muitas observações detalhadas, feitas inclusive por homens de proeminência intelectual, e que deveriam ser objeto de mais investigações. Podemos até esperar que uma parte dessas observações venha a ser esclarecida mediante nosso crescente conhecimento dos processos psíquicos inconscientes, sem nos obrigar a mudanças radicais nas concepções que temos hoje.[76] Se ainda outros fenômenos vierem a ser provados — como, por exemplo, aqueles defendidos pelos espíritas —, empreenderemos as modificações de nossas "leis" requeridas pelo novo aprendizado, sem pormos em dúvida a coerência das coisas do mundo.

No âmbito destas discussões posso responder apenas de modo subjetivo às questões levantadas, isto é, segundo minha experiência pessoal. Tenho de confessar que sou uma dessas pessoas indignas em cuja presença os espíritos cessam a atividade e o sobrenatural desaparece, de forma que nunca me vi na situação de viver algo que me despertasse a crença em coisas milagrosas. Como todos os indivíduos, tive pressentimentos e conheci o infortúnio, mas os dois não coincidiram, de modo que nada sucedeu após os pressentimentos e o infortúnio chegou sem se anunciar. Quando eu era jovem e morava sozinho numa cidade estrangeira, às vezes ou-

---

76 [Nota acrescentada em 1924:] Cf. E. Hitschmann, "Zur Kritik des Hellsehens" [Crítica da clarividência], *Wiener Klinische Rundschau*, 1910, 6, e "Ein Dichter und sein Vater. Beitrag zur Psychologie religiöser Bekehrung und telephatischer Phänomene" [Um escritor e seu pai: Contribuição à psicologia da conversão religiosa e dos fenômenos telepáticos], *Imago*, IV, 1915-6.

XII. DETERMINISMO, CRENÇA NO ACASO E SUPERSTIÇÃO — CONSIDERAÇÕES

via meu nome ser chamado subitamente por uma voz querida e inconfundível, e tomava nota do momento da alucinação para, apreensivo, perguntar aos familiares e amigos o que havia acontecido naquele instante. Não era nada. Em compensação, tempos depois continuei trabalhando com meus pacientes, imperturbado e sem nada pressentir, enquanto um de meus filhos sofria uma séria hemorragia. E nenhum dos pressentimentos relatados por meus pacientes eu pude reconhecer como fenômeno real. Mas devo admitir que nos últimos anos tive algumas experiências curiosas, que seriam facilmente explicadas com a suposição da transferência telepática de pensamentos.*

A crença em sonhos proféticos tem muitos adeptos, porque pode se basear no fato de que no futuro há realmente coisas que se configuram tal como o desejo as construiu no sonho.[77] Mas nisso não há muito com que se espantar, e entre o sonho e a realização é possível provar que existem, em regra, amplas divergências, que a credulidade de quem sonha prefere negligenciar. Um bom exemplo de sonho que pode ser denominado profético me foi dado certa vez, para uma análise precisa, por uma paciente inteligente e amante da verdade. Ela contou que havia sonhado que encontrava seu antigo amigo e médico da família diante de determinada loja, em certa rua. E quando, na manhã seguinte, foi ao centro da ci-

---

* A última frase foi acrescentada em 1924.
77 [Nota acrescentada em 1924:] Cf. meu ensaio "Sonho e telepatia" (1922).

dade, encontrou-o realmente no lugar falado no sonho. Observo que nenhum evento posterior demonstrou a importância dessa milagrosa coincidência,* ou seja, ela não era justificada pelo que se achava no futuro.

Um exame cuidadoso estabeleceu que não havia prova de que ela se lembrava do sonho já na manhã após a noite em que sonhou, ou seja, antes do passeio e do encontro. Ela nada pôde objetar a uma exposição do acontecido que extraísse o elemento milagroso do episódio, deixando apenas um interessante problema psicológico. Numa manhã, ela passou por aquela rua, encontrou o velho médico da família e, ao vê-lo, adquiriu a convicção de que na noite antes desse encontro havia sonhado com o mesmo lugar. A análise pôde então indicar, com grande probabilidade, como ela havia chegado a essa convicção, à qual, segundo as regras gerais, não se pode negar algum direito a ser considerada autêntica. Um encontro em certo lugar, após uma expectativa anterior, equivale a um *rendez-vous* [encontro marcado]. O velho médico da família despertou nela a recordação dos velhos tempos, em que entrevistas com uma *terceira pessoa*, também amiga do médico, haviam sido importantes para ela. Desde então ela permanecera em contato com esse senhor e no dia antes do suposto sonho havia esperado por ele em vão. Se eu pudesse informar com mais pormenores as relações em questão, seria fácil mostrar que a ilusão do sonho profético ao ver o amigo

---

* "Coincidência": *Zusammentreffen*, que também significa "encontro".

XII. DETERMINISMO, CRENÇA NO ACASO E SUPERSTIÇÃO — CONSIDERAÇÕES

de tempos passados equivaleria ao comentário seguinte: "Ah, doutor, o senhor me lembra uma época passada, em que eu nunca precisava aguardar N. em vão quando marcávamos um encontro".

Essa "notável coincidência" de encontrar uma pessoa em que estávamos pensando é algo conhecido. Dela pude observar em mim mesmo um exemplo simples e de fácil interpretação, que provavelmente é um bom modelo para ocorrências similares. Alguns dias depois que me foi concedido o título de professor — que nos Estados monárquicos confere muita autoridade —, meus pensamentos, durante um passeio pelo centro da cidade, voltaram-se de repente para uma fantasia de vingança infantil que tinha por objeto determinado casal. Alguns meses antes, esse casal havia me chamado para ver sua filhinha, na qual aparecera um interessante fenômeno obsessivo após um sonho. Tive grande interesse no caso e acreditei entender sua gênese; mas meu tratamento foi recusado pelos pais, e deram-me a entender que pensavam em procurar uma autoridade estrangeira que utilizava o hipnotismo. Fantasiei, então, que após o fracasso dessa tentativa os pais me pediam para proceder com meu tratamento, pois agora tinham confiança total em mim etc. Mas eu lhes respondi: "Sim, agora que me tornei professor os senhores confiam em mim. O título nada mudou em minha qualificação; se não precisavam de mim quando era docente, também podem me dispensar como professor". — Nesse ponto minha fantasia foi interrompida por uma sonora saudação: "Bom dia, senhor professor!", e, quando levantei o olhar, passava por mim o mesmo casal do qual eu acabava de me vingar, rejeitando sua oferta. A reflexão subsequente acabou com a impressão de algo milagroso. Eu ia por uma rua larga, reta e quase deserta, andava na direção de um casal e, a uns vinte passos dele, olhei rapidamente e reconheci as duas figuras imponentes, mas eliminei essa percepção — segundo o modelo de uma alucinação negativa — pelas mesmas razões afetivas que se impuseram na fantasia que surgiu de modo aparentemente espontâneo.

Eis outra "resolução de um pressentimento aparente", desta vez de Otto Rank:

"Há algum tempo, aconteceu-me uma singular variante da 'notável coincidência', na qual encontramos uma pessoa em quem estávamos pensando. Logo antes do Natal, fui ao Banco Austro-Húngaro, a fim de obter dez coroas de prata novas para dar de presente. Absorvido em fantasias ambiciosas, relativas ao contraste entre meu pequeno saldo e as pilhas de dinheiro amontoadas no prédio do banco, dobrei na viela onde se acha o banco. Diante do portão vi um automóvel e muitas pessoas que entravam e saíam. Imaginei que os funcionários teriam tempo para minhas coroas; de todo modo, seria rápido, eu daria as cédulas de dinheiro e falaria: 'Por favor, me dê *ouro*!'. Imediatamente percebi meu erro — eu devia pedir *prata* — e despertei de minha fantasia. Eu estava a apenas alguns passos da entrada e vi um homem jovem vindo ao meu encontro; ele me pareceu conhecido, mas minha miopia não me deixou reconhecê-lo com segurança. Quando chegou mais perto, vi que era um

XII. DETERMINISMO, CRENÇA NO ACASO E SUPERSTIÇÃO — CONSIDERAÇÕES

colega de escola do meu irmão, chamado *Gold* [ouro], de cujo irmão, um escritor conhecido, eu havia esperado ajuda no início de minha carreira literária. Mas não houve essa ajuda, e tampouco o sucesso material que eu desejava, que havia ocupado minha fantasia no trajeto para o banco. Então, imerso em minhas fantasias, eu devo ter percebido inconscientemente a aproximação do sr. Gold, e isso foi representado em minha consciência, que sonhava com o sucesso material, de forma tal que eu resolvi, no caixa, solicitar ouro, em vez da prata menos valiosa. Por outro lado, também o fato paradoxal de meu inconsciente ser capaz de perceber um objeto que somente depois meus olhos reconhecem parece se explicar, em parte, pela *Komplexbereitschaft* [disposição para o complexo], que estava orientada para o elemento material e havia dirigido meus passos, desde o começo, embora eu soubesse que não era aquele, para o prédio onde há apenas a troca de ouro e papel-moeda" (*Zentralblatt für Psychoanalyse*, II, 5).

Também faz parte* da categoria do milagroso e inquietante a peculiar sensação que temos, em alguns momentos e situações, de já ter vivido uma vez determinada experiência, de já ter estado uma vez no mesmo lugar, sem que consigamos nos lembrar claramente do evento passado que assim se anuncia. Sei que apenas acompanho a imprecisa linguagem corrente quando denomino "sensação" o que surge numa pessoa em tais

---

* Esse parágrafo e os seguintes — até "desejo de melhorar a situação" — foram acrescentados em 1907.

momentos; trata-se provavelmente de um juízo, de um juízo perceptivo, mas esses casos têm um caráter bastante próprio, e não devemos deixar de lado que o que neles é procurado nunca é lembrado. Não sei se o fenômeno do *déjà-vu* já foi seriamente apresentado como prova de uma existência psíquica anterior do indivíduo; mas os psicólogos certamente voltaram a atenção para ele e buscaram solucionar o enigma pelos mais variados caminhos especulativos. Nenhuma das tentativas de explicação me parece correta, pois todas se limitam a considerar as manifestações que acompanham e as condições que favorecem o fenômeno. Os processos psíquicos que, segundo minhas observações, são os únicos responsáveis pela explicação do *déjà-vu*, ou seja, as fantasias inconscientes, são geralmente negligenciados pelos psicólogos de hoje.

Creio que não é certo chamar de ilusão a sensação de já ter vivido uma coisa antes. Acontece, isto sim, que nesses momentos se toca em algo que a pessoa já viveu uma vez, mas que não pode ser conscientemente lembrado, porque nunca foi consciente. A sensação do *déjà-vu* corresponde, em suma, à lembrança de uma fantasia inconsciente. Há fantasias (ou devaneios) inconscientes, assim como há criações conscientes desse tipo, como cada qual sabe por experiência própria.

Sei que o tema merece um tratamento aprofundado, mas aqui me limitarei à análise de apenas um caso de *déjà-vu*, em que a sensação foi de particular intensidade e duração. Uma senhora, que hoje tem 37 anos, diz se recordar muito claramente que na idade de doze anos e

XII. DETERMINISMO, CRENÇA NO ACASO E SUPERSTIÇÃO — CONSIDERAÇÕES

meio fez a primeira visita a amigas da escola, no campo, e quando entrou no jardim teve imediatamente a sensação de já ter estado lá; a sensação se repetiu ao entrar na casa, de tal maneira que lhe parecia saber qual seria o próximo aposento, a vista que se teria dele etc. Mas estava inteiramente excluída — o que foi confirmado quando perguntou aos pais — a possibilidade de que essa sensação de familiaridade tivesse origem numa visita anterior da casa e do jardim, feita na sua primeira infância, digamos. A senhora que relatou isso não buscava uma explicação psicológica; ela via no surgimento da sensação um sinal profético da importância que aquelas amigas viriam a ter em sua vida afetiva. Mas a consideração das circunstâncias em que o fenômeno ocorreu nela nos mostra o caminho para outro entendimento. Quando fez a visita, ela sabia que as garotas tinham apenas um irmão, que estava seriamente doente. Ela chegou a vê-lo durante a visita, achou-o de aspecto muito ruim e pensou que não viveria muito. Ora, seu próprio único irmão havia adoecido gravemente de difteria alguns meses antes; durante a doença, ela fora afastada de casa, ficando algumas semanas com uma parenta. Ela acredita que o irmão também estava nessa visita ao campo, acha inclusive que foi a primeira excursão maior dele após a doença. Mas nesses pontos a sua lembrança é curiosamente imprecisa, ao passo que todos os outros detalhes, em especial o vestido que usava naquele dia, lhe aparecem *bastante nítidos*. Um conhecedor não terá dificuldade em concluir, a partir desses indícios, que naquele tempo a perspectiva da morte do irmão tinha um papel importante na psique da garota, não chegando a se tornar consciente ou sucumbindo a enérgica repressão após o desenlace feliz da doença. Se fosse outro o caso, ela teria de usar outro vestido, ou seja, uma roupa de luto. Na casa das amigas ela encontrou uma situação análoga: o único irmão correndo o risco de falecer em breve, o que de fato ocorreu. Ela devia ter se lembrado conscientemente de que tinha vivido ela mesma essa situação alguns meses antes; em vez disso, que foi impedido pela repressão, ela transferiu a sensação de lembrança para os locais, o jardim e a casa, e sucumbiu à *fausse reconnaissance* [falso reconhecimento] de já ter visto tudo aquilo antes. O fato da repressão nos permite inferir que a anterior perspectiva da morte do irmão não havia sido muito diferente de uma fantasia plena de desejo. Então ela teria se tornado filha única. Em sua neurose futura, ela sofreria intensamente do medo de perder os pais, por trás do qual a análise pôde descobrir, como de hábito, o desejo inconsciente com o mesmo teor.

Minhas próprias experiências ligeiras de *déjà-vu* eu pude relacionar, de maneira semelhante, à constelação afetiva do momento. "Isso seria, de novo, uma ocasião para despertar a fantasia (inconsciente e desconhecida) que se formou em mim naquele tempo, como desejo de melhorar a situação." Essa explicação* para o *déjà-vu* foi, até o momento, levada em conta por um único ob-

---

* O restante desse parágrafo foi acrescentado como nota em 1910 e o mesmo se deu com o parágrafo seguinte em 1917; depois, em 1924, essas notas foram incorporadas ao texto.

servador. O dr. Ferenczi, a quem a terceira edição deste livro [de 1910] deveu muitas contribuições valiosas, escreve-me a respeito disso: "Tanto no meu caso como no de outras pessoas, convenci-me de que a inexplicável sensação de familiaridade pode ser referida a fantasias inconscientes que numa situação atual são lembradas inconscientemente. Num de meus pacientes, a coisa parecia ser diferente, mas na realidade era totalmente análoga. Tal sensação lhe voltava com bastante frequência, mas mostrou se originar sempre de um *fragmento de sonho esquecido* (*reprimido*) da noite anterior. Parece, portanto, que o *déjà-vu* pode vir não apenas de devaneios, mas também de sonhos noturnos".

Depois eu soube que J. Grasset, em 1904, forneceu uma explicação do fenômeno que se aproxima bastante da minha.

Em 1913,[*] escrevi um pequeno ensaio em que abordava outro fenômeno muito semelhante ao *déjà-vu* ["Sobre a *fausse reconnaissance* no trabalho psicanalítico"]. É o *déjà raconté* [já contado], a ilusão de já haver comunicado algo, que é de interesse especial quando surge no tratamento psicanalítico. O paciente afirma, com todos os sinais de certeza subjetiva, que há muito tempo já contou certa lembrança. Mas o médico está seguro do contrário, e é capaz, em regra, de convencer o paciente do seu erro. A explicação para esse interessante ato falho seria que o paciente teve o impulso e o propósito de fazer

---

[*] Os dois últimos parágrafos da seção D foram acrescentados em 1924.

a comunicação, mas deixou de realizá-lo e agora toma a lembrança daquele como substituto para sua realização.

Algo semelhante, e provavelmente o mesmo mecanismo, aparece no que Ferenczi denomina "atos falhos supostos".[78] A pessoa acredita ter esquecido, posto em algum lugar ou perdido um objeto, digamos, e depois se convence de que não fez nada disso, que está tudo certo. Por exemplo, uma paciente volta ao consultório do médico, com o motivo de buscar o guarda-chuva que lá deixou, mas o médico nota que ela está com esse guarda-chuva na mão. Havia, portanto, o impulso para esse ato falho, e isso bastou para substituir a realização dele. Excetuando essa diferença, o suposto ato falho equivale ao real. Mas é mais barato, por assim dizer.

E) Recentemente tive a oportunidade de apresentar a um colega de formação filosófica alguns exemplos de esquecimento de nomes acompanhados de análise, e ele se apressou em dizer: "Está ótimo, mas comigo o esquecimento de nomes ocorre de maneira diferente". Claro que não se deve tratar a questão com tanta facilidade. Não creio que antes o meu colega tivesse pensado numa análise do esquecimento de nomes; ele também não soube me dizer como acontecia de forma diferente com ele. Mas sua observação toca num problema que muitas pessoas se inclinarão a pôr em primeiro plano. A solução aqui fornecida para os atos falhos e casuais tem

---

78 "Über vermeintliche Fehlhandlungen", *Internationale Zeitschrift für Psychoanalyse*, III, 1915.

XII. DETERMINISMO, CRENÇA NO ACASO E SUPERSTIÇÃO — CONSIDERAÇÕES

validez geral ou se aplica apenas a certos casos? Se esta segunda opção for correta, quais são as condições em que ela pode ser usada para esclarecer fenômenos que talvez tenham se formado de outro modo? Para responder a essa questão, minhas experiências não me ajudam. Posso apenas aconselhar que não se tome por raro o nexo indicado, pois sempre que fiz o teste em mim mesmo e nos meus pacientes foi possível mostrá-lo de forma tão segura como nos exemplos relatados, ou verificaram-se ao menos bons motivos para supô-lo. Não é de espantar que nem todas as vezes consigamos achar o sentido oculto do ato sintomático, pois a magnitude das resistências internas que se opõem à solução deve ser levada em conta como fator decisivo. Assim, também não podemos interpretar cada sonho nosso ou dos pacientes; para confirmar a validez geral da teoria, basta sermos capazes de penetrar certo trecho no nexo escondido. O sonho que se mostra refratário à tentativa de resolvê-lo no dia seguinte com frequência permite que uma semana ou um mês depois seja extraído seu segredo, quando uma mudança real ocorrida nesse meio-tempo tiver reduzido os valores psíquicos conflitantes. O mesmo vale para a resolução dos atos falhos e sintomáticos; o exemplo de lapso de leitura "Num barril pela Europa" [p. 149] me deu a oportunidade de mostrar como um sintoma inicialmente insolúvel se torna acessível à análise quando relaxou o *interesse real* nos pensamentos reprimidos.[79] Enquanto existia a pos-

---

79 [Nota acrescentada em 1924:] Estão ligados a isso interessantes problemas de natureza *econômica*, questões que levam em considera-

sibilidade de meu irmão obter antes de mim o cobiçado título, o lapso de leitura resistiu a todos os vários esforços de análise; depois que se verificou improvável que ele tivesse precedência, clareou-se para mim o caminho que levou à solução do lapso. Portanto, seria incorreto afirmar, de todos os casos que resistem à análise, que eles se originaram por um mecanismo psíquico diferente do que foi aqui revelado; para essa hipótese seriam necessárias mais do que provas negativas. Também a disposição que provavelmente existe em todas as pessoas saudáveis, de crer em outra explicação dos atos falhos e sintomáticos, carece de qualquer força probatória; é, obviamente, uma manifestação das mesmas forças psíquicas que produziram o segredo e que se empenham em conservá-lo, opondo-se à sua elucidação.

Por outro lado, não podemos ignorar que os pensamentos e impulsos reprimidos não se expressam em atos sintomáticos e falhos de maneira autônoma. A possibilidade técnica para esse deslizamento das inervações deve existir independentemente; ela é, então, aproveitada pela intenção do reprimido de se fazer

---

ção o fato de os processos [*Abläufe*] psíquicos terem por meta o ganho do prazer e a remoção do desprazer. Já é um problema econômico como se torna possível recuperar, pela via de associações substitutivas, um nome esquecido graças a um motivo desprazeroso. Um belo trabalho de Tausk ("Entwertung des Verdrängungsmotivs durch Rekompense", *Internationale Zeitschrift für Psychoanalyse*, 1, 1913) mostra, por meio de bons exemplos, como o nome esquecido se torna acessível de novo quando se consegue colocá-lo numa associação de tom prazeroso, que pode contrabalançar o desprazer esperado na reprodução.

XII. DETERMINISMO, CRENÇA NO ACASO E SUPERSTIÇÃO — CONSIDERAÇÕES

sentir de modo consciente. No caso dos lapsos verbais, investigações detalhadas de filósofos e filólogos buscaram verificar quais são as relações estruturais e funcionais que se colocaram à disposição desse propósito. Se distinguirmos, nas condições para o ato falho e o sintomático, entre o motivo inconsciente e as relações fisiológicas e psicofísicas que lhe vão ao encontro, fica aberta a questão de ainda haver, dentro da extensão da saúde, outros fatores que, como o motivo inconsciente e no lugar dele, possam gerar os atos falhos e sintomáticos pela via dessas relações. Não é meu trabalho responder a essa questão.

Tampouco é meu propósito* exagerar as diferenças entre a concepção psicanalítica dos atos falhos e a comum, que já são grandes o suficiente. Prefiro apontar para casos em que essas diferenças perdem muito de sua agudeza. Nos exemplos mais simples e discretos de lapso verbal e lapso de escrita, em que, digamos, palavras são apenas contraídas, ou palavras e letras são omitidas, não cabem as interpretações mais complicadas. Do ponto de vista da psicanálise, temos de afirmar que algum distúrbio da intenção se anunciou nesses casos, mas não podemos dizer onde se originou o distúrbio e o que pretendia. Ele não fez senão mostrar sua presença. Nesses casos também vemos agirem fatores que favorecem o ato falho e que jamais contestamos: semelhanças fonéticas e associações psicológicas próximas. Mas é uma exigência científica razoável que esses

---

* Parágrafo acrescentado em 1917.

casos rudimentares de lapso verbal ou de escrita sejam julgados conforme os mais marcantes, cuja investigação fornece esclarecimentos inequívocos sobre as causas dos atos falhos.

F) Desde a discussão sobre lapsos verbais, contentamo-nos em mostrar que os atos falhos têm uma motivação oculta, e com a ajuda da psicanálise traçamos nosso caminho para o conhecimento dessa motivação. Até agora quase não consideramos a natureza geral e as peculiaridades dos fatores psíquicos que acham expressão nos atos falhos; pelo menos ainda não tentamos defini-los mais precisamente e examinar sua conformidade a leis. Tampouco tentaremos agora lidar de modo profundo com o tema, pois os primeiros passos logo nos ensinarão que nesse âmbito é possível penetrar melhor de outro lado.[80] Aqui podem ser colocadas várias questões, que vou ao menos apresentar e circunscrever no seu alcance. 1) Que conteúdo e que origem têm os pensamentos e impulsos que se manifestam nos atos falhos e casuais? 2) Quais são as condições para que um pensamento ou um impulso seja obrigado e habilitado a servir-se dessas ocorrências como meios de expressão? 3) É possível demonstrar relações constantes e inequívocas entre o tipo do ato falho e as qualidades daquilo que é expresso por ele?

---

80 [Nota acrescentada em 1924:] Este trabalho é de caráter popular; pretende apenas, mediante um acúmulo de exemplos, aplainar o caminho para a necessária suposição de processos psíquicos *inconscientes mas atuantes*, evitando todas as considerações teóricas sobre a natureza desse inconsciente.

XII. DETERMINISMO, CRENÇA NO ACASO E SUPERSTIÇÃO — CONSIDERAÇÕES

Começarei por reunir algum material para responder à última questão. Na discussão dos exemplos de lapsos verbais, achamos necessário ir além do teor do que se pretendia falar e tivemos de buscar a causa da perturbação da fala fora da intenção. Essa causa era nítida numa série de casos e conhecida da consciência de quem falava. Nos exemplos que pareciam mais simples e transparentes, era outra versão do mesmo pensamento, que parecia igualmente justificada, que perturbava essa expressão, sem que se pudesse dizer por que uma foi vencida e a outra se impôs (as "contaminações" de Meringer e Mayer [cf. cap. v]). Num segundo grupo de casos, a derrota de uma versão foi motivada por uma consideração que não se mostrou forte o bastante para a contenção completa ("vieram a *Vorschwein*" [cf. p. 83]). Também a versão contida era claramente consciente. Apenas do terceiro grupo se pode afirmar sem restrições que o pensamento perturbador era diferente do pretendido e estabelecer uma diferença essencial, ao que tudo indica. O pensamento perturbador se acha ou ligado àquele perturbado mediante associações de pensamentos (perturbação por contradição interna) ou lhe é essencialmente alheio, e a palavra perturbada é ligada ao pensamento perturbador, que com frequência é inconsciente, por uma associação *externa* insólita. Nos exemplos que extraí de minhas psicanálises, toda a fala se acha sob a influência de pensamentos que se tornaram ativos ao mesmo tempo, mas totalmente inconscientes, que ou se denunciam pelo distúrbio mesmo (*Klapperschlange* — *Kleopatra* [p. 95]), ou manifestam uma influência indireta, ao possibilitar que as diferentes partes da fala conscientemente pretendida perturbem umas às outras (*Ase natmen*, em que se acham a rua Hasenauer e reminiscências de uma francesa [p. 91]). Os pensamentos contidos ou inconscientes, dos quais vem o distúrbio na fala, são de origem bastante variada. Portanto, esse panorama não nos permite generalizar em nenhuma direção.

O exame comparativo dos exemplos de lapsos de leitura e de escrita leva aos mesmos resultados. Assim como em lapsos verbais, certos casos parecem dever sua origem a um trabalho de condensação que não é motivado (por exemplo, o *Apfe* [cf. p. 89]). Mas seria bom saber se condições especiais não têm de ser cumpridas para que haja tal condensação — que no trabalho do sonho é conforme às regras, mas é defeituosa em nosso pensamento desperto —, e sobre isso os exemplos nada nos esclarecem. Eu me recusaria, porém, a tirar disso a conclusão de que não há outras condições além, digamos, do relaxamento da atenção consciente, pois sei, de outras fontes, que precisamente as atividades automáticas se caracterizam por exatidão e confiabilidade. Quero enfatizar, isto sim, que nisso, como é frequente na biologia, a situação normal ou próxima da normalidade constitui um objeto de pesquisa menos favorável do que a patológica. Pela minha expectativa, o que permanece obscuro na elucidação desses distúrbios mais leves será iluminado pelo esclarecimento dos distúrbios mais severos.

Também nos lapsos de leitura e de escrita não faltam exemplos que permitem reconhecer uma motivação

XII. DETERMINISMO, CRENÇA NO ACASO E SUPERSTIÇÃO — CONSIDERAÇÕES

mais distante e complicada. "Num barril pela Europa" é uma perturbação de leitura que se explica pela influência de um pensamento remoto, alheio na essência, que nasce de um reprimido impulso de ciúme e ambição, e que usa a "ponte verbal" do termo *Beförderung* ["promoção" ou "transporte"] para se ligar ao assunto indiferente e inócuo sobre o qual eu lia. No caso de "Burckhard", o próprio nome é uma tal "ponte verbal".

É inegável que os distúrbios nas funções da fala ocorrem mais facilmente e exigem menos das forças perturbadoras do que aqueles em outras atividades psíquicas.

Estamos em outro terreno ao examinar o esquecimento no sentido próprio do termo, isto é, o esquecimento de vivências passadas (o esquecimento de nomes próprios e palavras estrangeiras, como foi visto nos capítulos I e II, podemos designar como eles tendo "escapado", e o de intenções, como "omissões", para distingui-los desse esquecimento no sentido estrito). As condições fundamentais do processo normal do esquecimento são desconhecidas.[81] Também tenhamos pre-

---

81 [Nota acrescentada em 1907:] Sobre o mecanismo do esquecimento propriamente eu posso dizer o seguinte. O material mnêmico geralmente está sujeito a duas influências, a condensação e a deformação. A deformação é obra das tendências dominantes na vida psíquica e se dirige sobretudo aos traços mnêmicos que permaneceram afetivamente atuantes e se mostram mais resistentes à condensação. Os traços que se tornaram indiferentes sucumbem ao processo de condensação sem resistir, mas pode-se observar que, além disso, tendências deformadoras se nutrem do material indiferente, se continuaram insatisfeitas ali onde queriam se mani-

sente que nem tudo o que acreditamos esquecido está realmente. Nossa explicação se refere apenas aos casos em que o esquecimento gera surpresa em nós, na medida em que infringe a regra de que o irrelevante é esquecido, mas o importante é conservado pela memória. A análise dos exemplos de esquecimento que parecem exigir de nós um esclarecimento especial sempre dá como motivo do esquecimento uma má-vontade de recordar algo que pode gerar sensações penosas. Chegamos à suspeita de que esse motivo busca se manifestar de forma geral na vida psíquica, mas é impedido de se impor regularmente por outras forças que atuam contra ele. A extensão e o significado dessa má-vontade de recordar impressões penosas parecem merecer o mais cuidadoso exame psicológico; também não se pode separar desse contexto mais amplo a questão de quais condições es-

---

festar. Como esses processos de condensação e deformação se estendem por longos períodos, durante os quais todas as vivências novas atuam na transformação do conteúdo da memória, achamos que é o tempo que torna as lembranças incertas e vagas. Muito provavelmente não se deve falar de uma ação direta do tempo no tocante ao esquecimento. — Nos traços mnêmicos reprimidos pode-se constatar que eles não experimentaram alteração no mais longo período de tempo. O inconsciente é atemporal. A característica mais importante e também mais surpreendente da fixação psíquica é que todas as impressões se conservam do mesmo modo como foram recebidas e, além disso, em todas as formas que adotaram nos desenvolvimentos posteriores, uma situação que não pode ser ilustrada por nenhuma comparação tirada de outra esfera. Assim, teoricamente qualquer estado anterior do conteúdo mnêmico pode ser restabelecido para a memória, mesmo quando seus elementos há muito trocaram todas as relações originais por outras mais novas.

peciais possibilitam, em certos casos, o esquecimento geralmente buscado.

No esquecimento de intenções, outro fator passa a primeiro plano. O conflito, apenas presumido na repressão do que era penoso recordar, torna-se aí palpável, e na análise dos exemplos nota-se regularmente uma contravontade, que se opõe à intenção sem removê-la. Como nos atos falhos discutidos antes, também aqui reconhecemos dois tipos de processo psíquico; ou a contravontade se volta diretamente contra a intenção (em propósitos de alguma importância) ou é alheia por natureza à intenção e produz sua ligação com ela por meio de uma associação *externa* (em propósitos quase indiferentes).

O mesmo conflito domina o fenômeno dos atos descuidados. O impulso que se manifesta na perturbação do ato é, frequentemente, um contraimpulso, mas, com frequência ainda maior, um impulso não relacionado, que apenas aproveita a oportunidade para alcançar expressão perturbando o ato na sua execução. Os casos em que a perturbação ocorre por uma contradição interna são os mais significativos e afetam as ações mais importantes.

O conflito interno é cada vez menos relevante nos atos casuais ou sintomáticos. Essas manifestações motoras, pouco valorizadas ou totalmente ignoradas pela consciência, servem para expressar uma grande variedade de impulsos inconscientes ou contidos; em geral, representam simbolicamente fantasias ou desejos.

No tocante à primeira questão — de qual a origem dos pensamentos e impulsos que se expressam nos atos falhos — podemos dizer que, numa série de casos, é fácil mostrar que os pensamentos perturbadores se originam de impulsos suprimidos da vida psíquica. Sentimentos e impulsos egoístas, ciumentos, hostis, que experimentam a pressão da educação moral, não raramente se utilizam da via dos atos falhos, nas pessoas sãs, para de algum modo expressar seu poder inegavelmente existente, mas não reconhecido por instâncias psíquicas mais altas. A aquiescência para com esses atos falhos e casuais corresponde, em boa parte, a uma cômoda tolerância do que é imoral. Entre esses impulsos suprimidos, as várias correntes sexuais têm um papel que não é pequeno. É um acaso do material que elas apareçam tão pouco entre os pensamentos, descobertas pela análise nos meus exemplos. Como submeti à análise sobretudo exemplos da minha própria vida psíquica, a escolha foi parcial de antemão e excluiu o elemento sexual. Outras vezes, parecem ser objeções e considerações perfeitamente inocentes que dão origem aos pensamentos perturbadores.

Estamos agora prestes a responder à segunda questão, de quais são as condições psicológicas para que um pensamento tenha de buscar expressão não em sua plena forma, mas numa espécie de forma parasitária, como modificação e perturbação de outro. Os exemplos mais conspícuos de atos falhos nos levam a buscar essas condições numa relação com a capacidade de chegar à consciência, no caráter que seja mais ou menos marcado do "reprimido". Mas se acompanhamos esse caráter pelas séries de exemplos, ele se dissolve em indicações cada vez mais vagas. A inclinação a dispensar algo como perda de tempo — a

XII. DETERMINISMO, CRENÇA NO ACASO E SUPERSTIÇÃO — CONSIDERAÇÕES

ponderação de que aquele pensamento não é pertinente à coisa em questão — parece, como motivos para repelir um pensamento (que então é levado a achar expressão perturbando um outro), desempenhar o mesmo papel que a condenação moral de um impulso afetivo insubordinado ou a proveniência de séries de pensamentos totalmente inconscientes. Uma compreensão da natureza geral das condições para os atos falhos e casuais não se obtém dessa forma. Um único fato significativo resulta dessas investigações; quanto mais inocente a motivação do ato falho, menos chocante e, assim, menos inadmissível à consciência é o pensamento que nele se exprime, e tanto mais fácil será também a solução do fenômeno, quando a pessoa voltar para ele a atenção. Os casos mais simples de lapso verbal são logo notados e espontaneamente corrigidos. Quando se trata de motivação por impulsos realmente reprimidos, a solução requer uma análise cuidadosa, que pode encontrar dificuldades ou fracassar.

É justificado, portanto, tomar o resultado dessa última investigação como indicação de que o esclarecimento satisfatório das condições psicológicas para os atos falhos e casuais deve ser obtido por outra via e a partir de outro lado. O leitor indulgente pode ver nessas discussões, assim, a evidência das bordas partidas onde este tema foi artificialmente arrancado de um contexto maior.

G) Algumas palavras devem ao menos indicar a direção onde se acha esse contexto mais amplo. O mecanismo dos atos falhos e casuais, tal como o conhecemos pela aplicação da psicanálise, mostra nos pontos essenciais uma concordância com o mecanismo da formação do sonho, que expus no capítulo "O trabalho do sonho" de meu livro *A interpretação dos sonhos*. As condensações e formações de compromisso (contaminações) são encontradas em um e no outro; a situação é a mesma: pensamentos inconscientes adquirem expressão por vias incomuns, por meio de associações externas, como modificações de outros pensamentos. Os disparates, absurdos e erros do conteúdo do sonho, devido aos quais o sonho mal é reconhecido como produto de atividade psíquica, surgem da mesma maneira, embora com utilização mais livre dos meios existentes, que os erros ordinários de nossa vida cotidiana; num caso e no outro, *a aparência de função incorreta se explica pela peculiar interferência de duas ou mais atividades corretas*.

Dessa concordância devemos tirar uma conclusão importante. Não se pode atribuir ao estado de sono da vida psíquica o peculiar modo de trabalho cuja realização mais conspícua nós vemos no conteúdo do sonho, quando temos provas abundantes, na forma dos atos falhos, da sua atuação também durante a vida desperta. O mesmo nexo nos impede de considerar que uma profunda desagregação da atividade psíquica, estados patológicos de funcionamento, sejam a condição para esses eventos psíquicos que nos aparecem como anormais e estranhos.[82]

Só poderemos formar um juízo correto do singular trabalho psíquico que dá origem tanto aos atos falhos

---

82 Cf. *A interpretação dos sonhos*, p. 362 [pp. 661-2 do v. 4 destas *Obras completas*].

XII. DETERMINISMO, CRENÇA NO ACASO E SUPERSTIÇÃO — CONSIDERAÇÕES

como às imagens oníricas quando nos dermos conta de que os sintomas psiconeuróticos, em especial as formações psíquicas da histeria e da neurose obsessiva, reproduzem no seu mecanismo todas as características essenciais desse modo de trabalho. Portanto, nesse ponto teriam prosseguimento as nossas investigações. Mas há ainda um interesse especial, para nós, em observar os atos falhos, casuais e sintomáticos à luz dessa última analogia. Quando as comparamos aos produtos das psiconeuroses, aos sintomas neuróticos, adquirem significado e suporte duas afirmações que frequentemente se repetem: que é fluida a fronteira entre normal e anormal em questões nervosas e que somos todos um pouco nervosos. *Antes* de ter qualquer experiência médica, podemos construir diversos tipos dessa nervosidade apenas indicada — de *formes frustes* [formas gastas] das neuroses: casos em que os sintomas são poucos, ou surgem raramente ou de modo fraco, em que a atenuação depende do número, da intensidade, da dispersão temporal dos fenômenos patológicos. Mas talvez não adivinhássemos exatamente o tipo que parece formar a mais frequente transição entre saúde e doença. Pois o tipo em questão, cujas manifestações patológicas são os atos falhos e sintomáticos, se distingue pelo fato de os sintomas se localizarem nas atividades psíquicas menos importantes, enquanto tudo o que pode reivindicar valor psíquico mais alto sucede livre de perturbação. A colocação oposta dos sintomas, seu aparecimento nas atividades individuais e sociais mais importantes, de maneira que perturbem a alimentação e as relações sexuais, o trabalho profissional e a vida social, corresponde aos casos graves de neurose e os caracteriza melhor do que, digamos, a variedade ou a vivacidade das manifestações patológicas.

Mas a característica comum tanto aos mais leves como aos mais graves casos, da qual também participam os atos falhos e casuais, está em que *os fenômenos podem ser relacionados a um material psíquico incompletamente suprimido, que, embora afastado da consciência, não foi privado de toda capacidade de se expressar.*

SOBRE OS SONHOS (1901)

PUBLICADO PRIMEIRAMENTE COMO PARTE DE UMA COLEÇÃO ORGANIZADA POR L. LÖWENFELD E H. KURELLA, *GRENZFRAGEN DES NERVEN- UND SEELENLEBENS*, WIESBADEN: BERGAMNN, PP. 307-44. PUBLICADO COMO VOLUME INDEPENDENTE PELO MESMO EDITOR EM 1911. TRADUZIDO DE *GESAMMELTE WERKE* II-III, PP. 643-700.

SOBRE OS SONHOS

I

Na época que podemos denominar "pré-científica", os seres humanos não tinham dificuldade em achar uma explicação para os sonhos. Quando se lembravam do sonho após despertar, viam-no como uma manifestação — favorável ou hostil — de poderes superiores, divinos e demoníacos. Com o florescimento dos modos de pensamento das ciências naturais, toda aquela engenhosa mitologia se transformou em psicologia, e atualmente só uma pequena minoria, entre as pessoas instruídas, põe em dúvida que o sonho seja *uma produção psíquica do próprio sonhador*.

Mas desde a rejeição da hipótese mitológica os sonhos ficaram necessitando de uma explicação. As condições de sua gênese, sua relação com a vida psíquica desperta, sua dependência de estímulos que buscam chegar à percepção durante o sono, as muitas peculiaridades do seu conteúdo que ofendem o pensamento desperto, a incoerência entre suas imagens representativas e os afetos vinculados a elas, e, por fim, a fugacidade do sonho, o modo como o pensamento desperto o afasta como sendo algo alheio, mutila-o ou o extingue da memória — todos esses, e ainda outros problemas, há séculos exigem soluções que até hoje não foram dadas satisfatoriamente. Mas no centro do interesse se acha a questão do *significado* dos sonhos, que tem um duplo sentido. Ela diz respeito, primeiramente, ao significado psíquico dos sonhos, à sua posição diante de outros eventos* psíquicos e sua possível função biológica; e, em segundo lugar, ela procura saber se os sonhos são *interpretáveis*, se o conteúdo do sonho tem um *sentido*, tal como estamos habituados a encontrar em outras composições psíquicas.

Três linhas se fazem notar na apreciação dos sonhos. Uma delas, que parece ecoar a antiga superestimação dos sonhos, acha expressão em vários filósofos. Para eles, a base da vida onírica é um estado especial da atividade psíquica, que chegam a celebrar como elevação a um estágio mais elevado. Assim, por exemplo, G. H. von Schubert [1814; cf. bibliografia da *Interpretação dos sonhos*] afirma que no sonho o espírito se liberta do poder da natureza externa, a alma se desprende das cadeias da sensorialidade. Outros pensadores, sem ir tão longe, defendem que os sonhos se originam de impulsos essencialmente psíquicos e constituem manifestações de forças psíquicas que durante o dia são estorvadas no seu livre desenvolvimento (cf. a "fantasia onírica" de Scherner e Volkelt). Uma capacidade de realização superior ao menos em certos âmbitos (na memória) é atribuída à vida onírica por grande número de observadores.

Em forte contraste com isso, a maioria dos autores médicos sustenta uma concepção em que os sonhos mal têm o valor de um fenômeno psíquico. Para eles, os suscitadores do sonho são exclusivamente os estímulos sensoriais e somáticos, que atingem desde fora a pessoa

---

* No original, *Vorgänge*, que tanto pode significar "evento, acontecimento" como "processo".

que dorme ou agem casualmente nos seus órgãos internos. O que é sonhado, afirmam, não pode reivindicar mais sentido e significação do que, digamos, a sequência de sons produzida pelos dedos de alguém que desconhece música, ao percorrerem as teclas de um instrumento. O sonho é caracterizado como "um processo somático, sempre inútil e muitas vezes patológico" (Binz). Todas as peculiaridades da vida onírica são explicadas como resultantes do trabalho desconexo, obtido por estímulos fisiológicos, de diferentes órgãos ou de grupos de células do cérebro, que no mais se acha imerso no sono.

Pouco influenciada por esse juízo da ciência e indiferente à questão das fontes do sonho, a opinião popular parece firme na crença de que os sonhos têm mesmo um sentido, que se liga à predição do futuro e que pode ser alcançado por algum meio de interpretação do conteúdo frequentemente confuso e enigmático do sonho. Os métodos de interpretação usados consistem em substituir por outro o conteúdo onírico lembrado, pouco a pouco, *segundo uma chave fixa*, ou o sonho todo por outro conjunto, com o qual ele tem uma *relação simbólica*. Os homens sérios riem desses esforços: *Träume sind Schäume* [Sonhos são espuma].

II

Para minha grande surpresa, um dia descobri que não é a concepção médica dos sonhos, mas sim a dos leigos, ainda um tanto prisioneira da superstição, que se acha mais próxima da verdade. Aconteceu que cheguei a um novo esclarecimento sobre os sonhos, aplicando-lhes um novo método de investigação psicológica que me havia prestado ótimos serviços na solução das fobias, ideias obsessivas, delírios etc., e que desde então foi aceito, com o nome de "psicanálise", por toda uma escola de pesquisadores. As várias analogias entre a vida onírica e diferentes estados de doença psíquica na vida desperta já foram corretamente notadas por inúmeros pesquisadores médicos. Pareceu promissor, então, utilizar também para esclarecer os sonhos um procedimento de investigação que dera bons resultados com as formações psicopáticas. As fobias e obsessões são tão alheias à consciência normal como os sonhos à consciência desperta; sua origem é, para a consciência, tão desconhecida como a dos sonhos. No caso dessas formações psicopáticas, um interesse prático levou a investigar sua procedência e o modo como surgiu, pois a experiência havia mostrado que tal revelação das vias de pensamento ocultas à consciência, pelas quais as ideias patológicas se ligam ao conteúdo psíquico restante, equivale a uma solução desses sintomas, tendo por consequência o domínio sobre a ideia até então irrefreável. Veio da psicoterapia, então, o procedimento de que me servi para solucionar os sonhos.

Esse procedimento é de fácil descrição, mas sua execução requer ensinamento e treino. Para aplicá-lo a alguém, a um paciente com fobia, digamos, primeiro solicitamos que dirija a atenção para aquela ideia; não que reflita sobre ela, como já fez com frequência, mas sim que se dê conta de tudo, *sem exceção*, e comunique ao médico *o que lhe ocorre a respeito dela*. A afirmação que ele talvez faça, de que sua atenção não consegue apreender nada, nós descartamos garantindo energicamente ser impossível que não apareça algum conteúdo representacional. De fato, logo lhe ocorrem várias coisas, às quais se relacionam outras, mas que sempre são acompanhadas pelo juízo, da parte do auto-observador, de que são absurdas ou irrelevantes, estão fora de questão, vieram-lhe à mente por acaso e não têm ligação com o tema. De imediato notamos que foi essa *crítica* que excluiu todos aqueles pensamentos da comunicação, e que antes já os impedia de se tornar conscientes. Se pudermos fazer com que a pessoa abandone essa crítica das coisas que lhe ocorrem e prossiga com os pensamentos que aparecem quando tem a atenção fixa, obteremos um material psíquico que logo se vincula à ideia patológica adotada como tema, torna visíveis as ligações dela com outras ideias e permite, mais adiante, a substituição da ideia patológica por uma nova, que se insere de modo compreensível no contexto psíquico.

Este não é o lugar de tratar minuciosamente das premissas em que se baseia esse experimento e das conclusões a serem tiradas do seu constante êxito. Será suficiente dizer, então, que para cada ideia patológica obtemos um material que basta para a solução dela, se dirigimos nossa atenção justamente para as associações *"não desejadas"*, que *"perturbam nossa reflexão"*, que costumam ser rejeitadas pela crítica como detrito sem valor. Se a pessoa aplica o procedimento a si mesma, contribui da melhor maneira para a investigação redigindo imediatamente as coisas que lhe ocorrem, incompreensíveis no início.

Agora mostrarei o resultado quando emprego esse método de investigação nos sonhos. Qualquer exemplo de sonho se prestaria igualmente para isso; mas, por certos motivos, escolho um sonho próprio, que na recordação me parece obscuro e sem sentido, e que tem a vantagem de ser breve. Talvez o sonho que tive na noite passada satisfaça esses requisitos. Seu conteúdo, registrado logo após o despertar, é o seguinte:

"*Um grupo de pessoas, uma mesa ou* table d'hôte [mesa em comum para refeições num hotel]... *come-se espinafre... A sra. E. L. está sentada ao meu lado, volta-se inteiramente para mim e coloca a mão em meu joelho com naturalidade. Eu afasto sua mão. Ela diz: Mas você sempre teve olhos bonitos... então vejo, indistintamente, algo como dois olhos, como se fosse um desenho ou o contorno de lentes de óculos...*".

Esse é todo o sonho, ou, pelo menos, o que dele me recordo. Parece-me obscuro e sem sentido, mas sobretudo estranho. A sra. E. L. é alguém com quem não cheguei a ter relação de amizade, nem desejei ter maior proximidade. Há muito tempo não a vejo, e não creio que se tenha falado dela nos últimos dias. O sonho não foi acompanhado de nenhum afeto.

Refletir sobre esse sonho não o torna mais compreensível para mim. Mas agora vou registrar, sem deliberação e sem crítica, as associações que se apresentam à minha auto-observação. Noto que é conveniente, nisso, decompor o sonho em seus elementos e buscar as associações relativas a cada um desses fragmentos.

"*Um grupo de pessoas, uma mesa ou* table d'hôte." Imediatamente é ligada a isso a lembrança do pequeno episódio no final da noite de ontem. Eu havia deixado um pequeno grupo de pessoas, acompanhado de um amigo que se ofereceu para tomar um veículo e me levar até em casa. "Prefiro um com taxímetro", disse ele, "isso nos distrai; temos sempre uma coisa para olhar." Quando estávamos sentados no veículo e o cocheiro pôs o aparelho em funcionamento, de modo que os sessenta tostões iniciais ficaram visíveis, eu dei continuidade à brincadeira. "Nós mal entramos e já estamos devendo sessenta tostões a ele. Um coche com taxímetro me lembra uma *table d'hôte*; me faz avarento e egoísta, pois fica me lembrando o custo. Parece-me que a dívida cresce muito rapidamente, e tenho medo de sair perdendo, assim como na *table d'hôte* não consigo evitar a preocupação cômica de que recebo de menos e devo pensar em minha vantagem." E citei, numa referência não tão próxima:

Vocês nos trazem à vida, fazem
A pobre criatura se tornar culpada.*

---

* Versos de uma das "Canções do harpista", do romance *Os anos de aprendizado de Wilhelm Meister*, de Goethe (livro II, cap. 13); no original: "*Ihr führt ins Leben uns hinein/ Ihr lasst den Armen schuldig werden*" — em que *schuldig* pode significar tanto "culpado" como "devedor". Também são citados em *O mal-estar na civilização* (1930), cap. VII.

Uma segunda associação com *table d'hôte*: algumas semanas atrás, quando estávamos à *mesa do hotel*, numa estância do Tirol, irritei-me porque minha esposa não tratava de modo reservado alguns vizinhos com os quais eu não queria absolutamente me relacionar.* Pedi-lhe que se ocupasse mais de mim do que deles. Isso foi também como se eu *saísse perdendo na table d'hôte*. Agora também me chama a atenção o contraste entre a conduta de minha esposa naquela mesa e a da sra. E. L. no sonho, que "*se voltou inteiramente para mim*".

Prosseguindo, noto que o que acontece no sonho é a reprodução de uma pequena cena que se deu, de modo muito semelhante, entre mim e minha esposa no tempo em que a cortejava em segredo. O carinho por baixo da toalha da mesa foi a resposta a uma carta em que a solicitava seriamente. Mas no sonho ela é substituída pela senhora que me era distante.

A sra. E. L. é filha de um homem a quem eu *devi dinheiro*! Não posso deixar de notar que aí se revela uma ligação insuspeitada entre partes do sonho e os pensamentos que me ocorrem. Seguindo a cadeia de associações que parte de um elemento do sonho, logo somos levados de volta a outro elemento dele. Os pensamentos que me ocorrem sobre o sonho produzem conexões que não são visíveis no próprio sonho.

Quando alguém espera que outras pessoas cuidem do seu interesse sem obter nenhuma vantagem própria,

---

* O episódio é também relatado na *Psicopatologia da vida cotidiana* (1901), cap. VII.

costuma-se perguntar a esse ingênuo: "Você acha que isso vai acontecer *por seus belos olhos?*". Então a fala da sra. E. L. no sonho, "Você sempre teve olhos bonitos", não significa outra coisa senão: "As pessoas sempre lhe fizeram tudo por simpatia; você teve tudo *de graça*". O contrário é verdadeiro, naturalmente: tudo o que outros me fizeram de bom me custou caro. Certamente me impressionou o fato de ontem o transporte haver me saído *de graça*, pois meu amigo me conduziu até em casa.

Mas o amigo que ontem visitamos já me pôs em dívida com ele muitas vezes. Recentemente é que tive oportunidade de retribuir-lhe, e a deixei passar. Ele tem um só presente meu, um prato antigo com olhos pintados ao redor, chamado de *occhiale*, para afastar o *malocchio* [mau-olhado]. Esse amigo é *oftalmologista*. Naquela mesma noite eu lhe perguntei pela paciente que eu tinha enviado para que ele receitasse óculos.

Observo que quase todos os elementos do conteúdo do sonho se acham no novo contexto. Mas eu poderia, em nome da consistência, perguntar também por que no sonho é servido justamente espinafre. Porque *espinafre* lembra um pequeno episódio que aconteceu há pouco tempo na mesa de nossa família, quando um de meus filhos — justamente aquele que pode ser elogiado pelos *belos olhos* — se recusou a comer espinafre. Eu próprio agi assim quando criança; por muito tempo tive aversão a espinafre, até que meu gosto mudou e esse vegetal se tornou um alimento favorito. Assim, a menção dessa comida faz uma aproximação entre minha infância e a de meu filho. "Fique feliz de ter espinafre para comer", exclamou a mãe do pequeno *gourmet*, "há crianças que ficariam contentes com espinafre." Desse modo sou lembrado dos deveres dos pais para com os filhos. As palavras de Goethe, "Vocês nos trazem à vida, fazem/ A pobre criatura se tornar culpada", adquirem novo sentido nesse contexto.

Agora farei uma pausa, para ver os resultados até o momento obtidos na análise do sonho. Ao seguir as associações que se ligavam a cada elemento onírico, retirado do contexto, cheguei a uma série de pensamentos e lembranças em que reconheço manifestações valiosas de minha vida psíquica. Esse material encontrado mediante a análise do sonho tem relação íntima com o conteúdo do sonho, mas essa relação é de espécie tal que eu jamais poderia ter inferido esse novo material a partir do conteúdo do sonho. Esse era desprovido de afetos, desconexo e incompreensível; enquanto desenvolvo os pensamentos por trás dele, sinto impulsos afetivos intensos e bem fundados; os próprios pensamentos se encaixam muito bem em cadeias logicamente vinculadas, nas quais certas ideias centrais surgem repetidas vezes. Os opostos *egoísta* e *não egoísta*, os elementos *ser devedor* e *fazer sem pagar* são, em nosso exemplo, tais ideias não representadas no sonho mesmo. Eu poderia, na trama que a análise desvela, puxar mais os fios e mostrar que eles convergem para um único nó; no entanto, considerações de natureza não científica, mas particular, me impedem de fazer publicamente esse trabalho. Eu teria de revelar coisas que é melhor que permaneçam em segredo, depois que, no caminho para a solução do sonho, tornou-se-me clara muita coisa que de mau grado confesso a mim mesmo. Mas por que, então, não escolhi outro sonho cuja análise se prestasse melhor à comunicação, de modo que eu pudesse ser mais convincente quanto ao sentido e à coerência do material descoberto por meio da análise? A resposta é: porque *todo* sonho que eu abordasse levaria às mesmas coisas de difícil comunicação e me imporia a mesma necessidade de discrição. E eu também não escaparia a essa dificuldade se submetesse à análise o sonho de outra pessoa, a menos que as circunstâncias permitissem deixar cair todos os disfarces, sem prejudicar quem confiou em mim.

Já agora sou levado a conceber o sonho como uma espécie de *substituto* para as sequências de pensamentos, carregadas de afeto e de significado, a que cheguei ao completar a análise. Ainda não conheço o processo que fez o sonho surgir desses pensamentos, mas vejo que é errado considerar este um evento puramente somático, psiquicamente insignificante, que se origina pela atividade isolada de grupos de células cerebrais despertadas do sono.

Observo duas coisas ainda: que o conteúdo onírico é bem mais curto que os pensamentos dos quais o vejo como substituto e que a análise revelou como instigador do sonho um acontecimento irrelevante da noite anterior.

Naturalmente, não tirarei uma conclusão tão vasta se dispuser de apenas uma análise de sonho. Mas, se a experiência me mostra que seguindo de maneira acrítica as associações de *cada* sonho eu posso chegar a tal cadeia de pensamentos, entre cujos elementos reaparecem os componentes do sonho e que são interligados de modo correto e pleno de sentido, então será lícito abandonar a pequena possibilidade de que os nexos observados na primeira vez sejam casuais. Assim, creio-me autorizado a fixar a nova compreensão numa terminologia. Eu contraponho ao sonho, tal como me aparece na lembrança, o material que a ele corresponde, encontrado na análise, chamo o primeiro de *conteúdo onírico manifesto* e esse último — sem fazer outra distinção inicialmente — de *conteúdo onírico latente*. Então me acho diante de dois problemas novos, ainda não formulados até agora: 1) qual o processo psíquico que transformou o conteúdo onírico latente nesse que conheço da lembrança, manifesto?; 2) qual ou quais os motivos que exigiram essa tradução? O processo de transformação de conteúdo onírico latente em manifesto eu denominarei *trabalho do sonho*. A contrapartida desse trabalho, que faz a transformação inversa, já conhecemos como *trabalho da análise*. Os outros problemas *relativos* aos sonhos, as questões sobre os instigadores do sonho, a procedência do material onírico, o possível significado do sonho e a função de sonhar, e os motivos para o esquecimento dos sonhos, esses não discutirei a partir do conteúdo onírico manifesto, mas do conteúdo latente. Como atribuo todos os erros e contradições acerca da vida onírica na literatura sobre o tema ao desconhecimento do conteúdo onírico latente, revelado apenas mediante a análise, procurarei evitar cuidadosamente a confusão entre *conteúdo onírico manifesto* e *latente*.

III

A transformação dos pensamentos oníricos latentes no conteúdo onírico manifesto merece toda a nossa atenção, por ser o primeiro exemplo conhecido de transposição de material psíquico de uma forma de expressão para outra, de uma forma de expressão que nos é compreensível de imediato para outra cuja compreensão podemos alcançar apenas com orientação e esforço, embora também ele deva ser reconhecido como obra de nossa atividade psíquica.

Considerando a relação entre conteúdo onírico latente e manifesto, os sonhos podem ser divididos em três categorias. Primeiro, podemos diferenciar aqueles que *têm sentido* e, ao mesmo tempo, são *compreensíveis*, isto é, deixam-se inserir sem maior problema em nossa vida psíquica. Há muitos sonhos desse tipo; geralmente são curtos e nos parecem pouco dignos de nota, pois não possuem nada que provoque espanto ou estranheza. Sua ocorrência, diga-se de passagem, é um bom argumento contra a teoria de que o sonho se origina da atividade isolada de grupos de células cerebrais. Eles não mostram nenhum indício de atividade psíquica reduzida ou fragmentada, mas nós jamais questionamos o seu caráter de sonhos e não os confundimos com os produtos da vida desperta. Um segundo grupo é formado pelos sonhos que, embora sejam coerentes e tenham um sentido claro, causam *estranheza*, por não sabermos encaixar esse sentido em nossa vida psíquica. Esse é o caso, por exemplo, se sonhamos que um parente querido sucumbiu à peste, quando não temos motivo para tal expectativa, apreensão ou suposição e, admirados, nos perguntamos: "Como me veio essa ideia?". Por fim, são do terceiro grupo os sonhos que carecem das duas coisas, sentido e inteligibilidade, e nos parecem *incoerentes, confusos* e *absurdos*. A grande maioria dos produtos do nosso sonhar mostra essas características, que fundamentaram o menosprezo dos sonhos e a teoria médica da atividade psíquica limitada. Sobretudo nas composições oníricas mais longas e complicadas, raramente faltam sinais evidentes de incoerência.

Claramente, a contraposição entre conteúdo onírico manifesto e latente só tem importância para os sonhos da segunda e, em especial, da terceira categoria. Nesta se acham os enigmas que desaparecem apenas quando substituímos o sonho manifesto pelo conteúdo latente de pensamentos, e foi com um exemplo desse tipo, um sonho confuso e ininteligível, que realizamos a análise precedente. Mas, contrariamente à nossa expectativa, deparamos com motivos que impediram que tivéssemos total conhecimento dos pensamentos oníricos latentes, e a repetição dessa experiência nos levou à suposição de que *entre o caráter ininteligível e confuso do sonho e as dificuldades na comunicação dos pensamentos oníricos existe um nexo íntimo e regular*. Antes de examinar a natureza desse nexo, será conveniente dirigirmos nosso interesse para os sonhos mais facilmente compreensíveis da primeira categoria, nos quais o conteúdo manifesto e o latente coincidem, ou seja, o trabalho do sonho parece poupado.

A investigação desses sonhos se recomenda ainda de outro ponto de vista. É que os sonhos das crianças são desse tipo, têm significado e não causam estranheza — o que, diga-se de passagem, constitui outra objeção à tese que relaciona os sonhos à atividade cerebral dissociada durante o sono, pois por que tal diminuição das funções psíquicas seria uma característica do estado do sono nos adultos, mas não nas crianças? Mas nós temos todo o direito de esperar que o esclarecimento dos processos psíquicos na criança, em que talvez sejam substancialmente simplificados, venha a se revelar um trabalho preparatório indispensável para o estudo da psicologia do adulto.

Portanto, comunicarei alguns exemplos de sonhos que juntei de crianças.* Uma menina de dezenove meses foi mantida em jejum o dia inteiro porque tinha vomitado de manhã, sofrendo indigestão de morangos, segundo informou a babá. Na noite após esse dia, ouviu-se ela falar o próprio nome e dizer: *"Mo(r)ango, mo(r)ango silveste, om(e)lete, mingau"*. Então ela sonhava que comia, e destacava no seu menu o que imaginava que receberia pouco na vez seguinte. Também sonhou com um prazer interdito um garoto de 22 meses que no dia anterior tivera de presentear o tio com uma caixa de cerejas frescas, das quais só pudera provar uma amostra, naturalmente. Ele acor-

---

* A maioria dos sonhos apresentados neste trabalho foi extraída da *Interpretação dos sonhos* — o que não surpreende, já que ele foi concebido como um resumo da obra maior (cf. p. 219 deste volume). Quase todos esses sonhos infantis são relatados mais detalhadamente no cap. III da *Interpretação*.

dou dando uma alegre notícia: "*He(r)mann comeu todas as celejas*". Uma garota de três anos e quatro meses havia feito um passeio por um lago durante o dia, mas ele lhe pareceu muito breve, pois ela chorou ao sair do barco. Na manhã seguinte, contou que de noite havia passeado no lago, ou seja, havia continuado o passeio interrompido. Um menino de cinco anos e quatro meses pareceu pouco satisfeito após uma caminhada na região do Dachstein;* quando um novo monte aparecia, perguntava se era o Dachstein, e se recusou a ir com os demais à cachoeira. Seu comportamento foi atribuído ao cansaço, mas teve explicação melhor no dia seguinte, quando ele contou um sonho em que havia *escalado o Dachstein*. Claramente, ele esperava que a subida do Dachstein seria a meta da excursão, e ficou aborrecido ao não avistar o monte desejado. Ao sonhar, obteve o que o dia não lhe dera. O mesmo aconteceu no sonho de uma menina de seis anos, cujo pai havia interrompido um passeio antes de chegarem ao destino, por causa da hora adiantada. No caminho de volta, chamou-lhe a atenção uma tabuleta com o nome de outro local de excursão, e o pai havia prometido que em outra oportunidade a levaria lá também. Ao ver o pai na manhã seguinte, disse-lhe que havia sonhado que *ele e ela haviam estado nos dois lugares*.

O que há em comum nesses sonhos infantis é evidente. Eles realizam desejos que haviam sido despertados durante o dia e permanecido insatisfeitos. São *simples e indisfarçadas realizações de desejos*.

* Uma montanha nos Alpes austríacos.

Também não é outra coisa senão uma realização de desejo o seguinte sonho de criança, à primeira vista não muito compreensível. Uma garota que não chegava a ter quatro anos foi trazida do campo para a cidade, por causa de uma poliomielite, e pernoitou na casa de uma tia sem filhos, numa cama grande — para ela, grande demais. Na manhã seguinte, contou que havia sonhado que *a cama era pequena demais para ela, de modo que não tivera lugar*. Notar que esse sonho realiza um desejo é fácil quando nos lembramos de que *"ser grande"* é um desejo manifestado com frequência pelas crianças. A enormidade da cama lembrou enfaticamente a própria pequenez à pequena que desejava ser grande; por isso ela corrigiu no sonho aquela desproporção desagradável, e tornou-se tão grande que a enorme cama ainda era pequena para ela.

Mesmo quando o conteúdo dos sonhos de crianças se torna mais complicado e refinado, entendê-los como realização de desejo é sempre natural. Um menino de oito anos sonhou que andava com Aquiles num carro de guerra guiado por Diomedes. Sabe-se que naquele dia ele havia estado imerso na leitura das lendas dos heróis gregos; é fácil constatar que ele tomou esses heróis como modelos e lamentou não viver na época deles.

Por essa pequena coletânea torna-se clara uma segunda característica dos sonhos de crianças: *sua relação com a vida diurna*. Os desejos que neles se satisfazem são os que ficaram do dia, normalmente do dia anterior, e que no pensamento desperto eram providos de fortes sentimentos. O que era inessencial e irrelevante, ou que assim pareceu à criança, não teve acolhida no conteúdo do sonho.

Também no caso dos adultos podemos reunir muitos exemplos desses sonhos de tipo infantil, mas, como disse, geralmente são de conteúdo ralo. Assim, bom número de pessoas costuma responder ao estímulo da sede durante a noite sonhando que bebe, ou seja, buscando livrar-se do estímulo e continuar a dormir. Em várias pessoas, é frequente haver esses *sonhos de comodidade* antes de acordar, quando se apresenta a necessidade de levantar. Então elas sonham que já despertaram, que estão junto à pia do banheiro ou já na escola, no escritório etc., onde deveriam se encontrar em determinada hora. Na noite anterior a uma viagem, não é raro alguém sonhar que já chegou ao lugar de destino; antes de um espetáculo teatral, de uma festa, às vezes o sonho antecipa — como que por impaciência — o prazer que se espera. Outras vezes o sonho exprime a realização de desejo um pouco mais indiretamente; é necessário produzir uma relação, uma inferência, ou seja, o começo de um trabalho de interpretação, para reconhecer a realização de desejo. Assim, por exemplo, quando um homem relata que sua jovem mulher sonhou que havia começado nela a menstruação, tenho de pensar que essa jovem mulher imagina estar grávida, se a sua menstruação não chega. Então o fato de ela contar o sonho corresponde a um anúncio de gravidez, e seu sentido é que ele mostra realizado o desejo de que a gravidez ainda não venha. Em circunstâncias inabituais e extremas, esses sonhos de natureza infantil tornam-se particularmente frequentes. O líder de uma expedição polar informa, por exemplo, que seus homens, invernando no gelo, tendo uma alimentação invariável e de porções magras, sonhavam regularmente, como as crianças, com grandes banquetes e montes de tabaco, e que estavam em casa.

Não é nada infrequente que num sonho mais longo e complicado, confuso na maior parte, sobressaia um trecho bastante claro, que contém uma inequívoca realização de desejo mas se acha unido a um material diferente, incompreensível. Se repetidas vezes tentamos analisar também os sonhos aparentemente claros* dos adultos, descobrimos, para nossa surpresa, que esses raramente são tão simples como os das crianças, e que por trás da realização de desejo escondem ainda outro sentido.

Teríamos, certamente, uma solução simples e satisfatória para o enigma dos sonhos se o trabalho da análise nos permitisse referir também os sonhos confusos e sem sentido dos adultos ao tipo infantil de realização de um desejo fortemente sentido do dia anterior. Certamente as aparências não favorecem essa expectativa. Os sonhos, na sua maioria, estão cheios de material desinteressante e estranho, e no seu conteúdo não se nota realização de desejo.

Mas antes de abandonarmos os sonhos infantis e suas francas realizações de desejos, não deixaremos de mencionar uma característica fundamental dos sonhos,

---

* No original utilizado, a edição dos *Gesammelte Werke*, v. II/III, de 1942, acha-se *undurchsichtig*, "opacos"; mas James Strachey, numa nota à sua tradução (na *Standard Edition*), afirma que na primeira edição alemã se achava a forma correta, *durchsichtig* ("transparente, claro"), erradamente modificada nas edições seguintes.

que há muito foi notada e que justamente nesse grupo aparece de forma bem nítida. Cada um desses sonhos pode ser substituído por uma frase optativa:* "Oh, se o passeio no lago tivesse demorado mais!", "Se eu tivesse já tomado banho e me vestido!", "Se eu tivesse ficado com as cerejas, em vez de dá-las para o tio!". Mas os sonhos nos dão mais que o optativo. Mostram o desejo como já realizado, apresentam essa realização como real e atual, e o material da representação onírica consiste predominantemente — embora não exclusivamente — de situações e quadros sensoriais, sobretudo visuais. Portanto, mesmo nesse grupo não está ausente uma espécie de transformação — que podemos designar como trabalho do sonho: *um pensamento que se acha no optativo é substituído por imagens no presente.*

IV

Ficaremos inclinados a supor que essa transformação em elementos figurativos também aconteceu nos sonhos confusos, ainda que não possamos saber se utilizou também o optativo no caso deles. Mas o exemplo de sonho comunicado no início [no cap. II] tem duas passagens que nos dão motivo para supor algo assim.

---

* Lembremos que "optativo" expressa desejo ou vontade, não apenas escolha; em português, o modo verbal subjuntivo inclui a função optativa — que é explicitada em algumas línguas, como o grego.

Na análise, vem-me a associação de que minha mulher deu atenção a outras pessoas na mesa, o que me desagradou. O sonho contém o *exato oposto* disso: a pessoa que substitui minha mulher se volta completamente para mim. Mas que desejo pode ser mais motivado por uma experiência desagradável do que o de que tivesse acontecido o oposto dele, tal como no sonho é apresentado? O amargo pensamento surgido na análise, de que eu nada tive de graça, acha-se numa relação exatamente igual com a fala da mulher no sonho: "Você sempre teve olhos bonitos". Assim, uma parte das contradições entre conteúdo onírico manifesto e latente poderia ser creditada à realização de desejo.

Mais evidente, porém, é outra operação do trabalho do sonho, mediante a qual se produzem os sonhos incoerentes. Se num exemplo qualquer comparamos o número de elementos representacionais ou o espaço que tomam ao serem registrados por escrito, no sonho e nos pensamentos oníricos a que a análise conduz e de que achamos traços no sonho, não temos dúvida de que o trabalho do sonho fez uma enorme compressão ou *condensação*. Inicialmente não é possível formar um juízo sobre a escala dessa condensação; mas quanto mais aprofundamos a análise do sonho, mais ela impressiona. Não vemos elemento do conteúdo onírico do qual não saiam fios de associação em duas ou mais direções, nem situação que não seja composta de duas ou mais impressões e vivências. Por exemplo, certa vez sonhei com uma espécie de piscina em que os banhistas se afastavam em todas as direções; num lugar da margem havia alguém que se inclinava para um banhista, como que para retirá-lo da água. A situação era composta da lembrança de uma vivência da puberdade e de dois quadros, um dos quais eu tinha visto pouco antes de ter o sonho. Os dois eram o da surpresa no banho, no ciclo de Melusina, de Schwind* (cf. os banhistas que se dispersam), e o Dilúvio, de um mestre italiano. A pequena vivência lembrada consistiu em ver quando, na escola de natação, o instrutor ajudou a sair da água uma senhora que havia ficado até depois do início do horário dos homens.

A situação, no exemplo escolhido, levou-me a uma pequena série de lembranças ao fazer a análise, das quais cada uma contribuiu algo para o conteúdo do sonho. Primeiro, a breve cena do tempo da corte à minha futura esposa, de que já falei; um aperto de mão por debaixo da mesa, que ocorreu então, forneceu ao sonho o detalhe "debaixo da mesa", que acrescentei depois à lembrança dele. Naturalmente, não se falou então em "voltar-se para mim"; sei, pela análise, que esse elemento era a realização do desejo através do oposto, referindo-se à conduta de minha mulher na *table d'hôte*. Mas por trás dessa lembrança recente se escondia uma cena muito semelhante e bem mais importante, da época de nosso noivado, que nos indispôs um com o outro por um dia inteiro. A confiança de pôr a mão no joelho dizia respeito a um contexto bem diferente e a outras pessoas.

* O pintor Moritz von Schwind (1804-71) expressou em seus quadros o romantismo popular alemão.

Esse elemento do sonho tornou-se ele próprio o ponto de partida de duas séries específicas de lembranças, e assim por diante.

O material dos pensamentos oníricos compactado para formar a situação onírica deve, naturalmente, ser de antemão aproveitável para esse uso. Isso requer um ou vários elementos *comuns* a todos os componentes. O trabalho do sonho procede, então, como Francis Galton na preparação de suas fotografias de família. Ele como que sobrepõe os diversos componentes; então o que é comum a eles aparece nitidamente na imagem final, os detalhes contrastantes quase que anulam um ao outro. Esse processo constitutivo explica, em parte, os variáveis graus de vagueza característica de tantos elementos do conteúdo do sonho. Com base nessa compreensão, a interpretação dos sonhos formula a seguinte regra: quando, na análise, uma *incerteza* pode ser dissolvida num "ou — ou", devemos substituir este por um "e" e tomar cada uma das aparentes alternativas como ponto de partida independente de uma série de associações.

Quando esses elementos em comum entre os pensamentos oníricos não estão presentes, o trabalho do sonho se empenha em *criá-los*, para possibilitar a representação em comum no sonho. A via mais conveniente de aproximar dois pensamentos oníricos que ainda não têm nada em comum consiste em mudar a expressão verbal de um, e nisso o outro pode ir-lhe ao encontro sendo vazado em outra expressão. É um processo análogo à produção de rimas, em que a consonância é buscada do mesmo modo que o elemento em comum. Boa parte do trabalho do sonho consiste na criação desses pensamentos intermediários que frequentemente parecem bastante espirituosos, mas muitas vezes também forçados, e que se estendem da representação comum no conteúdo do sonho até os pensamentos oníricos diversos na forma e na essência, motivados pelos ensejos para o sonho. Também na análise de nosso exemplo de sonho vejo um tal caso em que um pensamento recebeu nova forma para encontrar-se com outro, essencialmente estranho a ele. Na continuação da análise deparo com este pensamento: *"Eu também queria ter algo de graça"*; mas essa forma não é aproveitável pelo conteúdo onírico. Então ela é substituída por uma nova: *"Eu gostaria de desfrutar algo sem 'custo' [Kosten]"*. O termo *Kosten*, em seu segundo significado,* combina com o grupo de ideias de *table d'hôte* e pode achar representação no *espinafre* servido no sonho. Em nossa casa, quando aparece na mesa um prato que as crianças rejeitam, sua mãe tenta primeiro a persuasão branda, dizendo-lhes: *"Provem um pouco, pelo menos"*. Pode parecer singular que o trabalho do sonho aproveite sem hesitação a ambiguidade das palavras, mas uma maior experiência nos mostra que é um acontecimento habitual.

O trabalho de condensação também explica certos componentes do conteúdo que são próprios apenas do sonho e não se acham nas representações da vigília. Refiro-me às *pessoas juntadas* e *mistas*, e às peculiares *formações mistas*, criações comparáveis aos animais compostos da fantasia dos povos orientais; mas estes, em nosso pen-

---

* Além de "custo" e "custar", o termo significa "provar, saborear".

samento, já se cristalizaram em unidades fixas, ao passo que as composições oníricas sempre são criadas de novo, em variedade inesgotável. Cada um de nós conhece tais figuras de seus próprios sonhos; as maneiras como se formam são múltiplas.

Posso compor uma pessoa dotando-a dos traços de duas, ou dando-lhe o físico de uma e pensando no nome de outra no sonho, ou posso representá-la visualmente mas pô-la numa situação que aconteceu com outra. Em todos esses casos, a junção de diferentes pessoas numa única faz sentido no conteúdo do sonho, deve significar um "e" ou "assim como", uma comparação das pessoas originais em determinado aspecto que pode inclusive ser mencionado no sonho. Em geral, porém, essas coisas em comum das pessoas juntadas são descobertas apenas mediante a análise, sendo apenas indicadas no conteúdo onírico pela formação da pessoa composta.

A mesma variedade de forma de produção e idêntica regra na resolução valem também para as formações mistas do conteúdo onírico, das quais não preciso dar exemplos. Sua estranheza desaparece por completo quando decidimos não classificá-las juntamente com os objetos da percepção desperta e nos lembramos de que elas são obra da condensação onírica e destacam, numa abreviação acertada, uma característica comum dos objetos que combinam. Também nesse caso o elemento em comum deve ser, de modo geral, inserido a partir da análise. O conteúdo onírico diz apenas: "Todas essas coisas têm um elemento X em comum". A decomposição dessas formações mistas pela análise é, com frequência, o caminho mais curto para chegar ao significado do sonho. Assim, uma vez sonhei que estava sentado num banco junto com um de meus ex-professores da universidade e que esse banco era rodeado de outros e se movia para a frente num movimento rápido. Era uma combinação de sala de conferências e *trottoir roulant*.* Omitirei a continuação do pensamento.

Outra vez, estava sentado num vagão de trem e tinha no colo um objeto com o formato de uma cartola [*Zylinderhut*, literalmente, "chapéu-cilindro"], mas feito de vidro transparente. A situação me fez pensar no provérbio que diz: *Mit dem Hut in der Hand, kommt man durchs ganze Land* [literalmente, "Com o chapéu na mão, a pessoa atravessa o país inteiro"; ou seja, "Com modéstia e cortesia, a pessoa é bem-vinda em toda parte"]. O "cilindro de vidro" me lembra, por um breve caminho indireto, a luz de Auer,** e logo sei que gostaria de fazer uma descoberta que me torne rico e independente, como fez meu conterrâneo, o dr. Auer von Welsbach, e que então viajarei, em vez de ficar em Viena. No sonho eu viajava com a minha invenção — a cartola de vidro, ainda sem utilidade, porém.

---

* "*Trottoir roulant*", literalmente, "calçada rolante", foi uma extensa passarela móvel (de 3,5 km) apresentada na Exposição Universal de Paris, em 1900.
** Karl Auer von Welsbach (1858-1929) foi um químico vienense que inventou a lâmpada de gás incandescente, a "luz de Auer" do texto.

O trabalho do sonho gosta particularmente de representar duas ideias opostas pela mesma figura mista; por exemplo, quando uma mulher se viu, no sonho, representada com um ramo de flores, como o anjo nas imagens da anunciação de Maria (o que indica inocência — e Maria também o nome dela), mas o ramo está coberto de flores grandes e brancas* que parecem camélias (o oposto de inocência: a Dama das Camélias).

Boa parte do que aprendemos sobre a condensação onírica pode ser resumida nesta formulação: cada elemento do conteúdo do sonho é *sobredeterminado* pelo material dos pensamentos oníricos, derivando não de um só elemento desses pensamentos, mas de toda uma série deles, que não precisam absolutamente estar próximos um do outro nos pensamentos oníricos, podendo pertencer às mais diferentes áreas da trama dos pensamentos. O elemento onírico é, no sentido justo, o *representante* de todo esse material díspar no conteúdo onírico. Mas a análise desvenda ainda outro aspecto da complexa relação entre conteúdo onírico e pensamentos oníricos. Assim como há ligações que vão de cada elemento do sonho a vários pensamentos oníricos, um pensamento onírico costuma ser representado *por mais de um elemento do sonho*; os fios associativos não convergem simplesmente dos pensamentos oníricos até o conteúdo onírico, mas sim se cruzam e se entretecem muitas vezes no caminho.

---

* No relato mais minucioso que se acha na *Interpretação dos sonhos* (cf. v. 4 destas *Obras completas*, p. 391), essas flores são vermelhas — como as camélias.

Junto com a transformação de um pensamento numa situação (a "dramatização"), a condensação é a mais importante e peculiar característica do trabalho do sonho. Mas até agora não nos foi revelado que motivo obrigaria a tal compressão do conteúdo.

V

Nos sonhos complicados e confusos, que agora vamos abordar, a impressão de dissimilaridade entre conteúdo onírico e pensamentos oníricos não se explica apenas pela condensação e dramatização. Há evidências da atuação de um terceiro fator, que merecem ser cuidadosamente reunidas.

Quando chego ao conhecimento dos pensamentos oníricos através da análise, noto principalmente que o conteúdo onírico manifesto trata de coisas muito diversas das do conteúdo latente. Sem dúvida, isso é apenas aparência que se dissipa a um exame mais atento, pois afinal encontro todo o conteúdo onírico exposto nos pensamentos oníricos e quase todos os pensamentos oníricos representados no conteúdo onírico. Mas ainda persiste alguma diferença. O que no sonho se apresentava de modo amplo e nítido como conteúdo essencial, após a análise tem de se contentar com um papel bastante secundário entre os pensamentos oníricos, e o que, pelo testemunho de meus sentimentos, pode reivindicar a maior atenção entre os pensamentos oníricos, não tem nenhum material de representação no conteúdo onírico ou é apenas levemente insinuado numa região obscura do sonho. Posso descrever esse fato da seguinte maneira: *durante o trabalho do sonho, a intensidade psíquica passa dos pensamentos e representações a que pertence propriamente para outros, que a meu ver não têm direito a tal ênfase.* Nenhum outro processo contribui tanto para ocultar o sentido do sonho e tornar irreconhecível o nexo entre conteúdo onírico e pensamentos oníricos. Durante esse processo, que chamarei *deslocamento onírico*, observo também que a intensidade psíquica, importância ou capacidade afetiva dos pensamentos se transforma em vivacidade sensorial. O que é mais nítido no conteúdo do sonho aparece naturalmente como o mais importante; mas num elemento pouco nítido do sonho pode-se reconhecer, com frequência, o derivado direto do pensamento onírico essencial.

O que denomino deslocamento onírico também poderia ser chamado *transmutação dos valores psíquicos.** Mas não terei apreciado exaustivamente o fenômeno se não acrescentar que esse trabalho de deslocamento ou transmutação de valores ocorre em grau variável nos diferentes sonhos. Há sonhos que se produzem quase sem nenhum deslocamento. São aqueles também inteligíveis e que fazem sentido, como, por exemplo, os sonhos de desejos não encobertos, que já vimos. Em ou-

---

* Alusão a uma famosa expressão de Nietzsche; no original: *Umwertung der psychischen Wertigkeiten* (está ligeiramente diferente da que foi usada na *Interpretação dos sonhos*; cf. v. 4 destas *Obras completas*, p. 372).

tros sonhos, nem mesmo uma fração dos pensamentos oníricos conservou o próprio valor psíquico, ou tudo o que é essencial nos pensamentos oníricos aparece substituído por coisas secundárias, e entre esses dois extremos é possível reconhecer a mais completa série de transições. Quanto mais obscuro e confuso é um sonho, maior é a parte que podemos atribuir ao fator deslocamento em sua formação.

O exemplo que escolhemos para análise mostra ao menos um grau de deslocamento tal que seu conteúdo aparece *centrado* de modo diferente dos pensamentos oníricos. No primeiro plano do conteúdo onírico, a situação é de uma mulher que estaria querendo se aproximar de mim; nos pensamentos oníricos a ênfase principal é posta no desejo de fruir uma vez o amor desinteressado, que "nada custa!", e essa ideia se acha escondida atrás da expressão sobre os belos olhos e da remota alusão a "espinafre".

Se, através da análise, desfazemos o deslocamento onírico, chegamos a respostas que parecem totalmente seguras acerca de dois problemas muito controversos, relativos aos suscitadores dos sonhos e à relação dos sonhos com a vida desperta. Existem sonhos que revelam de imediato sua ligação com as vivências do dia; em outros não se vê traço desse nexo. Recorrendo à análise, pode-se mostrar que todo sonho, sem exceção alguma, liga-se a uma impressão dos últimos dias — e provavelmente é mais correto dizer: do dia anterior ao sonho. A impressão que tem o papel de instigadora do sonho pode ser tão significativa que não nos admiramos de nos ocuparmos dela durante o dia, e nesse caso dizemos, de modo correto, que o sonho dá continuidade aos interesses importantes da vida desperta. Habitualmente, porém, se já se encontra no conteúdo onírico uma relação com alguma impressão do dia, essa é tão insignificante, fútil e merecedora de esquecimento que somente com algum esforço podemos nos lembrar dela. Mesmo quando é coerente e inteligível, o conteúdo onírico parece tratar das mais irrelevantes ninharias, que não seriam dignas do nosso interesse na vida desperta. Boa parte do menosprezo pelos sonhos vem dessa primazia dada ao que é irrelevante e frívolo no conteúdo onírico.

A análise desfaz a aparência em que se baseia esse julgamento desdenhoso. Onde o conteúdo onírico põe em primeiro plano uma impressão banal como instigadora do sonho, a análise costuma revelar a vivência significativa, que justificadamente mexeu com a pessoa. Essa vivência foi substituída por uma irrelevante, com a qual estabeleceu amplos laços associativos. Onde o conteúdo onírico traz material de representação insignificante e desinteressante, a análise descobre as numerosas vias de ligação pelas quais essas coisas sem valor se conectam ao que há de mais valioso na estimação psíquica do indivíduo. *Se o que chega ao conteúdo onírico é a impressão indiferente, em vez daquela justificadamente instigante, o material irrelevante, em vez daquele justificadamente interessante, isto são apenas atos do trabalho de deslocamento.* Se respondermos às questões sobre os instigadores do sonho e sobre a relação entre o sonhar e a atividade diurna, conforme os novos conhecimentos obtidos com a substituição do conteúdo onírico manifesto pelo latente, será preciso dizer que *os sonhos jamais se ocupam de coisas que não nos preocupam durante o dia, e miudezas que não nos atingem durante o dia não nos acompanham quando dormimos.*

Qual foi o instigador do sonho no exemplo escolhido para análise? O fato, realmente insignificante, de um amigo me proporcionar *uma corrida grátis num coche*. A situação na *table d'hôte*, no sonho, contém uma alusão a este ensejo irrelevante, pois na conversa eu havia comparado o taxímetro a uma *table d'hôte*. Mas posso também mencionar o fato significativo que é substituído por esse trivial. Alguns dias antes, eu havia feito uma substancial contribuição de dinheiro a uma pessoa de minha família que me é cara. Não será uma surpresa, dizem os pensamentos oníricos, se essa pessoa me for grata por isso; esse amor não seria "grátis". Mas amor grátis se acha em primeiro plano nos pensamentos oníricos. Há não muito tempo fiz várias *corridas de coche* com o parente em questão, o que torna possível que a corrida de coche com meu amigo me lembre a relação com essa outra pessoa. A impressão irrelevante, que se torna instigadora do sonho graças a ligações desse tipo, está sujeita a outra condição que não se aplica à fonte verdadeira do sonho: ela tem de ser uma impressão *recente*, do dia anterior ao sonho.

Não posso deixar o tema do deslocamento onírico sem mencionar um processo singular na formação dos sonhos, no qual condensação e deslocamento cooperam na produção de um resultado. Já vimos, na condensação, o caso em que duas representações nos pensamentos oníricos que têm algo em comum, um ponto de contato, são substituídas no conteúdo onírico por uma representação mista, na qual um núcleo mais nítido corresponde ao que é comum às duas, e definições secundárias menos nítidas, às particularidades das duas. Se a esta condensação se junta um deslocamento, não há a formação de uma representação mista, mas sim de *algo comum intermediário*, que em relação aos diferentes elementos se comporta como, num paralelogramo de forças, a força resultante em relação às componentes. No conteúdo de um de meus sonhos, por exemplo, fala-se de uma injeção de *propil*.* Na análise, cheguei inicialmente a uma experiência irrelevante que agiu como instigadora do sonho, na qual aparece "amil". Eu não conseguia ainda justificar a troca de "amil" *por* "propil". Mas no grupo de pensamentos do mesmo sonho se achava também a lembrança de minha primeira visita a Munique, onde me chamou a atenção o *Propileu*. Os pormenores da análise tornaram plausível supor que a influência desse segundo grupo de ideias sobre o primeiro foi responsável pelo deslocamento de "amil" para "propil". Esse último é, digamos, a ideia intermediária entre "amil" e propileu e, assim, à maneira de um *compromisso*, por meio de condensação e deslocamento simultaneamente, chegou ao conteúdo do sonho.

---

* Trata-se do *célebre* "sonho de Irma"; cf. *A interpretação dos sonhos*, cap. II.

VI

Se é principalmente ao trabalho de deslocamento que se deve o fato de não encontrarmos ou reconhecermos os pensamentos oníricos no conteúdo onírico — sem atinar com o motivo dessa deformação —, é uma outra, mais branda espécie de transformação dos pensamentos oníricos que conduz à descoberta de uma nova, mas facilmente inteligível, operação do trabalho do sonho. Os primeiros pensamentos oníricos que desenvolvemos mediante a análise frequentemente chamam a atenção pela roupagem inusual; não aparecem na linguagem sóbria que o nosso pensamento prefere usar, sendo representados, isto sim, de maneira simbólica, por meio de símiles e metáforas, como que numa língua poética plena de imagens. Não é difícil achar a motivação para esse grau de coação imposto à expressão dos pensamentos oníricos. O conteúdo onírico consiste, em sua maior parte, de situações visuais; então os pensamentos oníricos têm de sofrer primeiro um ajuste que os torne utilizáveis para esse modo de representação. Imagine-se, por exemplo, a tarefa de substituir as frases de um editorial político ou de um discurso da defesa, num julgamento, por uma série de desenhos, e se entenderá facilmente as mudanças que a *consideração pela representabilidade no conteúdo onírico* obriga o trabalho do sonho a fazer.

No material psíquico dos pensamentos oníricos acham-se habitualmente lembranças de vivências que causaram impressão — não raro da primeira infância —, que, portanto, foram elas mesmas apreendidas como situações de teor sobretudo visual. Quando é possível, esse componente dos pensamentos oníricos exerce influência determinante na forma que toma o conteúdo onírico, ao agir como se fosse um ponto de cristalização atraindo e distribuindo o material dos pensamentos oníricos. A situação do sonho é, com frequência, nada mais que uma repetição, modificada e complicada por interpolações, de uma tal vivência que causou impressão; ao passo que raramente o sonho traz reproduções fiéis e puras de cenas reais.

Mas o conteúdo onírico não consiste exclusivamente de situações, inclui também fragmentos avulsos de imagens, falas e até mesmo porções de pensamentos não alterados. Pode ser interessante, então, examinarmos sucintamente os meios de representação que se acham à disposição do trabalho do sonho para reproduzir os pensamentos oníricos na peculiar forma de expressão dos sonhos.

Os pensamentos oníricos que conhecemos pela análise se revelam como um complexo psíquico de construção bastante intrincada. As porções dele se acham nas mais variadas relações lógicas entre si; formam primeiro plano e pano de fundo, condições, digressões, ilustrações, provas e objeções. Quase invariavelmente, junto a uma cadeia de pensamentos está sua contrapartida. A esse material não falta nenhuma das características que conhecemos do nosso pensamento desperto. Se de tudo isso deve surgir um sonho, esse material psíquico é sujeito a uma compressão que o condensa enormemente, a uma fragmentação interna e um deslocamento que cria como que novas superfícies, e a uma influência seletiva por parte dos componentes mais aptos para a formação de situações. Considerando a gênese desse material, tal processo merece o nome de "regressão". Porém, os laços lógicos que até então mantinham junto o material psíquico se perdem nessa transformação em conteúdo onírico. É como se o trabalho do sonho tomasse apenas o conteúdo objetivo dos pensamentos oníricos para elaboração. Fica para o trabalho da análise restabelecer os nexos que o trabalho do sonho eliminou.

Assim, pode-se dizer que os meios de expressão do sonho são pobres em comparação com os de nossa linguagem intelectual, mas o sonho não precisa renunciar completamente à reprodução das relações lógicas entre os pensamentos oníricos; ele consegue, com frequência, substituí-las por características formais de sua própria estrutura.

Em primeiro lugar, o sonho leva em conta o inegável nexo entre todas as porções dos pensamentos oníricos reunindo esse material numa situação. Reproduz o *nexo lógico* como *aproximação no tempo e no espaço*, de forma semelhante ao pintor que retrata numa imagem do parnaso todos os poetas, que nunca estiveram juntos numa montanha, mas formam um grupo conceitual. O sonho prossegue com esse modo de representação nos detalhes, e com frequência, quando mostra dois elementos bem próximos no conteúdo onírico, está afirmando que há um laço bastante íntimo entre aqueles que lhes correspondem nos pensamentos oníricos. De resto, observemos neste ponto que todos os sonhos produzidos na mesma noite revelam, na análise, que se originam do mesmo grupo de pensamentos.

A *relação causal* entre dois pensamentos é deixada sem representação ou é substituída pela *sucessão* de dois fragmentos de sonho de duração diversa. Com frequência essa representação é invertida: o começo do sonho traz a consequência, e a conclusão, a premissa. A *transformação* direta de uma coisa em outra, no sonho, parece representar a relação de *causa* e *efeito*.

A alternativa *ou—ou* jamais é expressa no sonho, as duas opções são acolhidas na mesma trama, como se fossem igualmente válidas. Já mencionei que um "ou—ou", ao reproduzirmos um sonho, deve ser traduzido por "e".

Representações que se acham em oposição são expressas no sonho, de preferência, por um só elemento.[1] O "não" parece não existir para o sonho. A oposição entre dois pensamentos, a relação de *inversão*, tem uma representação bastante notável no sonho; é expressa transformando outra porção do conteúdo onírico — como que a posteriori — no seu contrário. Outra maneira de exprimir *contradição* veremos adiante. Também a sensação de *movimento inibido*, tão frequente no sonho, serve para representar uma contradição entre impulsos, um *conflito da vontade*.

Apenas uma das relações lógicas, a de *similaridade, comunhão, concordância*, é altamente favorecida pelo mecanismo da formação do sonho. O trabalho do sonho

---

1 [Nota acrescentada em 1911:] É pertinente registrar que filólogos de renome sustentam que as mais antigas línguas humanas, de maneira bastante geral, exprimiam os opostos com a mesma palavra (fraco-forte, dentro-fora etc.; cf. "O sentido antitético das palavras primitivas" [1910]).

utiliza esses casos como base para a condensação onírica, juntando numa *nova unidade* tudo o que mostra essa concordância.

Essa breve sequência de observações toscas não basta, naturalmente, para considerar a abundância de meios de representação formais que os sonhos utilizam para as relações lógicas nos pensamentos oníricos. Os diferentes sonhos são trabalhados de modo mais fino ou mais negligente nesse aspecto, atêm-se de maneira mais ou menos cuidadosa ao texto já presente, recorrem em maior ou menor medida aos expedientes do trabalho do sonho. No segundo caso, aparecem como obscuros, confusos, desconexos. Mas quando o sonho nos parece claramente absurdo, contendo um contrassenso evidente, ele é assim de forma intencional, e com seu aparente menosprezo de todas as exigências da lógica exprime alguma coisa do conteúdo intelectual dos pensamentos oníricos. O absurdo nos sonhos significa *contradição, escárnio* e *zombaria*. Como essa explicação traz a mais forte objeção ao ponto de vista segundo o qual os sonhos surgem da atividade mental acrítica, dissociada, vou reforçá-la mediante um exemplo.

Um conhecido meu, o senhor M., foi atacado por ninguém menos que Goethe num ensaio, e, na opinião de todos nós, com veemência injustificada. É claro que o sr. M. ficou devastado com esse ataque. Ele se queixa disso amargamente para algumas pessoas, à mesa. Sua admiração por Goethe, porém, não sofreu com essa experiência pessoal. Busco esclarecer um pouco a cronologia, que me parece improvável. Goethe morreu em 1832; como o ataque a M. certamente ocorreu antes disso, este era um homem muito jovem. Parece-me plausível que ele tivesse dezoito anos de idade. No entanto, não estou seguro do ano em que escrevemos, e, assim, todo o cálculo se torna obscuro. O ataque se encontra no famoso ensaio de Goethe, "A natureza".*

O absurdo desse sonho torna-se mais gritante quando se sabe que o sr. M. é um jovem homem de negócios a quem são totalmente alheios os interesses literários e poéticos. Se me puser a analisar esse sonho, porém, conseguirei mostrar quanto "método" há por trás desse absurdo. O sonho extrai seu material de três fontes:

1) O sr. M., que conheci numa *mesa de amigos*, pediu-me certo dia que examinasse seu irmão mais velho, que estaria apresentando sinais de perturbação mental. Durante o exame, algo embaraçoso aconteceu: sem qualquer motivo, o doente pôs o irmão em situação delicada, aludindo a suas *façanhas da juventude*. Eu lhe perguntei o *ano do seu nascimento* (*ano da morte* [de Goethe] no sonho) e o induzi a fazer vários cálculos, a fim de testar sua memória.

2) Uma revista médica, que incluía meu nome no seu comitê diretor, havia acolhido uma crítica *devastadora* de um resenhador *jovem* sobre um livro do meu amigo F., de Berlim. Solicitei uma explicação ao editor, o qual me disse que lamentava, mas não quis prometer

---

* O exemplo é tirado literalmente da *Interpretação dos sonhos*, cap. VI, seção G, V (p. 484 do v. 4 destas *Obras completas*). Na verdade, depois se verificou que o ensaio "A natureza" foi escrito pelo autor suíço Georg Christoph Tobler (1757-1812).

uma retificação. Por causa disso, rompi meus laços com a revista, expressando, na carta de renúncia, a expectativa de que *nosso relacionamento pessoal não sofresse com o incidente*. Essa foi a fonte propriamente dita do sonho. A acolhida negativa da obra do meu amigo me deixou uma profunda impressão. A meu ver, ela continha uma descoberta biológica fundamental, que apenas agora — depois de muitos anos — começa a ser estimada pelos especialistas.

3) Pouco antes, uma paciente havia me relatado o caso clínico de seu irmão, que tivera um ataque de fúria gritando *"Natureza! Natureza!"*. Os médicos acharam que o grito derivava da leitura daquele belo ensaio de Goethe e indicava o excesso de dedicação aos estudos por parte do doente. Eu havia observado que *me parecia plausível* que "Natureza!" fosse tomada no sentido sexual em que as pessoas menos instruídas a usam entre nós. O fato de depois o infeliz mutilar seus genitais não contradizia o que eu achava, pelo menos. Ele tinha *dezoito anos* na época daquele surto.

No conteúdo do sonho, por trás do Eu se esconde primeiramente o meu amigo que foi maltratado pela crítica. *"Busco esclarecer um pouco a cronologia."* O livro do meu amigo se ocupa justamente das relações *cronológicas* da vida e, entre outras coisas, explica a duração da vida de Goethe como o múltiplo de um número de dias que é significativo na biologia. Mas esse Eu é comparado a um paralítico (*"Não estou seguro do ano em que escrevemos"*). O sonho apresenta, portanto, meu amigo agindo como um paralítico, e se compraz no absurdo.

Mas os pensamentos oníricos são irônicos: "Naturalmente, ele é um maluco, um tolo, e vocês são os gênios que entendem melhor as coisas. Não poderia ser *o contrário?*". Essa *inversão* está bem presente no conteúdo do sonho, pois Goethe atacou o jovem, o que é absurdo, ao passo que ainda hoje um homem bastante jovem pode facilmente atacar o grande Goethe.

Eu diria que nenhum sonho é inspirado por motivos outros que não os egoístas. No sonho em questão, o Eu não representa apenas o meu amigo, mas também a mim mesmo. Eu me identifico com ele, pois o destino de sua descoberta me parece exemplificar a acolhida reservada a meus próprios achados. Quando eu der a conhecer minha teoria que destaca a sexualidade na etiologia dos distúrbios psiconeuróticos (cf. a menção do grito "Natureza! Natureza!", do paciente de dezoito anos), depararei com a mesma crítica, à qual já respondo com a mesma ironia.

Continuando a examinar os pensamentos oníricos, encontro apenas *escárnio e zombaria* como *correlatos dos absurdos do sonho*. Sabe-se que a descoberta de um crânio de ovelha partido, no Lido de Veneza, inspirou a Goethe a ideia da chamada "teoria vertebral" do crânio. Meu amigo se gaba de, quando estudante, haver desencadeado uma revolta que gerou o afastamento de um velho professor que, tendo se distinguido antes (entre outras coisas, nessa área da anatomia comparada), havia se tornado inepto para o ensino devido à *senilidade*. Assim, a agitação por ele promovida ajudou a eliminar a inconveniência de não existir *limite de idade* para o trabalho acadêmico nas universidades alemãs. Realmente, *a idade não protege da tolice*. No hospital daqui, durante anos tive a honra de servir sob um diretor que havia muito se tornara um *fóssil*, notoriamente *imbecilizado*, mas pôde manter aquela função plena de responsabilidades. Nesse ponto me veio à mente um termo descritivo ligado à descoberta no Lido.* Referindo-se a esse homem, jovens colegas do hospital propuseram uma variante para uma canção popular da época: "Isso nenhum Goethe escreveu, nenhum Schiller pôs em versos".

VII

Ainda não concluímos nossa abordagem do trabalho do sonho. Além da condensação, do deslocamento e do arranjo visual do material psíquico, temos que atribuir-lhe outra atividade, embora ela não seja percebida em todos os sonhos. Não tratarei minuciosamente dessa parte do trabalho do sonho, apenas observarei que a melhor maneira de ter uma noção da sua natureza é adotando a hipótese — provavelmente inadequada — *de que ela influi somente a posteriori no conteúdo onírico já formado*. Sua função seria ordenar os componentes do sonho de modo tal que eles se encaixem mais ou menos num conjunto, numa composição onírica. O sonho adquire, assim, uma espécie de fachada, que, é certo, não

---

* O termo seria *Schafkopf*, literalmente, "cabeça de ovelha", que significa "imbecil, idiota".

cobre seu conteúdo em todos os pontos; nisso ele experimenta uma primeira, provisória interpretação, que é ajudada por interpolações e ligeiras mudanças. Mas essa elaboração do conteúdo onírico só se torna possível porque não é muito exata; além disso, não fornece mais que uma evidente má compreensão dos pensamentos oníricos, e quando iniciamos a análise do sonho temos de primeiro nos livrar dessa tentativa de interpretação.

A motivação dessa parte do trabalho do sonho é particularmente clara. É a *consideração pela inteligibilidade* que ocasiona essa última elaboração do sonho; mas isso também revela a origem dessa atividade. Ela se comporta, em relação ao conteúdo onírico à sua frente, como nossa atividade psíquica normal em relação a qualquer conteúdo perceptual que lhe é oferecido. Apreende-o usando certas "representações antecipatórias;* ordena-o, já na percepção, pressupondo sua inteligibilidade; nisso corre o perigo de falseá-lo e, de fato, incorre primeiro nas mais singulares incompreensões, quando não pode aproximá-lo de nada conhecido. Sabe-se que não somos capazes de olhar uma série de sinais novos ou de ouvir uma sequência de palavras desconhecidas sem primeiro falsear sua percepção com base na *consideração pela inteligibilidade*, apoiando-nos em algo nosso conhecido.

Podemos chamar de "bem construídos" os sonhos que sofreram essa elaboração por parte de uma ativi-

---

* No original: *Erwartungsvorstellungen*; cf. nota sobre o termo no v. 9 destas *Obras completas*, p. 289.

dade psíquica inteiramente análoga ao pensamento desperto. Em outros sonhos essa atividade fracassou totalmente; nem sequer se tentou produzir ordem e interpretação, e como, ao acordar, nos identificamos com essa última parte do trabalho do sonho, julgamos que o sonho foi "bastante confuso". Para a nossa análise, contudo, o sonho que parece um desordenado monte de fragmentos desconexos tem tanto valor quanto aquele que foi bem polido e dotado de uma superfície. No primeiro caso, poupamo-nos o esforço de destruir o que foi elaborado por cima do conteúdo onírico.

Mas seria um engano* ver nessas fachadas oníricas apenas as elaborações do conteúdo onírico — equivocadas e bastante arbitrárias — por parte da instância consciente da nossa vida psíquica. Na produção da fachada onírica, não raro, são utilizadas fantasias com desejos que já se encontram formadas nos pensamentos oníricos, e que são da mesma espécie que os "devaneios" [*Tagträume*, literalmente, "sonhos diurnos"] que conhecemos da vida desperta, justamente assim chamados. As fantasias com desejos, que a análise revela nos sonhos noturnos, muitas vezes demonstram ser repetições e reelaborações de cenas infantis; assim, em vários sonhos a fachada onírica nos mostra diretamente o verdadeiro núcleo do sonho, deformado pela mistura com outro material.

Além das quatro mencionadas, não descobrimos outras realizações no trabalho do sonho. Se nos ativermos

---

* Parágrafo acrescentado em 1911.

à definição de "trabalho do sonho" como a transposição dos pensamentos oníricos em conteúdo onírico, teremos de admitir que ele não é criativo, não desenvolve nenhuma fantasia própria, não julga, não conclui, não faz senão condensar, deslocar e trabalhar o material tendo em vista sua visibilidade — ao que se acrescenta a última pequena porção, inconstante, de elaboração interpretativa. É certo que encontramos, no conteúdo onírico, várias coisas que tenderíamos a ver como resultado de outra, mais elevada função intelectual, mas a análise sempre mostra, de forma convincente, que *essas operações intelectuais já aconteceram nos pensamentos oníricos e apenas foram assumidas pelo conteúdo onírico*. Uma conclusão no sonho é apenas a repetição de uma conclusão nos pensamentos oníricos; ela aparece como apropriada quando passa para o sonho sem alteração; ela se torna absurda quando o trabalho do sonho a desloca para algum outro material. Um cálculo no conteúdo onírico significa que entre os pensamentos oníricos se encontra um cálculo; enquanto esse último é sempre correto, no sonho o cálculo pode produzir o mais louco resultado, devido à condensação de seus fatores ou ao deslocamento da mesma operação para outro material. Nem mesmo as falas que se acham no conteúdo onírico são composições novas; revelam-se como sendo juntadas a partir de coisas ditas, ouvidas e lidas, que são renovadas nos pensamentos oníricos; estes copiam fielmente as palavras, pondo completamente de lado o que as motivou e alterando muito o seu sentido.

Talvez seja conveniente reforçar essas últimas afirmações com exemplos.

1) Um sonho de aparência inocente e bem composto de uma paciente:* *Ela vai ao mercado com sua cozinheira, que leva a cesta. Depois que ela pede algo, o açougueiro lhe diz:* Isso não temos mais, *e quer lhe dar outra coisa, observando: Isso também é bom. Ela recusa e vai até a vendedora de legumes. Esta quer lhe vender um legume peculiar, amarrado em feixes, mas de cor preta. Ela diz:* Isso eu não conheço, *isso eu não levo.*

A fala "Isso não temos mais" vem do tratamento. Eu havia explicado à paciente, alguns dias antes, que não *podemos mais ter* as mais antigas lembranças infantis em si, que são substituídas por "transferências" e sonhos. Portanto, eu sou o açougueiro.

A segunda fala, "Isso eu não conheço", ocorreu numa situação muito diversa. No dia anterior ela havia repreendido a cozinheira, que também aparece no sonho, com estas palavras: "*Comporte-se apropriadamente; não conheço isso*", ou seja, "não reconheço tal comportamento; não o admito". A parte mais inofensiva dessa fala entrou no conteúdo onírico mediante um deslocamento; nos pensamentos oníricos apenas a outra parte surgia, pois o trabalho do sonho alterou, tornando ininteligível e completamente inócua, uma situação imaginária em que eu, de certo modo, *me comportava inapropriadamente*. Mas essa situação, que a paciente esperava na imaginação, é apenas a nova edição de uma que ela realmente viveu.

* Tirado da *Interpretação dos sonhos*, cap. v, seção A 1 (p. 219 do v. 4 destas *Obras completas*).

ii) Um sonho aparentemente sem sentido, em que aparecem números: *Ela quer pagar alguma coisa; sua filha retira 3 florins e 65 cruzados da carteira da mãe; mas ela diz: O que está fazendo? Isso só custa 21 cruzados.*

A sonhadora era uma estrangeira; havia posto a filha numa instituição de ensino de Viena e podia prosseguir o tratamento comigo enquanto a filha permanecesse em Viena. No dia antes do sonho, a diretora do colégio havia lhe sugerido deixar a filha mais um ano lá. Nesse caso ela também prolongaria o tratamento mais um ano. Os números do sonho adquirem significado quando nos lembramos de que tempo é dinheiro. Um ano tem 365 dias; equivale, em dinheiro, a 365 cruzados, ou 3 florins e 65 cruzados. Os 21 cruzados correspondem às *três semanas* que decorreriam do dia do sonho até a conclusão do ano letivo e, portanto, até o fim da terapia. Foram, evidentemente, considerações pecuniárias que levaram a senhora a rejeitar a proposta da diretora, e elas também explicam o pequeno montante de dinheiro no sonho.

iii) Uma mulher jovem, mas casada há alguns anos, recebe a notícia do noivado da srta. Elise L., uma conhecida que tem quase a sua idade. Isso provoca o seguinte sonho:

Ela está no teatro com seu marido, um lado da plateia está totalmente desocupado. O marido lhe conta que Elise L. e o noivo também tinham a intenção de ir, mas que obteriam apenas lugares ruins, três por 1 florim e 50 cruzados, e estes não podiam aceitar. Ela diz que isso não é nenhuma desgraça.

Nesse relato devem nos interessar a origem dos números, a partir dos pensamentos oníricos, e as transformações que sofreram. De onde vem 1 florim e 50 cruzados? De um acontecimento irrelevante da véspera. Sua cunhada havia recebido 150 florins do marido, como presente, e se *apressara* em gastar o dinheiro, comprando uma joia. Observemos que 150 florins são cem vezes 1 florim e 50 cruzados. Para o *três*, referente ao número de bilhetes do teatro, há apenas uma relação: a noiva Elise L. é três meses mais jovem do que ela. A situação, no sonho, reproduz um pequeno episódio que fizera o marido caçoar dela algumas vezes. Numa ocasião, ela se apressara bastante em comprar entradas para uma apresentação teatral e, quando chegou ao teatro, *um lado da plateia estava quase vazio*. Portanto, ela não tinha necessidade de *se apressar tanto*. Por fim, não ignoremos o *absurdo* de duas pessoas necessitarem de três bilhetes para o teatro.

Agora os pensamentos oníricos. "Foi uma *tolice* casar tão cedo; não havia necessidade de eu *me apressar tanto*. Pelo exemplo de Elise L. vejo que ainda arranjaria um marido, e um (marido/tesouro) *cem vezes* melhor, se tivesse esperado. Eu poderia comprar *três* maridos com o dinheiro (o dote)!"

VIII

Depois de conhecer o trabalho do sonho na exposição precedente, estaremos inclinados a considerá-lo um processo psíquico bastante peculiar, que, pelo que sabemos, não tem igual. É como se passasse para o trabalho do sonho a estranheza que despertava em nós o seu produto, o sonho. Na realidade, o trabalho do sonho é apenas o primeiro a ser descoberto, em toda uma série de processos psíquicos a que se deve o surgimento dos sintomas histéricos, das fobias, obsessões e delírios. A condensação e, sobretudo, o deslocamento são características que nunca faltam nesses outros processos também. Já a elaboração em elementos visuais permanece própria do trabalho do sonho. Se essa explicação coloca o sonho ao lado de formações psicopatológicas, torna-se ainda mais importante, para nós, descobrir as condições essenciais para processos como o da formação dos sonhos. Provavelmente ficaremos surpresos ao saber que nem o estado de sono nem a doença se incluem nessas condições indispensáveis. Um bom número de fenômenos da vida cotidiana de pessoas sãs — como o esquecimento, os lapsos verbais, os atos descuidados e certa categoria de erros — deve sua origem a um mecanismo psíquico análogo ao dos sonhos e dos outros membros da série.

O âmago do problema se acha no deslocamento, que é de longe a mais incomum entre as realizações do trabalho do sonho. Ao nos aprofundarmos na questão, vemos que a condição essencial para o deslocamento é puramente psicológica; trata-se de uma espécie de *motivação*. Damos com sua pista ao levar em conta experiências a que não se pode escapar analisando sonhos. Na análise do meu exemplo de sonho, tive de interromper, na página 387 a comunicação dos pensamentos oníricos, porque entre eles, como admiti, achavam-se alguns que prefiro não revelar a desconhecidos e que não posso comunicar sem ofender importantes considerações. Acrescentei que não adiantaria escolher outro sonho, em vez daquele, para comunicar sua análise; em todo sonho de teor obscuro ou confuso eu encontraria pensamentos oníricos que devem ser mantidos em segredo. Porém, se eu continuo a análise para mim mesmo, sem considerar os outros (aos quais certamente não se destinaria uma vivência tão pessoal como meu sonho), chego enfim a pensamentos que me surpreendem, que não conhecia em mim, e que me são não apenas *estranhos*, mas até mesmo *desagradáveis*, e que por isso tendo a contestar energicamente, enquanto a cadeia de pensamentos que corre pela análise insiste neles de modo inflexível. Não posso dar conta desse fato, que é universal, senão supondo que tais pensamentos estavam mesmo presentes em minha psique e de posse de certa intensidade ou energia psíquica, mas se achavam numa peculiar situação psicológica, devido à qual não puderam se *tornar conscientes* para mim. Esse estado particular eu denomino *repressão*. Não posso deixar de admitir uma relação causal entre a obscuridade do conteúdo onírico e o estado de repressão, a *incapacidade de consciência* de alguns dos pensamentos oníricos, e de concluir que o sonho tem de ser obscuro, *para não revelar os pensamentos oníricos proibidos*. Chego, assim, ao conceito de *deformação onírica*, que é obra do trabalho do sonho e que serve à *dissimulação*, ao propósito de esconder.

Vou fazer a prova com o sonho escolhido para análise e indagar qual o pensamento que aparece deformado no sonho e que provocaria minha forte oposição se assim não estivesse. Lembro-me de que a corrida gratuita de coche me trouxe à mente as últimas corridas dispendiosas com uma pessoa de minha família, de que a interpretação do sonho foi "Quero um dia conhecer o amor que nada me custe", e de que pouco tempo antes do sonho tive que despender uma soma considerável por essa pessoa justamente. Nesse contexto, não posso evitar o pensamento de que *sinto haver feito essa despesa*. Apenas quando reconheço esse sentimento adquire sentido o fato de que no sonho eu desejasse amor que não me trouxesse despesa. Contudo, posso dizer honestamente que não hesitei um instante ao decidir gastar aquela quantia. O lamento por fazê-lo, a corrente contrária, não se tornou consciente em mim. Por que não? — essa é outra questão, que nos levaria longe, e a resposta que conheço para ela faz parte de outro contexto.

Quando o sonho que analiso não é meu, mas de outra pessoa, o resultado é o mesmo; os motivos para acreditar nele mudam, porém. Se for o sonho de uma pessoa saudável, não me resta outro meio de obrigá-la a reconhecer as ideias reprimidas achadas senão mostrando o contexto dos pensamentos oníricos, e ela pode se opor a esse reconhecimento. Mas, se se tratar de alguém que sofre de uma neurose, de um histérico, digamos, a aceitação do pensamento reprimido se tornará forçosa para ele, devido à conexão deste com os sintomas de sua doença e à melhora que ele experimenta na troca dos sintomas pelas ideias reprimidas. Por exemplo, no caso da paciente que teve esse último sonho dos três ingressos por 1 florim e 50 cruzados, a análise teve de supor que ela menosprezava o marido, que lamentava ter se casado com ele e gostaria de trocá-lo por outro. É verdade que ela disse que amava o marido, que sua vida emocional nada sabia desse menosprezo (um "cem vezes melhor!"), mas todos os seus sintomas levavam à mesma solução que o sonho, e depois que foram despertadas as lembranças por ela reprimidas, de certo tempo em que também de forma consciente ela não amava o marido, esses sintomas foram resolvidos e sua resistência à interpretação do sonho desapareceu.

IX

Depois de haver fixado o conceito de repressão e relacionado a deformação onírica ao material psíquico reprimido, podemos enunciar em termos gerais a principal conclusão que nos traz a análise dos sonhos. No caso dos sonhos compreensíveis e que têm sentido, verificamos que são realizações de desejos não disfarçadas, ou seja, que neles a situação onírica apresenta como realizado um desejo conhecido da consciência, originário da vida diurna e merecedor de interesse. Acerca dos sonhos obscuros e confusos, a análise nos ensina algo bem semelhante: a situação onírica também representa como realizado um desejo que surge dos pensamentos oníricos, mas a representação é irreconhecível, explica-se apenas quando remontamos à sua origem na análise, e o desejo é ele próprio reprimido, alheio à consciência, ou é intimamente ligado a pensamentos reprimidos, sustentado por eles. Portanto, a fórmula para esses sonhos é: *são realizações disfarçadas de desejos reprimidos*. Nisso é interessante notar que o povo tem razão ao dizer que o sonho prediz o futuro. Na verdade, o futuro que o sonho nos mostra não é aquele que acontecerá, mas o que gostaríamos que acontecesse. A mente popular se comporta, nesse ponto, como está habituada a fazer: acredita naquilo que deseja.

Conforme sua atitude ante a realização de desejo, os sonhos se dividem em três classes. A primeira é a dos que representam um desejo *não reprimido* de modo *não disfarçado*; são os sonhos do tipo infantil, que no adulto se tornam cada vez mais raros. A segunda, dos sonhos que expressam um desejo *reprimido* de modo *disfarçado*; são provavelmente a grande maioria de todos os nossos sonhos, que requerem a análise para serem compreendidos. A terceira, dos sonhos que representam um desejo *reprimido* mas *sem* disfarce ou com disfarce que não é suficiente. Esses últimos costumam vir acompanhados de *angústia*, que os interrompe. Nesse caso, a angústia é o sucedâneo da deformação onírica; nos sonhos da segunda classe ela é evitada graças ao trabalho do sonho. É possível demonstrar, sem maior dificuldade, que o conteúdo de representações que no sonho nos provoca angústia foi antes um desejo e depois sucumbiu à repressão.

Há também sonhos claros de conteúdo penoso, mas que no sonho não é sentido como tal. Por isso não podemos contá-los entre os sonhos de angústia; mas eles sempre foram usados como prova da ausência de significado e de valor psíquico dos sonhos. A análise de um exemplo destes mostrará que se trata de realizações *bem disfarçadas* de desejos reprimidos, ou seja, de um sonho da segunda classe, e também evidenciará a excelente aptidão do trabalho de deslocamento para disfarçar o desejo.

Uma garota sonhou que via à sua frente, morto, o único filho restante de sua irmã, no mesmo ambiente em que, alguns anos antes, tinha visto o cadáver do primeiro filho. Não sentiu nenhuma dor, mas naturalmente rejeita a ideia de que tal situação corresponda a um desejo seu. Tampouco há necessidade de supor isso. Mas foi junto ao féretro daquela criança que ela, anos atrás, tinha visto e falado com o homem que amava. Se o segundo filho morresse, ela certamente reencontraria esse homem na casa da irmã. Ela ansiava por esse encontro, mas se revoltava contra aquele seu sentimento. No dia mesmo do sonho ela havia comprado um ingresso para uma conferência que seria dada por esse homem que ainda amava. Seu sonho foi um simples sonho de impaciência, do tipo que habitualmente acontece antes de viagens, idas ao teatro e semelhantes prazeres que aguardamos. Mas, a fim de lhe ocultar este anseio, a situação foi deslocada para uma ocasião totalmente imprópria para um sentimento de alegria, que na realidade, porém, já tivera esse efeito uma vez. Note-se que o comportamento afetivo no sonho não é adequado ao conteúdo onírico posto na frente, mas sim àquele real porém refreado. A situação onírica antecipa o reencontro havia muito ansiado; não oferece base para um sentimento doloroso.*

---

* O sonho é descrito com mais detalhes na *Interpretação dos sonhos*, cap. IV (pp. 187-8 do v. 4 destas *Obras completas*).

X

Até o momento os filósofos não tiveram ocasião de se ocupar de uma psicologia da repressão. É lícito, então, que numa primeira abordagem dessa questão desconhecida nós façamos uma representação visual do curso de eventos na formação do sonho. O esquema a que chegamos — não só pelo estudo dos sonhos — já é complicado, sem dúvida; um mais simples não nos basta, porém. Supomos que em nosso aparelho psíquico há duas instâncias criadoras de pensamentos, das quais a segunda tem a prerrogativa de que seus produtos têm livre acesso à consciência, enquanto a atividade da primeira instância é inconsciente em si, pode chegar à consciência apenas pela segunda. Na fronteira entre as duas instâncias, na passagem da primeira para a segunda, encontra-se uma censura que deixa passar apenas o que lhe é agradável, segurando o resto. Então o que foi rejeitado pela censura se acha no estado de repressão, conforme a nossa definição. Em determinadas condições, uma das quais sendo o estado de sono, a relação de forças entre as duas instâncias muda de tal forma que o material reprimido não pode mais ser inteiramente contido. No estado de sono isso aconteceria pelo relaxamento da censura; assim, o que até então foi reprimido consegue abrir caminho até a consciência. Mas, como a censura nunca é eliminada, e sim apenas diminuída, o material reprimido precisa tolerar mudanças que atenuem suas inconveniências. O que nesse caso se torna consciente é um compromisso entre o que uma instância pretende e o que a outra exige. *Repressão — relaxamento da censura — formação de compromisso*: eis o esquema básico para o surgimento de muitas outras formações psicopáticas, assim como para os sonhos; e tanto nesses como naquelas observamos, na formação de compromisso, os processos de condensação e deslocamento e o emprego de associações superficiais, de que tomamos conhecimento no trabalho do sonho.

Não temos motivo para esconder o elemento "demoníaco" que teve algum papel na origem da nossa explicação do trabalho do sonho. Tivemos a impressão de que a formação dos sonhos obscuros ocorre *como se* uma pessoa, que é dependente de outra, tivesse de expressar algo que deve ser desagradável aos ouvidos dessa outra, e a partir desse símile obtivemos o conceito da *deformação onírica* e da censura e nos empenhamos em traduzir nossa impressão numa teoria psicológica certamente crua,* mas pelo menos clara. Não importando com o que venham a ser identificadas nossas instâncias primeira e segunda ao avançarmos no esclarecimento do tema, podemos esperar que se confirme alguma correlação da nossa hipótese de que a segunda instância governa o acesso à consciência e pode impedir a primeira de acessá-la.

Quando passa o estado de sono, a censura logo restabelece inteiramente sua força e pode aniquilar o que

---

* No original, *rohe*, que significa também "grosseira, tosca, rude"; as traduções consultadas utilizaram: *grosera*, idem, *grezza*, *crude*. Já o adjetivo seguinte, "clara", é uma versão apenas razoável de *anschaulich* ("clara, explícita, evidente, inteligível", segundo o dicionário alemão-português da editora Porto); aqui os demais tradutores recorreram a: *claramente definida*, *gráfica*, *chiara*, *lucid*.

lhe foi tirado enquanto estava fraca. O esquecimento do sonho requer ao menos em parte essa explicação, como mostra uma experiência confirmada inúmeras vezes. Enquanto um sonho é contado ou analisado, não é raro que subitamente apareça de novo um fragmento do conteúdo onírico que se acreditava perdido. Esse fragmento arrancado ao esquecimento contém normalmente o melhor e mais direto caminho para o significado do sonho. E apenas por isso, provavelmente, caiu no esquecimento, ou seja, na nova supressão.

XI

Se vemos o conteúdo onírico como representação de um desejo realizado e explicamos sua obscuridade pelas alterações que a censura faz no material reprimido, já não será difícil descobrir qual é a função dos sonhos. Às vezes se diz que os sonhos perturbam o sono; em singular oposição a isso, temos de reconhecer o sonho como *o guardião do sono*. No caso do sonho das crianças, esta nossa afirmação deve facilmente achar crédito.

O estado de sono, ou a mudança psíquica envolvida no sono, qualquer que seja esta, é provocado na criança pela decisão de dormir que lhe é imposta ou que é tomada com base em sensações de cansaço, e possibilitado apenas pelo afastamento de estímulos que poderiam indicar para o aparelho psíquico outras metas que não a de dormir. São conhecidos os meios que servem para afastar os estímulos externos; mas de que meios dispomos para conter os estímulos psíquicos internos que se opõem ao adormecimento? Observe-se uma mãe que põe o filho para dormir. A criança manifesta necessidades ou desejos incessantemente, quer mais um beijo, quer brincar mais. A mãe satisfaz essas necessidades em parte, ou usa sua autoridade a fim de adiá-las para o dia seguinte. É claro que desejos e necessidades ativos são obstáculos ao adormecimento. Quem não conhece a divertida história do menino malcriado (de Balduin Groller)* que, acordando de madrugada, grita: *"Quero o rinoceronte!"*? Um menino mais comportado *sonharia* com um rinoceronte, em vez de gritar. Dado que o sonho mostra o desejo como realizado e a pessoa *acredita* nele enquanto dorme, ele extingue o desejo e possibilita o sono. É inegável que a imagem onírica suscita essa crença porque toma a aparência psíquica da percepção, e a criança ainda não tem a capacidade — que adquirirá depois — de diferenciar alucinações ou fantasias da realidade.

O adulto aprendeu a fazer essa distinção; também compreendeu a inutilidade de desejar e, pela prática constante, consegue adiar suas aspirações até que possa satisfazê-las por vias longas e indiretas, através de mudanças no mundo exterior. Em conformidade com isso, nele são raras, nos sonhos, as realizações de desejos pela via psíquica breve; é até mesmo possível que elas nunca aconteçam, e que tudo o que nos parece formado nos moldes de um sonho infantil requeira uma solução bem

---

* Pseudônimo de Adalbert Goldscheider (1848-1916), jornalista e ficcionista austríaco.

mais complicada. Por outro lado, formou-se no adulto — e provavelmente em todo indivíduo em plena posse das faculdades — uma diferenciação do material psíquico que faltava na criança. Desenvolveu-se uma instância psíquica que, ensinada pela experiência, mantém, com ciumenta severidade, uma influência dominadora e inibidora sobre os impulsos psíquicos, e que, por sua posição ante a consciência e a mobilidade voluntária, é dotada dos maiores recursos de poder psíquico. Mas uma parte dos impulsos infantis foi reprimida por essa instância como sendo inútil para a vida, e todo o material de pensamentos derivado desses impulsos se encontra em estado de repressão.

Enquanto essa instância, na qual reconhecemos nosso Eu normal, se acomoda ao desejo de dormir, parece que as condições psicofisiológicas do sono a obrigam a relaxar a energia com que segurava o material reprimido durante o dia. Em si mesmo, esse relaxamento é inofensivo; os impulsos da psique infantil reprimida podem sempre se agitar, mas devido ao estado de sono têm o acesso à consciência dificultado e o acesso à mobilidade barrado. O perigo de o sono ser perturbado por eles precisa ser afastado, porém. Em todo caso, temos de admitir a hipótese de que mesmo no sono profundo há um montante de atenção livre em guarda contra os estímulos sensoriais, que pode fazer com que o despertar pareça mais aconselhável do que a continuação do sono. Não se explicaria de outro modo o fato de a cada momento sermos despertados por estímulos sensoriais de certa *qualidade*, como já enfatizava o velho fisiologista K. F. Burdach: a mãe, por exemplo, pelo choro do bebê; o moleiro, quando o moinho para de girar; as pessoas em geral, quando alguém as chama em voz baixa pelo nome. Essa atenção vigilante se volta também para os estímulos internos com desejos, que vêm do material reprimido, e forma com eles o sonho, que, sendo compromisso, satisfaz as duas instâncias ao mesmo tempo. O sonho cria uma espécie de solução psíquica para o desejo suprimido ou formado com a ajuda do material reprimido, ao apresentá-lo como realizado; mas também satisfaz a outra instância, ao permitir a continuação do sono. Nisso o nosso Eu se compraz em agir como uma criança; acredita nas imagens oníricas, como se dissesse: "Sim, você tem razão, mas me deixe dormir". Provavelmente o menosprezo que nós, despertos, temos pelo sonho, e que se refere à sua natureza confusa e aparentemente ilógica, não é senão o juízo do nosso Eu que dorme acerca dos impulsos reprimidos, juízo que se apoia, com maior razão, na impotência motora desses perturbadores do sono. Às vezes nos tornamos conscientes desse juízo depreciador até mesmo durante o sono; quando o conteúdo onírico ultrapassa demais a censura, pensamos: "É apenas um sonho" — e continuamos a dormir.

Não chega a constituir uma objeção a esta concepção que também haja casos-limite em que o sonho já não consegue manter a função de impedir que o sono seja interrompido — como no sonho de angústia — e a substitui por outra, a de terminá-lo a tempo. Nisso ele apenas procede como o guarda-noturno consciencioso, que num primeiro momento cumpre seu dever fazendo cessar os distúrbios, para que os cidadãos não acordem, mas depois dá continuidade a seu dever acordando ele próprio os cidadãos, quando as causas do distúrbio lhe parecem preocupantes e ele não consegue dar conta delas sozinho.

Tal função do sonho torna-se particularmente clara quando um estímulo externo sobrevém aos sentidos de quem dorme. O fato de estímulos sensoriais produzidos durante o sono influírem no conteúdo do sonho é de conhecimento geral, pode ser demonstrado experimentalmente e está entre os poucos resultados seguros — mas bastante superestimados — da pesquisa médica sobre os sonhos. Ocorre que o estímulo sensorial que o experimentador faz atuar sobre o indivíduo que dorme não é reconhecido de forma correta no sonho, é submetido a uma entre muitas interpretações possíveis, cuja determinação parece deixada ao arbítrio psíquico. Mas, naturalmente, não existe arbítrio psíquico. A pessoa que dorme pode reagir de maneiras diversas a um estímulo externo. Ou ela acorda ou consegue prosseguir o sono apesar dele. Nesse último caso pode utilizar o sonho para afastar o estímulo externo, e isso, novamente, de mais de uma forma. Pode, por exemplo, anular o estímulo, sonhando com uma situação que seja totalmente incompatível com ele. Assim fez, por exemplo, um sonhador que era incomodado por um doloroso abscesso no períneo. Ele sonhou que andava a cavalo, usando como sela o cataplasma que devia mitigar sua dor, e desse modo superou o incômodo.* Ou, o que é mais frequente, o estímulo externo sofre uma reinterpretação que o situa no contexto de um desejo reprimi-

---

* Cf. descrição e análise mais detalhadas do sonho na *Interpretação dos sonhos*, cap. v, seção C (pp. 268-71 do v. 4 destas *Obras completas*).

do que espera sua realização; desse modo ele é privado de sua realidade e tratado como uma porção do material psíquico. Assim, alguém sonhou que havia escrito uma comédia com determinada ideia básica; ela foi encenada no teatro, o primeiro ato acabou e teve enorme ovação. O aplauso foi tremendo... O sonhador certamente conseguiu prolongar o sono até depois da perturbação, pois quando acordou não ouvia mais o barulho, mas julgou, corretamente, que alguém devia ter batido um tapete ou colchão. Todos os sonhos que acontecem logo antes do despertar causado por um grande ruído fizeram a tentativa de negar o estímulo despertador mediante outra explicação para ele, a fim de prolongar o sono um pouco mais.

XII*

Quem aceita a concepção da *censura* como o motivo principal da deformação onírica não se surpreenderá de saber, pelos resultados da interpretação dos sonhos, que a maioria dos sonhos de adultos é ligada a *desejos eróticos* pela análise. Essa afirmação não diz respeito aos sonhos de conteúdo sexual não disfarçado, que todos os sonhadores conhecem por experiência própria e que geralmente são os únicos considerados "sonhos sexuais". Mesmo esses sonhos ainda surpreendem pela escolha das pessoas que tomam como objetos sexuais, pela remoção das barreiras que o sonhador coloca a suas necessidades sexuais na vida desperta e por mui-

* Seção acrescentada em 1911.

tos detalhes estranhos, que lembram as chamadas *perversões*. Mas a análise mostra que muitos outros sonhos, que em seu conteúdo manifesto nada exibem de erótico, são desmascarados como satisfações de desejos sexuais pelo trabalho de interpretação, e que, por outro lado, muitos pensamentos, que sobraram do trabalho mental desperto como "resíduos diurnos", chegam a ser representados no sonho apenas com a assistência de desejos eróticos reprimidos.

Para explicar isso, que não é postulado teoricamente, assinale-se que nenhum outro grupo de instintos experimentou uma tão ampla supressão por exigência da educação civilizatória como os sexuais, mas que, ao mesmo tempo, os instintos sexuais são também os que na maioria das pessoas escapam mais facilmente ao controle das instâncias psíquicas mais altas. Desde que tomamos conhecimento da *sexualidade infantil*, que muitas vezes é discreta em suas manifestações e geralmente ignorada e mal compreendida, podemos dizer que quase todo indivíduo civilizado mantém a configuração infantil da vida sexual em algum ponto, e compreendemos, assim, que os desejos sexuais infantis reprimidos forneçam as mais robustas e frequentes forças motrizes para a formação dos sonhos.[2]

Se um sonho que exprime desejos eróticos consegue parecer inocentemente assexual em seu conteúdo manifesto, isso é possível apenas de uma maneira. O material de representações sexuais não pode ser apre-

---

2 Cf., a propósito, *Três ensaios sobre a teoria da sexualidade* (1905).

sentado como tal, tem de ser substituído no conteúdo onírico por alusões, insinuações e formas similares de apresentação indireta; mas, à diferença de outros casos de apresentação indireta, a utilizada no sonho não deve ser imediatamente compreensível. Habituamo-nos a designar os meios de representação que obedecem a tais condições como *símbolos* do que é por eles representado. Estes se tornaram objeto de especial interesse depois que se notou que os sonhadores que falam a mesma língua se servem dos mesmos símbolos, e que em alguns casos o uso dos mesmos símbolos vai além do uso da mesma língua. Como os próprios sonhadores não conhecem o significado dos símbolos que utilizam, é um mistério, em princípio, de onde vem a relação destes com o que é por eles substituído e designado. Mas o fato mesmo é indubitável e se torna significativo para a técnica da interpretação dos sonhos, pois mediante o conhecimento do simbolismo dos sonhos é possível compreender o sentido de elementos do conteúdo onírico ou de partes do sonho, ou às vezes até de sonhos inteiros, sem que seja preciso perguntar ao sonhador pelas associações que faz. Desse modo nos aproximamos do ideal popular de uma tradução dos sonhos e, por outro lado, retornamos à técnica de interpretação dos povos antigos, para os quais interpretação de sonhos era igual a interpretação por meio de símbolos.

    Embora os estudos sobre o simbolismo onírico ainda estejam longe de uma conclusão, podemos fazer com segurança uma série de afirmações e de indicações específicas sobre o tema. Há símbolos que geralmente podem ser traduzidos de modo inequívoco; assim, imperador e imperatriz (rei e rainha) significam os pais, cômodos representam mulheres,* as entradas e saídas deles, os orifícios do corpo. A grande maioria dos símbolos oníricos serve para representar pessoas, partes do corpo e atividades que são dotadas de interesse erótico; especialmente os genitais são representados por bom número de símbolos muitas vezes surpreendentes, os mais variados objetos são usados para indicar simbolicamente os genitais. Quando armas pontudas, objetos longos e rígidos como troncos de árvores e bastões representam nos sonhos o genital masculino, e armários, carruagens, fornos simbolizam o útero da mulher, apreendemos sem dificuldade o *tertium comparationes*, o elemento comum nessas substituições, mas há símbolos em que não é tão fácil entender a relação. Por exemplo, símbolos como a escada ou subir a escada, para o ato sexual; a gravata, para o órgão masculino; ou a madeira, para o ventre da mulher, provocam nossa incredulidade enquanto não adquirimos o entendimento da relação simbólica por outras vias. Além disso, toda uma série de símbolos oníricos é bissexual, pode se referir ao genital masculino ou ao feminino, segundo o contexto.

Há símbolos que têm difusão geral, que encontramos em todos os sonhadores do mesmo âmbito linguístico e cultural, e outros que ocorrem de maneira limitada, in-

---

* "Cômodos" = *Zimmer*, e *Frauenzimmer*, literalmente, "aposento da(s) mulher(es)", é um sinônimo jocoso ou pejorativo para *Frau*, "mulher".

dividual, que uma pessoa formou a partir do seu material de representações. Entre os primeiros, distinguimos aqueles cujo direito a representar elementos sexuais é justificado sem problema pela linguagem corrente (como, por exemplo, os que vêm da agricultura: cf. "reprodução", "semente") de outros, cuja ligação com a sexualidade parece remontar a tempos antiquíssimos e às mais obscuras profundezas da nossa formação de conceitos. Nos dias de hoje, a capacidade de formar símbolos não se esgotou para as duas espécies de símbolos mencionadas. É possível observar que objetos recém-inventados (como os dirigíveis aéreos) são imediatamente transformados em símbolos sexuais de uso universal.

Mas seria errado esperar que um conhecimento mais profundo do simbolismo onírico (da "linguagem dos sonhos") pudesse nos dispensar de indagar o sonhador sobre as associações relativas ao sonho e nos fazer retornar completamente à técnica de interpretação de sonhos da Antiguidade. Não considerando os símbolos individuais e as oscilações no uso dos símbolos universais, nunca sabemos se um elemento do conteúdo onírico deve ser tomado simbolicamente ou no sentido próprio, e sabemos com certeza que nem todo o conteúdo do sonho deve ser interpretado simbolicamente. O conhecimento do simbolismo dos sonhos apenas nos permitirá traduzir certos componentes do conteúdo onírico, não dispensará a aplicação das regras técnicas dadas anteriormente. Mas constituirá o mais valioso auxílio à interpretação quando as associações do sonhador não aparecerem ou forem insuficientes.

O simbolismo onírico se mostra indispensável também para a compreensão dos chamados "sonhos típicos" de todas as pessoas e dos sonhos "recorrentes" do indivíduo. Se o exame do modo simbólico de expressão dos sonhos ficou tão incompleto nesta breve exposição, isso se justifica por um entendimento que se acha entre os mais importantes que adquirimos sobre o tema. O simbolismo onírico vai muito além dos sonhos; não é peculiar a estes, governa igualmente a representação nos contos de fadas, mitos e lendas, nos chistes e no folclore. Permite-nos enxergar as relações íntimas entre os sonhos e essas produções; mas devemos dizer que ele não é criado pelo trabalho do sonho, e sim que é uma peculiaridade — provavelmente do nosso pensamento inconsciente, que fornece ao trabalho do sonho o material para a condensação, o deslocamento e a dramatização.[3]

XIII

Não pretendo haver elucidado todos os problemas dos sonhos nestas páginas, nem haver lidado de maneira

---

[3] Mais coisas sobre o simbolismo onírico se acham em obras antigas sobre os sonhos (como Artemidoro de Daldis e Scherner, *Das Leben des Traumes* [A vida dos sonhos], 1861), no meu livro *A interpretação dos sonhos* [1900, cap. VI, seção E], nos estudos sobre mitologia da escola psicanalítica e também nos trabalhos de W. Stekel (como *Die Sprache des Traumes* [A linguagem dos sonhos, 1911]). [Ver também as *Conferências introdutórias à psicanálise* (1916-7)].

convincente com os que examinei. Quem se interessa pela extensa literatura sobre os sonhos pode consultar o livro de Sante de Sanctis, *I sogni* (Turim, 1899); quem deseja uma fundamentação mais detalhada das concepções aqui expostas deve procurar o volume *A interpretação dos sonhos* (Leipzig e Viena, 1900), de minha autoria. Agora apenas indicarei em que direção devem prosseguir minhas explicações sobre o trabalho do sonho.

Quando apresento como tarefa da interpretação de um sonho a substituição dele pelos pensamentos oníricos latentes, ou seja, desatar o que o trabalho do sonho teceu, levanto uma série de novos problemas psicológicos, que dizem respeito ao mecanismo desse trabalho do sonho e também à natureza e condições do que denomino "repressão"; por outro lado, defendo a existência dos pensamentos oníricos como um vasto material de formações psíquicas de elevada ordem e dotado de todas as características do funcionamento intelectual normal, material esse que se subtrai à consciência, porém, até se fazer notar de maneira deformada no conteúdo onírico. Tenho de supor que tais pensamentos se acham em cada indivíduo, pois quase todas as pessoas, inclusive as mais normais, têm a capacidade de sonhar. O material inconsciente dos pensamentos oníricos, sua relação com a consciência e com a repressão ligam-se a outras questões significativas para a psicologia, cuja solução deve ser adiada até que a análise tenha esclarecido a gênese de outras formações psicopáticas como os sintomas histéricos e as ideias obsessivas.

ÍNDICE REMISSIVO

AS INDICAÇÕES *NA* E *NT* DESIGNAM AS NOTAS DO AUTOR E DO TRADUTOR, RESPECTIVAMENTE.

ÍNDICE REMISSIVO

Abraham, 117, 206
abreviação, 111, 402
acaso, crença no, 323-75
Adler, 329, 331-2
Adultera, L' (Fontane), 242
adultério, 113, 126, 279
adulto(s), 50, 67, 72, 94, 392, 395-6, 430, 435-6, 439
afeto(s), afetivo(s), afetiva(s), 35, 40, 47, 67, 71, 78, 103, 118, 127, 164, 166, 175, 201, 284, 340, 356, 359-60, 372, 378, 383, 387-8, 406, 431
Affektivität, Suggestibilität, Paranoia (Bleuler), 153
afrescos de Orvieto, 16-7, 29, 30NA
Agamenon (personagem mitológico), 156
Agostinho, Santo, 25-6
agricultura, símbolos sexuais e, 443
Albânia, 179
alegria, 205NT, 285, 431
Além do bem e do mal (Nietzsche), 201NA
Alexandre da Macedônia, 149- -51
Algumas lições elementares de psicanálise (Freud), 86NT
alta valência, sons de, 80
alucinação, alucinações, 151, 352, 356, 435
ambiguidade(s), 40, 113, 401
amnésia(s), 37, 48, 70-1, 120, 188; *ver também* esquecimento
amnésia infantil, 70

amor, amorosa(s), 34, 49, 110, 121, 129-30, 137, 142, 147, 209-10, 235, 243, 250, 280, 304, 337, 407, 409, 428
análise psíquica, 257, 289
Andreas-Salomé, Lou, 230, 295NT
anedota(s), 17, 58, 129, 172
angústia, 170, 430, 437; *ver também* medo
Aníbal, 297, 299
animalidade, animal, animais, 37- -8, 49, 246, 259, 401
Anos de aprendizado de Wilhelm Meister, Os (Goethe), 384NT
antecipação, 81, 87, 89, 161
Antigo Testamento, 175NT
Antiguidade, 51, 441, 443
antissemita(s), 131, 134
Anzengruber, 122NA
aparelho psíquico, 202, 432, 434; *ver também* psique; vida psíquica
Aposentos góticos, Os (Strindberg), 290
Aquiles (personagem mitológico), 394
armários ou cômodas, simbolismo sexual de, 77NA, 442
arrependimento, 201
arte, artista, 16-8, 149-51, 206, 237-8, 261, 279, 301, 313, 322
Artemidoro de Daldis, 444NA
Artur, rei (lenda), 269
árvores e bastões, simbolismo sexual de, 442
associação livre, 336
ataxia, 222

ÍNDICE REMISSIVO

atividades motoras, 222
ato sexual, 442; *ver também* sexualidade, sexual, sexuais
ato(s) descuidado(s), 165, 222, 228, 240, 242, 244, 258, 261, 289, 313, 324, 371, 426
ato(s) falho(s), 35, 36, 38, 55-6, 63-4, 93, 105, 117-21, 128, 131, 133, 137, 143, 146-7, 156, 169, 172, 178, 184, 208, 214NA, 222-3, 235-6, 240, 242, 244, 253, 256-8, 274, 276-7, 281-2, 289, 301-2, 314, 316-7, 321-4, 344, 347--8, 361-6, 371-5
"Atos falhos e sonhos" (Rank), 322
atos sintomáticos e atos casuais, 261-95
Auch Einer (Vischer), 233
Aus der Matrazengruft (Heine), 44NT
Áustria, 177, 304
autoaniquilação semi-intencional, 247
autodestruição, 245, 247, 249, 256
autolesões, 244-7, 251, 254
automatismo, 243
autopunição, 252-3
autorrecriminação, autorrecriminações, 201, 234, 244
autorreproche, 228
aversão, 19, 44, 47, 129, 189, 235, 283, 386

babá, 76-8, 246, 326, 348, 392
bebê, 90NA, 246, 254, 436

beladona, 169-70
Ben Hur (Wallace), 65
Benedito, são, 25
Bergmann, 219
Bernheim, 209NA
biologia, biológica(s), 338, 368, 379, 417
bissexualidade, bissexual, 197, 442
Bleuler, 27, 40, 153, 339-40, 343NA
Boltraffio, 16-8
Bósnia, 17-20
Botticelli, 16-7, 80
Brantôme, 112
Brescia, 48-9
Brill, 125, 143, 168, 174, 195, 217, 304
brincadeira(s), 42, 116-7, 217, 238, 306, 325, 332, 384
Bruun, 54
Bülow, príncipe, 133
Burckhard, 162-3, 189, 368
Burdach, 436

caixa de fósforos, simbolismo da, 276-7
Caltanissetta, 52NA
"Canções do harpista" (Goethe), 384NT
Carlos Magno, 304
"casamento da mão esquerda", 263
cascavel, 95
"Caso de cura por hipnose, Um" (Freud), 211NT
Castor e Pólux (personagens mitológicos), 100NT
castração, 272NT, 297

casuais, atos, 261-5, 278, 287, 324, 345-6, 348, 371
casualidade, 91, 256-7, 266, 347
Catedral de Orvieto, 16
células cerebrais, 388, 390
censura, 321, 432-4, 437, 439
cérebro, 39, 125, 148, 380, 392
César e Cleópatra (Shaw), 211NA
Charcot, 72, 205, 220
chistes, 110-1, 444
Chiste e sua relação com o inconsciente, O (Freud), 42NT, 156NT, 192NT, 297NT
ciência(s), 218, 378
ciúme, 368
coação, 211, 343, 411
Coenobium (revista), 294
coisas valiosas, perda de, 283
"coletivo", esquecimento, 64
combinados, atos falhos, 312-21
comodidade, atos falhos/lapsos e, 133, 302
comodidade, sonhos de, 395
condensação, 85, 89, 109, 172, 368-9, 398, 401-2, 404-5, 409-10, 415, 419, 422, 426, 433, 444
Conferências introdutórias à psicanálise (Freud), 40NT, 44NT, 79NT, 86NT, 93NT, 112NT, 135NT, 156NT, 193NT, 211NT, 238NT, 278NT, 298, 444NT
"Confissões inconscientes" (Stekel), 98
"conhece-te a ti mesmo" (γνωθι σεαυτόν), 289
consciência, 16, 20, 22, 24, 27, 43, 47, 75, 80, 83-8, 92, 98, 106, 122, 140, 145, 158, 165-6, 170, 184, 220, 234-5, 240-1, 248, 256, 289, 298, 317, 323-4, 328-9, 334, 336, 345, 357, 366, 371-3, 376, 381, 427, 429, 432-3, 436, 445
conscientes, atos e processos, 18, 92, 196, 230, 247, 257, 286, 326, 345NA, 358, 382, 427, 437
consultórios, objetos esquecidos em, 293-4
"contaminação", 85, 89-90, 109
contato entre os sons, 88, 115
conteúdo latente, 389, 391, 405
conteúdo manifesto, 440
conteúdo onírico, 85, 380, 388-91, 398, 401-14, 419-23, 427, 431, 434, 437, 441, 445
contos de fadas, 444
contracepção, 90NA
"Contribution à la psychopathologie de la vie quotidienne" (Maeder), 223
coração, 36, 163, 174
cortical, ataxia, 222
crânio, "teoria vertebral" do, 418
criança(s), 27, 48, 50, 71-3, 77-8, 94, 96, 117, 168, 176, 186, 240-1, 252-3, 263, 268, 277, 305, 334, 386-7, 392, 394, 396, 401, 431, 434-7; *ver também* infância, infantil, infantis
cristianismo, cristão(s), 32-3, 65, 130
Cristo, 65
Cronos (deus grego), 297

cultura, cultural, 216, 442
cura, 108, 114, 228, 232
Czeszer, 103

Dama das Camélias, A (Dumas), 404
Darwin, 203
Dattner, 177, 275-6, 283
Daudet, 204-5
De Bussy, 120
deformação onírica, 427, 429--30, 433, 439, 445
déjà raconté, 361
déjà-vu, 357-8, 360-1
delírio(s), 149, 154, 203, 344, 381, 426
dementia praecox, 144, 147
Denkfehler, 321-2
depressão, depressões, 249, 294
descuidado(s), ato(s), 165, 222, 228, 240, 242, 244, 258, 261, 289, 313, 324, 371, 426
desejo(s), 30, 36, 63, 65, 98, 104-5, 108, 121, 127, 134, 140, 145-6, 156, 158, 161, 180, 205, 213, 217, 225, 253, 258, 269, 278, 286, 305, 307-8, 310-1, 323, 332, 334--5, 340, 345, 348, 351, 353, 357, 360, 371, 393-9, 406-7, 421, 429-31, 434-40
desfiguração intencional, 116
deslocamento, 16, 20, 48, 50, 67-9, 72, 102, 345, 348-9, 406-12, 419, 422-3, 426, 431, 433, 444
desprazer, 64, 201, 314-5, 363-4
determinismo, 325, 342

devaneio(s), 204-5, 226, 358, 361, 421; *ver também* fantasia(s)
diagnóstico, 190-1, 198-9, 227--8, 273
diapasão, 226-8
Dido (personagem mitológica), 23, 30
Diógenes, 149
Diomedes (personagem mitológico), 394
distração, distrações, 93, 214NA, 221, 265, 282, 293, 314
divórcio, 126, 258
doença de Basedow, 100
Dom Carlos (Schiller), 141NA
Dom Quixote (Cervantes), 248NA
dor(es), 74, 168, 200NA, 245, 249, 431, 438
dramatização, 405, 444
Duse, 279

Eclesiastes, 251NT
Édipo (personagem mitológico), 243NA
educação, 63, 216, 238, 263, 371, 440
Egito, 95, 211NA
egoísmo, egoísta(s), 98, 139, 184, 338, 371, 384, 387, 418
Egoist, The (Meredith), 139
Eibenschütz, 154
Eitingon, 158
elaboração, 70, 73, 75, 87, 179, 413, 420, 422, 426
emoção, emocional, emocionais, 55, 97, 105, 114, 159, 212, 318, 429

encobridoras, lembranças, 37, 66-9, 73, 75
Enéas (personagem mitológico), 23
Eneida (Virgílio), 24
energia psíquica, 427
Epicuro, 46-7
Épiro, 179
ereção, 75
erótico(s), erótica(s), 58, 172, 281, 333, 439-40, 442
erros, 296-312
esclerose múltipla, 228
escrita, lapsos de, 119, 161-84
esquecimento, 15-23, 28-9, 31, 35-40, 43-8, 50-3, 55-6, 58, 60, 62-6, 68-9, 71, 80-1, 86, 89, 97, 119-20, 145, 151, 165, 182-3, 185, 187-90, 197-9, 200NA, 201-3, 208-13, 215, 218, 220-1, 264, 289, 294, 296, 310-3, 316-8, 322, 324, 362, 369-70, 389, 408, 426, 434
"Esquecimento de nome como garantia do esquecimento de intenção, O" (Storfer), 56
estímulos sensoriais, 379, 436, 438
Estudos sobre a histeria (Freud), 152NT
Estudos sobre associação (Jung), 343NA
Eu, o, 214NA, 417-8, 437
excitação, 75, 80-2, 87
Experimentaluntersuchungen über Musikphantome (Ruths), 148
extravio, 192-7, 347

fala, transtornos da, 82, 87
fantasia(s), 204-6, 226, 236, 239, 244, 268, 299, 345NA, 355-6, 358, 360, 371, 379, 401, 421-2, 435; *ver também* devaneio(s)
Fausto (Goethe), 14, 96, 331
felicidade, 102, 147, 237, 281, 307
feminino, 47, 113, 268, 442
Ferenczi, 36, 45, 46NT, 47, 50NT, 62, 120, 172, 214NA, 249, 360-1
filosofia, filósofo(s), 46, 65, 149, 164, 364, 379, 432
Filosofia do inconsciente (Hartmann), 164NT
Fischhof, 300
fixação, 258, 333, 369
Fliess, 197, 218, 327, 338
fobia(s), 381, 426
folclore, 444
Fontane, 180-1, 242, 280
forças motrizes, 440
força(s) psíquica(s), 73, 202, 291, 364
Frink, 125, 127

Galsworthy, 183
Galton, 400
Garibaldi, 26
Gassendi, 47
gelo, simbolismo do, 75
Genesis, das Gesetz der Zeugung (Herman), 207
genital, genitais, 112-3, 417, 442
Goethe, 32, 60-1, 297, 331, 384NT, 387, 415-9

ÍNDICE REMISSIVO

Goldscheider, 435NT
Graf, 124
Grasset, 361
gravata, simbolismo sexual da, 442
gravidez, 74, 90NA, 395
Grécia Antiga, 149
Groller, 435
Gross, H., 202NA, 343NA
Grüne Heinrich, Der (Keller), 149
guerra, lapsos de, 160
Guilherme II, imperador, 133
Guilherme Tell (Schiller), 350

Haiman, 102
Halbe, 46
Hartmann, 155, 164
Haupt, 155-6
Hauptmann, 45-6
Haymann, 158
Haynau, 49
Heine, 35NT, 44NT
Henri, C., 70, 75
Herman, G., 207NT
Heródoto, 271NA
heróis gregos, 394
Herzegovina, 17-20
Heyermans, 258
hipnose, 209
histeria, histérico(s), histérica, 62, 122, 200NA, 201, 227-8, 230, 239, 257, 270, 345NA, 374, 426, 428, 445
Hitschmann, 53, 163-5, 169, 341, 352
Hoffmann, 205NA, 206
Holanda, 310, 320

homem, homens, 43, 50-1, 57, 62, 65, 99, 102, 109, 123, 126, 129, 140, 145, 150, 200NA, 206, 215, 217, 243, 248, 253, 257, 269-70, 278, 281, 292-3, 332, 337, 351, 356, 380, 385, 395, 399, 416, 418
Homero, 150, 156
homossexual, homossexuais, 46, 269
hostilidade, 55, 164, 237
Hug-Hellmuth, 175
Hughes, 161
Hungria, 177

imagens mnêmicas, 71
imagens oníricas, 374, 435, 437
imaginação, 146, 207, 264, 269, 423
imortalidade, mito da, 349
"Imperceptible Obvious, The" (Wilson), 29NA
impressões e intenções, esquecimento de, 184-221
impulso(s), 71, 97, 108, 147, 166, 196, 205, 208, 217, 231, 247, 248NA, 258, 269, 283, 289, 301, 318, 351, 361-2, 364, 366, 368, 371-3, 379, 387, 414, 436-7
inconsciente, 0, 37, 58, 60, 62, 66, 90, 98, 232, 235-6, 253, 276, 278, 286, 314, 317, 328, 337, 343-5, 351, 369
inconscientes, atos e processos, 38, 68, 84-5, 90NA, 91, 98, 164, 175, 204, 214, 237, 239, 247, 248NA, 257, 262, 264,

294, 321-2, 338-9, 346, 351-2, 358, 360, 366-7, 371-3, 432, 444-5
"Indo na direção errada" (Tausk), 308
inervação, inervações, 80, 230, 364
infância, infantil, infantis, 67-78, 91, 117-8, 159, 162, 200, 203, 206, 220, 244, 258, 266, 277--8, 293, 334-5, 355, 359, 386, 392-3, 395-6, 411, 421, 423, 430, 435-6, 440; *ver também* criança(s)
inibição, inibido, inibida, 74, 87--8, 202, 212, 249, 414
instinto(s), 58, 197, 440
interpretação dos sonhos, 380, 395, 400, 420-1, 428-9, 438--45
Interpretação dos sonhos, A (Freud), 24NA, 75, 85, 149, 163, 179, 204, 219-20, 243NA, 296, 298, 327, 338, 373, 374NA, 379NT, 392, 404, 406NT, 410NT, 416NT, 423NT, 431NT, 438NT, 444NA, 445
irmão(s), irmã(s), 36, 41-2, 53, 75-8, 96-7, 100, 114, 116, 120, 128, 150-1, 168, 171-3, 199--200, 229, 245-6, 250, 268, 278, 299, 304, 309-10, 313, 318-20, 326, 333-5, 356, 359--60, 364, 416-7, 431
Island Pharisees, The (Galsworthy), 183
Itália, 17, 47, 49, 55, 96, 175

Jahresbericht für Neurologie und Psychiatrie, 162
Januário, são, 26-7
Jekels, 143, 233
Jocasta (personagem mitológica), 243
Jones, 62, 119, 125, 138, 162, 168, 174, 178, 195, 199, 203, 211, 215, 224, 266NA, 269, 293, 314, 336, 338
judaísmo, judeu(s), 25, 100, 130-1, 310
Júlio César (Shakespeare), 163NA
Jung, 35-6, 40, 44-6, 140, 152NT, 295, 337, 339-40, 343NA

Kapp, 255
Kardos, 281
Keller, G., 149
Klein, 343NA
Kleinpaul, 25
Kleopatra, 95, 367; ver também César e Cleópatra
Knox, 181
Künstler. Versuch einer Sexualpsychologie, Der (Rank), 206
Kurz, 56-7

lapsos verbais, 78-147, 163, 172, 181, 221, 302, 305, 324, 364--5, 368
Lapsos verbais e de leitura (Meringer e Mayer), 78
Leben des Traums, Das (Scherner), 444NA
Leçons du mardi (Charcot), 220NT
Lederer, 43-4

ÍNDICE REMISSIVO

Leipziger Illustrierte (jornal), 148
leitura, lapso(s) de, 151-60, 182, 324, 363-4, 368
lembrança(s), 18, 29, 37, 41, 43, 47, 49-50, 66-76, 80, 91, 106, 118, 164, 185, 188, 199, 200NA, 201-2, 217, 243, 251, 253, 267, 299-300, 310, 316, 336, 341, 358-61, 369, 384, 387, 389, 399-400, 410-1, 423, 429; *ver também* recordação, recordações
lembranças da infância e lembranças encobridoras, 67-77
lendas, 73, 149, 154, 202, 394, 444
Levico, 175-6
Levítico, 175NT
Levy, K., 167
libido, 236
Lichtenberg, 156, 297-8
Lido de Veneza, 418-9
limpeza, obsessão com, 63
língua materna, 23, 31, 51, 78
linguagem, 79, 82-3, 87, 157, 191, 239, 273, 302, 357, 411, 413, 443
Lusitânia (navio), 168
Lutero, 343NT
Lyrisches Intermezzo (Heine), 35NT

Macbeth (Shakespeare), 331-3
madeira, simbolismo sexual da, 442
mãe(s), 42, 74-8, 114, 129, 144, 151, 168, 171-2, 192, 196, 199--200, 240, 243, 248, 257-8, 268, 273, 284, 293, 303, 305, 316, 318, 336, 387, 401, 424, 435-6
Maeder, 223, 279, 294-5, 307
Mal-estar na civilização, O (Freud), 384NT
Marco Antônio, 95
Maria, 404
masculino, 90, 268, 442
masturbação, 273, 337
Mayer, 78, 81-3, 87, 89, 115, 118--9, 221, 367
Médici, os, 232, 301, 312
medo, 36, 43, 84, 107, 150, 166, 251-3, 321-2, 360, 384; *ver também* angústia
meios de representação, 412, 415, 441
Melusina (personagem lendária), 399
memória, 15, 17, 24, 31, 33, 35, 40, 48, 52, 55-6, 63, 66-9, 71-2, 76, 91-2, 96, 107, 119, 183-7, 190, 192, 200-1, 203--7, 215-16, 220, 296-7, 300, 328, 337, 341, 369-70, 378--9, 416; *ver também* lembrança(s); recordação, recordações; reminiscência(s)
Mercador de Veneza, O (Shakespeare), 137
Meredith, 139
Meringer, 78-82, 84-5, 87, 89, 92, 115, 117-9, 221, 367
metafísica e metapsicologia, 349
método psicanalítico, 105, 267
Meyer, 325
mitologia, 73, 100, 149, 297, 299, 378, 444

Monatsschrift für Psychiatrie und Neurologie [Revista mensal de psiquiatria e neurologia], 15
Monumento à Liberdade (Brescia), 48
moral, 371-2
morfina, 108, 243-4
morganático, casamento, 263NT
morte, 18-9, 30NA, 36, 62, 65, 75, 107, 145-7, 158, 168, 172, 212, 231, 248-9, 254, 256, 258, 321-2, 359-60, 416
mulher(es), 25, 27, 40, 46, 50, 52, 54, 63, 84, 89-90, 97-8, 101, 108, 110, 123-4, 127, 129-30, 145-6, 152-3, 167-8, 171-2, 174, 187-8, 193, 195, 199, 214, 217, 235-6, 239, 244-5, 248NA, 253, 258-9, 262, 268-9, 275, 277, 280-3, 287, 304, 306-7, 317-8, 326--8, 331-2, 336, 348, 395, 398-9, 404, 407, 424, 442
Müller, D., 195
mundo exterior, 349, 435, 438
música, 45, 148-9, 380

Nababo, O (Daudet), 204-5
Nápoles, 26-7
"Natureza, A" (Goethe), 416
Nausícaa (personagem mitológica), 149
nervosismo, 174, 249, 252, 254
neurose(s), neurótico(s), neurótica(s), 28, 68, 71, 75, 114, 117, 146, 158-9, 163, 197, 200-1, 203, 206, 227, 230, 235-6, 239, 241, 245, 256, 262, 272, 292, 345, 349, 351, 360, 374-5, 428
Nietzsche, 45-6, 201NA, 406NT
"Noiva de Corinto, A" (Goethe), 32, 34, 38, 58
nomes próprios, esquecimento de, 15-22
nudez, sonhos de, 149
números, análises de, 339

objetos longos e rígidos, simbolismo sexual de, 442
obscenos, palavras e significados, 116
Observações sobre um caso de neurose obsessiva (Freud), 75NT, 349NT
obsessão, obsessões, obsessivo(s), obsessiva(s), 63, 117, 340, 351, 355, 374, 381, 426, 445
ódio, 106, 291
Odisseia (Homero), 148-9
Oldham, 270NA
oráculos, 244
Orvieto, 16-8, 30NA, 55
Ossipow, 348

pai, 25, 78, 92, 107, 114, 117-8, 128, 131, 136-7, 175, 186-7, 206, 257-8, 269, 272, 292, 297-300, 305, 334-5, 352, 393
pais, 25, 63, 129, 198-9, 200NA, 250, 257-8, 285, 293, 300, 304, 335, 355, 358, 360, 387, 442
palavras estrangeiras, esquecimento de, 23-31
paralisia cerebral infantil, 162, 220

paranoia, paranoico(s), paranoica(s), 203, 205, 344-5, 349
Passeios por Viena (Spitzer), 42
pecado original, mito do, 349
pênis, 75, 442
pensamentos oníricos, 85, 96, 298, 390-1, 398, 400-1, 404-7, 409, 411-3, 415, 418, 421-9, 445
perda de coisas valiosas, 283
pervertidos, 345NA
Petöfi, 121
piada, 110-1, 334, 337
Piccolomini, Os (Schiller), 135-6
Pick, 201NA
pintura(s), 29NA, 45, 310
Potwin, 70
prazer(es), 17, 24, 93, 291, 308, 363, 392, 395, 431
pré-consciente, o, 236, 286-7
Prochaska, 180
proféticos, sonhos, 351, 353
Protágoras, 117, 292
psicologia, 64, 103, 163, 191, 201, 203, 206-7, 278, 343, 349, 351-2, 378, 392, 432, 445
psicose, 63, 234
psicoterapia, 293, 381
psique, 166, 184, 328, 339, 359, 427, 436; *ver também* aparelho psíquico; vida psíquica
puberdade, 146, 200, 399
punição, punições, 118, 210, 252-3, 351
Putnam, 52NT

racionalização, 52, 235
raiva, 147, 159, 195

Rank, 98, 110, 127, 129, 137, 139, 206, 285, 315, 322, 356
Räuber, Die (Schiller), 42
realidade, a, 69, 296, 312, 347, 351, 435
realizações de desejos, 393, 396, 429, 435
rébus, 20
recordação, recordações, 20-2, 28-9, 42NA, 47, 53, 55, 64-5, 67-74, 76, 91-2, 106, 187, 201, 203, 258, 296, 317, 336, 354, 383; *ver também* lembrança(s)
regressão, 413
Reik, 64-5, 100, 129, 279
Rembrandt, 310
reminiscência(s), 18, 91-2, 96, 367
representabilidade, 411
representações antecipatórias, 420
repressão, reprimido(s), reprimida(s), 18-22, 29-31, 42, 59, 67, 92, 104, 114, 150, 166, 196, 199, 204, 257, 264, 283, 298, 300, 340, 359-61, 363-4, 368-70, 372-3, 427-30, 432-4, 436-7, 440, 445
resíduos diurnos, 440
Ribera, 96NT
Ricardo II (Shakespeare), 141NA
Robitsek, 112
Roma Antiga, 350
Romênia, 180
Rotterdam, 310
Ruths, 148-9

Sachs, 53, 57, 101, 154, 160, 183, 196, 225, 242, 274, 277
Salomão, rei, 273
Sanctis, 445
santos, nomes de, 29NA
satisfação, 58, 133, 158, 269, 286, 310-1, 345NA
Scherner, 379, 444NA
Schiller, 42, 135NA, 141NA, 249, 296-7, 299, 331, 350, 419
Schneider, 91, 339
Schopenhauer, 164
Schubert, G. H. von, 379
Schwind, 399
secundária, elaboração, 179
"Selbstbestrafung wegen Abortus" (Van Emden), 253
sensação, sensações, 44, 69, 106, 135, 153, 170, 243, 268, 357-61, 370, 414, 434
"Sentido antitético das palavras primitivas, O" (Freud), 414NA
sentimento(s), 53, 103, 106, 118, 128, 134, 175, 183, 201-2, 212, 232, 282, 314, 342-3, 345, 394, 405, 428, 431
sequências de palavras, esquecimento de, 31-66
serviçais, arte e, 237-8
sexualidade, sexual, sexuais, 17-9, 30NA, 66, 74-5, 100, 110, 113, 123, 206-7, 239-41, 243, 248NA, 268-70, 293, 345NA, 372, 375, 417-8, 439-40, 442-3
Shakespeare, 137-9, 141NA, 331
Shaw, 211

Signorelli, 16-23, 28-30, 80-1
Simão, são, 25, 27
simbolismo onírico, 441-4
símbolos sexuais, 442-3
símbolos universais, 443
sintoma(s), 21, 62-3, 71, 114, 117, 143, 151, 159, 174, 201, 216, 228, 239, 244, 262, 287, 309, 363, 374-5, 381, 426, 428-9, 445
sintomático(s), ato(s), 53, 169, 171, 194, 222, 262-3, 269, 272, 274-6, 278-80, 283, 287, 291-2, 294, 301, 316-8, 363
"Sobre a *fausse reconnaissance* no trabalho psicanalítico" (Freud), 361INT
"Sobre o mecanismo psíquico do esquecimento" (Freud), 15
"Sobre os sonhos" (Freud), 218-9
Sófocles, 243NA
Sogni, I (Sanctis), 445
somáticos, estímulos, 379-80, 388
"Sonho e telepatia" (Freud), 353NA
sonhos, interpretação dos, 380, 395, 400, 420-1, 428-9, 438-45
sonhos de angústia, 430-1
sonhos de comodidade, 395
sonhos de nudez, 149
"sonhos típicos", 444
sono, 149, 374, 378, 380, 388, 392, 426, 432-9
sons de alta valência, 80
Spitzer, 42

Sprache des Traumes, Die (Stekel), 444NA
Springer, 180, 181NT
Stärcke, 58, 128, 193, 254, 258, 310, 318
Stekel, 98-100, 166, 241, 444NA
Sterne, 291
Storfer, 56, 111, 114, 135, 163, 179
Strachey, 42NT, 75NT, 148NT, 152NT, 165NT, 205NT, 295NT, 396NT
Strasser, 95
Strindberg, 289-90
Stroß, 291
"sugestão pós-hipnótica de longo prazo", 209
suicídio, 95, 244, 247-9, 256
superstição, 338, 346, 348-9, 351, 380
supressão, 21, 100, 107, 125, 146, 217, 269, 280, 298, 307-8, 332, 376, 434, 437, 440

Tarquínio Soberbo, rei, 272
Tausk, 130, 308, 363
terapia, 195, 228, 424
"típicos", sonhos, 444
tiques, 265
Tobler, Georg Christoph, 416NT
trabalho científico, 203, 207, 218, 318
trabalho do sonho, 368, 373, 389, 391, 397-8, 400-1, 404-6, 411-4, 419-23, 425-7, 430, 433, 444-5
transferência(s), 36-7, 62, 236, 256, 299, 317, 328, 334, 349, 353, 423

transmutação dos valores psíquicos, 406; *ver também* deslocamento
transtornos da fala, 82, 87
Três ensaios sobre a teoria da sexualidade (Freud), 207NT, 345NT, 440NA
Tristram Shandy (Sterne), 291-2
Tulherias, 48, 50
Twain, 321

Uhland, 342
Ulisses (personagem mitológico), 149
universais, símbolos, 443
Urano (deus grego), 297
urinar, 117, 200

vagina, 117
Van Emden, 253, 274
Van Zantens glücklichste Zeit (Bruun), 54
"Vaterrettung und Vatermord in den neurotischen Phantasiegebilden" (Abraham), 206
Veneza, 43, 300-1, 312
ventre materno, 77NA
Vênus de Médici, 232
verbais, lapsos, 78-147, 163, 172, 181, 221, 302, 305, 324, 364-5, 368
vergonha, 118, 204
Veronika, 48-50
vida diurna, 394, 429
vida onírica, 379-80, 389
vida psíquica, 77NA, 270, 287, 296, 325, 345, 347, 369-72,

374, 378, 387, 390, 421; *ver
também* aparelho psíquico;
psique
*Vie des dames galantes, Discours
second* (Brantôme), 112
vigília, 401
violência, 230, 243-4, 248
Virgílio, 23-4
Virschow, 121
Vischer, 192NA, 233
vocabulário, 23
Volkelt, 379
Völkerpsychologie (Wundt), 87
Vor dem Sturm (Fontane), 280

Wagner, dr., 174
Wallace, L., 65
Wallenstein (Schiller), 135-7, 249NA
"Waller, Der" (Uhland), 342
Wedekind, 321
Weiss, 290, 314
Welsbach, 403
Wertheimer, 343NA
Wilde, 45-6
Wilson, P., 29NA
Wundt, 87-8, 115, 181-2

xingamento(s), 125, 132, 227

Zeibig, 156
Zeit, Die (jornal), 325
Zensur, Die (Wedekind), 321
Zentralblatt für Psychoanalyse, 50, 62, 154, 174, 176-7, 179, 253, 266, 285, 322, 338, 357
Zeus (deus grego), 100NT, 297
zombaria, 133, 415, 418

SIGMUND FREUD, OBRAS COMPLETAS EM 20 VOLUMES

COORDENAÇÃO DE PAULO CÉSAR DE SOUZA

1. TEXTOS PRÉ-PSICANALÍTICOS (1886-1899)
2. ESTUDOS SOBRE A HISTERIA (1893-1895)
3. PRIMEIROS ESCRITOS PSICANALÍTICOS (1893-1899)
4. A INTERPRETAÇÃO DOS SONHOS (1900)
5. PSICOPATOLOGIA DA VIDA COTIDIANA E SOBRE OS SONHOS (1901)
6. TRÊS ENSAIOS SOBRE A TEORIA DA SEXUALIDADE, ANÁLISE FRAGMENTÁRIA DE UMA HISTERIA ("O CASO DORA") E OUTROS TEXTOS (1901-1905)
7. O CHISTE E SUA RELAÇÃO COM O INCONSCIENTE (1905)
8. O DELÍRIO E OS SONHOS NA GRADIVA, ANÁLISE DA FOBIA DE UM GAROTO DE CINCO ANOS ("O PEQUENO HANS") E OUTROS TEXTOS (1906-1909)
9. OBSERVAÇÕES SOBRE UM CASO DE NEUROSE OBSESSIVA ("O HOMEM DOS RATOS"), UMA RECORDAÇÃO DE INFÂNCIA DE LEONARDO DA VINCI E OUTROS TEXTOS (1909-1910)
10. OBSERVAÇÕES PSICANALÍTICAS SOBRE UM CASO DE PARANOIA RELATADO EM AUTOBIOGRAFIA ("O CASO SCHREBER"), ARTIGOS SOBRE TÉCNICA E OUTROS TEXTOS (1911-1913)
11. TOTEM E TABU, HISTÓRIA DO MOVIMENTO PSICANALÍTICO E OUTROS TEXTOS (1913-1914)
12. INTRODUÇÃO AO NARCISISMO, ENSAIOS DE METAPSICOLOGIA E OUTROS TEXTOS (1914-1916)
13. CONFERÊNCIAS INTRODUTÓRIAS À PSICANÁLISE (1915-1917)
14. HISTÓRIA DE UMA NEUROSE INFANTIL ("O HOMEM DOS LOBOS"), ALÉM DO PRINCÍPIO DO PRAZER E OUTROS TEXTOS (1917-1920)
15. PSICOLOGIA DAS MASSAS E ANÁLISE DO EU E OUTROS TEXTOS (1920-1923)
16. O EU E O ID, ESTUDO AUTOBIOGRÁFICO E OUTROS TEXTOS (1923-1925)
17. INIBIÇÃO, SINTOMA E ANGÚSTIA, O FUTURO DE UMA ILUSÃO E OUTROS TEXTOS (1926-1929)
18. O MAL-ESTAR NA CIVILIZAÇÃO, NOVAS CONFERÊNCIAS INTRODUTÓRIAS E OUTROS TEXTOS (1930-1936)
19. MOISÉS E O MONOTEÍSMO, COMPÊNDIO DE PSICANÁLISE E OUTROS TEXTOS (1937-1939)
20. ÍNDICES E BIBLIOGRAFIA

PARA MAIS INFORMAÇÕES SOBRE OS VOLUMES PUBLICADOS, ACESSE:
www.companhiadasletras.com.br

ESTA OBRA FOI COMPOSTA
EM FOURNIER E CONDUIT
POR RAUL LOUREIRO
E IMPRESSA EM OFSETE PELA
GEOGRÁFICA SOBRE PAPEL
PÓLEN DA SUZANO S.A.
PARA A EDITORA SCHWARCZ
EM JULHO DE 2024

A marca FSC® é a garantia de que a madeira utilizada na fabricação do papel deste livro provém de florestas que foram gerenciadas de maneira ambientalmente correta, socialmente justa e economicamente viável, além de outras fontes de origem controlada.